山本 進 著

清代財政史研究

汲古叢書35

汲古書院

目次

序論　3

第一章　清代後期湖広における財政改革　7

はじめに　7

一　国家財政の再建　9

二　地方的徴収の整理　15

三　湖南における改革の継続　25

おわりに　28

第二章　清代後期四川における財政改革と公局　41

はじめに　41

一　付加徴収の増大　44

二　三費局の設置　50

三　夫馬局の廃止　54

おわりに　59

第三章　清代後期江浙の財政改革と善堂　73

はじめに　73
一　同治以前の江浙の財政改革　75
二　善堂の普及とその目的　83
三　地域社会と国家　99
第四章　清末山西の差徭改革　111
はじめに　111
一　清代山西の差徭　112
二　第一次差徭改革　117
三　第二次差徭改革　121
おわりに　129
第五章　清代後期直隷・山東における差徭と陋規　140
はじめに　140
一　道光初の財政整理と直隷差徭論争　142
二　差徭・陋規の徴収形態　153
おわりに　167
第六章　清代河南の差徭と当官　181
はじめに　181
一　河南省の地方的徴収　182

二　当官の実態と変化　190
おわりに　197
第七章　清代江南の地保　206
はじめに　206
一　地保の形成　208
二　地保の弊害　210
三　地保の改革　220
おわりに　225
第八章　清代四川の地方行政　236
はじめに　236
一　乾隆期巴県の末端地方行政　237
二　団練の編成　245
三　光緒年間の地方行政改革　249
おわりに　254
第九章　清代後期四川における塩政再建政策　264
はじめに　264
一　四川塩政の崩壊と塩課帰丁　265
二　官運商銷の実施と帰丁の拡大　274

おわりに 285
第一〇章　清代河東塩政の変遷 295
はじめに 295
一　河東塩政の崩壊と富戸充商 297
二　課帰地丁の実施とその経緯 302
三　商運から官運へ 309
おわりに 316
結　論 329
あとがき 331
索　引 1

清代財政史研究

序論

本書は清代中国の財政構造を地方財政（地方行政機構である省や府州県の公私を問わない収支）の視点から論じたものである。

伝統中国社会には国家財政から独立した法定的な地方財政が存在せず、租税として徴収された銀銭や穀物は上級官庁に移送されるものと末端の州県に存置されるものとを問わず、原則として中央政府の戸部が管轄していた。従って地方衙門は租税を徴収して保管するための存在、いわば戸部の出先機関に過ぎず、地方官の自由裁量に委ねられた財政は存在しなかった。地方行政のための費用は、たとえば黄河の治水のような大規模な事業は国家財政から支出されたが、経常的な費目は財政によって賄われず、付加税や手数料などの非法定的な税外収入によって確保された。これらの雑徴収は事実上地方財政の役割を果たしていたが、地方財政と呼ぶのは困難であるため、とりあえず「地方的徴収」と総称する。

地方的徴収の源泉は、州県衙門の下級役人である書吏・衙役が人民から様々な名目で収奪する陋規である。彼らはその一部を州県官に上納し、残余を自己の収入とした。州県官も同様にその一部を規礼という名目で上級官庁に上納した。上官への付け届けは省から中央政府にまで達したと言われた。このような陋規需索（収奪）・規礼饋送（上納）慣行は、国家財政の隙間を埋めるための必要悪として黙認されていた。従って伝統中国の財政課題は、地方的徴収を禁止することではなく制御すること、すなわち階層間での負担の不均衡を是正し、恣意的な増徴を抑止することであった。

明初以来地方的徴収は主に雑泛差役（里甲正役以外の雑多な役）として現物の物資や役務を徴発していたが、清代には地方によってかなりの差異を見せるものの、次第に貨幣形態での陋規へと移行した。[1] 地方的徴収の絶対量は史料からはほとんど読み取れないが、康熙から乾隆にかけて（一六六二―一七九五）の清朝の安定期にはなんとか許容範囲内に収まっていたようである。ところが一九世紀以降、国家財政の欠乏が顕在化するに伴い、差徭や陋規の負担は急速に増大した。岩井茂樹はこの現象を中央財政の原額主義（国初に定めた税額を変えない財政原則）から説明する。すなわち清代後期に財政需要が急増したにもかかわらず、国家は原額主義の桎梏により地丁・漕糧などの法定的租税を増税することができないため、結局法定外の地方的徴収を強化せざるを得ないというのである。[2]

地方行政のための必要経費が独立した地方財政からでなく徭役によって確保されてきたことは従来より認識されていた。ただ通説では明末清初における一条鞭法、均田均役、地丁併徴などによって徭役は土地税の中に溶解されたと考えられてきた。しかし岩井は、いくら徭役系統の徴収を地丁に組み込んでも、経済発展、人口増大、公共業務の拡張、貨幣価値の変動により早晩新たな追加需要が発生するが、正額が固定されているため、増加分を賄うための新たな徭役を設けざるを得ないとする。[3]

伝統中国の国家財政が官の総需要の一部しか担っておらず、その周囲にあいまいな地方的徴収を付着させていること、その調達が地方官や書吏の裁量に依拠するため、地方行政が請負的になることについては、異論を差し挟む余地はない。しかしその原因を原額主義に求めることは果たして妥当であろうか。私はかつて「地方行政経費が予算化されなかった最大の理由は、帳簿作成から会計検査に到るまでの膨大な事務処理を戸部によって統轄することが事実上不可能だったからであろうと思われる」と述べたことがある。[4]これは確かに論証不可能な仮説ではあるが、原額主義に拘泥しなくても国家財政の硬直性と地方財政の不在を説明することは可能である。

ただ本書の目的は清朝中央財政を真正面から捉え、原額主義の是非を論ずることではない。私の問題関心は、果たして清末まで地方財政の形成は見られなかったのかという点である。太平天国以後各省督撫は釐金税や牙帖捐（牙行の営業税）を導入して軍餉を確保し、また陋規を禁止して糧戸の負担を軽減し、地丁・漕糧の円滑徴収を図った。これらの諸政策は確かに国家財政の再建を志向しているが、彼らは道光までの戸部中央財政と州県の裁量行政の復活を企図したのであろうか。戸部財政と並び立つ強力な督撫財政の創設を目指したのではないのだろうか。

また清末には郷紳層が公局に出仕し、地方行財政に関与する現象も見られた。この現象はかつては郷紳支配の強化という視点から、近年では郷紳を中心とした地方自治の展開という文脈で、それぞれ捉えられてきた。しかし公局を設置したのは郷紳でも州県官でもなく各省の督撫であったこと、公局の大多数は釐金局に代表される徴税機関であったことを思い起こせば、その目的は督撫による財政力の強化にあったと考えるべきではないだろうか。

これらの疑問に答えるため、本書では同治（一八六二―一八七四）・光緒（一八七五―一九〇八）年間の督撫を主導者とした財政改革について検討する。具体的に見ると、第一章から第三章までは一九世紀長江流域の湖広・四川・江南三地域における財政動向と財政改革について論じる。続く第四章から第六章までは、長江流域と比較対照すべく、清代華北諸省の財政動向と財政改革の有無について論じる。更に第七章・第八章では、江南および四川において州県の裁量行政を末端で支えた里役を取り上げ、財政改革の前後における里役層と郷紳層の、末端地方行政との関わりの変化について考察する。第九章・第一〇章は附編として四川・河東両塩政の変遷について論じる。

註

（1）拙書『明清時代の商人と国家』研文出版、二〇〇二年（予定）。
（2）岩井茂樹「清代国家財政における中央と地方——酌撥制度を中心にして——」『東洋史研究』四二巻二号、一九八三年、同「中国専制国家と財政」『中世史講座』第六巻、学生社、一九九二年。
（3）岩井茂樹「徭役と財政のあいだ——中国税・役制度の歴史的理解にむけて（一）〜（四）——」京都産業大学『経済経営論叢』二八巻四号〜二九巻三号、一九九四年。
（4）拙稿「明清時代の地方統治」『歴史評論』五八〇号、一九九八年、八頁。

第一章　清代後期湖広における財政改革

はじめに

中国史の中で一九世紀は、清朝支配の弛緩・解体期として位置付けることができる。清朝を動揺させた外的要因は、社会矛盾の深刻化に起因する民衆反乱、西欧列強の軍事的脅威、そしてそれらに対処できない清朝正規軍の弱体化であるが、問題の解決を困難にさせていた内的要因は、財政制度の機能低下であった。視点を変えて論じるなら、中国の近代化は軍事、産業、教育などの西欧化からではなく、何よりもまず財政の改革から開始されなければならなかったと言える。

先行研究の成果によりながら当時の財政事情を簡単に整理すると、まず正規の財政である国家財政は嘉慶年間（一七九六－一八二〇）以降歳入が恒常的に低下し、末端の行政機構である州県では存留銀（銭糧から控除される地方行政経費）や養廉銀（俸給として支払われる行政経費）の減少、虧空（財政の欠損）の増大を招いていた。次に州県は行政経費の不足を税糧の上乗せ徴収により補塡したため、地方官や書吏・衙役による収奪が激しくなり、結果として「吏治の弛緩」すなわち政治の腐敗や抗糧暴動に代表される民衆の抵抗運動を惹起した(1)。

それでは清朝財政を弱体化させた原因は何だったのであろうか。岩井茂樹はその主要因を「原額主義」と称される非弾力的財政原則に求めている。[2] 岩井によれば「原額主義」は両税法以降の中国専制国家財政の基本原則であり、財政の中央集権的管理に適合した制度である。しかし収支の定額化は社会経済の発展に対応できず、正規財政の周縁に膨大な正額外「財政」を付着させる。その結果中央財政の役割が相対的に低下して地方分権化が進行し、専制国家の基礎を掘り崩す。従って清代後期の財政問題も、「各朝代において繰り返された、制度確立→隆盛＝『祖法』の墨守→矛盾露呈→改革→動乱の醸成→滅亡のサイクル」[3] の一過程として循環論的に理解されるのである。

岩井理論の特徴は、ひとことで言えば現象的類似性から構造的同質性を導き出していることであろう。岩井は社会経済の発展を認めてはいるが、それは単なる外延的拡大や数量的増加を意味するに過ぎず、それ故王朝交替などにより「原額」が改訂されれば、再び中央集権的管理の下に容易に繰り入れられるものである。しかし少なくとも一九世紀の財政悪化と清朝支配の弱体化は、明以前の王朝末期的状況とは性格が異なる。一八世紀中葉以降、江南における木棉や絹などの繊維手工業の発達、福建・広東沿海部での砂糖やタバコなど高付加価値商品生産への傾斜、湖北や四川での移入代替棉業の形成などを通して、国家が一元的に管理していた全国市場から地域経済圏（概ね一省ないし数省程度の中規模経済圏）が自立化すると、[4] 伝統的流通統制に基礎を置く塩課や関税は時代遅れになり、財政収入の中核を占める田賦もまた商品経済の展開に応じた柔軟な課徴制度を導入する必要に迫られていた。蓋し地丁銀制は基本的に耕地面積と土地生産性に対応した税制であり、穀物の商品化、農産物加工、手工業生産などは想定されていないからである。一八世紀から一九世紀にかけて社会経済は本質的変化を遂げつつあり、それに対応すべき財政制度も、もはや定額の変更だけでは済まされない構造的改革を必要としていたのである。それ故「原額主義」原則の桎梏から清代後期の財政の行き詰まりを説明することはできない。

さて国家財政の収支均衡は、嘉慶白蓮教徒の乱以降、歳出増・歳入減傾向にあったが、太平天国は財政に決定的打撃を与えた。そこで各省督撫は、とりあえず釐金や牙帖捐などの商業課税や津貼や捐輸などの田賦付加税によって軍餉（軍事費）を確保する一方、反乱鎮圧後直ちに賦税改革を断行して、民間の負担を軽減しつつ徴税効率を高めようとした。咸豊（一八五一―一八六一）・同治（一八六二―一八七四）年間、長江中下流域各省で浮収の削減と「大戸」「小戸」間の不均等負担の是正を柱とした賦税改革が相継いで実施されたことは既に明らかにされており、数多くの先行研究が蓄積されている。(5)これら諸研究は賦税改革の経緯を詳細に解明しているだけでなく、その歴史的意味についても様々な分析視角から検討を加えている。(6)但し財政史の側面では、均賦・減賦政策を通した既存の財政制度の彌縫という位置付けにとどまり、中央集権的国家財政の構造的転換を読み取ろうとする問題意識は希薄である。(7)岩井もまた、この賦税改革についてほとんど触れていない。

如上の問題を解く手掛かりを得るため、本書前半部分では清代後期各省における財政改革について考察する。まず第一章では、太平天国の被害を真っ先に受け、軍餉確保と民力休養が喫緊の課題であった湖北、湖南、江西三省、特に湖広両省の改革を取り上げる。釐金・捐輸の導入や減賦・均賦政策など改革の具体的事実については先行研究に多くを学びつつ、(8)従来積極的に論じられてこなかった正額外「財政」部分の整理についても検討する。(9)

一　国家財政の再建

一九世紀後半期における財政改革の基調は、第一に釐金や牙帖捐などの新税に依拠した国家財政の再建であり、第二にそれを可能ならしめるための地方的徴収の整理であった。釐金などの流通課税は太平天国に対する軍餉確保を目的として設置され、督撫がこれを統轄したが、反乱鎮定後も廃止されず、国家財政を補完する主要財源の一つとして定着した。そこでまず湖広における釐金・牙帖捐の導入から考察を開始しよう。

周知の通り、釐金は咸豊四年（一八五四）刑部侍郎雷以誠により揚州仙女廟鎮にて徴収が開始され、咸豊五年（一八五五）には江西・湖北・湖南各省でも導入されるようになった。この内江西は百貨釐、湖南は百貨・塩茶釐を徴収するのみであったが、湖北ではこれに加え牙帖捐を並行して実施した。(10) 牙帖捐とは従来布政使司が発給していた司帖を戸部が発給する部帖へ半強制的に切り替え、巨額の免許料を捐輸（寄付金）として納付させるもので、実態は牙行に対する営業税に近いものであった。

湖北省で釐金と牙帖捐の導入を主唱したのは、湖北巡撫胡林翼（咸豊五年三月―咸豊一一年八月在任）である。咸豊五年胡林翼は司帖から部帖への交換による牙帖捐の実施を奏請し、戸部の策定した一八条の章程に基づいて施行すべしとの上諭を得た。ところが兵火によって疲弊した牙行は、示諭の後数か月を経ても積極的に応捐しようとしなかった。そこで胡は咸豊六年（一八五六）三月、現地の状況に合わせて施行細則を簡略化した修正案六条を策定し、認可を申請した。(11) その内容は次の通りである。

（1）各行の課則は原帖に依らず、今次の実態調査に基づいて決定する。

（2）課則は上、中、下、次下四則（捐銀一〇〇〇両、七〇〇両、五〇〇両、三〇〇両）から繁盛上、中、下行（捐銭一〇〇〇串、五〇〇串、二〇〇串）および偏僻上、中、下行（捐銭七〇〇串、三〇〇串、一〇〇串）の六則に変更し、零細牙行も捐を納めさせる。課額も銀建てから銭建てに変更する。

（3）旧設市集、新設市集の別なく、一律に臨時捐輸を実施する。

（4）営業地（市集）の変更を認める。

（5） 新帖を頒給する際、営業者や営業地などの変更が無い場合、旧帖持参者は三分の一、旧帖遺失者は半額で交換する。営業地を変更する者は八割を、業種を変更する者は六割を捐輸させる。なお府州県が私給していた牙帖は更新を認めない。

（6） 父子兄弟叔姪が故帖を継承する場合には、重ねて捐輸することを免除する。

修正条項では課則を細分化し割引納入を採用するなど、牙行の実状に即した弾力的制度への変更が認められるが、注目すべきは従来府州県が独自に発給していた牙帖の通用を禁止したことである。従来の牙行制度は、戸部が各省に割り当てた原額に則り、布政使司が牙行に司帖を無料で頒布し、州県が毎年牙税を徴収して全額省へ送ることを原則としていた。しかし実際には、微細な牙税と較べてはるかに多い陋規や、故帖を継承する際に書吏が要求する高額の手数料が存在し、これが州県の主要財源の一つとなっていた[12]。州県が独自に牙帖を頒給することも行われていただろう[13]。胡林翼は牙税や牙帖頒給に関連した付加徴収の権益を州県から奪い、それらを牙帖捐として定額化・公認化し、省城の牙帖釐金総局および沙市局、襄陽局に管理を委ねた[14]。牙帖捐は州県の地方的徴収から、戸部が承認し省が直轄する臨時の国家財政に昇格したのである。これと並行して牙税の引き上げ、生員・監生および職銜（名目的官位）保有者の牙帖取得解禁などの措置も実行された[15]。なお牙帖捐は国家財政に準じてはいるが、太平天国鎮圧を目的とした臨時課税であり、本来なら反乱終息後廃止すべきものであるにもかかわらず、同治・光緒（一八七五―一九〇八）年間においても引き続いて実施された。しかし漢口で牙行の流通統制が崩れ、廃業する者が続出したため、光緒二五年（一八九九）行首余能培らの請願により、今後は有力牙行のみを対象に捐を納めさせて牙帖の書き換えを行い、無力牙行については毎年額面の五％を一〇年間認捐（取引高に関係なく一定額の捐を納付すること）させるように改められた[16]。

釐金については、咸豊五年（一八五五）一一月より省内各地に局卡が設けられ、徴収が開始された。胡林翼は釐金の徴収に紳士を登用し、書吏の需索を排除した[17]。こうして湖北省では督撫の委員と紳士が共同で釐金局の運営を担うことになったが、これは「両湖辦法」と呼ばれ、他省へも普及した[18]。ここで注目されるのは、釐金が客商よりも牙行や舗戸を課税対象とした点である。咸豊七年（一八五七）沙市では行店に対して商品取引額銭一千文につき釐金銭一二文が徴収され、六―七月間には三六文に引き上げられたが、零細舗戸についても上、中、下三等則に区別して毎月銭六〇串から二〇串の認捐が実施されており、これらの釐金が商業を圧迫しているとの上奏がなされた。これに対して胡林翼は、行店からの釐金徴収は銭一二文に固定されていること、舗戸からの釐金認捐も概ね行店の税率に準じた妥当な額であることを根拠に反論しているが[19]、何れにせよ釐金が沙市の仲買商や小売商から一括徴収されていたことは確かである。牙帖捐が牙行の営業許可税であるとすれば、釐金は牙行や舗戸の取引税と見なすことができるだろう[20]。

一方湖南でも湖北とほぼ同時期に巡撫駱秉章によって釐金と牙帖捐が導入された。まず牙帖捐について。咸豊六年（一八五六）駱秉章は胡林翼の章程を検討し、一応その有効性を評価した。ところが彼はこれを直接湖南に適用することに二の足を踏んだ。その理由は、太平天国の兵乱により商業が衰退し、閉店した牙行が全省で二八〇余戸に達している厳しい状況の下で、この上牙帖捐を強行すれば破産者が更に増加すると危惧されたからであった。そこで彼は、現在旧帖を保有している行戸については直ちに新帖への交換を強制せず、廃業した牙行の故帖を継承する者に対してのみ新章程に基づいて捐銀を納付させることにした[21]。湖南の牙帖捐は既開の牙行には賦課されなかったのである。彼はまた牙税についても引き上げを見送っている[22]。

次に釐金について。咸豊五年（一八五五）五月駱秉章は他省に先駆け長沙に釐金総局を、湘潭・常徳・益陽など一六州県に分局を設置し、釐金徴収を開始した。また咸豊六年二月には長沙に塩茶局を設け、郴州・宜章・臨武・岳州などの局卡にて茶釐および塩釐の徴収を始めた[23]。しかし彼は釐金についてもあまり積極的ではなかった。咸豊八年

表１－１　湖北・湖南の牙税額比較

出　　典	A湖北省(両)	B湖南省(両)	A÷B
康熙(29年)『大清会典』①	7,344	738.14	9.95
雍正(10年)『大清会典』②	999.14	742.64	1.35
乾隆(13年)『大清会典則例』③	2,775.634	1,035.216	2.68
乾隆(48年)『戸部則例』④	5,936.8	1,044.891	5.68
『湖北通志』『湖南通志』⑤	7,975.1	1,007.214	7.92

註　①康熙『大清会典』巻35、戸部、課程４、襍賦。
②雍正『大清会典』巻53、戸部、課程５、雑賦。
③乾隆『欽定大清会典則例』巻50、戸部、雑賦下。
④乾隆『欽定戸部則例』巻60、関税、課程中、牙行額税。なお嘉慶『欽定大清会典事例』巻195、戸部、雑賦、牙行商行当舗税も同じ数値を載せる。
⑤民国『湖北通志』巻44-45、田賦1-2および光緒『湖南通志』巻50-53、賦役、田賦1-4に記載された各地の数値を集計。

（一八五八）四月釐金が招く擾累の途絶を訴えた奏文の中で、彼は釐金の導入当初その実効性をかなり憂慮したと漏らしている。[24] そこで彼は釐金局に紳士を登用して書吏や市儈（牙行）による陋規需索を防止するとともに、[25] 軍船や練勇を流通の拠点に配置して巡回させ、釐金が治安維持のために役立てられていることを客商らに訴えるなどの工夫を凝らした。[26] これらの施策は湖南の釐金が客商から通関税として直接徴収されていたこと、市儈のような流通業者を通した間接徴収は認められていなかったことを意味しており、湖北との相違を際立たせている。

それでは何故湖南では牙帖捐の実施が事実上見送られ、釐金もまた客商から徴収されたのであろうか。ここで国家が規定していた両省の牙帖数および牙税額を比較してみよう。まず牙帖数について。乾隆四八年（一七八三）刊『欽定戸部則例』巻六〇、関税、過程中、牙行額税の項に記載された牙帖額数は湖北が九二四八張、湖南が一一〇一張であり、湖北は湖南の約八・四倍を占め、圧倒的優位を誇っている。次に牙税額について。表一・一は歴代の『大清会典』や『戸部則例』、民国『湖北通志』、光緒『湖南通志』に記載された牙税額の推移を表したものである。牙税額でも湖北より湖南の方が低位であることが一見して読み取れる。ただ乾隆『戸部則例』記載の牙帖数と較べた場合、牙帖一張当たりの牙税額の平均値は湖北が約六銭四分、湖南が約九銭五分であり、負担率は湖南の方が高い。一方湖北省の牙税額は雍正年間（一七二三―一七三五）に一旦急減した後、徐々に復調しているが、激減時でも湖南省の一・三五倍あり、この差は再び開いてゆく。牙帖数や牙税額は国家が公定するものであり、必ずしも牙行の実態を反映するものではないが、水面上の部分を見比べるなら、湖南は湖北より牙行数が少なく、一行当たりの牙税負担率が高かったと言える。また湖南には湖北の漢口や沙市に相当する巨大な流通拠点も無かった。駱秉章が牙帖捐や牙行による釐金の請負徴収に消極的姿勢を示したのは、湖南における牙行の発達が湖北より相当低水準であったことによるものと推測される。

ところが咸豊一〇年（一八六〇）曾国藩は湖南に東征局を設置し、釐金の増徴を断行した。現地にあってこの困難な任務に従事したのは、湖南巡撫毛鴻賓であった。毛は湖南省の生産力の低位性を認めた上で、廉正な委員や紳士に経理を委ね、書役の中飽を防ぐという駱秉章の方法を徹底させることにより、徴収効率を高めようとした。(27)同治初には釐金局の運営を地方官に移管すべしとの議論が持ち上がったが、これに対し彼は、①地方官の業務が増加する、②州県衙門と釐卡が離れているので、衙役や書吏に管理を委ねざるを得ない、③徴収者と監察者が同一人物になるので、経理の不備や不正を防止できない、④書吏が一旦釐金からの陋規を生活費に組み込んでしまうと、将来釐金を廃止することができなくなる、という四点の弊害を列挙して強く反駁した。(28)毛鴻賓は新たな財源を開拓することはしなかったが、駱秉章の官紳併用策は堅持し「両湖辦法」を定着させた。東征局は太平天国の終息により同治四年（一八六五）に廃止された。

咸豊年間太平天国に対する軍事費の急増に直面した湖広両省は、他省に先駆けて全省規模の釐金および牙帖捐を導入した。但し両省の実施状況を比較すると、そこには微妙な相違が見られる。湖北では釐金の他牙帖捐を積極的に推進したのに対し、湖南では牙帖捐が事実上見送られ、釐金についても仲介業者の請負徴収は認められなかった。両省間における釐金および牙帖捐政策の隔たりは、商品生産や流通の発展水準の差異に起因するものと思われる。清代湖北では省東部を中心に棉業を基礎とした商品生産が展開し、地域経済圏が形成されつつあったのに対し、湖南は概ね江南や湖北への主穀供給地にとどまっていた。[29] また湖北より更に商品生産が発達した江南では、同治二年（一八六二）李鴻章により牙帖捐導入と牙税の引き上げを柱とする牙税制度改革が実施されたが、[30] 湖南と同様商品生産の遅れた安徽や江西では改革が確認できない。太平天国という事件を契機としたにせよ、江南や湖北など経済的先進地域では牙行を媒介とした商業・流通への課税は時代の趨勢だったのである。

釐金や牙帖捐は一時的に国家財政を潤したが、流通への広範な課税は商人層のみならず民衆にも大きな負担を強いるであろう。間接税の導入は直接税の減免によって相殺しなければ糧戸の支持を得ることはできない。それ故胡林翼や駱秉章は釐金や牙帖捐の新設とほぼ同時に、田賦や漕糧の負担減と平準化に着手した。次に両省における賦税改革について考察しよう。

二　地方的徴収の整理

咸豊年間財政再建に着手していた各省督撫が真っ先に整理の対象としたのは、民衆にとって重負担であるにもかかわらず国家財政には全く寄与しない地方的徴収であった。ここでは地方的徴収の整理を中心とした賦税改革の実施状況について、湖北・湖南および両省と比較するため江西の三省を取り上げて検討する。

1 湖北省の賦税改革

湖北省で賦税改革を断行したのは、釐金や牙帖捐を導入した胡林翼であった。咸豊六年（一八五六）当時同省では太平天国に対する軍事費を捐輸、牙帖捐、釐金に依存していたが、陋規需索や私的徴収が横行し、徴税効率は低かった。そこで胡はまず官場での規礼応酬慣行を厳禁しなくてはならないと痛感した。[31] この認識は次いで漕運にも適用された。咸豊七年（一八五七）一〇月彼は、湖北では漕弊が深刻化しており、一石当たりの折価（貨幣換算率）が少ない州県でも銭五―六串、多い州県だと一八―一九串に達している状況を開陳し、その原因を書吏の陋規需索や官僚の規礼饋送に求めた。浮収を禁止し民間の負担を軽減するためには「冗費」すなわち陋規や規費を廃絶しなくてはならない、これが彼の出した結論であった。[32]

咸豊帝の裁可を得た胡林翼は、示諭して、①従来道府や各級衙門が授受してきた漕規や房費・差費などの規礼の禁止、②糧戸から由単・串票・様米・号銭などの名目で需索されていた陋規の禁止を命じた。[33] 同時に彼は糧差の浮収を黙認した署荊門直隷州知州方の解任を申請し、地方官の綱紀粛正を図った。[34] だがこれまで陋規需索・規礼饋送慣行が必要悪として黙許されてきたのは、官僚や書役の人件費や地方行政経費が固定的かつ過小に設定されていたからであり、陋規や規礼を完全に廃絶することは不可能であった。そこで彼は漕糧（咸豊三年より折銀される）を制銭で折価する際、州県の必要経費をある程度含めて徴収することを認めた。咸豊八年（一八五八）六月に制定された湖北省漕務章程を要約すると次のようになる。

（1） 糧道に各州県の徴収実数を調査させるとともに、在地の紳士・耆老に納得のゆく折価額を公議申請させる。申請定額が妥当であると判断されれば、巡撫がそれを公認する。折価額は毎石銭四千文から六千五百文の範囲内に収斂させる（各州県の定額は表1・2に列記）。州県が定額を超えて徴収することを厳禁し、各郷に改訂章程を石碑に刻んで広く告知させる。

（2）北漕は当面糧道庫に収貯し、軍餉に充当する。

（3）南漕の折解折放余銀（銀に換算して送金する際の上乗せ）は減額して帰公する。

（4）漕糧および南漕の水脚費（輸送費）は減額して帰公する。

（5）州県の冗費を全廃する。これまで糧道とその属僚は毎年百数十両から千数百両もの漕規を饋送されていた。司道府庁の書吏も数十両から数百両の房費や年規を受け取っていた。州県の書差は辛工、飯食、紙張などの名目で陋規を需索しているが、その大半は上級官吏へ饋送しているのである。そこで浮収を厳禁するためには、まず一切の規礼授受を裁革しなければならない。

（6）州県は漕糧を全額徴収し、虧空を出してはならない[35]。

以上六条の中で最も重要な点は第一項と第五項であろう。胡林翼は第一項で州県の必要経費を漕糧から徴収することを一定の範囲内で認めた。そして漕米一石当たりの折価額を糧戸の代表者と見なされている紳士・耆老らが自主的に算定し、これを彼が認可するという過程を経ることにより、在地有力者層との合意形成にも配慮がなされた。一方彼は第五項で州県の上級官庁への規礼饋送を全面的に禁止した。州県の行政経費を漕糧折価の中に組み入れ、規礼饋送体系を破壊することによって書役の需索を押さえ込み、その結果として糧戸の負担を大幅に軽減し、徴税効率を向上させるというのが、湖北における賦税改革の骨子であった。

それでは胡の政策はどの程度支持され、効力を発揮したのであろうか。従来の賦税改革研究は政策実施者の遺した史料からその成否を論じる傾向が強く、州県や在地社会の反応についてはほとんど検討されてこなかった。だが督撫側の史料だけから成果を判断することは危険である。ただ州県や民衆の反応を直接知る手掛かりは残されていないの

表１－２　湖北各州県の漕糧折価額

府	州　県	折価額(文)	地方志の記載
武昌府	江　夏	6,500	同治志、巻３
	武　昌	4,400	光緒志、巻４
	咸　寧	5,500	光緒志、巻４
	嘉　魚	5,500	記載なし
	蒲　圻	5,000	同治志、巻２
	崇　陽	4,000	同治志、巻４
	通　城	4,000	同治志、巻８
	興国州	4,100	記載なし
	大　冶	5,000	記載なし
	通　山	4,800	同治志、巻３
漢陽府	漢　陽	5,000	同治志、巻８
	漢　川	4,200	同治志、巻10
	黄　陂	5,800	同治志、巻４
	孝　感	5,800	光緒志、巻３
	沔陽州	4,000	光緒志、巻４
黄州府	黄　岡	4,500	光緒志、巻４
	黄　梅	4,500	光緒志、巻15
	蘄　州	4,500	光緒志、巻５
	羅　田	4,500	光緒志、巻４
	蘄　水	4,500	光緒志、巻４
	広　済	4,500	同治志、巻３
安陸府	潜　江	5,000	光緒志、巻９
	天　門	5,000	——
徳安府	安　陸	5,600	記載なし
	雲　夢	5,800	光緒志、巻２
	応　城	5,800	光緒志、巻３
	随　州	6,500	同治志、巻10
	応　山	6,500	同治志、巻16
荊州府	江　陵	5,000	光緒志、巻12
	公　安	5,000	同治志、巻３
	石　首	5,000	同治志、巻３
	監　利	5,000	同治志、巻４
	松　滋	4,500	同治志、巻３
荊門州	荊門州	4,800	咸豊志、巻１
	当　陽	(4,400)	同治志、巻４

註　折価額は本章註（35）所載の数値による。但し東陽県については、胡林翼の奏文に記載がない。括弧内の数値は同治『東陽県志』所載の数値である。また天門県については、咸豊以降刊行された地方志が現存しないため、記載の有無は不明である。

で、地方志の記載を参考に考察を加えたい。

　地方志は府州県官や在地知識人が中心となって自発的に編纂された文献であり、基本的な様式はあるが、記述の方法や精度は一定ではない。しかし清末の州県志は点数が多いので、ある程度の傾向性は読み取ることができるだろう。多数の地方志に改革の記述が残され、現地の動向が具体的に描かれているものも少なからず存在するなら、改革の実効性の高さが裏付けられるであろうし、逆に記述が乏しく画一的であれば、改革が在地においては空文化していた疑いが持たれる。

　咸豊七年（一八五七）の湖北漕運改革は、同治・光緒年間に刊行された州県志の大半に記録されている。表現はそれぞれ異なってはいるが、胡林翼の認定した折価額と州県志に記載された数値とは一致する。表１・２は各州県の折価額と地方志の記録の有無を示したものである。一見して明らかなように、大多数の有漕州県では地方志の中でも漕糧改革について触れており、改革への関心が高かったことが知られる。[36]

それだけではない。多くの地方志は胡林翼の告示を要約するにとどまっているが、中には告示に記載されていない事象に触れているものも存在する。光緒『羅田県志』によれば、同県では胡の改革により漕弊が一掃され、人民は大いに喜んだが、太平天国終息後本色（現物）徴収に復帰する方針が出されると、官民はこれに強く抵抗した。同治末の知県管貽葵は、もし漕糧が本色に戻されることがあれば、官紳が共同で督撫に陳情し、麻城や黄安に倣い再度折色に変更して貰うべきだと書き遺している。[37] 漕糧改革が糧戸から強い支持を受け、知県もこれに賛同していることが読み取れる。但し糧戸は隠田などが新たに課税対象となる土地丈量については反発した。同治『監利県志』によれば、胡林翼は咸豊七年（一八五七）減漕と併せて丈量を断行しようとした。しかし清丈は悪政と見なされ、数か月を経ても実施に移すことができなかった。翌年知県吉雲樵は城内に総局を設置し郷紳を招聘したが、出仕する者はいなかった。[38] 同県の清丈は結局強行されるのであるが、胡林翼が清丈を指令したことは彼の上疏や他の地方志には見られないことから、全省的に見ればほとんど計画倒れに終わったものと考えられる。

咸豊七年巡撫胡林翼による湖北有漕州県における漕糧の銭納定額化政策は、ほぼ全ての州県志に記録が残されていることから、成功したものと判断される。土地丈量との併用も試みられたようであるが、これは実現しなかった。漕糧の折銭は太平天国終息以後も堅持されていることから、胡の改革で漕糧の付加徴収に基づく規礼饋送体系はその存在意義を失い、概ね排除されたものと考えられる。こうして湖北では糧道や知府らの既得権益は大幅に縮小され、民衆の負担軽減によって釐金の徴収が容易になり、督撫による財政集権化が始まったのである。[39]

2　湖南省の賦税改革

一方湖南省では、巡撫駱秉章により湖北に若干先行して賦税改革が実施された。その対象も漕糧ばかりでなく地丁にも及ぶ包括的・本格的なものであった。まず改革の推移について概観しよう。

咸豊五年（一八五五）駱秉章は有漕の州県に漕規（漕糧徴収における陋規）の裁汰を命令した。暫くして湘潭県の挙人周煥南らが布政使に呈請し、銭糧徴収章程の制定を求めた。布政使は彼らを湘潭県に送還したが、彼らは次に巡撫に呈請し、布政使と糧道に章程の審理を命じて頂きたいと懇願した。同年一〇月周らは再度巡撫の許に赴き、地丁額徴一両につき実徴一両四銭に、漕米額徴一石につき折銀三両（内訳は漕米折銀一両三銭、軍餉一両三銭、県費用四銭）に定額化する改革草案を提出した。駱はこれを湘潭章程として公認するとともに、銭漕の完納を命じた。その後長沙や善化でも章程請願の気運が高まったが、署善化知県謝廷栄は差役を遣わしこれを阻止した。そこで善化県の紳民十余人は一二月一日夕刻巡撫衙門に到り、謝知県が差役を使って妨害したことを直訴した。一二月三日今度は糧道謝煌が来庁し、たとえ地丁や漕糧を減額しても完納することは不可能であろうし、湘潭章程のように一定の付加徴収を公認することは戸部則例への違反であると難詰した。これに対して駱は、減額しても完納できないのなら、増額すなわち陋規を黙認したままで原額徴収を継続すればなおさら完納できないはずであり、もしここで減賦を実施しなければ、本年の銭糧は分釐たりとも集まらないであろうと反論した。この時糧道と按察使は兼任であったので、駱は謝煌を按察使専管として財政問題から遠ざけ、糧道には別人を充てた。また善化県知県謝廷栄は解任された。五日謝煌は再び来庁したが、駱は彼と会見しなかった。その後長沙、善化、寧郷、益陽（以上長沙府）、衡陽、衡山（以上衡州府）の各県は湘潭県に倣って銭漕章程を呈請し、それぞれ駱によって認可された。なお湘潭県の挙人周煥南は手弁当で県内各郷を遍歴し、駱巡撫のご恩に報いるべくわれわれも銭糧や漕米を完納しようと糧戸に呼びかけたので、同県では一二月中に銭糧一〇万両が納付された。——以上が銭漕章程導入に到る経緯である。(40)

銭糧の減額や章程の制定に対する各人の反応は、それぞれの利害を反映して大きく異なった。巡撫は軍餉の確保という焦眉の課題に対処するため、無制限の陋規需索を禁止し、糧戸が受容できる水準まで額外徴収を圧縮しようと図った。これに対し規礼饋送による利益を削減される糧道や州県官は改革に強く抵抗した。一方在地有力者層は改革を歓迎し、周挙人のように自ら民衆の説得に当たる者もいた。巡撫が郷紳層と手を握り、民衆の合意形成を図ると同時に地方官の妨害を排除することで賦税改革は実現したのである。

各県で章程が軌道に乗ったことを確認した駱秉章は、咸豊八年（一八五八）四月銭漕整理を上奏した。[41] ここで彼は、州県は廉俸が少なく、銭漕からの陋規や規礼の徴収により公私の必要経費を賄わねばならない現状を直視し、地方的徴収の全廃には賛成しない。さりとて国家の側から浮収を組み込んだ実徴額を設定すると、地方官や書吏は新規定額の外で更に陋規を付加する恐れがある。そうこうするうち各県の士民が自ら実徴額を呈請してきたので、妥当な案についてはこれを承認し、官民の一方に偏した案については差し戻し、適切な額に修正させて認可した。こうして数か月で章程が制定された。[42] これが上奏の要旨である。官民が合意できる額で新基準を自発的に決定させたことが駱秉章の賦税改革を成功に導いた主因であることが、ここでも確認される。この方法は胡林翼の湖北漕糧改革でも踏襲された。なお湖南でも同治初頭、漕運の再開に伴い漕糧の本色徴収への復帰が企てられたが、時の湖南巡撫毛鴻賓はこれに反対し、駱秉章の改革路線を堅持した。[43]

駱秉章の改革は糧戸や郷紳層からは支持を得たが、地方官からは反発を受けた。次に湖北の例に倣い地方志の記述から各地の改革実施状況を検討しよう。

長沙府では駱秉章の挙げた湘潭、長沙、善化、寧郷、益陽五県の他、醴陵県でも銭漕章程を制定したという記録が残されている。衡州府では衡陽県志には記録があるが、衡山県志には記載がない。湖南省ではこの他賦税改革について触れた地方志は見当たらない。

湘潭県では従来知県が漕規や漕館などの陋規を徴収し、知府や糧道に歳規として毎年六〇〇両、同知以下にも勢力に応じて数両から一〇〇両を饋送していた。衙役や書吏もまた解費や房費などの必要経費を始め、様々な陋規を需索していた。このような重負担に対し、既に道光（一八二一－一八五〇）末陶恩培によって浮収の禁止が要請されたが、駱秉章の改革によって初めて実現を見た。更に光緒一〇年（一八八四）知県李元善・沈錫周により「結糧」が廃止され、賦税改革は完了した。[44]

湘潭に次いで長沙や善化でも章程が制定されたが、[45]これに続いて寧郷でも生員黄甫山、挙人楊文鵾らの運動により銭漕の整理が実現した。[46]翌咸豊六年（一八五六）には運動は益陽にも飛び火し、唐晋らが先行四県に倣って章程の制定を請い、認可された。[47]醴陵でも道光年間より匡光文が漕弊を訴えていたが、[48]駱秉章の改革指示後、生員劉雲輝らが章程の制定を請願し、認められた。改革は一時中断したようであるが、同治三年（一八六四）巡撫惲世臨が再度各県の章程を復活させ、減賦を実施した。[49]衡陽は漕糧が少ないため、浮費も湘潭の十分の一以下であったが、駱秉章により定額化が断行された。[50]

その他の州県では地方志に銭漕の定額化が行われたという記載がない。しかし咸豊三年（一八五三）太平天国による漕運の停止に伴い、駱秉章が漕米一石を銀一両三銭に折価したことは多くの地方志に記録されており、[51]史料自体の信頼性は決して低くない。やはり賦税改革の実施は長沙・衡州両府下の七、八県に限られていたと考えるべきであろう。

なお常徳府武陵県では兵穀五千石が賦課されていたが、道光年間に書吏の需索が激しくなり、地丁一両につき銭七〇〇－八〇〇文が攤派（割り付け）されるようになった。そこで道光二八年（一八四八）王文嵐、楊秀閥、陳鴻業らが相継いで毎両銭二〇〇文への引き下げを訴え、咸豊二年（一八五二）知県胡鏞により実現された。咸豊四年太平天国の擾乱で条例は紛失したが、咸豊八年知府彭汝琮の請により巡撫駱秉章、布政使文格が再度浮収を改革した。[52]賦税改革とは直接関係のない事例であるが、地方的徴収は道光頃から様々な場面で深刻化しており、駱秉章もそれらの整理に積極的姿勢を示していたことが知られる。

胡林翼も駱秉章も釐金や捐輸など新たな国家的徴収を推進するためには、まず地丁や漕糧など既存の徴税に付着した陋規需索・規礼饋送体系を整理しなければならないという認識に立ち、太平天国に対する軍餉確保を槓杆として湖北・湖南両省で賦税改革を断行した。その内容は両省とも銭漕に付随する各種の陋規を廃止し、郷紳の協力を得て各州県で地方行政経費を含めた現実的な賦課額を公定させることであった。両省の改革を比較すると、湖南が湖北に先行しており、湖北が漕糧に限定したのに対し、湖南は地丁・漕糧とも改革の対象とした。しかし地方志の記載からその実施状況を検討すると、湖北改革が省内有漕州県のほぼ全てで確認できるのに対し、湖南改革は省城近郊の七、八県でしか確認できず、湖北より不徹底であったことが推測される。湖南省周辺部での地方的徴収の整理は、次節で詳述するように光緒以降に持ち越されたのである。

3　江西省の賦税改革

湖北と湖南との相違をより明確にするため、ここで湖南より商品生産の展開が更に遅れていたと想定される江西の賦税改革について検討しよう。江西では咸豊一一年（一八六一）九月太平天国の勢力を駆逐した後、両江総督曾国藩が湖広の例に倣い地丁・漕糧の減額と折価を実施した。折価額は全省同一で、当初は地丁一両につき折銭二四〇〇文、漕米一石につき折銭三〇〇〇文に設定されていたが、同治元年（一八六二）銭価の下落により折銀され、地丁一両を実徴銀一両五銭に、漕米一石を折銀一両九銭に改められた。その後銀価が低落したので再度折銭徴収に戻された(53)。それではこれらの政策は果たして各州県で実行に移されたのであろうか。

江西省には同治末頃に刊行された地方志が多数存在し、改革の成否を検証するための重要な指標となり得る。ところが調査総数八九点（同治志七四点、光緒志一〇点、民国志五点）の内、賦税改革について触れているものは約四分の一の二三点、府志および一県二志の重複事例を除くと僅か一八州県志に過ぎず、地域的にも分散している。また他の地方志の記述をそのまま転載するだけのものも多く、たとえば鄱陽県志と万年県志は同文で、臨江府志、清江県志、新淦県志、新喩県志、貴渓県志、広豊県志、廬陵県志（同治志・民国志）、永豊県志も同文（但し新喩県志のみ若干異なる）である。湖広とは異なり賦税改革が全省画一的に実施されたため、他志からの引用はある程度起こり得るかもしれない。ところが不思議なことに、折銭・折銀の実施年次は地方志によって相当ばらつきがある（表1・3）。

そもそも江西の賦税改革は、折価額が全省一律で督撫より一方的に通達されており、在地の糧戸・紳士層との合意形成は全くなされなかった。湖南の改革でも見られたように、州県官は折価による浮収の削減を好まなかったから、彼らが消極的抵抗を行ったことは十分予想できる。地方志にあまり記録されず、数少ない記載についても施行時期の誤差が大きいということは、取りも直さず曾国藩による賦税改革の指示が州県で空文化され、実行に移されなかったことを意味しているものと考えられる。

以上長江中流域三省の賦税改革について、地方志の記述を手掛かりにその実施状況を検討した。その結果先行研究とは裏腹に銭漕陋規改革が成功を収めた地域は湖北省の大部分と湖南省の長沙近郊に限定されることが明らかとなった。湖南省のその他の地域と江西省では改革は形骸化されたものと推定される。陋規の整理が成功した湖北省は商品生産の活発な地域であり、釐金や牙帖捐も積極的に導入された。一方湖南省周縁部では商品生産が未発達で、牙行の活動もあまり見られなかった。胡林翼の改革以降、湖北では地方的徴収の整理が課題に上ることはなくなった。光緒初頭山西巡撫および両広総督在任中、山西や広東で差徭や陋規の軽減、規礼饋送体系の解体、省財政からの公費支給などの財政改革を指令した張之洞も、湖広総督転任後は、鄖陽・宜昌・施南三府に対し、地方行政経費として支給される「公款」以外に所属州県より「公費」や「小費」などの名目で規礼の饋送を受けることを厳禁したのを除けば[54]、地方的徴収に関する改革を実施していない。これとは対照的に湖南では光緒以降も大半の地域で地方的徴収が残存し、再度の改革を必要としていた。

表1－3　地方志から見た江西賦税改革

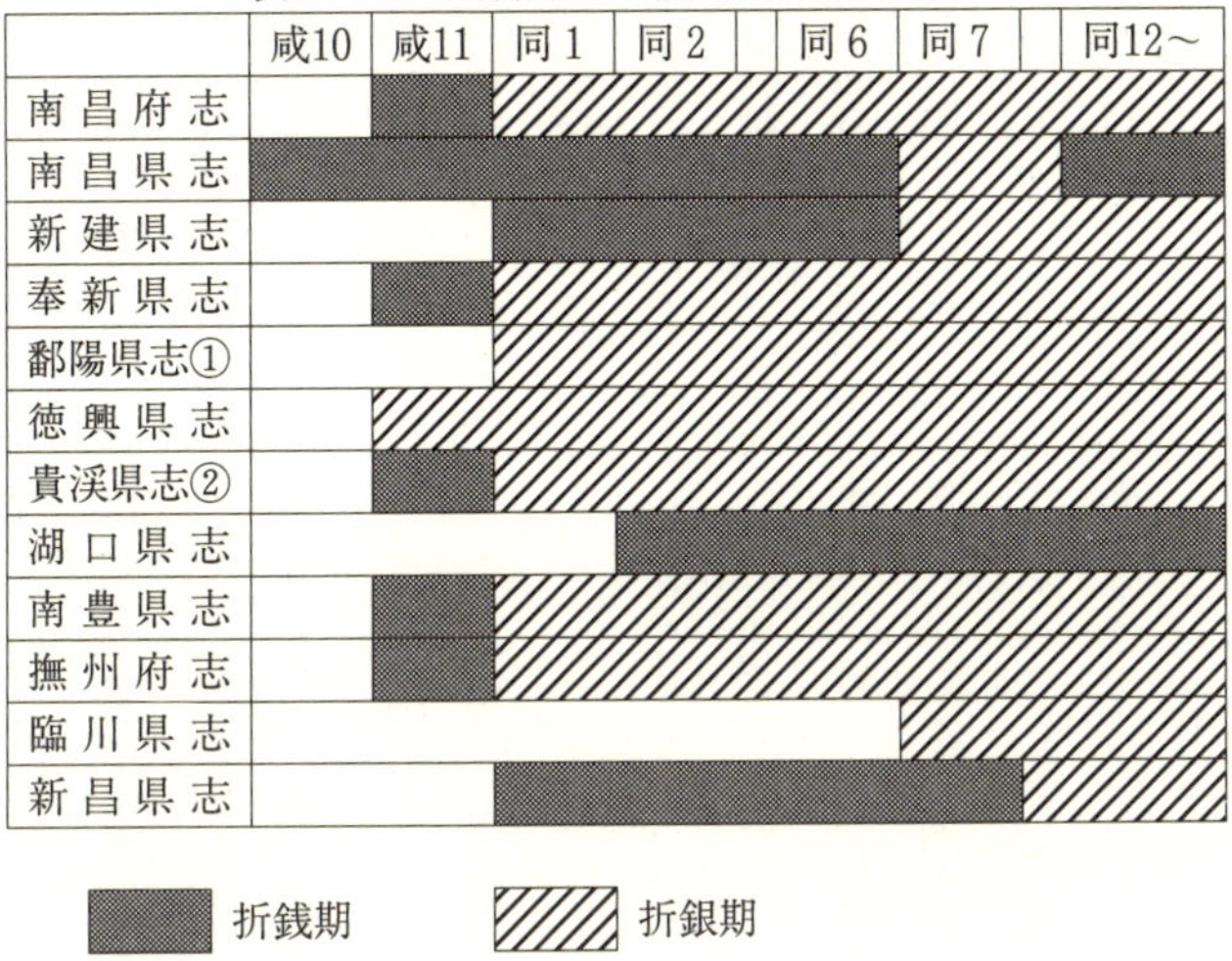

註　①万年県志を含む。
②臨江府志、清江県志、新淦県志、新喩県志、広豊県志、盧陵県志、永豊県志を含む。

三　湖南における改革の継続

太平天国終息後も湖南省の大部分の州県では地方的徴収が未整理であった。再度この課題に着手したのは光緒初期の湖南巡撫卞宝第（光緒八年三月－光緒九年五月、光緒一一年二月－光緒一四年一〇月在任）であった。

光緒八年（一八八二）湖南巡撫に着任した卞は、湖南省各州県で書差の需索が深刻化していることに注目し、早速その整理を命じた(55)。その後衡州府からの報告によると、衡州にはこれまで定額外の書吏や衙役が多数存在し、訴訟の取り次ぎに際して法外な手数料を徴収する「伝詞」、架空の土地売買を捏造し意図的に農民を納税者に仕立て上げる「漏税」、自殺、雇い人の自然死、行き倒れの検視に際し、殺人事件に発展させると脅迫して金銭を強要する「油火命案」など、様々な手口を駆使して需索を続けていた。そこで卞は書差の人員整理と陋規需索の禁止を知府に下命した(56)。

省西部の辰州府や沅州府でも差役は命案（殺人事件）の押解（犯人護送）費用を口実にした需索を行っており、卞宝第は按察使に事実の究明を命じている(57)。沅州府では黔陽県で前知県が多数の差役を廃止しており、現在復活を警戒しているとの報告が知府より寄せられている(58)。また永州府でも糧差の大幅削減と必要経費の支給により、銭糧納付における各種の浮収が廃絶されたと報告している(59)。

周辺部だけではない。湘潭県では人命案件に関わる差役の需索を予防するため「保安堂」と称する善堂が設けられ、検視に際する費用負担に備えていたが、保安堂の資金は按畝攤派（土地所有に応じた割り付け）されたため、糧戸にとってはかえって重荷になっていた(60)。この保安堂は同治・光緒年間四川省で盛んに設置された三費局とほぼ同じ性格の機関で、湖南省では岳州府平江県でも同治一二年（一八七三）知県が「皆不忍堂」と呼ばれる類似の善堂を設置し、書吏や衙役の人件費を支給している(61)。湘潭や平江など省内の比較的先進地域でも差役の需索は激しく、善堂を設けて負担の平均化を図らざるを得ない状況にあったようである。

卞宝第は書差の陋規需索に対し厳しい態度で臨んだが、陋規の多くは上司に規礼として上納されていたから、官場の規礼饋送慣行自体を廃絶しない限り、末端での需索は容易には改まらない。道光・咸豊以降書吏や衙役による非法定的徴収が深刻化したのは、養廉銀の減少により地方官が地方行政経費の多くを陋規や規礼に依存せざるを得なくなったからである。そこで卞は道府の規礼収受を禁止するとともに、州県の銭漕の平余（公認された付加徴収）から公費を捻出してこれを支給するよう指示した[62]。またこれに違反して規礼を要求した道府があれば、州県が直接督撫、布政使、按察使に訴えることを許した[63]。

ところが地方官の規礼餽送を禁止する反面で、卞は自らの地方的徴収についてはこれを強化した。光緒一二年（一八八六）淮安塩商源昌泰らは湖南省各衙門に上納する岸費（陋規）が加増されたことを両江総督曾国荃に訴え、これが卞の許に咨文で送られてきた。これに対し彼は、省会である長沙・善化両県では上級官庁へ提供する差務が多いので、特に岸費の需索が激しいのであろうと判断し、以後長善両県から上司への差務提供を禁止するとともに、各衙門の経費は基本的に自辦するよう指示した。一方巡撫衙門が加徴した岸費四八〇〇両については、二四〇〇両を育嬰堂経費に回し、六〇〇両を按察使に支給したのである[64]。卞は岸費の需索を否定するどころか、一定の加徴を容認している。但し州県から上級衙門への差務（規礼）餽送は禁止し、自ら加徴した岸費の一部を按察使に支給するなどの措置により、経費不足を補塡したのである。

卞宝第は駱秉章の銭漕陋規改革に引き続き、書差陋規改革を実施した。次章で述べるように、同じ頃四川省では丁宝楨により類似の財政改革が行われた。両省に共通する特徴は規礼餽送体系を寸断することにより陋規需索の必要性を否定したことであろう。それでは地方衙門の行政経費は、乏しい正額存留銀の他、何によって賄われていたのであろうか。州県について見れば、湖北省では漕糧折価の際に州県の経費を織り込んで折価額を算定した。四川省では三費局のような独立した公局を育成し、公局の基金から吏員の人件費を補塡した。ところが湖南省の場合、駱秉章の改革は郷紳との合意を得たものの僅か数県にとどまったし、卞宝第の改革では州県の行政経費については何ら手当てがなされなかった。一部の県では知県が主唱して経費支給のための善堂が設置されたが、四川の公局のように広範に展開しなかったし、湘潭県保安堂のように善堂がかえって苛斂誅求の具と化すことさえ起きていた。また道府や布按両司についてみても、四川では省財政から公費を支給したのに対し、湖南では州県が徴収した平余から公費を捻出した。省財政の脆弱な湖南省は、地方的徴収の一部を公認していたのである。そればかりか巡撫自身も塩商からの陋規徴収を強化していた。総じて湖南の財政改革は、湖北はもとより四川と比較しても不徹底であり、最後まで地方的徴収を廃絶することができなかった。

おわりに

かつて岩井茂樹は清朝の財政構造について「国家財政は、その固い殻の表面に、どこかぶよぶよとして曖昧なところのある、しかもなくてはならぬ『私』『公』の財政を附着させている」と描写し、清末「収入、支出のいずれにおいても、従来の正項銭糧の項目の範囲外に出るものの比重が、爆発的に膨脹した」にもかかわらず、「原額主義」原則に拘束された戸部中央財政はそれらを内部化することができなかったので、中央と地方との厳しい対立の中で清朝の財政支配が崩壊したという見通しを立てた。[65] しかし本章の分析を通して導き出された結論は、これとは異なる。道光・咸豊年間以降地方的徴収の比重が増大したことは確かであるが、これに対し各省督撫は「公」財政すなわち釐金や捐輸など商品生産の発達に対応した新税を国家財政の一部として取り込むとともに、「私」財政すなわち陋規需索・規礼饋送体系を整理するという財政改革を断行した。これにより布政使・按察使から州県官に至る地方官の財政権は大幅に縮小されたが、再建された国家財政もまた戸部中央の支配を受け難いものとなった。やがてこの新財政が省財政として自立化することにより、専制国家財政は止揚されるのである。洋務運動以降の近代化政策を支えた経済的基盤は、督撫権力を核としてより一層集権化された省財政であった。

但し財政改革の成果は、商品生産の発達水準にほぼ比例して、各省ごとに大きく異なっていた。湖北省は咸豊年間の胡林翼による漕糧改革で州県の非法定的徴収をほぼ一掃するとともに、釐金や牙帖捐を導入して財政再建を成功させた。同様に同治初頭の江南でも、李鴻章によって賦税改革と商業部門への課税が実施され、成功を収めている。一方漕糧がなく地丁正額も少ない四川省では、差務や夫馬など駅站差徭系統の地方的徴収が肥大化していたが、夫馬局の廃止や三費局を通した吏員への手当支給を通して漸次整理され、光緒初頭丁宝楨の財政改革で完成を見た。これに対し湖南省では、咸豊期の駱秉章による銭漕改革は省城近郊の数県でしか実行に移されなかったし、光緒初の卞宝第による陋規需索・規礼饋送禁止政策も不徹底に終わった。同じく江西省では、咸豊末から同治初にかけて曾国藩による銭漕改革が実施されたと伝えられてきたが、実際には空振りに終わった可能性が強い。

咸豊以降各省で実施された財政改革の成否を分けたのは、省内の商品経済が自立的で商業課税を核とした強力な省財政が形成できたか否かによると考えられる。光緒中葉以降財政改革に成功した省では、洋務派官僚による近代化政策が、同時代の日本と比較すると漸進的ではあるが実施された。一方十分な成果の見られなかった湖南省や江西省あるいは山東省などでは、民衆は開港に伴う経済環境の変化と従来通りの地方的徴収との二重の圧迫を受けた。彼らが反乱や革命に立ち上がるのは時間の問題であった。

註

（1）鈴木中正「清末の財政と官僚の性格」『近代中国研究』第二輯、東京大学出版会、一九五八年、佐々木正哉「咸豊二年鄞県の抗糧暴動」『近代中国研究』第五輯、東京大学出版会、一九六三年、岩井茂樹「清代国家財政における中央と地方——酌撥

制度を中心にして――」『東洋史研究』四二巻二号、一九八三年。

(2) 岩井茂樹「中国専制国家と財政」『中世史講座』第六巻、学生社、一九九二年。

(3) 同右、三〇三―三〇四頁。

(4) 拙書『清代の市場構造と経済政策』名古屋大学出版会、二〇〇三年(予定)、序章「清代市場研究の成果と課題」。

(5) 代表的研究として、夏鼐「太平天国前後長江各省之田賦問題」『清華学報』一〇巻二期、一九三五年、朱慶永「同治二年蘇松二府減賦之原因及其経過」『政治経済学報』三巻三期、一九三五年、村松祐次「馮桂芬の均賦・減税論」(村松『近代中国の租桟』東京大学出版会、一九七〇年、第五章「清末蘇州附近の一租桟における地主所有地の徴税・小作関係」第四節第二項)、高橋孝助「咸豊三年前後の江南における均賦論――近代郷紳のある出発――」宮城教育大学『紀要』一〇巻、一九七五年、同「同治二年の江南における減賦論――太平天国占領下の江南郷紳層の一動向――」宮城教育大学『紀要』一一巻、一九七六年、小林幸夫「清末の浙江における賦税改革と折銭納税について」『東洋学報』五八巻一・二号、一九七六年、夏井春喜「『大戸』・『小戸』問題と均賦・減賦政策」上・下『中国近代史研究会通信』八・一一号、一九七八・七九年、劉克祥「十九世紀五十至九十年代清政府的減賦和清賦運動」『中国社会科学院経済研究所集刊』七集、一九八四年、臼井佐知子「同治四(一八六五)年、江蘇省における賦税改革」『東洋史研究』四五巻二号、一九八六年などがある。

(6) 前註(5)臼井によりまとまった整理がなされている。

(7) ただ政治史の立場から、賦税改革を通して督撫権力が強化されたという議論は存在する。臼井佐知子「太平天国末期における李鴻章の軍事費対策」『東洋学報』六五巻三・四号、一九八四年、前註(5)臼井。

(8) 湖広の賦税改革に関する専論は乏しいが、部分的に触れたものでは前註(5)夏、夏井、劉の諸研究がある。また湖広の釐金については羅玉東『中国釐金史』上海商務印書館、一九三六年、林正子「黄冕――もう一人の釐金創始者――」『史苑』三六巻一号、一九七五年などを参照。なお湖南省の財政改革については、土居智典「清末湖南省の省財政形成と紳士層」『史学研究』二二七号、二〇〇〇年がある。

(9) 本書では正額外「財政」すなわち地方衙門による追加・付加徴収(浮収)を「地方的徴収」と呼ぶ。地方的徴収は国家によって公認されたものではないから、その呼称は観察者によって異なる。本書ではとりあえず書吏・衙役を通して人民より収集された各種付加税や手数料を「陋規」と呼び、その一部が上級官僚・衙門に付け届けの形で上納されたものを「規礼」

と称する。

(10) 光緒『欽定大清会典事例』巻二四一、釐税、直省釐局
五年。奏准。江西省以軍事方殷。抽収釐金済用。……又奏准。湖北省軍興以来。餉需支絀。請頒発部帖。勧商捐換。並咨取江蘇抽釐章程。設局試辦。省外局卡。共四百八十余処。又奏准。湖南省設創辦省城内外釐金総分各局。百貨与塩茶釐金。分局挙辦。

(11) 胡林翼『胡文忠公政書』巻一、奏疏一「附陳変通部章招商試辦牙帖以助軍餉片」(咸豊六年三月一七日)。

(12) 拙書『明清時代の商人と国家』第二章「清代後期四川における地方財政の形成」。胡林翼も湖北の現状について「臣報査積弊。有一帖費至数百金或千金者。忘公徇私。比比皆是」であると述べている。民国『湖北通志』巻五〇、経政八、榷税、牙帖税捐。

(13) 江西の事例であるが、嘉慶二二年(一八一七)興国県知県が薰有鳳なる者に穀行牙帖を頒給したところ、県民の反対に遭い、結局薰が自発的に牙帖を廃棄するという事件があった。同治『興国県志』巻一〇、田賦、雑税額徴。

(14) 民国『湖北通志』巻五〇、経政八、榷税、牙帖税捐
一。捐領部帖。係為軍営兵餉之需。其従前各衙門陋規。一概删除。……一。荊宜施各属牙帖。由沙市局発給。安襄鄖荊門各属牙帖。由襄陽局発給。武漢黄徳各属牙帖。於省城総局並各行局頒発。

(15) 同右
至湖北牙税。向章税率頗軽。経部議加増。……一。殷実良民。並生監・職銜人等。取具隣佑切実互保各結。均准一体捐充。以広招来。

(16) 同右
光緒二十五年。湖広総督張之洞。派員会同夏口庁同知。確査漢口行戸牙帖。旋由行首余能培等稟称。漢鎮商賈輻輳。頂冒朋充。在所不免。現在商力彫敝。若概令繳旧換新。勢必紛紛閉歇。市面大有妨礙等情。復経切実開導。始拠認定有力之行。照章請領更換。其実在無力者。暫緩請領。按照五釐認捐。以十年為限。

(17) 『胡文忠公政書』巻一、奏疏一「附陳委派正紳勧捐収釐以資軍餉片」(咸豊六年九月一日)
再臣査近年軍務情形。籌餉難於将兵。董勧捐輸。辦理釐金。尤為軍需之急務。仮手吏胥。弊端百出。非士紳出力。則経理

必難得人。

(18) 前註(8)林。

(19)『胡文忠公政書』巻三、奏疏三「遵旨查覆沙市釐金情形疏」(咸豊七年一一月九日)

有人奏。湖北省設局抽取釐金。以荊州府属之沙市鎮為精華。前此地方官吏。於各行店貨物。售得制銭一千者。抽取十二文。零星舗戸。分上中下三項。毎月或認出制銭六十串至二十串不等。本年六七月間。又議加増。前次収取十二文者。竟加至三十六文。該商等以所収過多。求減不允。幾至歇業罷市。……査。荊州府属之沙市鎮。向称繁盛。兼之未被賊擾。衆商畢集。然釐金亦止按制銭一千文。抽釐十二文。以示公允。而免藉口。其零星貨物。由行戸発売者。若估計抽釐。殊形繁瑣。因就舗面之大小。銷貨之多寡。毎月分別酌提釐金銭三四十千・一二十千文不等。通計亦以制銭一千文。抽取十二文為準。商民並無擾累。

(20) 四川省巴県でも釐金は牙行によって請負徴収されていた。拙書『明清時代の商人と国家』第二章「清代後期四川における地方財政の形成」。

(21) 駱秉章『駱文忠公奏議』巻八「勧捐牙帖酌議変通辦理摺」(咸豊六年七月二一日)

査。湖南連歳軍興以来。地方畳遭蹂躪。民情極為凋敝。兼之上下游・湖北・江西。隣氛未靖。商賈不行。多半歇業。現在各属牙行懸欠者。共有二百八十余戸。召募無人頂補。若令旧帖之商。一律交銀。更換部帖。不但事渉紛更。且恐商力疲乏。無貲交納。歇業之戸更多。殊於額税。大有関碍。応請領有旧帖各行戸。准其照常開設。毋庸更換。以示体卹。此後遇有事故歇業。請帖頂補者。概令遵照新章。按則捐銀辦理。

(22) 同右

毎年税銀。照旧完納。

(23) 光緒『湖南通志』巻五九、食貨五、榷税

(咸豊)五年。湖南巡撫駱秉章。援準部咨。遂以是年五月。於省城設立釐金総局。檄署塩法道裕麟。総理局務。並遴委各員紳襄辦。復選派紳士。分赴各府州県。会同地方官。次第試行。始自潭州。以及常徳・益陽・湘陰・瀏陽・安化・湘郷・攸県・衡州・衡山・邵陽・新化・武岡曁澧州之津市・辰州之浦市・靖州之洪江。其各州県口岸。並酌設分局。而以城局総之。仍飭各守巡道。就近督率辦理。……六年二月。秉章復飭。於省城設立塩茶局。時江西道梗。無従互易。総理局務裕麟稟請。

(24) 遵照前奉部議。仿明臣王守仁設廠抽税之法。先於郴州・宜章・臨武・岳州等処。設立卡局。抽収茶税・塩税及百貨釐金。
『駱文忠公奏議』巻一二「瀝陳湖南籌餉情形摺」（咸豊八年四月二三日）
抽釐之挙。臣於試辦伊始。亦深懐疑慮。恐其奉公不善。適以擾民。

(25) 同右、巻一二「保挙塩茶釐金両局出力官紳摺」（咸豊八年四月二三日）
臣飭其随同裕麟。体察各処商情。酌議章程。……仿唐臣劉晏委用士流之意。屏退吏胥・市儈。訪択廉幹士紳。資以薪水。令其随同委員。赴局辦理。

(26) 前註（24）
其客貨経由之地。水次分泊師船。陸路派撥練勇。令其就近往来巡護。其商賈輻輳之区。専駐水陸練勇。以資鎮圧。俾知出釐金。以少佐軍儲。即可藉釐金。而保全資本。

(27) 毛鴻賓『毛尚書奏稿』巻五「湖南茶葉落地税請照通商条款徴収子税摺」（同治元年二月一二日）
湖南窮僻省分。向与広西・貴州。同為瘠壌。而用兵較劇。籌餉転多。……所設釐局。体察情形。不拘一例。選派廉正員紳。分別委任収支。一帰実際。責成府県。以稽査弾圧之力。毫不仮手丁胥。以清流弊。湖南財賦。較広東・浙江。争差百倍。而釐税一項。所得反較多者。此其効也。

(28) 『湖南釐務彙纂』巻一、奏案一、釐金、湖南巡撫毛鴻賓「湖南釐金局卡照旧辦理疏」（同治二年二月）。

(29) 拙書『清代の市場構造と経済政策』第一章「清代湖広の水稲作と棉業」。

(30) 拙書『明清時代の商人と国家』第五章「清代江南の牙行」。

(31) 『胡文忠公政書』巻二、奏疏二「敬陳湖北兵政吏治疏」（咸豊六年一二月三日）
又如軍餉浩繁。不能不取給於捐輸・牙帖・釐金。以資小補。報捐則有踩堂贄見之費。牙帖則有勒索之費。釐金則有私設之費。其所繳於公者薄。其所取於民者厚。……臣愚以為。必応厳禁官場応酬陋習。与群吏更始。崇尚敦樸。屏退浮華。

(32) 同右、巻三、奏疏三「革除漕務積弊並減定漕章密疏」（咸豊七年一〇月一四日）
惟是湖北漕弊。浮収之重。実由於冗費之多。……其徴収折色。毎石折収銭。或五六千。或七八千。或十二三千。或十五六千。竟有多至十八九千者。……而糧道有漕規。本管道府有漕規。丞倅尹尉各官。倶有漕規。院署有房費。司署有房費。糧道署及本管道府署書吏。各有房費。此冗費之在上者也。……各州県雖勒折浮収。間有所得半。皆耗於上下冗費之中。……

東南数省。積弊相同。而湖北則幾有不可挽回之勢矣。……窃謂。欲禁浮収。当先革冗費。

彼はまた同日付「奏陳鄂省尚有応辦緊要事件請俟九江克復再行率師下剿疏」（同右、巻三、奏疏三所収）でも、同様の状況を開陳した後

臣於九月初一日。従九江回省之後。即日遴委道府大員。面為商搉。澈底清査。逐県刪減。上下衙門陋規浮費。一概革除。

と決断している。なお前出密疏に

咸豊三年。因湖広漕船停運。部文令変価解部。毎石折銀一両三銭。

とあるように、太平天国により途絶した漕糧は銀納に変更されたが、州県が糧戸より徴収する際には現地通貨である銭で納めさせていた。

（33）同右、巻三、奏疏三「請旨革提違章徴収之知州疏」（咸豊七年一二月六日）

旋与司道。督同武漢両府。悉心籌議。将通省漕務。通盤核算。刊示暁諭。所有道府漕規及上下各衙門一切房費・差費。概行革除。所以清弊之源也。……所有由単・串票・様米・号銭一切浮費。概行禁革。所以杜弊之流也。

（34）同右

随訪聞。署荊門直隷州革職留任知州方。向年該州漕米。毎石収銭六千八百文。尚有由単・脚歩・印紅・様米・串票等費。……該署州於毎石定価之外。任聴糧差勒収由単・串票等銭。……相応請旨。将署荊門直隷州革職留任知州方。革任提審。

（35）同右、巻四、奏疏四「奏陳漕務章程辦有成効疏」（咸豊八年六月一六日）

一。漕糧宜定価改折也。……因飭署糧道等。親歴各州県。査明歴届徴収実数。伝集紳耆。令其公議核減。旋拠各紳耆稟呈核減数目前来。臣復細加体察。核其向日浮収之数。及地方之肥瘠。産米之多寡。米価銭価之低昂高下。以明定折価之等差。所議之数。適中者準之。為数尚多者。更痛減之。其大較自四千文起至六千五百而止。……並暁諭花戸。将改定章程。於各郷泐石。以期共見共聞。垂之久遠。

一。北漕解数。酌定節省兌費。宜暫提充餉也。……近年停止運兌。所収北漕。応遵照部定一両三銭之数。解交糧道庫報撥。

一。南糧折解折放余銀。宜節省帰公也。

一。漕南水脚。宜節省帰公也。

一。州県冗費。宜全行裁革也。州県徴収漕南。冗費甚多。自糧道以至丞倅尹尉等官。倶有漕規。大或千数百両。少亦百数

十両。司道府庁各書吏。均有房費・年規等項名目。或数百両。或数十両。州県書差。亦需辛工・飯食・紙張等項。州県浮収之羨。大半耗於此中。……今厳禁浮収。必先尽除冗費。所有向来糧道及各道府丞倅尹尉・司道府上下衙門一切陋規・雑費。概行裁革尽浄。不留分毫。

一。紓民力。以利徴収。復全額。而裕漕賦也。

(36) 以下の地方志には漕糧改革についての具体的記述はないが、新章程が制定されたことは認めている。同治『嘉魚県志』巻二、賦役、漕糧実征数

同治元年。藩憲・府憲批飭官紳。議定徴収章程。

同治『大冶県志』巻四、田賦、漕米

近因兵警。河道阻隔。遵奉新章。大加刪減。折解糧憲庫弾収。

(37) 光緒『羅田県志』巻四、政典上、民賦、随漕

……於是奏定新章。改議折色。一時弊絶風清。楚之民皆利頼之。而吾羅之感徳惟尤甚。……方今海内大定。運道流通。迭経大部催征本色。急如星火。雖蒙畺吏逓年請緩。終難久長。一旦規復旧章。征解本色。民之不便。弊又叢生。可勝道哉。羅田本蕞爾邑。漕数無多。倘他時旧制復興。得官紳拠実陳情。籲恩上憲奏請。比倣麻・安両邑情形。准予折色。永遠遵行。此誠所謂一労而久逸也。……知県事毘陵管貽葵謹識。

(38) 同治『監利県志』巻四、田賦、明以来土田升降之数

咸豊七年冬。邑侯吉雲樵莅任。奉胡中丞檄減漕。便民征収。随飭清査糧畝。其弊愈滋。経数月。不得要領。咸豊八年春。奉中丞札飭清丈。吉公乃於城内。設立総局辦理。因事関重大。延請諸公。皆莫能致。

(39) なおウィリアム・ロウは社会史的視点から胡林翼の牙行制度改革を取り上げ、これを地方行政の「民営化」すなわち国家から地域社会への行政権の委譲であると捉える（William T. Rowe, *Hankow: Commerce and Society in a Chinese City, 1796-1889*, Stanford University Press, 1984）。しかし元来在地社会の民生的業務に対する専制国家の財政支出は限定的であり、清代後期以降でも財政の主要部分を占める権力的業務（主として軍事支出）については「民営化」は見られない。ロウ自身も独自の権力機構を有する中世西欧の自治都市と清代後期の商業都市との相違については認識している。官庁間の規礼饋送関係を切断し、郷紳・商紳層を媒介として督撫が人民を（中間の地方官僚や書役を経由せず）直接掌握しよう

とした胡林翼の財政改革は、督撫権力を核とした新しい国家支配の再構築過程であると見なすべきであろう。

(40) 『駱文忠公年譜』巻上、四四頁表－四五頁裏、咸豊五年。

(41) 前註(24)「瀝陳湖南籌餉情形摺」。駱秉章は同摺で湖南の軍餉を充実させる方途として「釐剔銭糧宿弊」と「杜絶釐金擾累」の二案を取り上げ、検討している。

(42) 同右

州県廉俸無多。辦公之需。全頼銭漕陋規。稍資津貼。……如必尽革州県陋規。糸毫不許多収。則辦公無資。廉謹者。無所措其手足。其不肖者。反将以此藉口。別開巧取之端。更為国計民生之害。如必明定章程。許其毎銀一両。毎漕一石。収銀若干。又恐官吏視為定章。久之或於定章之外。復有増加。弊与今等。……正躊躇間。適各県士民。紛紛赴省具呈。自擬款目。以為征収之準。臣察其官民相安者准之。未協者駁之。俟其適中。而復准之。数月之間。大致略定。

(43) 『毛尚書奏稿』巻六「湖南漕糧勢難徴解本色摺」(同治元年六月二四日)。

(44) 光緒『湘潭県志』巻六、賦役

官吏既并資於漕。上司因亦饒借之。加以賕索。而有漕規・漕館・辦漕諸規礼。本府及糧道歳規。各六百金。道府同官漕館。以百数。各視勢。分為軽重。多者百金。少必数両。至於丁役・胥隷。咸有分潤。一漕至三四千金。解費・房費。不在此数。漕口所分。亦数千金。辦漕書吏。費以万計。……道光末。有陶恩培請禁加徴。及今漕糧。敝已清釐。而県令李元善・沈錫周。復革罷結糧。賦役之敝悉除。

なお李元善は光緒一〇年署任、沈錫周は同年実任。

(45) 同治『長沙県志』巻八、賦役、田賦、咸豊五年更定章程、光緒『善化県志』巻八、賦役、蠲政、咸豊五年。

(46) 同治『寧郷県志』巻一〇、賦役、銭漕新章

咸豊五年乙卯十一月二十三日。生員黄甫山等稟詞。為悉照潭規。以急籌餉事。……業経湘潭県条陳。請示准行在案。現在報解源源。一月余。完納五万余両。従来銭漕。未有踴躍如是者。既而長善又倣潭規。亦経俯允。至寧邑。与潭毗連。事経挙人楊文鶚等。以条陳請示具稟。……寧邑銭漕。悉照湘潭完納。

(47) 同治『益陽県志』巻五、田賦

銭漕積久弊生。咸豊六年。邑人唐晋等。倣照潭寧長善。条列章程。稟請巡撫駱秉章。批飭行県。

(48)　民国『醴陵郷土志』第三章、政治、賦税
清代改丁帰地。名曰両税合一。然名目仍極繁多。官吏因縁。於是有道光間。県人匡光文訟漕之案。有咸豊間。県人劉名徽等請除積弊之案。

(49)　同治『醴陵県志』巻三、賦役、新章
按。湖南銭漕。積弊最深。咸豊之初。東南用兵。南漕改折。駱中丞秉章。加意釐剔。并瀝陳奏。仍許各属士民。擬条呈請。時醴陵生員劉雲輝等。両匍轅請。蒙恩報可。自咸豊六年三月起。合邑遵行。其後同治三年。惲中丞世臨。復将各属銭漕。照前駱中丞釐減。酌留定数。条列章規。奏請竪碑各州県大堂之側。重申厲禁。

(50)　同治『衡陽県志』巻三、賦役
咸豊中。巡撫駱秉章。用幕士左宗棠言。首釐湘潭漕事。民庶大歓。於是衡陽推欧陽柄銓。牒陳漕糧浮費。院司案之。比湘潭。不及十之一。然校律令。漕費多収。……駱秉章知。官吏私利。不可全奪。因県故例。斟酌為制。漕米一石。派准脚折銭百三十。更聴収辦公銭千九百。……

(51)　たとえば光緒『湘陰県図志』巻二一、賦役、漕運、同治『湘郷県志』巻三下、賦役、同治『清泉県志』巻四、貢賦、賦税など。

(52)　同治（二年）『武陵県志』巻一六、食貨、田賦、兵穀
邑額穀五千石。……日久弊生。遂於地丁。毎両随徴銭二百文。至道光間。猾胥勒取。竟有加至七八百文之多者。二十八年。王文嵐・楊秀閥・陳鴻業等。先後呈控。仍於地丁。毎両随徴銭二百文。咸豊二年。知県胡鏞。裁除存案。四年。賊擾。文巻不存。八年。知府彭汝琮復請。巡撫駱秉章・布政使文格。批示厳禁。随徴弊革。民困以蘇。

(53)　前註（5）夏、夏井など参照。

(54)　『張文襄公全集』巻一〇二、公牘一七「札鄖宜施三府酌定公費」（光緒二五年正月二七日）
自光緒二十五年正月初一日為始。所属公費・小費。一律裁革永禁。不准別立名目。再受属員餽送一銭。如已送到者。即日退還首県供支。一併永遠禁革。不得再有需索。儻再有於已領公款外。重複収受属県公費。及重複需索属県供支情事。査出厳行参処。

なお鄖陽・宜昌・施南三府は湖北省西部山間地帯に位置し、漕糧の賦課がなく、胡林翼の改革が及ばなかった地域である。

(55) 卞宝第『撫湘公牘』巻二「札飭衡州府翁守曾桂裁汰所属書差」
照得。湖南州県書差。積弊最深。本部院於光緒八年到任之初。即通飭各属伝案。不得籤派多差。倘有差役擾累。准被累者赴上司衙門呈訴。并令抄札出示在案。

(56) 同右
茲聞。該府属書差。滋擾猶甚。即如衡清両県書吏。承発房・刑房。多至六七十人不等。各班差役。殆近千人。有糧一千壮八百之号。其不在卯冊者。更不知凡幾。……約挙其弊。厥有数端。曰伝詞。有単伝。有雙伝。其費先由経差湊出墊交。実以此買准注差。日後了案。概索之。被控之家。軽則三五倍。重則九十倍。在県署所得。不過数千文。而書差不飽其欲壑不止。曰漏税。県差之黠滑［猾］者。商囑奸書。毎択郷里良懦。捏報漏税。其実並未買田。及其稟訴。又另捏他情誣噬。以逞索詐之私。或有今日買田。明日即報漏税者。曰油火命案。凡軽生自尽。以及傭工暴卒。道傍倒斃。本属与人無尤。乃痞徒賄通書差。択肥而噬。羅控多人。幸而郷隣理処寝事。則有超薦之貲。攔験之費。若官相験下郷。随従成群。更非数百緡。不能供応。波及附近。拖累地隣。迨命案弁清。而中人之産已破。……合行札飭。札到該府。即便遵照前批。厳飭所属。認真裁汰。并将以上各節。実力禁革。以蘇民困。而維吏治。

なお大括弧は誤字の訂正を示す（以下同様）。

(57) 同右、巻二「批辰沅道稟」
差役以命案解費為由。藉端詐索。事難保其必無。仰按察司。移飭該庁。勒伝王文煥到案。提集被控丁差。質訊明確。拠実詳辦。毋稍徇延。

(58) 同右、巻一「批沅州府鄧守天符稟」
査。黔陽県差役。前経李守裁革甚多。誠恐日久又復恣肆。嗣後務須随時査察。

(59) 同右、巻一「批永州府稟」
査。該県銭糧。改辦官徴。原為便民起見。断不容書吏於正数之外。巧立名色。多取民間分文。至書吏辦公之資。自応由官酌量提給。以免藉口。……張令稟称。擬将糧書酌留百名。自己足敷辦公。其余応令一併汰除。以節縻費。

(60) 同右、巻二「札湘潭県」
照得。本部院風聞。湘潭地方。設立保安堂。毎田一畝。派捐穀六升。……査。沈令原稟。為命案相験。差役多立名色。需索無数。遠近騒擾。故立保安堂章程。原為恤民起見。今転以之擾民。殊与設堂本意不符。且沈令並未稟有按畝捐穀六升之設。何以派数如此之多。始於何人創議。

(61) 同治『平江県志』巻一一、建置二、公所、皆不忍堂

同治十二年。署知県欧陽平。以下郷勘験命案。所帯胥役・傔従夫馬伙食。及招解費。向多取給於承案之役。役則転索諸地方。擾累莫知所底。乃籌立斯堂。諭勧邑紳。向貴抜捐銭千緡為挙本。交同善堂紳董。経理生息。又抽各茶商。慕義楽輸。酌抽銭文。助三堂善挙。於是経費足支。乃通牒大府。均奉批答。如議行。爰将随帯丁胥夫役名数。日給伙食銭数。並招解用数。開単交堂。立石作為定章。後遇此等案。即由堂照章給銭。毋許逾額。

(62) 『撫湘公牘』巻一「札藩臬両司」

照得。道府養廉銀両。自軍興以後。減成減平。所領無幾。以致署中延友之貲。日用米薪之費。皆形竭蹶。不得不収受州県節寿陋規。以資接済。而陋規有干例禁。……本部院因思。陋規必須裁汰。公費必宜酌籌。擬仿照江蘇・江西・河南等省現行章程辦理。査。州県銭漕。均有平余。応酌量缺分之肥瘠。定公費之多寡。按季解送道府衙門。津貼辦公。所有節寿等項。永遠禁革。

(63) 同右、巻一「批藩臬議改道府公費詳」

嗣後如再私相饋送。定即与受同科。従厳参辦。倘有道府向所属留難需索。准該州県直掲督撫・両司辦理。

(64) 同右、巻二「札布按両司善後局」

光緒十二年三月二十一日。准両江塩督部堂曾咨開。拠湖南督銷局詳。拠淮商源昌泰等稟。提加各衙門岸費一案等因。到本部院。准此。査。淮商源昌泰等稟。規復旧例。加増各衙門岸費。原為各衙門辦公起見。査。長善両県。為省会首邑。治理極関緊要。乃長年供応上司差務。所費不貲。以致不能久於其任。実属有妨吏治。現在各衙門。既加岸費。所有内署屋宇。尋常歳修。以及添置器具。均即自行辦理。不得再由両県供応。又省城育嬰堂。経費支絀。応於本部院岸費加増四千八百両内。提銀二千四百両。捐作育嬰堂経費。由局交管堂委員具領。余二千四百両内。劃銀六百両。加給臬司衙門。以為添置器具等用。

ここでいきなり育嬰堂経費が計上されているのは突飛な感じを受けるが、前出の保安堂や皆不忍堂と同様、この省城育嬰堂も差役の需索を予防するための機能を具有していたことは十分考えられる。第三章で詳述するように、清代後期江南で急速

に普及した善堂も、慈善事業を目的としたものではなく、路斃浮屍の検視における相験費用の支辦を目的としていた。

(65) 前註(1)岩井、一四六・一四九頁。

第二章　清代後期四川における財政改革と公局

はじめに

一九世紀初頭すなわち嘉慶年間（一七九六―一八二〇）頃より、清朝の中央集権的支配体制は徐々に揺らぎ始めた。国家財政が窮乏し、大運河の修築などが次第に困難になる一方、各地で続発する大小の諸反乱およびアヘン戦争は、清朝軍事力の弱体化を内外に露呈させるとともに、追加的軍事支出によって財政に更なる負担を強制した。地域的に見れば、支配体制の動揺は嘉慶白蓮教徒の乱が象徴的に示すように、四川などの経済的周縁地域においてより劇的に発現した。本章の目的は嘉慶から光緒（一八七五―一九〇八）初期までの四川を素材として、中央集権的支配体制の動揺とその再編過程を財政史的側面から描き出すことである。

私は先に巴県檔案を素材として、正額外徴収を公的税制に組み込むことにより事実上の地方財政が形成されてゆく過程を明らかにした。(1)そこで得られた知見を加えながら、清代後期の四川省における財政構造を再構成すると次のようになる。

嘉慶以降戸部中央財政は、歳出の急増と歳入の漸減により急速に逼迫した。特に四川では、嘉慶白蓮教徒の乱を鎮定するための軍事費調達が中央直轄の布政使財政に重くのしかかったため、田賦や関税など正規の徴収によってこれに対処することはもはや不可能となった。そこで清朝は田賦正額を基準に糧戸へ津貼や捐輸などの付加税を割り付けるとともに、商業や流通に対する課税を強化した。

津貼や捐輸は形式上は糧戸の自発的意志による寄付行為であるが、実際には「按糧攤派」と称されるように、地丁に応じて強制的に割り付けられた。また当初は臨時的徴収であったが、やがて毎年恒常的に実施されるようになった。総じて津貼や捐輸は「原額主義」と呼ばれる固定的徴収制度の下で、税額や税率を変更せずに事実上増税を行うための便法であったと言えよう。もちろん増収分は概ね国家財政に組み込まれた。

これに対し商業や流通に課せられる牙税などの付加徴収は、戸部や布政使の管理が及ばない事実上の地方財政として成長を遂げた。たとえば重慶（巴県）では、乾隆年間（一七三六－一七九五）より牙行に対して「差務」と呼ばれる物資や役務の提供が義務付けられ、府州県の行政経費として機能していた。嘉慶白蓮教徒の乱を契機として次第に強化された差務は、咸豊年間（一八五一－一八六一）には釐金の付加部分に収斂され、不完全ながら地方財政としての体裁を整えてゆき、督撫権力の経済的基盤を形成したのである。

一九世紀後半以降における督撫権力自立化の財政的基盤が、田賦の付加税ではなく商業や流通からの徴収であったことは、四川だけでなく東南諸省についても該当するであろう。周知のように李鴻章をはじめとする洋務派官僚の資金源は釐金税であった(2)。但し前論文では商業課税の拡張を中心に論じたため、田賦系統の付加的徴収については倉儲政策など地方的性格の強い費目に関して部分的な考察を加えるにとどまり、津貼や捐輸の攤派、陋規や差務の需索などの諸事象を総合的に整理するには至らなかった。そこで本章では、商業課税を基礎に省財政を形成しつつあった四川総督が、公と私、正規と不正規の区別が曖昧で、末端の徴収機関である州県の地方的徴収を引きずりながら肥大化し続ける既存の財政制度を如何に整頓したかについて検討する。結論を先取りするなら、四川総督は戸部中央財政の田賦増徴要求に応える一方、州県による地方的徴収を削減し、人民の負担を部分的に軽減しつつ省財政の確立を進めたのである。

さて従来の四川地方行財政に関する諸研究は、一九世紀中葉以降四川各地に設置された「公局」および州県官の委託により公局を運営する「紳糧」（郷紳）層に着目してきた。まず新村容子は、公局や局士について総括的検討を加え、公局の設置とそれを通した紳糧層の地方行政への進出から地主制の再編を読み取ろうとした[3]。公局が嘉慶白蓮教徒の乱および太平天国期の滇匪の乱鎮定後に集中的に設置されたことに注目する新村の視点は高く評価することができるだろう。しかし諸反乱の原因を地主制の矛盾に求め、公局の設置を地主制の再編成と捉える見解には同調し難い。公局設置により結果的に紳糧層の郷村支配は強化されたかもしれないが、その背景には国家の財政的要請があったことを見過ごしてはならないだろう。

一方山田賢は、開発による行政規模の拡大とそれに対応できない硬直的国家財政構造との溝を埋めるため、州県政府が公局の設置を積極的に推し進め、紳糧層に州県行政を代替させたと解釈する[4]。山田の見解は、最終的には郷紳支配論に帰着する新村の主張に批判を加えつつ、岩井茂樹の研究成果を援用して、財政史的観点から公局を捉え直そうという点で、確かに注目に値する。しかしながら山田の描く清朝地方財政構造は、岩井を含めた従来の通説的理解とはかなり趣を異にしている。

山田説の眼目は、清朝財政の所謂「原額主義」原則に制約されて、州県政府は生産力の拡大に対応した租税の増徴を行うことができず、その結果地方行政経費が相対的に減少したという点にある。しかしもともと清朝の正額財政支出の大部分は、兵餉や官僚の俸給、養廉銀など中央政府のための経費であり[5]、州県行政のための経費（山田の所謂

「行政サービス」費用）は、開発や人口増加を待つまでもなく清初より低額に設定されていたはずである。地方衙門の行政経費（その大部分は書吏・衙役などの人件費、特に額外人員のそれ）は大半を各種付加税や手数料徴収、あるいは差務・差徭などの正額外徴収＝地方的徴収に依存していた。地方行政経費が増大すると、州県は「原額主義」に拘束されない地方的徴収を強化した。それ故中央財政の硬直性は州県の行政経費の不足とはほとんど無関係であると言わざるを得ない(6)。

公局を通した紳糧層の地方公共業務への進出について、新村は地主制の再編を、山田は地域社会の秩序維持を動機として措定している。確かに個々の紳糧にそれらへの志向が全くなかったとは断言できない。しかしその背景を眺めるならば、当時の在地有力者層に重くのしかかっていたのは田賦付加税や各種捐輸の増大であり、租税制度の改革こそが彼らの急務だったのではなかろうか。

公局が公権力の財政的要請によって設置され、州県財政の一翼を担ったことは疑いない。だがそれは中央財政の「原額主義」的欠陥を補完するものではなく、増大する不正規徴収を整理するためのものだったのではないだろうか。この仮説を検証するため、本章では州県の行政・財政構造とその問題点、これに対する四川総督の財政改革について明らかにする。なお公局に関する歴史的事実については既に新村や山田が詳細に掘り起こしており、本章も先行研究の成果を踏襲している。

一　付加徴収の増大

嘉慶白蓮教徒の乱が勃発した嘉慶元年（一七九六）以降を清代後期と位置付けるならば、この時期における国家財政の特徴は、相継ぐ反乱を鎮圧するための軍事費の増大や黄河の氾濫に起因する大運河修築費の増大など、歳出が急速に膨張したことである。一方これに対応すべき歳入は、地丁の未進、塩政の崩壊、関税収入の減少などにより、むしろ減少しつつあった[7]。中央財政における収支均衡の悪化は、国家財政の最末端に位置する州県の正規財政を逼迫させ、嘉慶・道光（一八二一－一八五〇）年間以降虧空が全国的に顕在化した[8]。

財政規模の拡大に対し国家は正額以外の新たな徴収を実施せざるを得なくなった。これを四川について見ると、まず中央財政としての性格が強いものとして津貼と捐輸が挙げられる。津貼は白蓮教反乱の鎮圧に要する兵餉を供給するために臨時に設けられた田賦の付加税で、正糧一両につき津貼一両が攤派された[9]。反乱終息後津貼の科徴は停止されたが、咸豊四年（一八五四）太平天国に対する軍餉調達のために再開され[10]、以後恒常的に徴収されるようになった[11]。捐輸は咸豊初太平天国を鎮圧するため民間より寄付を募ったことから始まり、山西、陝西、四川などで好成績を挙げていたが[12]、咸豊末には按糧攤派すなわち正糧に応じて強制的に割り当てられるようになり[13]、津貼と同じ性格のものとなった。光緒初頭には地丁一両を納入するために、津貼、捐輸、その他の雑派を併せると、中県でも五－六両、大県になると一〇両近くが必要とされたと言われている[14]。

次に地方行政経費としての色合いが強い徴収項目について。清初より官員の送迎や応接、官物の輸送などの業務は州県に委託されていたが、そのための財政措置が講じられることはほとんどなかったので、必要経費は州県官による捐廉（養廉銀からの捻出）を除き大部分を民間からの徴収によって工面せざるを得なかった。重慶（巴県）のような大都市ではこれら地方行政協力費を「差務」と総称していたが、地方の州県では人夫や馬匹の徴発が中心であったため「夫馬」と呼ばれることが多かった。差務や夫馬の負担は、軍興後兵員の移動や輜重の輸送が頻繁になるにつれて急速に強化・恒常化されるようになった。

拠点都市である重慶府巴県では、差務は主として牙行に賦課されていたが、これとは別に牙帖の検認に際して徴収される手数料も非常に高額であった。道光一〇年（一八三〇）の自序を付する劉衡の官箴『蜀僚問答』によれば、従来毎帖三千－四千両もの陋規が牙行より需索されていたようである。[15]

地方の州県の夫馬は差務以上に実態が把握し難いが、各地とも概ね嘉慶以降負担が強化され、夫馬局を通して恒常的に徴収されており、光緒初四川総督丁宝楨による夫馬裁撤まで継続した。たとえば重慶府璧山県では、清初より夫馬と呼ばれる差務が賦課されていたが、これには日常的経費として徴収される随糧夫馬（流差夫馬）と軍興時に輜重輸送経費として臨時徴収される兵差夫馬とがあった。流差は知県が紳糧に徴収を委託し、彼らが公局を通して按糧攤派方式で糧戸より差銭を集めた。兵差もまた支出総額が糧戸に按糧攤派された。[16] 流差の委託徴収は往々にして紳糧の使い込みや浮収などの弊害を生んだ。乾隆三八年（一七七三）には県民徐亮采が武生鄧貴榜を勒派侵冒の咎で告発するという事件が起きている。その後しばらくは公正な経理が行われたが、やがて腐敗が再発し、訴訟が頻発した。そこで道光年間紳民左縉雲の申請により公局は撤廃され、夫馬は紳収から官収へ戻された。[17] この時点で知県は紳士らと協議し、流差を条糧（地丁）一両につき制銭一五〇〇文に定率化した。しかし太平天国以降賦課率は引き上げられ、条糧一両につき銀三－六両が徴収されるようになった。[18]

また資州直隷州内江県では、清初戸数に応じて差務が割り当てられ、その後公産（公共の田地）を置買し小作料収入で役に応じていたが、白蓮教徒の乱以降兵差が繁重化したため、条糧一斗につき夫馬銭三〇〇文が攤派されるようになった。滇匪の乱以後徴収率は一斗につき一二〇〇－一三〇〇文に上昇し、これとは別に総督巡視の際には別途差銭が科派されていた。[19] 夫馬局は光緒初頭丁宝楨によって廃止され、従来夫馬局が支辦していた三費、駅站、孤貧（貧民救済）の経費は肉釐によって賄われるようになった。[20]

更に同州資陽県では、嘉慶五年（一八〇〇）総督常明の指示により按糧派銭による夫馬の本格的徴収が始まったが[21]、反乱終息後も必要以上の徴収が続いたため、嘉慶二二年（一八一七）協義公局が設置され、差務の簡繁に応じて夫馬銭の賦課が調整されるようになった。公局の経理は紳糧に委ねられていた[22]。

類似の機関は成都府簡州でも設置されている。簡州では従来「孝義の法」と呼ばれる、糧戸から醵出された基金の運用益で差務を支辦する方法が採られていたが、次第に浮派浮収の弊害が出てきたので、道光末頃署知州が負担の公平化を図るため仁義公局を開設した。徴収方法は按糧攤派で、正糧一両につき夫差銭一串文が課せられた[23]。資陽県の協義公局や簡州の仁義公局は、概ね夫馬局と同じ性格のものであったと考えられる。

この他綿州直隷州梓潼県でも、差務の繁重化に伴い道光八年（一八二八）公局が設置され、負担の均等化が図られた[24]。その規則によると、経費は正糧一両につき差銭一千文を基準に攤派し、差務の簡繁に応じて適宜増減が加えられた[25]。公局は上下大小の差使過站（臨時の夫馬）および一切の流差（日常的夫馬）を支辦する他[26]、旧規に定められた土木工事についても費用を工面していた[27]。この公局もまた夫馬局の一種であると見なされる。

もう一例紹介しよう。成都府新都県は省都と陝西を結ぶ要路上に位置し、元来夫馬負担が重かったが、嘉慶期には按糧攤派により公局が差銭を徴収するようになった。道光初に科派が増大すると公局は流差局に改組され、正糧一両につき差銭一八〇〇文が、その後蔵差（チベット往来のための夫馬）の不足により二八〇〇文が賦課されるようになった。咸豊期に入ると諸般の兵乱により流差局は兵差局に再改変され、差銭も毎両二千－五千文に跳ね上がった。兵乱終息後も差銭は官員の送迎や県衙門の諸経費に流用され、徴収率は遂に毎両八四〇〇文に達した[28]。

以上通観したように、夫馬局とは嘉慶以降流差や兵差が増大したことに伴い、糧戸の負担を公平化する目的で設置された差務の請負機関であり、差銭は按糧攤派され、紳糧が局士となって経理業務を司った。しかし夫馬局開設後も、駅站差徭は必ずしも円滑かつ公正に支辦されたわけではなかった。前出梓潼県では地方官が差使の伝票に規定の夫馬に加え折価を付け足してやるので、随員が各駅にて需索を恣にするという悪習が続いており、咸豊八年（一八五八）知県により浮収の禁止が通達された[29]。また潼川府射洪県では咸豊一一年（一八六一）知県が夫馬局を設置し、差銭を按糧攤派していたが、やがて乱脈経理に陥り、支辦が困難になった。そこで済民局の公田を切り売りし、売価を夫馬費に充てていた[30]。

以上のように、嘉慶・道光年間より四川省では中央財政も地方行政経費も慢性的な収支の悪化に苦しむようになり、その対策として中央財政では津貼や捐輸の科派が、地方行政経費では夫馬費の負担強化が、それぞれ実施された。捐輸は他省でも推進されたし、夫馬に相当する駅站差徭は同時期の直隷、陝西、山西においても賦課が強化されている[31]が、最も大規模かつ徹底的に施行されたのは四川であったと思われる。徴収方法は津捐も夫馬も田賦正額に応じて糧戸に割り付ける按糧攤派を採り、徴収委託機関として津捐局や夫馬局（地域によって別称あり）などの公局が設置され、紳糧層出身の局士がその運営に当たった。公局設置の目的は書吏の需索を排除するとともに、負担を均等化するため紳糧層に調整を行わせることであった[32]。

津捐の導入も夫馬の強化も最終的には糧戸の負担を増大させることになるから、たとえ公局という緩衝器を間に挟んでも彼らの反感を買うことは避けられない。後述するように光緒二年（一八七六）綏定府東郷県で袁廷蛟の案が発生したのを一つの契機として[33]、翌光緒三年四川総督丁宝楨により夫馬は廃止されるのであるが、国家はこれ以前から糧戸の負担を軽減するために税制上の措置を講ずる必要があると認識していた。但し地丁、津貼、捐輸という中央財政に直結した税収は最優先させねばならず、これを削減することは事実上不可能である。従って残された選択肢は地方的徴収の改革・合理化しかない。その方法は大別して二通りあった。

第一の手段は、商業に対する新規課税の実施である。清代中期以降の四川における商品生産の展開と地域経済圏の形成を背景として、巴県などの大都市では牙行を媒介とした流通過程からの徴収が、乾隆後期頃より段階的に強化されていた。太平天国の勃発は東南諸省をして釐金税の徴収に踏み切らしめたが、巴県の牙行に課せられた差務も釐金、特に地方行政経費として使用される釐金の付加税として成長を遂げた。清末には釐金は地方行政経費の相当部分を担うようになり、これを核として公的な地方財政が省を単位として形成されてゆくのである。[34]

第二の手段は、在来型の地方的徴収を圧縮することである。地方的徴収は夫馬のような田賦付加税と陋規のような手数料収入とに大別されるが、公局の管理下に置かれ按糧攤派という徴収原則を有する夫馬に較べ、書吏や衙役の裁量に委ねられ無制限に需索される陋規の方がより不透明で非合理的であった。また夫馬は軍事行動に伴う輸送業務を担っており、国家的見地からすると陋規より必要性が高かった。そこで国家はまず陋規の裁革から着手するのである。

四川では咸豊帝の執政開始直後より陋規禁止運動が起きている。道光三〇年（一八五〇）一二月総督徐沢醇は、地丁、関税、塩課の納税に際して陋規や浮費を徴収することを禁じた。[35]しかし咸豊三年（一八五三）八月四川総督に補せられた裕瑞は、従来州県が徴収してきた陋規を「捐輸練丁経費」と称し、州県から司道へ上納する規礼を「捐備槍礮火薬之用」と称することにより、陋規の復活を図った。これが発覚したため、咸豊四年（一八五四）九月彼は解職されたのである。[36]事件の調査を命じられた載齢と崇実の報告によると、陋規の禁止は各省で実施されているが、四川では大官が率先して陋規の復活を画策しているとあり、同省における陋規廃止の困難さを訴えている。[37]また同年一〇月には成都府知府俞文詔が、布政使楊培と謀って州県官の考課に手心を加えて礼金を収受したり、かつて嘉定府知府に在任中牙帖の交換に際して牙行より陋規を需索したとして弾劾されている。[38]咸豊帝は四川における一切の陋規禁止を厳命したが[39]、陋規は末端の書吏・衙役から総督に至る官僚機構の人件費や交際費の相当部分を賄っていたため、一片の上諭でこれを廃絶することは極めて困難であった。

『文宗実録』を見る限り、国家の禁止命令に違反して陋規を徴収し続けた例は四川以外でも数多く見受けられる。[40]しかし陋規を厳禁すると経費不足に窮した州県が津捐や釐金を使い込み、司庫に起解（送金）しなくなるので、徹底した禁止措置は実施し難い。実際四川では咸豊四年（一八五四）銭糧や津貼を多徴少解する州県が二〇―三〇にも上った[41]し、咸豊七年（一八五七）湖北省漢川県では、知県が半年間に釐金二万五千余串を徴収しながらほとんど起解しなかったとして解任されている。[42]陋規は夫馬とともに事実上の地方財政収入として州県行政の中に組み込まれており、一方的な徴収禁止措置はかえって国家財政に負担を転嫁される危険をはらんでいたのである。

とは言え兵差の支辦を目的として急成長した夫馬の廃止が当面困難である以上、地方的徴収整理の対象となるのはやはり陋規をおいて他にない。陋規を廃絶するためには上からの弾圧や見せしめでなく、書吏・衙役らに対する経済的な保障措置を講ずる必要があるだろう。そこで登場したのが書役の必要経費や給料を支辦する財務機関、すなわち三費局であった。

二　三費局の設置

周知のように清代州県に所属する書吏・衙役の工食銀は低額で、また彼らの大半は定額外の無給人員であった。それ故彼らの必要経費や生活費の大部分は人民からの陋規需索によって賄われ、更にその一部は規礼として州県官に上納されていた。かかる不透明な徴収慣行を廃絶するためには、夫馬のような公的性格のより高い財源を州県に確保させるとともに、書吏に対して別途給料を支払い、陋規需索と規礼饋送の必要性を突き崩す必要があった。

さて当時の四川では、陋規の主たる財源は命盗案に関係した手数料収入であった。道光初頭の四川の状況を記した劉衡の『蜀僚問答』は、人民から徴収される陋規の大半は訟案や命案に関して様々な名目で需索されていると指摘し、その禁止を訴えている[43]。また光緒『蓬渓県続志』も、額外の書役は訟事に関与した需索により生計を立てていると証言している[44]。このような手数料徴収の廃止を実現させる一つの方途として、命盗案処理に必要な費用を書役に支給する機関の設置が考えられる。それが三費局である。

先行研究が既に明らかにしている通り、三費局とは命盗案における相験（検視）、招解（護送）、緝捕（逮捕）などに必要な諸経費を支辦する公局であり、道光一五年（一八三五）重慶府江北庁に設置されたのを嚆矢として、咸豊・同治（一八六二―一八七四）年間以降四川の各地に普及した。州県官の捐廉および民間からの義捐を原資として公産を置買し、租田収入を備蓄して不時の需要に備え、紳糧層が輪番で経理を担当するというのが、大半の地方志に記された三費局の姿である。つまり地方志は三費局を地方官の善政、紳糧層の義挙として描いているのである。地方志の編纂者も三費局の推進者もともに地方官や在地の知識人および有力者層である以上、このような評価が下されるのは当然のことであると言えよう。しかし部外者の見方はそれとは異なる。たとえば東郷県における袁廷蛟の案の原因調査に当たった張之洞の報告によれば、三費は夫馬と並ぶ地方的徴収の一つで、人民より強制的に取り立てられていたと言う[45]。それでは三費の実態、各階層の受け止め方はどうであったのだろうか。

三費局は命盗案に関する事務的経費の支辦を名目として設置されたが、そもそもこれまで書役によって法外な必要経費が請求され、多くの人々を破産に追いやっていたのであるから、純粋な事件処理費用を代辦するだけでは何の効果もないことは明らかである。三費局が実際に求められていたのは、案件に関与する官員への手当ての給付であった。重慶府江北庁に四川初の三費局を開設した江北庁同知福珠朗阿は、設置動機として命盗案処理経費の支辦および重慶府知府の属僚で捕賊緝盗を担当する照磨の俸給の補塡を挙げている。[46]すなわち事件発生の度に随時経費を支辦するだけでなく、属僚に定額の給料を支給し、事件関係者からの需索を予防しようと試みられたのである。江北庁の場合、照磨に対して銀六〇〇両の年俸が予定されていた。[47]

同様の状況は順慶府蓬州でも確認できる。蓬州では咸豊六年（一八五六）三費局が開設されたが、運営資金は按糧攤派で糧戸より徴収し、戸房が経理を担当した。戸房は毎月定額の経費を捕署に支給し、残余を三費局に送付していた。[48]また重慶府南川県でも同治九年（一八七〇）の三費局設置以来、戸房が田房契税の付加税を徴収して、三費本来の経費の他、緝捕官員の給料を補助していた。[49]眉州直隷州丹稜県の三費局もまた毎月捕庁に銭三〇串、汛庁に銭一三串を支給し、人件費を補塡していた。[50]なお同県では殷実の糧戸が毎年総計一八〇両の「戸首」と呼ばれる差務を提供していたが、同治五年（一八六六）知県毛によって裁革され、県衙門の行政経費は三費より支辦されるようになった。[51]

時代が下るにつれて三費に占める経常的な人件費支出の割合は増大した。成都府簡州では仁義公局の後身である夫馬局が過境官差、兵差および一切の雑款を支辦していたが、咸豊六年（一八五六）に設置された三費も夫馬局が管理していた。光緒三年（一八七七）丁宝楨の夫馬局裁撤に伴い、三費局は独立の公局となり、財源も田賦付加税から肉釐へ切り替えられた。だが三費局の支出は雑款が大半を占め、本来の命盗案処理費目は僅少であった。[52]三費もまた夫馬と同様、人件費を中心とする地方行政経費に限りなく接近してゆくのである。

しかしともかく人民にとっては、従来野放しにされていた書役の需索に規制が加えられたことの意義は大きかった。逆に言えば三費という追加費用に見合うだけの効果が期待されない場合、三費局は成功しなかった。たとえば忠州直隷州梁山県では光緒三年（一八七七）に三費局が開設されたが、資金集めは順調に進行しなかった。[53]その原因について三費局紳糧は「県民が進んで三費局に尽力するのは、隣県の三費章程には皆書役条規が付け加えられているからである。県民は書役（の需索）に大変苦しんでおり、三費が実施されることによって書役の害が取り除かれることを望んでいる。それ故彼らは三費の実行を名目としてはいるが、実際は（本来の）三費を急いでいるわけではない」と分析し[54]、書役の服務規程を早急に制定するよう知県に請願している。実際三費局紳が一般の郷紳を集めて捐資を勧めても、彼らは書役条規が未定であるとして寄付に難色を示した[55]。結局知県が条規を制定することにより梁山県三費局は成立を見たが、この事件は人民が三費局に何を期待していたかを如実に物語っている。

三費局を巡る書差の規費については重慶府綦江県でも問題となっていた。同治三年（一八六四）四川按察使牛樹梅は、資州直隷州仁寿県で実施された肉釐を財源とする三費を全省に普及させるよう命じたので、綦江県でもこれに倣い三費局が本格的に運営されるようになった[56]。牛樹梅とともに三費局を奨励した四川総督駱秉章は書差の規費を定額化したが、やがて遵守されなくなった。そこで光緒三年（一八七七）再度三費局を推進した丁宝楨は、書差の需索を一切禁止し、詞訟に関する必要経費の定額化を徹底した[57]。また同治一〇年（一八七一）から押保所（監獄）の書差に対する規費も三費局から支給されるようになり、需索の防止が図られた[58]。この他潼川府蓬渓県や忠州直隷州墊江県などでも書差の規費章程が知県によって制定され、陋規徴収の制限が試みられた[59]。

以上のように、三費は道光末以降歴代の四川総督によって推奨され、人民の支持を受けて徐々に普及した。三費の目的は書役に一定の給付を行い、あるいは手数料を定額化して、無制限の需索を抑止することであった。当初はたとえば咸豊初の重慶府璧山県のように、紳糧が人民および書役と協議の上で三費局を開設する場合もあったが[60]、やがて知県によって書役条規や規費章程などの明文化された規約が制定され、書役に対する陋規の規制は次第に強化されていった。

三費は知県の属僚や衙門の書役への手当て給付を目的としたため、夫馬との差異はやがて曖昧になった。既述の如く内江県や簡州では夫馬局が三費の経理を兼管していたし、綿州直隷州徳陽県でもまた丁宝楨による夫馬裁撤まで夫馬局が捕庁の緝捕経費を支出していた。[61]公局の多設はそれ自体人民に対する負担の増大につながる。類似の公局は統廃合されねばならない。三費局が次第に軌道に乗り始め、陋規の制限が一応の成果を収めた時、次に合理化の対象となる地方的徴収は夫馬であった。

三　夫馬局の廃止

咸豊から同治における三費局の相継ぐ設置は、書役による地方行政経費の恣意的徴収を規制し、人民の負担を軽減・合理化することによって国家的徴収の円滑化を図る施策であった。これは言い換えれば州県財政を縮減させることにより国家財政を強化することであるから、当然州県側の反発を招いたが、[62]歴代四川総督の奨励により三費局は各地で普及した。そして地方的徴収の整理の総仕上げを実施したのが四川総督丁宝楨（光緒二年九月－光緒一二年五月在任）である。

着任早々東郷県の暴動処理に追われた丁宝楨は、税制改革が四川省の焦眉の課題であることを痛感したに違いない。以後彼は陋規と並ぶ主要な財源である夫馬を廃止し、地方行政経費を三費に縮小統合する一方、省財政を強化して近代化政策の経済的基礎を確立しようとした。以下彼の政策を概観しよう。

丁宝楨は赴任直後より官員が公局の名を借りて人民を収奪する様を目撃していたが、中でも夫馬局の弊害が最も激しいことに着目した。夫馬局は辦差を名目として不当な需索を行っており、前総督呉棠、署理総督文格により廃止の試みがなされたが、州県側の強い抵抗により成功しなかった。[63]そこで彼は夫馬改革に乗り出すのである。

丁宝楨によれば、太平天国以降各省（主として東南諸省を指しているのであろう）の財政は釐金への依存度を高めており、捐輸を行う場合にも富民のみを対象に臨時に実施する程度であった。ところが四川省は地丁の付加税に頼っており、徴収方法も一律強制賦課方式を採っていた。(64)すなわち東南諸省が商品経済の比較的高度な展開とそれに伴う農民層分解の進行に対応した新しい徴税制度を整備したのとは対照的に、四川では田賦の追加徴収である津貼や捐輸を按糧攤派したため、一般の糧戸は恒常的に過重負担を強いられるようになったと批判するのである。(65)

しかし彼は津貼や捐輸の欠点を指摘しつつも、それが国庫に納められるならば人民より一定の理解が得られるであろうと予測し、とりあえずそれらの存続を認めている。これに対し夫馬は津捐と同様に按糧攤派されているが、地方官が局士と結託してこれを私物化しているので、人民の怨嗟の的となっていると指弾する。実際、近二か月内に彼の許へ届けられた夫馬局に対する告訴状は数百通に達しており、その大半は夫馬局の浮収濫用を告発するものであった。(66)そこで彼は各州県に下命して夫馬徴収の実態を報告させたが、その結果正糧一両につき銀六―七両あるいは制銭八千―九千文もの恒常的徴収が行われていることが判明した。これだけでも津捐より数倍の多さであるが、その上更に種々の名目で臨時の徴収が実施されており、津捐の使い込みさえ行われていた模様である。(67)

以上の調査結果により、丁宝楨は光緒三年（一八七七）六月夫馬局の裁撤を断行した。夫馬は陝西省漢中府から成都を経由してチベットに至る基幹道路の沿線に位置する広元、昭化、剣州、梓潼、綿州、羅江、徳陽、漢州、新都、成都、華陽、雙流、新津、邛州、名山、雅安、清渓、栄経の一八州県を除いて全廃され、(68)残された一八州県でも大幅な減額が実施された。(69)光緒六年（一八八〇）の報告によれば、全省で年間一六〇―一七〇万両の夫馬が削減されたとある。(70)光緒九年（一八八三）に至っても夫馬徴収の禁止は遵守され、各州県とも復活の策動は見られなかった。(71)

丁宝楨の夫馬裁撤が厳守されたことは、多くの地方志からも確認される。たとえば夫馬が残存した雅州府名山県では、光緒三年（一八七七）知県が公認の差費を過大に申告し、それを夫馬会計より支出していたとして訴えられ、丁により革職処分を受けた。[72]また成都府新都県では、丁の改革後夫馬銭は正糧一両につき八四〇〇文から六〇〇文に激減した。[73]なお同県ではこれまで夫馬局が津貼を徴収していたが、丁は夫馬局を廃止し、戸糧房による徴収に変更させた。[74]

それでは夫馬は何故これほどまでに膨張したのであろうか。丁宝楨は州県が不当に高額の夫馬を徴収する理由の一つとして、上級衙門へ多額の規礼を上納しなくてはならない官場の実情を指摘する。[75]道光年間人民から陋規を需索することに強く反対した劉衡も、上官への規礼餽送については「道府は本来州県が処理すべき民間の紛争（州県自理の案）を審理する必要はないが、州県で解決できない案件は道府に送られてくるので、道府は幕友を招聘しこれを処理させている。それ故付け届けは決して止めるべきではない」と忠告しているように、[76]規礼の授受は官場の必要悪として広く認知され続けてきたのである。そこで丁は州県に陋規需索の口実を与えないために、総督および布按両司・塩道各衙門が率先して規費の受領を停止するよう取り計らうとともに、その他の差使や浮費も極力廃止した。[77]伝統的地方行政制度に構造的に組み込まれた規礼餽送慣行がこれで一挙に崩壊したとは考えられないが、彼は光緒六年（一八八〇）には各衙門の規費が年間六〇—七〇万両削減されたと報告している。[78]

規礼が禁止されると官庁はたちまち諸経費の欠乏に陥った。特に按察使司や道府、省都である成都・華陽両県などは歳出規模が大きく、何らかの代償的措置が必要であった。そこで丁宝楨は省財政から公費を捻出して不足額を補塡した。[79]按察使司および成華両県には本省の公費から、各道府には塩釐局の平余から、それぞれ公費が支給された。その一方で彼は規礼の禁止を更に強化し、光緒五年（一八七九）正月以降は収受した道府も餽送した州県もともに処罰すると言明した。[80]これはただの脅しではなかった。光緒五年五月塩茶道蔡逢年は塩釐局より規礼を強要し、その結果塩釐の送金量が減少したとして、丁により弾劾されている。[81]これに一罰百戒の意が込められていることを割り引いても、規礼廃止に対する彼の強い意志がうかがわれる。

書役の需索制限と夫馬の廃止により、州県の収入は著しく減少した。しかし丁宝楨は成華両県を除き、公費による補助を行わなかった。州県衙門や夫馬局に替わって地方行政経費の徴収を担ったのは三費局である。

三費局は書役の陋規需索を抑止する目的で設置されたのであるが、主たる財源は地方官の捐廉や地丁の付加徴収など極めて貧弱なものであった。そこで同治初、総督駱秉章の指導により肉釐の徴収が開始されたが、この施策を更に推進したのが丁宝楨である。[82]肉釐の導入によって糧戸への直接賦課はなくなり、三費局もまた安定的徴収を維持することが可能になった。

但し丁宝楨が三費を強化した目的は、地方的徴収の保障によって州県財政を潤沢にするためではなく、夫馬局の廃止に伴う短差の支辦を三費局に肩代わりさせるためであった。夫馬局を廃止しても国家が要求する差務自体が消滅するわけではない。ただ夫馬局は規礼を上乗せして差費を徴収したが、州県衙門が直接管理しない三費局は規礼を加算することはない。丁が着目したのはこの点であった。差務を夫馬局支辦から三費局支辦へと切り替えたことにより、人民の負担は相当軽減されたのである。[83]

三費局が夫馬局の本来の任務を代行するようになった事例を地方志から拾い出すと、たとえば眉州直隷州眉山県や綏定府渠県の三費局は、三費本来の経費の他、流差や兵差も支給した。[84]夫馬だけではない。眉州直隷州丹稜県では県が必要とする物資や役務を三費より支辦していたし、[85]成都府簡州や嘉定府犍為県では団練費も三費局に徴収させることが計画ないし実行されていた。[86]また順慶府広安州では肉釐が海防費として吸い上げられ、その結果三費局が形骸化している。[87]このように書役への給付を主たる目的として運営されていた三費局は、光緒以降新財源として肉釐を付与されるとともに、差務の負担を強いられるようになった。三費局は夫馬局に代わる地方的徴収の実行機関となったが、地方行政の形でこれを地域社会に還元することはなかった。

夫馬の廃止と、陋規を付加徴収しない三費局への差務の割り当て。規礼の廃止と、省財政からの公費の支給。これらの政策を通して地方的徴収、特に正規財政の裏に根を下ろした規礼の授受は大幅に整理された。その結果田賦や津捐などの国家財政はひとまず円滑な税収入を保障され、人民の負担もある程度緩和された。しかし丁宝楨にとって何より大きな成果は、州県から布按両司に至る規礼饋送体系が崩され、徴税権が総督へ集中されたことであろう。州県や道府の行政経費は表向き非常に定額に抑えられているし、独自の課税も認められていない。また督撫や両司に許されている地方公費もない。彼らの集金能力は丁の改革により実質的に大幅に削減されてしまった。

その一方で総督権力は規礼饋送体系を経由しない新たな地方財政として省財政を確立した。省財政は国家財政の一部でありながら、正項銭糧ではなく臨時税を財源とするが、その中で最も重要な役割を果たしたのが釐金税である。釐金は州県官を経由せず直接成都の釐金総局に送られ、四川総督の管理下に置かれた。丁はこれを資金源として成都に機器局を設立し、軍備の近代化を図るなど、一連の洋務運動を実施した[89]。この他両司や道府に公費を設けた際には、総督に対しても公費一万二千両を確保し、自主財源確立の一助としている[90]。丁は光緒一二年（一八八六）四川総督在任中に病没し、洋務派官僚として活躍する機会には恵まれなかった。だが彼の主導によって確立された四川省財政はもはや後戻りすることはなかった。新財源を基盤に近代的軍備や産業を育成する一方、郷紳層の支持を取り付けて、彼らの「地方自治」への積極的参加によって社会統合にも成功した総督権力は、清末には清朝中央政府に匹敵する強力な地方政権として成長を遂げた[91]。光緒年間の財政改革は辛亥革命への地ならしともなったのである。

おわりに

清朝の中央財政は「原額主義」と称される固定的徴収制度を堅持したため、生産力の上昇に対応して正規の課税額を増加させることはほとんどなかった。また正規財政の中には府州県の地方行政経費はほとんど含まれていなかった。地方行政を遂行するための物資や役務の大部分は、必要に応じて民間から適宜徴収することが慣行として黙認されていた。固定的な戸部中央財政と弾力的な地方的徴収との暗黙の役割分担は、乾隆年間までは比較的順調に機能していた。

ところが嘉慶白蓮教徒の乱を契機として両者の関係は大きく変化した。中央は軍事費の調達を目的として津貼や捐輸など事実上の田賦付加税を新設し、これを恒常化させた。一方地方も将官や輜重の輸送を目的として差務や夫馬などの地方的徴収を強化した。中央も地方もともに増徴を図ったため、糧戸の負担は急速に増大した。

人民の負担を軽減し合理化するため、四川省は三費局の設置を促進し、地方的徴収のうち最も不透明であった書役による陋規需索の抑止に取り組んだ。これを継承し地方的徴収の整理を徹底したのが光緒初頭の四川総督丁宝楨である。丁は夫馬局を廃止して地方的徴収を更に絞り込み、これを三費局に一元化した。三費局の財源は按糧攤派から肉釐に改められ、田賦系統の付加徴収とは完全に分離された。また州県が夫馬や陋規による収入の一部を規礼として上級衙門に饋送することを禁止し、両司や道府には省財政より公費を支給して経費の不足を補塡した。こうして州県の非法定的財政権は弱められ、中央財政の安定的増収がひとまず保障されたが、財政改革を通して省の財政権もまた釐金税の整頓などにより大幅に強化され、国家財政の一翼を担うまでに成長した。そして丁は省財政を基盤とした軍備近代化政策を実施した。

広大な国土を中央集権により統治する歴代中国王朝にとっては、地方行政経費を地域の実情に合わせて府州県ごとに予算化し、これを戸部中央財政に組み込んで統一的に管理するなどという煩瑣な作業は到底実施不可能であった。中央集権支配を維持するためには、州県行政は地方的徴収によって弾力的に運営せざるを得なかったし、それによって生ずる私収もある程度は黙認されていた。専制国家の財政構造は、外見とは裏腹にさほど緻密に構成されていなかったのである。

一九世紀以降相継ぐ民衆反乱や西欧列強の軍事的脅威に直面した時、巨大ではあるが脆弱な清朝財政は、危機に対して敏速に対応することがほとんどできなかった。近代産業を育成し軍備を強化するためには、常に莫大な資金を必要とする。そのためには中央財政を再建するとともに、非効率な陋規需索・規礼餽送体系を廃絶して集権化された地方財政を構築しなければならない。釐金を槓杆として省財政の確立を目指したのが清末の洋務派官僚であった。四川における丁宝楨の財政改革も、総督の財政権を強化し、省レベルでの財政集権化を図ったものとして、洋務派官僚のそれと同等の評価を与えることができると思われる。一見地域社会の専制国家からの自立化の象徴とも受け取れる公局の叢生は、実は督撫権力を新たな核とした国家支配の再編の一過程なのであった。督撫権力は省財政を基盤に省内の支配権を強め、清朝中央政府からは次第に自立化する。各省での財政改革が軌道に乗った時点で専制国家体制の命運は尽きたのである。

註

（1）　拙書『明清時代の商人と国家』第二章「清代後期四川における地方財政の形成」。なお以下の行論では同論文で明らかにされた諸事実については特に註を加えない。
（2）小野信爾「李鴻章の登場――淮軍の成立をめぐって――」『東洋史研究』一六巻二号、一九五七年など。
（3）新村容子「清末四川省における局士の歴史的性格」『東洋学報』六四巻三・四号、一九八三年。
（4）山田賢「『紳糧』考――清代四川の地域エリート――」『東洋史研究』五〇巻二号、一九九一年（山田『移住民の秩序』名古屋大学出版会、一九九五年所収）。
（5）大半は兵餉に充てられていた。岩井茂樹「中国専制国家と財政」『中世史講座』第六巻、学生社、一九九二年、二七九頁。
（6）山田は重慶府江北庁を例に取り、庁管轄下の人丁数に対する額設の書吏・衙役の少なさを強調するが、このような地方行政経費の僅少性は何も清代後期の四川に限った現象ではない。そもそも地方の支出を含めた前近代中国の財政は、近代国家のそれとは異なり所得再分配機能がないから、人口増に対して財政規模が固定的であることは特別不都合なことではなかっただろう。
（7）岩井茂樹「清代国家財政における中央と地方――酌撥制度を中心にして――」『東洋史研究』四二巻二号、一九八三年、一四六頁。
（8）鈴木中正「清末の財政と官僚の性格」『近代中国研究』第二輯、東京大学出版会、一九五八年、谷井陽子「道光・咸豊期外省における財務基調の変化――張集馨の生涯を軸に――」『東洋史研究』四七巻四号、一九八九年。
（9）周詢『蜀海叢談』巻一、田賦
乾隆末年。白蓮教起。餉糈無出。部議。由川省按地丁。照加一倍完納。以供支用。名曰津貼。
（10）『大清文宗顕皇帝実録』（以下『文宗実録』と略記）巻一一八、咸豊四年正月戊午
茲拠裕瑞奏称。体察川省民情。惟有仿照成案。勧諭紳民。按糧津貼。請免借徴等語。……著裕瑞。即厳飭地方官。選派公正紳耆。設立公局。妥為経収。不得仮手書役。另有糸毫苛派。
（11）当初は一年ごとに申請を繰り返していたが、やがて常例となった。『文宗実録』巻二四二、咸豊七年一二月丁卯、同右、巻二七二、咸豊八年一二月戊午など。
（12）同右、巻五六、咸豊二年三月甲子
又諭。前因軍需河工用度浩繁。経戸部籌議。遵旨行知山西・陝西・河南・四川等省。令各督撫。勧諭官紳士民。量力捐輸。

以済要需。

また同右、巻八三、咸豊三年正月癸酉、同右、巻八九、咸豊三年三月丁卯、同右、巻一〇一、咸豊三年七月壬申など。

(13) 張之洞『張文襄公全集』巻一、奏議一「重案定擬未協摺」(光緒五年五月一一日)
咸豊中葉。軍餉無出。計臣議於四川銭糧之外。加収津貼。津貼者按糧攤派。正賦一両。則津貼亦一両矣。咸豊末年。更議於津貼之外。加収捐輸。捐輸者亦按糧攤派。

(14) 同右
大率毎地丁一両。合之津捐雑派。大県完多。将近十両。中県完少。亦須五六両。

なお津貼や捐輸の徴収については、小野信爾「四川東郷袁案始末——清末農民闘争の一形態——」花園大学『研究紀要』四号、一九七三年に詳しい。津貼や捐輸など四川における付加徴収については、前註(7)岩井、二九四・二九七頁、Yeh-chien Wang, *Land taxation in Imperial China, 1750-1911*, Harvard University Press, 1973, p.37, Wang, *An Estimate of the Land-Tax Collection in China, 1753 and 1908*, Harvard University Press, 1973, pp.22-23でも触れられている。

(15) 劉衡『蜀僚問答』巻二「陋規有必不可収者革陋規之法」
若典当・焼鍋与行戸験帖旧有之規銭。既不出於民。而於訟事。全不干渉。似乎無礙受之。可以津貼公用。然巴県向有行戸験帖之旧例。毎状可得三四千金。

(16) 民国『璧山県志』巻二、食貨、徭役
按。璧山地勢狭隘。南北両路。適当通衢。向来一切差務。均係百姓充役。後因差務浩繁。恐妨農業。三里紳糧酌議。按糧攤派。出銭雇役。於徴収条銀時。設局分収。……謂之随糧夫馬。亦謂之流差夫馬。倘遇軍興官兵過境。凡運送餉鞘・鉛弾・火薬及台站夫馬等類。雇価不敷。另派百姓。出貲幇貼。則以支用多寡。照糧攤収。謂之兵差夫馬。事平停止。

(17) 同右
惟流差一項。地方官避嫌自愛。多委之本処紳士。其中不肖之徒。往往濫用侵漁。藉端浮冒。乾隆三十八年。邑民徐亮采。以勒派侵冒。部控武生鄧貴榜等在案。上命兵部侍郎周煌偕・刑部侍郎永徳馳。伝至四川。会訊断結。嗣後経管者。稍知斂跡。而積久弊生。谿壑難盈。漸肆饕餮。科累無窮。道光間。畳経紳民左縉雲等。上控郡守汪公日宣。断令撤局帰官。以息

訟累。

(18)　同右

復経前令朱公希良。会同三里紳士酌議。毎糧一両。派十足制銭一千五百文為準。兵差不在此内。……近来軍務繁滋。科斂愈重。若修城鑿池。以及関隘・防堵・積貯諸名目。層見畳出。有以条銀一両。而派至三両・五両・六両者矣。

また潼川府蓬渓県でも乾隆三八年（一七七三）に夫馬を巡る訴訟が起きているが、咸豊以降負担は更に重くなり、徴収方法も按糧攤派に移行した。同治元年（一八六二）の賦課率は正糧一両につき銭一千文であった。光緒『蓬渓県続志』巻二、出納、夫馬

乾隆三十八年。文生黄定献。叩閤愬知県藉軍需勒派。周煌永徳。奉命莅其獄。廉得誣枉罪之。咸豊九年。湖南助勦賊之師過境。夫馬之需。無所出。……爾後遂随正供。賦于民。凡載糧一両。同治元年。収銭千。

(19)　光緒『内江県志』巻二、田賦、藩庫

国初徭役。按戸当差。後各里始興設庄田。収租雇役。即今之安楽・永安等庄是也。嘉道年間。教匪之変。兵徭稍重。計糧乙斗。派夫馬銭参百文。滇逆乱後。毎斗加銭至乙千二三百文。重以制憲巡辺另派。毎歳至需夫馬銭五六万串之多。

(20)　同右

肉釐。光緒四年。夫馬局裁撤。邑中三費・駅跕［站］・孤貧各費無措。邑紳稟請陸主。詳設肉釐。毎斤抽取釐銭両文。挙紳収支。

(21)　咸豊『資陽県志』巻六、賦役、徭役、協義局

嘉慶五年。総督常明奏。川省辦理夫馬。州県官廉俸。祇有此数。不得不藉資民力。……上年県属遵奉。二十大甲。按糧派銭供役。毎甲設立戸首・保正各一人。経収支応。

(22)　同右

積久弊叢。用少派多。里閭坐困。嘉慶廿二年。改設協義公局。其法毎歳開徴前。視差務之簡繁。酌派銭之多寡。於二十大甲内。預請殷実公正紳耆。或二三人。或四五人。経理収支。

(23)　咸豊『簡州志』巻一二、食貨、里役

又設孝義之法。毎甲糧戸。各予出銀若干両。令殷実公正者輪掌。出借収息。歳終権子母登簿記。充役者。酌予工食。紳衿

不使干預。法良意美。洵為善政。奈積久弊生。孝義之法仍然。而差務之弊百出。遇有徭役。往往浮派浮収。民不堪擾。前署州賀懋椿。軫念民瘼。興設仁義公局。毎糧一両。納夫差銭一串。万姓咸悦。

(24) 咸豊『重修梓潼県志』巻一、田賦、公局条規
設自道光八年。緣梓邑路当孔道。差務浩繁。凡夫征力役支応。苦楽不一。……沐邑令周樹棠。准許設局。自是苦楽始均。

(25) 同右
毎粮銀一両。一輪派差銭一千文。視差務繁減。或一輪収銭一千文。或合両輪為一輪。収銭二千文。

(26) 同右
上下大小差使過站。除伝単勘合照旧付外。如一切流差。須有署内夫馬硃票。始行支給。

(27) 同右
遇有一切旧規応修工程。務須稟官飭書。協同士民。確実勘估興修。

(28) 民国『新都県志』第二編、政紀、賦税、夫馬
按。新都当北道通衢。供億頻繁。嘉慶時。設有公局。専司其事。按糧派収差銭。以備支応。毎糧収銭若干。年遠無考。道光初。甘省凱撤。官兵需索尤繁。加派差銭。漫無限制。知県張奉書。改為流差局。委紳辦理。始定粮一両。収銭一千八百文。後因蔵差所用不敷。毎糧一両。又加収銭一千文。共収銭二千八百文。咸同間。軍事紛起。兵勇往来。絡繹不絶。又改為兵差局。毎糧一両。派収銭二三千文。或四五千文不等。洎軍務平靖。而迎送官員。県衙雑用。以及号馬草料・夫馬工食。咸取辦於此。毎糧一両。竟派加銭至八千四百文之多。

(29) 咸豊『重修梓潼県志』巻一、田賦「大憲粛郵政鈔札」
咸豊八年六月。梓潼知県張香海。奉大憲札飭。為申明定例。剴切示禁。以粛郵政事。照得。地方遇有差使過境。夫馬一切均応照牌支給。豈容任意浮開。折価多索。致滋騒擾。茲拠署打箭鑪同知宣維礼稟称。案拠近来赴蔵差使到站。所用夫馬。与伝牌所開額数。毎毎大相懸殊。除実在支用外。其余飭令折価等語。推原其故。皆由地方官。碍於情面。意図見好。遇有塡給差員伝牌。無論是何差委。路途遠近。均於応給夫馬之外。任意浮開数目。以致差員等挨站需索。多方折価。到処皆然。

(30) 光緒『射洪県志』巻五、食貨、田賦戸役、津貼捐輸夫馬興辦始末

一。夫馬。自咸豊十一年辛酉。邑城失守後。邑令黄興濬。稟設夫馬局。毎年随糧完納銀三千両支用。始則按章専支兵差。継則無往不支。甚至上憲按臨。鬨然争趨。在長官固毫不染指。不肖者串同侵蝕。以致支応不敷。局士陸続加売済民局田租業。銭三千余串支応。而済民局遂支絀不堪矣。

(31)　直隷については藤岡次郎「清代直隷省における徭役について——清朝地方行政研究のためのノオトⅣ——」北海道学芸大学『紀要』（第一部B）一四巻一号、一九六三年、陝西については片岡一忠「清代後期陝西省の差徭について」『東洋史研究』四四巻三号、一九八五年、山西については本書第六章を参照。なお片岡は差徭の地方行政経費としての性格を「差徭は、弾力性に乏しい州県財政にとって、数少ない財源のうちできわめて自由裁量度の高い税目のひとつであった。兵差の用に供すべく設置されながら、流差から地方の公事全般へとその支出先（使途）を拡大・増加させていった」（二二頁）と的確に理解している。

(32)　但し実際には最も有力な紳糧数人に決定権が集中し、糧戸全体の意志が反映される機会はほとんど無かった。前註（3）新村、一〇八頁。

(33)　前註（14）小野。

(34)　それ故厳密には釐金が夫馬などの地方的徴収の肩代わりをしたのではなく、州県の非公式徴収に代替するものとして公式の省財政が新たに生まれたと言うべきであろう。

(35)　『文宗実録』巻二四、道光三〇年一二月辛巳

四川総督徐沢醇奏。査明川省地丁・関税・塩課情形。並裁革陋規・浮費。力杜虧那章程。

(36)　同右、巻一四六、咸豊四年九月丁亥

裕瑞自実授総督以後。将各州県向有陋規。作為捐輸練丁経費。其司道規礼。収存署内。為捐備槍礮火薬之用。誠難免仮捐輸之名。復陋規之実。

(37)　同右、巻一五一、咸豊四年一一月甲申

各省規礼陋習。例禁綦厳。……四川一省。自総督以及監司大員。率皆通同一気。収受苞苴。大吏以捐款為名。復陋規之実。司道以朘削所得。為結納之資。

(38)　同右、巻一四九、咸豊四年一〇月壬戌

四川成都府知府題升建昌道俞文詔。貪縁貪鄙。与藩司楊培。聯為一気。為州県代謀升調。収受贄礼。認拝門生。前在嘉定府知府任内。勒令各行戸。另換行帖。索取陋規。

(39) 前註(37)
嗣後該省一切陋規。著永行禁革。

(40) たとえば江蘇については『文宗実録』巻二一三、咸豊六年一一月丙子、同右、巻二二四、咸豊七年四月癸卯など。

(41) 同右、巻一五四、咸豊四年一二月癸丑
川省近年吏治廃弛。前次銭糧津貼。多徵少解者。不下二三十州県。

(42) 同右、巻二四一、咸豊七年一二月壬戌
湖北署漢川県知県揀発知県張祥泰。接管該県釐金局。半年之内。抽銭二万五千余串。報解甚属寥寥。……張祥泰。着即革職。

(43) 前註(15)
或問。陋規可収乎。曰。有可収者。有必不可収者。大抵出之民者。或牽渉訟案者。必不可収。如命案夫馬銭。両造出結銭。代書戳記銭。及坐堂礼之類。皆出於民。而又牽渉訟事。則分毫不可収受。必須革除罄尽。乃可保富而安民。

(44) 光緒『蓬渓県続志』巻二、職役
凡額設吏役。名数如右。吏之副有経書。其次有清書。……無支于廩。而待食于民。他無所取求。所取求莫如訟。

(45) 前註(13)
川省雑派最多。若夫馬局。若三費局。有者什之八九。此外地方公事各局。名目不一。皆取之於民。皆派之於糧。

(46) 道光『江北庁志』巻三、食貨、三費公田
又照磨一官。俸微廉薄。捕賊緝盗。以及衙署日用薪水。所獲廉俸。実不敷用。均由本府捐廉資助。数載以来。官民庶獲相安。亦恐本府更任以後。不免易轍。不得不熟為籌画。以為久遠之計。

(47) 同右
計歳一週所獲之銀。毎月給照磨銀五十両。歳給銀六百両。余銀作為印官遇有命案。下郷相験。及招解人犯等項之費。

(48) 光緒『蓬州志』巻六、恵鮮、三費

先是咸豊六年定章。糧一升。捐銭四十。歳収四百九十二緡。由戸房計正閏。按月攤繳捕署。為緝捕経費。至是仍旧。其他則帰局支応。

(49) 民国『重修南川県志』巻二、建置、局所
清同治九年。知県黄際飛。按田房契税。業価一千。抽銭十文。戸房経収繳署。另櫃存儲。委邑紳一人。司鑰司帳。県官稽核。除三事各費外。並津貼庁官捕盗。月銭二十千。汛官拏匪。月銭十五千。

(50) 光緒『丹稜県志』巻二、建置、公局、三費局
至捕汛両庁。不受民詞。惟緝捕盗賊。厳拏嘓匪。是其専責。因廉俸不敷辦公。酌議每月捕庁由局支給銭三十釧。汛庁支給銭十三釧。今已刊訂章程。詳請立案。

(51) 同右、巻四、田賦、丁糧
戸首。旧志未載額。由十甲郷約。各挙殷実糧戸充当。毎年共繳銀一百八十両。為請領憲書・修補衙署・涼棚讙席・春馬彩竹之費。輾転流弊。深為民害。同治五年。毛令隆輔。全行裁革。均帰三費辦理。毎年止解憲書工本銀三十両。及培修衙署。補葺監獄。

(52) 光緒『簡州続志』巻上、食貨、雑課
簡州旧設夫馬局。以済過境官差・兵差及一切襍款。歳報紳士経収。按糧均派。毎両派五六千不等。民甚苦之。光緒三年五月。督憲丁文誠公奏撤。民困以甦。惟旧設三費帰併夫馬局者。一併裁汰。三費者勘験・緝捕・招解三者之費。為験屍而設。省民累也。咸豊元年。前督憲徐公。通飭設立。六年。署州王公。始挙行之。是年州紳等。因稟請署州余公。通詳各憲。議抽屠案猪釐。復設三費。毎猪一隻。取銭一百文。以旧夫馬局。改為三費局。歳報紳士四人経理。歳収六千釧・八千釧不等。除支正項外。以其余兼支雑款。其実雑款之支。倍蓰於験屍之数也。

(53) 光緒『梁山県志』巻三上、建置、公所、三費局「邑令葛書役条規示」
仁廉倡興三費。士民無不啣恩感激。而至今遅遅難成者。因下情無由上達。

(54) 同右
邑人之楽辦三費局者。因隣封三費章程。倶附有書役条規。邑之苦於書役者実甚。欲因三費一行。而書役之弊悉除。故名雖辦三費意。実不急於三費。

（55）同右
今正十八日。帖請郷紳。至局催捐。倶言書役条規未定。捐貲難収。

（56）民国『四川綦江続志』巻二、三費
邑旧命盗案件。招解・相験・緝捕等費。取之民間。不肖書役・里胥。往往任意科斂。……故仁寿始以肉釐充費。民称便。前按察使牛樹梅。札飭通省挙行。同治三年。知県楊銘。集邑紳耆。籌商此事。……邑紳粮於五年正月。請籌款接済。銘飭倉戸房。照大粮条銀納算。自一毫至一銭者。輸銭二百遁加。於納粮時。先詣局納三費。然後執票納大粮。

（57）同右、三費、書差規費
初総督駱秉章。曾飭各州県。定書差規費。事久生懈。光緒三年。総督丁宝楨。以書差仍復需索。飭各属一体厳禁。以後差役。無論大小案件。毎案准原告給銭一串。過堂一切費用。給銭二串。

（58）同右、押保所
同治十年六月。邑紳等以枷犯与盗犯殊科。諸州県各有枷房・班房。為枷犯棲息地。与卡犯別。請於知県田秀栗募貲。於頭門側。構房数間。一切経費。三費局給焉。

（59）光緒『蓬渓県続志』巻二、職役
光緒七年。宋家蒸定書役規費之章。未及栞行。
同右、官師、知県
宋家蒸。……六年三月任。勤于民事。力裁陋規。定書役規費章。以除民累。
光緒『墊江県志』巻六、官師、規費章程「知県袁績震詳定書差規費章程」「袁績震告示」。

（60）民国『璧山県志』巻二、食貨、三費
咸豊五年。邑紳協同三里士民。以及房班人等。妥為籌議。一切廠費解費。均須有局支応。俾刁徒蠹役。無由苛索。

（61）光緒『徳陽県続志』巻二、建置、公所、三費局
捕庁緝捕経費。向於夫馬項下支用。夫馬裁撤。毎月在局支用緝捕経費及培修監獄銭。共十六千文。

（62）もちろん州県官は正面からこれに反対することはできない。しかしたとえば重慶府永川県では、総督駱秉章の設置命令にもかかわらず、知県方翊清は太平天国後の城垣や衙署の再建で民力を消耗させたことを理由に三費局の開設を渋った。だが

士庶が積極的に醵金したため、同治四年（一八六五）開局の運びとなった。光緒『永川県志』巻四、賦役、保甲、三費。

(63) 丁宝楨『丁文誠公奏稿』巻一三「到川附陳大概情形片」（光緒三年三月二八日）
故各属従前巧立局名。陰肆苛斂。近因民気不靖。大半已裁。惟夫馬一局。藉口辦差。仍多存留。而営私剝民。此為尤甚。……今夫馬局。名為辦差。実充私橐。民心積忿。実由於此。近年屢奉諭旨飭裁。経前督臣呉棠・護督臣文格。迭次厳行裁革。而各州県。因為利藪。仍多仮公済私。此病不除。民心終不能靖。恐終成為乱階也。

(64) 同右、巻一三「瀝陳川省敗壊情形設法整頓摺」（光緒三年五月三〇日）
夫国家自軍興以来。各省度支。除地丁関税外。皆以釐金為挹注。未聞尽派之捐輸也。即間有一二辦捐之処。亦第勧之於富民。未嘗派之於糧戸。亦第偶一挙行。未嘗歴諸久遠。蓋捐輸本不可強之事。偶一行之。而勧之於富民。則尚為楽輸。歴久行之。而徴之於糧戸。則貧富均受其累。此病民之甚者也。

(65) このような徴収制度の欠陥は「大佃戸」と呼ばれる四川特有の地主制を生み出した。久保田文次「清末四川の大佃戸――中国寄生地主制展開の一面――」東京教育大学東洋史学研究室アジア史研究会・中国近代史研究会編『近代中国農村社会史研究』大安、一九六七年。

(66) 前註（64）
雖然捐輸之事。民固病之。而利帰於上。民猶知急公之義。雖勉力供支。尚不以為怨也。至有夫馬局之設。而各州県。勾同局士。巧立名目。勒派浮攤。官取之。則別為夫馬。民視之。則同一捐輸。公私混淆。誅求無厭。而民乃滋怨矣。臣両月来。接収民間呈詞。所控夫馬局者。不下数百紙。率皆浮収濫用。

(67) 同右
及札飭各州県。将先後派収夫馬局銀銭数目。詳晰稟陳。査閲之余。見有毎糧一両。派収銀六七両。制銭八九千不等者。較之公派津貼・捐輸。多数倍。而私用日侈。猶嫌未足。則又以差使為詞。仮借墊帰還之名。另行按糧加派。其骫法之甚者。則又将津捐。暗行挪用。病民兼以病国。

(68) 光緒『洪雅県志』巻二、賦役「裁撤夫馬碑」。

(69) 『丁文誠公奏稿』巻二三「裁撤夫馬局奏請立案摺」（光緒九年六月二九日）
惟査。南路之雅安・邛州。上至省城。由省至北路広元出境十八州県。為蔵差・喇嘛・学差・試差往来要道。例有支応。不能不稍為酌留。以資津貼。仍飭由臣親為核定。於向派銭数。大加刪減。以杜侵蝕。而紓民力。其余各属。均自光緒三年起。一律全撤。不准再派民間分文。如違。厳参懲辦。

（70）『皇朝道咸同光奏議』巻五、治法、臣職「密陳革員揑控歴年辦事本末片」（光緒六年）

裁撤各州県夫馬襍派。毎年約一百六七十万。而無形之勒索。不在此数。

（71）前註（69）

復経遴委賢員。分赴各属。明査暗訪。亦尚無巧立名目。影射私収情事。至今数年以来。民力稍紓。応供之差。亦無貽誤。現在各庁州県。均尚恪遵辦理。

（72）民国『名山県新志』巻一六、事紀

徳宗光緒三年。学政譚鍾俊過境。知県李吉寿。浮報差費。向公櫃取提。貢生高桂等。掲榜上訴。川督当免李職。

（73）民国『新都県志』第二編、政紀、賦税、夫馬

咸同時。毎糧一両。加収至八千四百文。光緒三年。減為毎糧一両。収銭六百文。

（74）同右、津貼

又按。津貼原由公局即夫馬局経収。光緒三年。四川総督丁宝楨。裁夫馬局。併入戸糧房経収。

（75）前註（64）

夫州県之所以肆意剝民。取多而用宏者。非尽快一己之私也。其中亦実有不得已之応酬。而後可以為自蔵之固。

（76）『蜀僚問答』巻二「上官衙門常例旧規必不可省者」

或問。上官不必饋送。其旧有常規可省。予曰。必不可省。即如道府不理民事。原不必延幕友。以各属有申詳案件。且有発審案件。不得已而延幕友。是上官之延幕友。為各属也。若必令自出此項脩金。不但於理不合。即情亦不協矣。故必不可省也。

劉衡はこの後、知府の幕友に脩金を送らなかったため難事件の処理に当たり知府の助力を得られず、遂に降格処分を受けた人の例を紹介している。

（77）前註（64）

臣現已与両司・塩道。各将本署従前一切応酬規費。悉数革除。不留余隙。而又将各項差使・浮費。為之極力刪汰。使各属

無可藉口。

なお総督自身も夔関などから上納されてくる規礼（名目上は「公費」と称される）を受けず、これを藩庫に収貯して予備費として使用するよう下命している。『丁文誠公奏稿』巻一二「夔関応解督署公費照旧留支片」（光緒八年一二月六日）。
（78）前註（70）
革除将軍督撫両司道府各衙門陋規。毎年約六七十万両。無名之餽献。不在此数。
（79）公費については、岩見宏「雍正時代における公費の一考察」『東洋史研究』一五巻四号、一九五七年を参照。
（80）『丁文誠公奏稿』巻一三「津貼臬司両首県公費片」（光緒三年七月二九日）
再四川刑名之繁。甲於直省。而臬司一缺。其一切辦公。僅例定養廉四千両。此外別無津貼。缺分已極清苦。……臣到川後。期与司道。共飭廉隅用資表率。而該司方濬頤。特励清操。力崇節倹。将該署一切規費。悉為刪除。臣査。其署中辦公各項。竭蹶異常。恐難持久。当与藩司塩道会商。擬於本省籌備辦公経費項下。酌量匀出一二成。稍資接済。俾該司不致枵腹従公。即応辦公事。亦可無虞掣肘。
同右、巻一五「裁革道府規礼籌給公費片」（光緒四年一一月二三日）
臣以川省臬司。向来亦収受陋規名義。尤為不正。当経飭令刪裁。而刪裁之後。辦公竭蹶。因奏明。於本省籌備公費項下。酌量匀攤幇貼。俾資辦公。其成華両県。地処省会。一切応辦公事。尤為繁冗。動形拮据。亦経奏明。酌量籌給津貼。以免苦累。……臣現擬。自光緒五年正月起。即於黔辺塩局収積平余備公項下。酌提成数。審定各道府缺分繁簡。均匀分撥。准其備文赴局領回。作為辦公経費。各該道府。既有此項領款。辦公不致掣肘。即明定禁令厳飭。自光緒五年正月起。将従前一切節寿規礼。永遠裁革。不准再収分毫。以励廉隅。而資表率。如査有私受規礼情弊。即将該道府。指名厳参。並将私自餽送之州県。一併参処。用昭儆惕。
（81）同右、巻一七「参辦蔡逢年摺」（光緒五年五月一二日）。
（82）『蜀海叢談』巻一、肉釐
川省之食豬。較南北各地為盛。故光緒初年。丁文誠公整頓各邑三費局時。即奏請抽収肉釐。以資常費。
（83）同右、巻二、夫馬局
文誠公涖川後。毅然将各属夫馬局。一律裁撤。自此以後。出短差人員。改由另設之三費局。酌供夫馬之資。……牧令公用。

亦無従取給。然自人民言之。則減軽負担不少。

(84) 民国『眉山県志』巻二、建置、署局

地方収支所。在大堂左前。三費局併入。……至（同治）五年。劉廷植任内成立。原章連緝捕・相験・招解・流差等項。一并支給。

民国『渠県志』巻二、食貨、雑税

肉税。自清光緒二年。四川総督丁宝楨。奉檄創辦。号曰肉釐。……歳繳県城三費局。以備兵差・命盗案件夫役之費。

(85) 前註（51）。

(86) 民国『簡陽県志』巻二〇、武備、防局、団防局

州牧易家霖稟請。我州練六十名。設団防局于南門内東嶽廟。以紳士二人董之。号称義勇。其費取之三費局。

民国『犍為県志』巻一二、財政、屠宰税

光緒三年。奉川督丁葆貞《ママママ》。檄飭整頓団保籌費。稟准。在肉税項下。毎宰猪一隻。加収税銭二十文。由三費局。経収劃撥。

(87) 光緒『広安州志』巻四、貢賦、公費、三費名目

近因海防軍需。提撥肉釐済用。已奉停止。三費又将虚懸。

(88) 四川における釐金徴収の経緯については、羅玉東『中国釐金史』上海商務印書館、一九三六年などを参照。

(89) 『丁文誠公奏稿』巻一四「川省設立機器局片」（光緒三年一二月二八日）

現已在於成都省城。択地建造房屋。設立機器総局。……其応需経費。一切擬不動支正款。即在於川省土貨釐金項下。撙節動用。

(90) 『蜀海叢談』巻二、丁文誠公

先是開辦官運時。公以川省大吏及各道府所得廉俸。多不敷用。乃奏請於官運雑款収入項下。酌定歳給。名曰公費。総督年定一万二千両。

(91) 清末の四川省財政については、原朝子「清末四川の経徴局について」『近代中国研究月報』二一号、一九九九年などの諸研究を参照。

第三章　清代後期江浙の財政改革と善堂

はじめに

清代前期から中期にかけて、湖広や四川では棉製品の移入代替化を通して地域経済圏の形成と全国市場からの自立化が進行した。[1] またこの地域では同治年間（一八六二—一八七四）から光緒初頭にかけて総督や巡撫が財政改革を推進し、州県による地方的徴収を整理するとともに、釐金税や牙帖捐など流通や商人に対する課税を新設して、省を核とした新たな財政集権化を成し遂げた。[2] 督撫財政の確立に成功した省は地域経済圏（の中核部分）を形成し得た省とほぼ一致する。これらの事実を踏まえ、経済的最先進地域で全国市場の中枢部分に位置していた江蘇・浙江両省の財政事情を、一見財政とは無縁に見える善堂を通して解明しようとするのが、本章での作業である。

清代の善堂に関する研究はさほど多くはないが、これまでのところ江浙を中心に普及したこと、嘉慶年間（一七九六—一八二〇）以降増加し、咸豊年間（一八五一—一八六一）に停滞を見せた後、同治年間に最高水準に達し、光緒年間（一八七五—一九〇八）には増加率が漸減したことが、不十分ながら解明されている。[3] 善堂の一部を構成する育嬰事業については、かつて仁井田陞がこれを国家のギルド商人への強制であったと捉えた。[4] これに対し夫馬進は仁井田説を批判し[5]、育嬰堂を含む善堂は「生生の思想」を背景とした在地有力者層の自発的な社会福祉事業であり、清末以降の「地方自治の出発点」となり得たと反論した[6]。

今両者を比較すれば、国家が紳士（商紳）層に社会福祉事業を肩代わりさせていたという仁井田説は実証されておらず、夫馬説の如く善堂や善挙が在地有力者層の自発的営為であったと理解する方が、一般論としては正鵠を射ているものと思われる。問題は善堂設置の動機である。夫馬は紳士層の「生生の思想」という普遍的理由から善堂設置を説くのであるが、善堂の普及には地域的・時代的偏差があったはずである。何故一九世紀の江浙でのみ善堂が著しい発達を遂げたのかについて、「生生の思想」では説得的解答を引き出すことができない。

確かに、一九世紀は社会秩序の変動期であった。しかし善堂の機能を社会福祉あるいは社会秩序の維持のみに限定することは表面的である。善堂が急激に普及した清代後期江浙特有の社会背景を視野に入れ、再検討する必要があるだろう。

嘉慶年間以降清朝の支配体制は徐々に弛緩するが、それを顕著に示しているのが国家財政の逼迫である。虧空の増大や養廉銀の減少は府州県の地方行政経費の不足をもたらし、嘉慶白蓮教徒の乱や太平天国の鎮圧のための臨時課税と相まって、書吏・衙役を通した地方的徴収の強化を招来した。在地社会にとっては、財政の悪化は公式・非公式両面での徴収増大に直結していたのである。

これに対し咸豊年間から光緒初頭にかけて、各省の督撫が財政改革を断行した。江浙両省では同治前期、李鴻章や左宗棠により均賦減賦政策が実施された。各省の財政改革は、陋規需索・規礼饋送体系を解体して田賦を基礎とした国家財政を再建するとともに、釐金税や牙帖捐などの流通課税を槓杆として省財政を確立することにより、軍備や産業の近代化を推進することを共通の目的としていた。湖北や四川などでは財政改革は成果を上げ、道府州県や布政使・

按察使の行政権が大幅に制限される一方、督撫が在地有力者層を各種の公局に登用することにより、新たな地方支配体制が形成された。専制国家権力は相対的に弱体化しながらもしばらくは止揚されず、在地有力者層の支持を取り付けた督撫権力が当面清朝支配を代行したのである。本章の目的は、清代後期江浙の在地有力者層が積極的に建置したと言われる善堂を軸として、当地における財政問題の実情と、これに対する地域社会側の動向を明らかにすることである。(7)

一　同治以前の江浙の財政改革

1　浙江省の財政改革

国家財政の逼迫に対する地方衙門の反応は、江蘇と浙江では様相を異にしていた。浙江省では早くも乾隆（一七三六―一七九五）末頃より、糧戸の負担を軽減する措置が実施されている。まず乾隆五八年（一七九三）には、布政使張朝縉により規礼の饋送が禁止された。『治浙成規』所収「革禁積弊以省糜費四条及札府洗除積弊整粛吏治」によれば、浙江では十数年来知府が「公分」と称して州県より規礼饋送を強制しており、甚だしい場合には「供応」と称し、衙門の日用品、什器、営繕費、官員の旅費などを州県に攤派していた。(8)独自の財源をほとんど持たない州県は、国家財政を流用するか人民から需索するかによって費用を工面しなくてはならない。実態調査に対し、各府はこれらが以前の陋習であり、現在では行っていないと主張したが、張はこれを虚偽の回答であると判断して規礼饋送の禁止を申請し、巡撫により断行された。(9)

これに続いて乾隆五九年（一七九四）には、富民や生員・監生に対する地保や荘長への充役強制が禁止された。『治浙成規』所収「禁止勒派殷実農民生監充当地保荘長」によれば、地保とは本来無業の貧民が自発的に就く里役であるが、浙西三府属の州県では図中の田多殷実なる良民を強制的に充当させていた。彼らは書吏・衙役から銭三〇串から一〇〇串の「上頭費」を需索されたり、州県の差役が「図差」として派遣された時には、図差の接待や銭糧の立て替えを要求されたりするので、往々にして一年の応役で家産を蕩尽した。[10] また浙東八府では地保の他荘長の役を設置して殷実の生員・監生を充当させていた。荘長は、①州県差役の供応、②官穀採買の責任の押し付け、③銭糧督促、路斃（行路死体）検視、命案（殺人事件）捜査、地方公事などに際して知県や委員の接待と書役への経費支給、④虧欠銭糧の代辦などを強いられるので、学業を断念して差務に当たらざるを得なかった。[11] そこで布政使と按察使が地保や荘長の勒派禁止を提案し、巡撫によって批准されたのである。

禁止措置を徹底させるため、布政使は府を通して各州県に「永革荘長碑」の建立を下命した。地方志を見ると、寧波府属で碑刻製作の記録が多く残されている。[12] また温州府永嘉県では、温処道により荘長が廃止された。[13] 紹興府嵊県では嘉慶五年（一八〇〇）書役が地保の役を籤引きで割り当て、銭糧を立て替えさせていたのを禁止した。[14]

だが乾隆末の規礼饋送・陋規需索禁止措置にもかかわらず、嘉慶年間（一七九六―一八二〇）以降の財政悪化により浮収は継続した。特に経済的基盤が脆弱であった浙東では、浮収は深刻であった。寧波府定海庁では嘉慶六年（一八〇一）土地名義変更における荘書の陋規需索を禁止した。[15] 紹興府嵊県では道光年間（一八二一―一八五〇）県官と書吏が結託し、城隍廟修繕費に名を借りて地丁銀一両に対し制銭二〇〇〇文もの浮収を行っていた。郷紳層はこれに反発し朝廷に提訴したが、中央より差遣された湯金釗は不正の追求はせず、今後徴税の際には毎年地方官が郷紳と合議し、まず銭糧を紹興府の銀円価格に換算し、それを更に嵊県の制銭価格に換算することによって納税額を算定するよう説得した。当県ではこれを「糧席」と称した。[16] 国家は県衙門による銀貴銭賤に乗じた一方的な浮収は禁止したが、地方的徴収自体を否定することはできず、銀円の市場価格に連動させて毎年折価額を改訂することにより、官紳合意の下で一定の地方行政経費を確保したものと思われる。なお糧席による浮収は、左宗棠の同治減賦により廃止された[17]。

同じく紹興府上虞県でも、道光二六年（一八四六）地丁銀の折銭額が毎両制銭二五〇〇文から三〇〇〇文に急騰したことに紳士層が反発し、県に具稟した。署知県張は銀価高騰による税収の不足は認めたが、折価額の改訂は行っていないと答えた。そこで紳士らは、庫書譚智傑と戸書馬光輝による不正と見なして、紹興府に控訴した。署知府楊はこれを差し戻したが、最終的に正額外徴収を地丁一両につき加耗銀〇・一二五両、内費用銭三七八文、外費用銭五三文に制限する章程を制定させた[18]。また同府新昌県では、従来地丁一両につき折銭二二〇〇文と串費若干を徴収していたが、銭糧は戸書により包徴包解すなわち請負徴収して送付されていた。しかし銀価高騰により戸書が破産したため、同治年間知県石が官徴官解すなわち国家による直接徴収・輸送方式に変更した[19]。戸書による銭糧請負の目的は、地方的徴収の確保にあったものと思われる。なお同府諸暨県では、南米の浮収改革以降も書吏による不正規徴収は止まなかったと言われており[20]、同治初の賦税改革も浙東の地方的徴収を根絶させることはできなかったようである。

以上のように、浙江省では早くも乾隆末に陋規需索・規礼饋送体系の改革が実施された。嘉慶以後浙西では地方的徴収が表面化することはなくなったが、浙東では州県や書吏により銭糧の折銭などに付け込んだ浮収が継続したのである。続いて江蘇省の財政改革について検討しよう。

2　江蘇省の財政改革

浙江省とは対蹠的に、江蘇省では同治初頭まで省レベルの財政改革は実施されなかった。太平天国終息後の李鴻章らによる江蘇財政改革は、賦税の減額と牙税の増額により課税対象を土地から流通へ部分的に移行させたが、これと並行して国家財政の贅肉とも言える地方的徴収の削減も実施された。『江蘇省例』所収「禁革伝詞規費」によれば、同治五年（一八六六）署両江総督李鴻章が訴状受理における書差の陋規需索を禁止したとあるが[21]、これに続いて本格的に陋規裁革を推進したのは、李の元幕友である江蘇巡撫丁日昌（同治六年一二月–同治九年閏一〇月在任）である。そこで丁日昌『撫呉公牘』を素材に江蘇省陋規改革の概要を俯瞰しよう。

はじめに規礼饋送について。布政使、按察使および道府州への札飭で、丁日昌は候補人員（任官待機者）を州県に差遣する場合には必要経費を支給し、彼らが現地で規礼を要求することのないよう指示した[22]。しかしこれは上下衙門間の恒常的な規礼授受とは性格を異にする。一般的な規礼については、蘇州布政使への札飭に

照らし得たるに、本部院涖蘇以来、所有《あら》ゆる本衙門曁《およ》び司道衙門の陋規の、各州県の累と為る者は、均しく革除浄尽を経たり。去年地丁銭糧章程を重定し、復た奏して毎両二百文を加え、以て各州県の津貼辦公の用に資せり[23]。

とあるように、着任以来巡撫衙門および布政使・按察使・各道衙門への規礼のうち、州県の重荷となっているものを全て廃止する一方、地丁銭糧章程を重定し、毎両銭二〇〇文を付加徴収して、これを州県の行政経費に充当した。この一文によれば規礼饋送体系は早期に、かつ比較的容易に裁革できたようである。

次に陋規需索について。丁日昌が積極的に取り組んだのはむしろ陋規問題であった。当時の書役は詞訟受理の他、命案相験（死体の検分）、招解人犯（犯人の護送）、銭糧督促などに際して、関係者から法外な手数料を取り立てていた。差保趙振らの藉端需索に関する沛県からの稟を受けた丁は

江蘇各属の印官、郷に下りて相験踏勘するに至り、地保・差役、往往にして藉端需索せり。甚だしきは数十里の外、尚《なお》其の指派を被る者有るに至る。応に章程を明定し、禁革を厳行すれば、此の弊永遠に革絶せらる可きに庶《ちか》きは如何ならん。……鄙意は惟章程を明定し、一切の屍場使費は、官由り自給し、勒石して衆に示す有らば、累

C5294042874 3

3 122-0 -3

客注

日販

D91-50

187280　12

アメリカ

ABC

2C07

客注

財　政　　客注専用短冊

1冊

冊数

清代財政史研究

汲古叢書 35

汲古書院

山本進

ISBN978-4-7629-2534-4 C3322 ¥7000E

1872803000012X

B10211161118B

本体　7000円

9784762925344

受注No.116118

受注日25年10月21日

2001134　*

の無辜に及ぶを致さざるに庶幾《ちか》からん。[24]

と述べ、江蘇省では正印官が命案相験のために現場へ赴くと、地保や差役が検視費用に名を借りて近隣の人民から需索することが慣例化している実態を総督李鴻章に指摘するとともに、以後章程を制定し、一切の屍場験費を地方官に自辦させるよう提案した。その後丁は各州県に

本部院群議を参稽し、弊源を搜剔せんとするに、僉《みな》書差の需索を禁ぜんと欲すれば、必ず先に書差の公用を優給し、尤も応に書差の人数を減らすべしと以為《おも》えり。爰に下郷相験の各項を将て、逐条逐款、定章を参酌し、各庁州県に通飭し、一律辦理せしむ。合に札飭を行うべし。札該某に到らば、即便《ただ》ちに後開の章程を転飭遵照せよ。凡そ一応《あら》ゆる命案に遇わば、下郷相験は、務めて須く軽輿減従し、一切の費用は、例に照らし自ら捐給を行うべし。[25]

と通飭し、今後は命案相験における書差の人数や経費を定額化して、費用を公給するよう指示している。なお、光緒『呉江県続志』によれば、署知県汪がこの命令を受けたのは同治八年（一八六九）正月二五日であった。[26]

命案相験と並んで需索の口実に多用されたのが招解人犯である。従来江蘇省では、犯人護送の費用は「承差規費」によって賄われており、これが需索の温床となっていた。そこで丁日昌は同治七年（一八六八）五月、各衙門に対し

照らし得たるに、本部院訪聞せらく。江蘇各属、命盗雑案を招解したるに、院司道府及び本管直隷州の承差の規費、毎案多きは四五十金に至り、解役・犯人の盤纏・飯食は、尚内に在らずと。……所有《あら》ゆる前項各衙門の招解規費は、亟やかに応に通行禁革し、以て紀綱を粛すべし。合に札飭を行うべし。札該司道府州に到らば、立即《ただ》ちに遵照し、嗣後各属の招解人犯、所有ゆる一切の陋規は、永遠に全て裁革を行え。并びに所属に通飭し、再び付給を行うを准さず。[27]

と札飭し、この陋規を全面的に禁止させた。また承差規費の定額化を提起した按察使の詳文に対する返答で、彼は

本衙門解勘の案件に遇有するに至りては、提審一次毎に、案件の多寡を論ずる無く、本部院由り、自ら銭二千文を捐給するを行い、各州県の再び捐するを庸《もち》うる毋かれ(28)。

と述べ、今後巡撫衙門への招解一回につき、巡撫から道府へ銭二千文を支給するとともに、道府から州県へ経費を転嫁することのないよう命じている。この他、江寧府では州県の緝案公文（逮捕状）を携帯した物乞いが地方官の蓋印を得て店舗より盤費を需索する弊習があった。これは江南で広く見られたが、江寧での需索が最も多く、逆に蘇州では少なかった。彼らの大半は安徽、江西、湖広の出身者であった。そこで丁は官府の権威を悪用した物乞いを禁止し、州県に官印を捺さないよう指示した(29)。招解人犯を利用した書役の需索を、物乞いが応用したのであろう。

銭糧関係については、同治減賦以降も書差による短作洋価（洋銀を市場価格以下に換算して差額を需索する行為）、自封投櫃（書役を経由しない直接納税）の妨害、串票銭（納税領収証発行費）や脚費（交通費）の徴収が存続していた(30)。そこで丁日昌は

此の後銭漕を徴収するに、定章の外に於いて、如し洋価を短作し、及び書差の串銭を索取し、並びに刁難勒掯するを任聴《ゆる》す者有らば、一たび訪実を経れば、即《ただ》ちに例に照らし厳参す(31)。

と訓示し、これらの浮収を厳禁して減税政策の徹底を図った。丁は別の札文でも

茲に各図の経造の散給せる由単を訪聞したるに、城戸は尚幾《いくばく》も無きに属すれど、郷戸は則ち毎畝銭百余文を需められ、少なきも亦数十文なり。名づけて役費と為せり。又県差郷に下りて、銭糧を催繳したるに、往往にして任意に需索せり。……合に札飭厳禁を行うべし(32)。

と述べ、郷戸は役費の名目で毎畝銭数十文から百余文の串票銭を徴収される他、県差が催糧のため下郷した時にも往々

にして需索が行われているとの認識に立ち、蘇州布政使にその禁止を下命している。この他凶作による銭糧減免申請でも、書差や保甲が手数料を徴収しており、丁により禁止されている。[33]

それでは、地方的徴収を禁止した丁日昌は、命案相験、詞訟処理、銭糧徴収などに関する必要経費の不足分を如何なる手段で補填するつもりであったのだろうか。地丁一両につき銭二〇〇文の付加徴収や巡撫からの招解経費捐給の他、彼は特別の予算措置を講じていない。ただ詞訟については

　又詞訟一項の如きは、前に経《すで》に伝呈・坐差・舗堂等費を厳禁し、糸毫も訛索するを准さず。今各属を訪査したるに、惟呉江の懸牌審案のみ、案毎に書差の飯食銭一二千を給し、前嘉定令は、簽差の下郷したるに、日を按じ銭一百四十文を給し、鎮洋令は、日を按じ銭一百二十文を給したれば、稍擾累を免れたるの外、其の余の各属の逓呈・簽差・舗堂は、仍暗中訛索するを免れず。……詞訟に至りては、惟代書の戳費のみ、限制を量立し、一二百文を取るを聴《ゆる》すの外、其れ伝呈費は、即当《ただ》ちに厳密査禁せよ。簽差・舗堂等の費に至りては、応に呉江・鎮洋の章程に仿照し、捐廉酌給せしむれば、書差の藉口する所無く、而して小民の擾累を免れるを得るに庶《ちか》からん。[34]

とあるように、呉江、嘉定、鎮洋では例外的に知県が書差の人件費を支給していたと言われており、丁日昌も三県の章程に倣い費用を捐廉酌給（養廉銀より支給）することを各州県に推奨している。その実現可能性については、今は問わない。しかし上記三県が詞訟の経費を自辦することにより書差の需索を食い止めていたことについては、それが事実であるとすれば注目に値する。このことは次節で詳細に検討する。

以上のように、江蘇省では李鴻章の同治減賦に引き続き、巡撫丁日昌が陋規需索・規礼饋送体系の廃絶を中心とした財政改革を推進した。丁は規礼饋送よりも陋規需索の廃絶に苦心したようであるが、『撫呉公牘』を見る限り、地域的には長江以南よりも江北の陋規需索事例が多く挙げられている。

このうち揚州府の事例が最も多く、巻二八「儀徴差役索擾飭禁」、巻三五「行査東台県浮収漕価」「行査泰州浮収漕価」「査究興化龔如林浮収漕価」「厳禁高郵伝呈等費」、巻三六「訪聞泰州吏目等需索包攬各弊飭査」「査禁宝応書差陳時修等婪索使費」にて、丁は当該州県に対し書差の陋規需索を禁止するよう命じている。また海州直隷州については、巻二八「海州書差索費飭査」、巻三五「飭将海州差役徐相等厳行提究」、巻三六「査沐陽門丁差役需索」にて陋規需索を指摘し、禁止を命じている。この他徐州府では巻三五「飭沛県厳禁差役相験索費」で、通州直隷州では巻三六「飭裁如皐陋規減復典当利息」で、それぞれ陋規改革を指示している。

これとは対照的に江蘇南部では、州県に対して陋規需索を指摘する札飭は少なく、巻三六の「宝山挂号等費名目飭禁」「南匯稿門袁姓等需索訟費飭査」「飭査武進江陰靖江宜興書差需索」などがあるに過ぎない。これは何を意味しているのだろうか。

そもそも陋規需索・規礼饋送を禁止する政策は、浙江省では乾隆末に実施されたが、江蘇省では同治年間まで実施されなかった。しかし同治財政改革以前の江蘇省では、陋規需索の弊害がほとんど存在しなかったと考えることはできない。丁日昌は江北を中心に書差の需索を数多く挙例しているが、江南では既に陋規が廃止されていたわけではないだろう。それでは浙江省より江蘇省で陋規改革が遅れ、江蘇省について見れば、江南では江北ほど陋規問題が深刻に捉えられなかったのは何故だろうか。丁日昌の財政改革まで、江南の人民、特に需索の標的となりやすい富裕層は、如何なる手段でこれに対処していたのだろうか。前章で述べた通り、四川省では咸豊・同治年間より三費局などの公局が命案相験の経費を支給していた。四川の公局に相当するのが、同治年間江南で多設された善堂なのではないだろうか。次に善堂の普及状況とその目的について考察を進めよう。

二　善堂の普及とその目的

善堂は各種善挙（慈善事業）のために設置された機関であり、四川省三費局のように地方行政経費の給付を直接の目的としたものではない。江南でも一八世紀まで善堂は本来の救済組織として機能していたし、篤志家の善意に依拠していたが故に、さほど広範に展開しなかった。それ故一九世紀に入って善堂が急速に普及するのは、慈善とは明らかに異なる役割が付与されたからだと考えられる。嘉慶以降に刊行された江浙両省の地方志の「建置」や「公所」などの項には大抵善堂に関する記事が見られるが、その大半は建前上の目的しか記されておらず、実態を伝えたものは数少ない。その中から意外な事実を述べていると思われる史料を抽出し、府州単位で整理すると、以下のようになる。

1　蘇州府の善堂設置

まず蘇州府から検討する。光緒『呉江県続志』（巻二、営建一、院堂）は民間善堂として種善堂、留嬰堂、衆善堂、黎里留嬰堂、黄渓堂、仁仁堂、誠是局、同善堂、仁善局、慶善堂を取り上げ、内容を簡単に解説した後、次のように総括している。

以上各堂局、或いは棲流を以てし、或いは棄嬰を収養し、或いは衣薬等項を施給するも、要は報験路斃・掩骼埋胔を以て大宗と為せり。後世所謂善挙の盛時を、以て王政と為せば、故に之を公署の末に具列す。而るに通飭勒石の告示三件左の如きを並綴すれば、亦以て善堂の政治の実相と表裏せるを見ゆと云う爾《のみ》。

これを要約すると、①善堂には多様な機能があるが、主たる役割は路斃浮屍の相験と暴露死体の埋葬である、②善堂の設置目的は表向きは善挙だが、実際は政治の動向によるものである、の二点にまとめられるだろう。善挙を動機とした善堂設置がなくなったのではないが、単なる慈善を越えた政治の動きに関わる善堂が出現したこと、善堂が本来具有している様々な役割の中で特に路斃浮屍の処置が強調されていることは、注目に値する。

善堂は純粋な善挙に非ずと断定する著者の主張の根拠は、三件の碑刻に刻まれた告示であるとされる。第一碑刻は「按察司使巴厳禁屍場滋擾告示碑摹」であり、後部に「呉江県李諭衆善堂董事徐達源知悉」が付け加えられている。まず江蘇按察使巴哈布《バハブ》の告示を見よう。

照らし得たるに、蘇郡の滸関は、地孔道に当たり、往来の煢独、或いは病に因り路斃し、或いは失足致溺すれば、自ずから応に報官験殮すべし。而るに差件人等、藉りて生涯と作し、地主隣佑、滋累窮まる靡《な》し。甚だしきは懦を択びて噬し、殷実の地界に移扦するに至る。慾壑未だ塡まらざれば、則ち危言を故作して恐嚇し、本官を慫慂して、輾転と伝人し、城に帯して覆訊せしむれば、民何を以て堪えん。前に経に紳士韓是升等、一善公堂を設立し、凡そ倒斃浮屍に遇わば、保に憑して堂に報じ、随時県発の聯単に塡載し、験殮掩埋したり。其れ臨場の書件・差役の飯食・船価は、堂由り捐貼したり。後又棲流所を添設し、道路の顚跛垂斃の人を収養す。此皆紳士の好義の善挙なり。乃ち差件人等、未だ慾を飽くる能わず。生前の磕擦微傷有るに遇わば、此に因りて斃を致すと混報し、嫁禍せんと希図す。又路斃の丐屍有らば、験殮の後、堂董地隣に伝し、県に赴き取結せしむるに藉りて、混行滋擾し、地隣をして胆慄せしめ、堂董をして寒心せしむるを致す。……茲に紳士韓是升等、勒石永禁を呈請し前来したるに拠り、因りて思えらく。省会の法地も、棍徒尚敢えて行いを肆にして忌む無し。其の余の外属の州県、更に其の必ず無きを保ち難しと。蘇州府に飭し、勒石永禁せしむるを除くの外、合に出示通諭を行うべし。此が為に合属の軍民及び坊保の差件・書役人等に示仰して知悉せしむ。嗣後凡そ路斃浮屍有らば、坊保に責令し、先ず該屍を将て、義冢等空隙の処所に舁放し、即ちに地方官の衙門に赴きて具稟し、星速詣験して殮埋せしめ、地保・書役・差仵人等の、屍に藉りて生発し、小民を訛詐し、混行滋擾するを許す毋かれ[35]。

巴哈布によれば、蘇州府滸墅関は交通の要衝で路斃浮屍（水陸の行路死体）が多く、地保や差仵（＝仵作、検視担当の衙役）が地主や隣佑より検視費用を需索していた。臆病者を恐喝したり、死体を金持ちの土地に移動したりする悪質な手口もしばしば見られた。そこで郷紳韓是升らが一善公堂を設置し、堂が手続きを代行し、堂より験費や埋葬費を支給した。また棲流所を併設し、路上の衰弱者を収容した。しかしその後も書役や地保、仵作の地隣や善堂董事に対する需索は止まず、死体の微細な傷を利用して殺人事件を捏造したりするので、韓是升らは按察使に勒石永禁を呈請した。これに対し巴哈布は、省会の法地たる蘇州府城近郊でさえ棍徒が堂々と需索しているのだから、外属の州県では更に激しい需索が行われているだろうと判断し、嘉慶一七年（一八一二）三月、蘇州府および各州県に飭して、書役や仵作の路斃浮屍に乗じた験費需索を厳禁するよう勒石示諭させた。これに続く呉江県知県李の示諭には、次のように記されている。

案ずるに、臬憲の札飭を奉じたるに、棲流所を添設し、報験殮埋の諸事業を辦理せよとあり。……現に臬憲の特札して厳催せらるるを奉じ、合に再び諭催すべし。諭該董事に到らば、即ち前発の示式を将て、速《すみ》やかに石を採り碑を勒して建立し、永遠に差仵の藉屍詐擾の弊を勒革せよ[36]。

彼は按察使より、棲流所を添設し、検視および埋葬業務を執行せよとの指示を受け、嘉慶一八年（一八一三）五月衆善堂董事徐達源に採石勒碑を命じたのである。棲流所の添設については巴哈布の示諭と食い違うが、呉江県でも滸墅関に倣って善堂を設置し、路斃浮屍の処理を行わせたのだろう[37]。

以上のように第一碑刻から、江南では嘉慶年間より書差や仵作が路斃浮屍の検視を口実に厳しい需索を行っていたこと、これに対して郷紳層は善堂を設置し、検視業務の公正化と書差や仵作への必要経費の支給を開始したこと、更に按察使がこれを支持し、碑刻を建立させ需索禁止の徹底を図ったことが読み取れる。韓是升の一善公堂・棲流所や徐達源の衆善堂は、それまでの善堂とはかなり性格を異にする、書吏・衙役の需索防止を主目的とした機関であった。『呉江県続志』の編者が養済院と育嬰堂を「院堂」の項に収め、嘉慶以降相継いで設置された一〇個の善堂を「民間善堂」の項に分類して、後者を政治的要請から生まれたものと判断したのは、これら一九世紀型善堂が国家財政の逼迫や地方行政経費の不足に端を発した書役の需索を予防するための組織だったから、換言すれば、寡婦や棄嬰あるいは老弱者や貧民など本来の救恤対象者ではなく、主として有産者を保護するための組織だったからに他ならない。[38]

だが郷紳層や巴哈布の努力にもかかわらず、書差の需索は根絶されなかった。省官僚で再度路斃浮屍の検視における陋規需索問題に取り組んだのは丁日昌であった。前述の如く、第二碑刻「署知県汪奉巡撫部院丁札示禁碑摹」は『撫呉公牘』巻三四所収「通飭各属凡遇命案相験厳禁書差需索使費勒石永禁」を写したものである。[39] なお第三碑刻「按察司使裕禁阻葬示」（道光一五年三月）および「巡撫部院丁札」（同治七年八月）は、裕謙と丁日昌が停棺不葬風習の禁止を指示したもので、財政問題とは関係ない。

巴哈布による屍場験費需索禁止措置には後日談がある。民国『黄埭志』は仁寿堂について解説した後、嘉慶二〇年（一八一五）二月江蘇按察使毓岱の次のような告示を付載している。

前に紳士韓是升等、善堂を設立し、報験に捐資し、義塚に殮埋し、以て縈骸を恤み、而して差擾を杜がんとあるに拠り、章程を議立し、府由り通詳立案し、凡そ斃屍有らば、坊保に責令し、先ず義塚等空隙の処所に舁放するを行い、官に赴きて報験殮埋せしめ、其れ書差の飯食・扛価は、堂由り捐貼せんとしたり。均しく巴前司の勒石永遵を経たり。嗣いで慶前司、相験の身体は、全て初斃の時に在りて、其の手足・東西・頭面・向背・傷痕の有るや無きやを観、真偽を弁別すべきに因り、未だ先ず他処に移すに便ならずとし、差仵の飯食も、亦応に官が捐給を為すべしとしたり。復た核議を経、詳明通飭して遵辦せしめたり。旋いで蘇州府に拠れば、陸路の斃屍は、飭に遵じて仍原処に停め、報官勘験すれど、水中の漂氽浮屍の若きは、本より上流自り淌《なが》れたるに係われば、致死の原委を知る莫く、且つ多くは沿河の磡《ママ》岸、居民の厨竈稠密なるの地に在り、若し必ず屍処に在停し、搭廠して験を候てば、殊に滋擾為るを以て、附近の空処に於いて、設蓋柵［棚］廠し、官の看明したる後を俟ちて、後に屍を将て廠前に移至して撈験し、以て滋擾を杜がんことを請う。其れ応に用うべき棚廠・水脚等費は、各堂の董事が捐給を情願したれば、応に仍堂董より捐給備用するを聴すべし等の情あり。申請して照辦したること、各おの案に在り。茲に査するに、続議の章程は、既に原立の碑示と未だ符せず、自ずから応に另に刊豎を行い、各おのをして遵守せしむべし。合に査案勒碑諭遵を行うべし。此が為に按属の軍民・地保・差仵・書役人等に示仰して知悉せしむ。嗣後陸路、凡そ倒斃に遇わば、屍身は仍原処に停め、堂の地保と邀同し、塡単報験するを聴し、分寸も私移するを得ず。如し河内の浮屍に係わらば、即ち附近に於いて搭蓋棚廠し、官の看明を候ちて、即《ただ》ちに屍身を将て廠前に移至して撈起し、相験して捐棺殮埋せよ。需むる所の棚廠・水鍋・葱酒等の費は、銭二千文とし、水路の舟費は、銭六千文とし、仍堂由り捐出して、保に交して分給するを聴す。総じて地主・地隣・堂董を伝訊し、需索を擾すを致すを准さず[40]。

これを要約すると、韓是升らによる善堂設置と験費の捐給、並びに検視や埋葬を簡略化するため地保に命じて路斃浮屍を一旦義冢などに葬らせるという提案は、江蘇按察使巴哈布（嘉慶一六年九月―嘉慶一八年三月在任）により承認された。ところが嘉慶一九年（一八一四）按察使慶格（嘉慶一九年七月―同年一〇月在任）は、現場検証を重視する立場から死体の移動に反対した。彼はまた仵作などに対する人件費給付も本来地方官が捐給すべきものであると各属に通達した。慶格の建前論に従えば書役の需索が復活することは自明であり、水死体の現場保存は公衆衛生上問題がある。苦慮した蘇州府は再度旧来の便法の許可を申請した。そこで慶格の後任の毓岱（嘉慶一九年一〇月－嘉慶二〇年一二月在任）は再び章程を制定し、陸上死体の移動は検視官の到着後とするが、水死体については空き地への一時的移動を許すとともに、検視や埋葬に伴う諸経費は一律銭二千文、交通費は銭六千文に固定し、善堂から捐給することを許可した、ということになる。検視の簡略化では後退したが、善堂による経費支給を代償とした需索禁止政策は継続された。長洲県黄埭市では仁寿堂がその役割を果たしたのである。

長洲県滸墅鎮の一善公堂から出発した路斃浮屍の処理を目的とする新型善堂は、江蘇按察使巴哈布、毓岱による国家的支持を受け、急速に普及した。蘇州府ではこの他常熟・昭文両県で、嘉慶一八年（一八一三）常熟県人徐鑅らが巴哈布に具呈し、府内の同善堂に倣い、路斃浮屍の埋葬を専司する寧善堂を設置した。この寧善堂は単に屍場験費を支給するだけでなく、傷のある死体のみ官に報告して検視を受け、無傷の死体は堂董が直接検視して埋葬することが許されていた[41]。その後道光四年（一八二四）には独立した堂屋を建て、名称を凝善堂と改めた。咸豊一〇年（一八六〇）には太平天国の兵火を被ったが、同治四年（一八六五）に再建された。また元和・呉江両県にまたがる周荘鎮でも、咸豊七年（一八五七）既存の善堂である懐善局に埋葬業務が付加されている[42]。

なお路斃浮屍に便乗した書役の需索は財政が悪化する嘉慶期から深刻化したものと思われるが、乾隆以前には見られなかったと断定する史料はない。しかしそもそも地保などの里役は乾隆初より整備が始まり、次第に書吏・衙役→地保→糧戸層という需索体系が形成されたのである。ちなみに康熙六一年（一七二二）七月病気の物乞いが蘇州城内の程元芳香店の門前で斃死した時には、丐棍が命案に仮託して需索を企てており、一八世紀前半段階ではまだ無頼や棍徒が需索の主役だったと推測される[43]。

2　松江府の善堂設置

松江府に移ろう。嘉慶『松江府志』によれば

　華婁同善堂。……嘉慶十年、里人張孝林等募建せり。毎歳夏秋、施医舎薬、并びに施棺埋葬、及び浮尸路斃の験費、均しく焉より取給す。(44)

とあり、華亭・婁両県では早くも嘉慶一〇年（一八〇五）同善堂が捐建され、施薬や施棺の他路斃浮屍の験費支給を開始した。また光緒『松江府続志』によると

　善堂の設けらるは、吏治の及ばざるを佐《たす》くる所以なり。然るに前志に見ゆる者、猶多く無き也。道光以来、郡邑村鎮、遞次興建せられ、善に靡《あら》ざれば備えざるに幾《ちか》し。(45)

とあり、道光以来都市や村鎮で相次いで善堂が設置されたが、その目的は「吏治の及ばざるを佐くる所以」であった。蘇州府と同様松江府でも、善堂は嘉慶以降官の統治を補佐する目的で普及し始めた。中でも最も有名なのが上海の同仁輔元堂である。嘉慶『上海県志』によれば

　同仁堂。……嘉慶九年、喬氏の宅を買いて改建せり。是より先、嘉慶五年、知県湯燾、捐俸置田し、同邑の人朱文煜・徐思徳等も、義冢を創設し、掩骼埋胔せり。榜して同仁と曰い、堂を設け其の事を推広せんと欲すれど、旋いで任を去れり。是に至り紳士捐を倡え堂を購い、公局と為せり。……続いて義学・棉衣・代葬・放生・済急・水桶等の事、及び浮屍路斃の公費を捐するを増したり。(46)

とあり、同仁堂は嘉慶五年（一八〇〇）知県湯により捐建された義冢から出発し、継いで紳士らの寄付により公局となり、業務を義学、施衣、救火などや路斃浮屍処理費用の支給に拡張した。また同治『上海県志』によると

同仁輔元堂、即ち同仁堂也。道光二十三年、邑人梅益奎、杭州の賖棺条規を得、遂に海門の施湘帆・慈谿の韓再橋と募捐し、龔氏の屋に就きて、賖棺桟を設けり。……咸豊五年、董事経緯し、帰并して一と為し、乃ち今の名に易えり。又代給屍場験費、及び収買淫書・挑除垃圾・稽察渡船の事を加えり。(47)

とあり、咸豊五年（一八五五）同仁堂は道光二三年（一八四三）に設置された輔元堂と合併して同仁輔元堂となり、継いで屍場験費の代辦業務を開始したと言う。ところが光緒『松江府続志』によると

照らし得たるに、命案を報験するに、応に需むべき屍場棚席の廠費、及び夫馬船隻、並びに各書役の飯食等の項、一応《あら》ゆる雑用は、咸豊八年十月の間、本県蒞任の後自り、水陸路斃、以て自尽・謀故・共殴・闘殺等の案に及ぶを論ずる無く、報官相験するに、応に需むべき雑費は、皆本県より捐廉給発するに係わり、吏役人等、外に在りて分毫も需索するを准さず。並びに案に遇わば捐牌暁示せしむること案に在り。茲に同仁輔元堂董事等に拠れば、費官由り捐すれば、恐らくは継を為し難きを以て、奉賢県の辦理せる章程に照らして、何等の命案を報験するやを論ずる無く、応に需むべき屍場棚席の場費、及び夫馬船隻、並びに各書役の飯食等の項、一応《あら》ゆる雑用は、概ね堂内由り給発備用せんことを請う。既に官捐を免ずれば、而も屍親・地保・隣右の人等に於いても、亦再び索擾を被るを免れん等の情あり。拠りて即《ただ》ちに各憲に通詳して立案し、刊碑勒石して、需索を永禁し、以て擾累を杜ぐべし。(48)

という上海県知県劉郇膏の示諭を収録している。要約すると「咸豊八年（一八五八）劉は命案相験における書役の需索を禁止するとともに、全ての経費を知県の養廉より捐給すると告示した。地域社会側にとってこれは一見理想的措置であるが、劉の後任者が捐廉を継続してくれる保証はなく、経費支給が止まれば再び書役の需索を招くことは必至である。そこで同仁輔元堂董事らは、奉賢県の章程に準拠して、あらゆる屍場験費を堂より給発させてほしいと請願

した。劉はこの提案を受諾し、ようやく同仁輔元堂の検視費用支給が始まった」ということになる。書役の需索はもはや一知県の善意では解決できず、善堂の継続的験費支給体制を必要としていたのである。

南匯県でも咸豊二年（一八五二）知県高長紳が職員沈執慎、顧思恩に勧諭して銭二千串を募集し、典当に預託して利息を屍場験費に充当するとともに、奉賢県に倣って験費章程を制定し、必要経費を定額支給して書役の需索を禁止した。太平天国期に入ると田一〇〇畝を購入し、租息を経費に充てた。その後同治六年（一八六七）知県葉は県城内の同善堂が以前より貧民への施棺を行っていたので、この田租を同善堂董事に経理させた。だが命盗案における捜査や護送の費用がなお不足しており、書役の需索を招くことが危惧されたので、県から毎年銭二〇〇串を捐給することにした(49)。南匯では知県主導で同善堂に地方行政経費支給機能が付加されたようである。

一方上海・南匯両県が模範とした奉賢県では、道光二四年（一八四四）知県楊の勧諭により同善堂が捐建され、基金を典当に預けて利息を生ませ、施棺や路斃浮屍の埋葬を開始した。総堂は県城内に置かれたが、四郷にも分堂が設置された。また従来在地社会の苦累であった屍場験費需索に対して、知県は験費章程を制定し、堂より定額の経費を支給することとした(50)。おそらくこの章程が各県でモデルとされたのだろう。奉賢県同善堂は太平天国の兵火に遭い、壊滅に瀕したが、やがて復興した。同治三年（一八六四）知県韓は堂が路斃浮屍や命案相験に関わる需索の除去に裨益したことを称賛し、更なる捐資を募っている(51)。なお丁日昌は蘇州布政使に宛てた札飭「奉賢厳禁索費等弊」の中で

照らし得たるに、本部院訪聞せらく、奉賢県の代書起稿するに、銭八百四十文、或いは一千余文を須む。差役の被告を伝喚するに、仍事の大小・人の肥瘠強懦を按じ、多きは竟に花《ついや》して数十千文に至る者有り。少なきも亦三四十千文不等なり。毎案の舗堂費、四五千より八千・十千に至りて止と為すと。閭閻を擾累すること、殊に痛恨に堪えんや。亟やかに応に厳密査懲し、以て蠹弊を清むべし。又候選の教諭李林書、詞訟を包攬し、同善堂董事

林皐、堂田を侵呑し、公に仮りて私を済うとあり。是実に属するや否や、均しく応に密かに査復を行うべし。[52]

と述べ、奉賢県における詞訟の弊害として、①代書費用の需索、②差役の召喚経費や舗堂費需索の存在を指摘し、その廃止を厳命するとともに、③候選教諭李林書の詞訟包攬、④同善堂董事林皐の堂田侵呑を取り上げて、事実の究明を指示している。同善堂は本来在地社会を防衛するために設置された財団であったが、董事林のように私腹を肥やそうと図る不心得者もいたようである。もし仮に同善堂が詞訟とは無関係の単なる社会福祉機関であったのなら、林の不正行為は書吏、衙役、訟師らの弊害と同列に記載されはしなかったであろう。

この他金山県朱涇鎮でも同善堂が設置され、府城の規定に従って路斃浮屍の験費を支給し、差保の需索を予防した。[53]

3　太倉州の善堂設置

続いて太倉直隷州について見る。道光『璜涇志稿』によると

邑中の最患たる者、仮命に如くは莫し。苟も中産有らば、乞児・丐媪を論ぜず、門に僵《ふ》せたる者あらば、地保輒ち指して人命と為し、地棍之が為に屍親を尋覓す。其の意銭を得るに在り。実は官に報ずるを欲せざる也。其れ意を遂げず、而して官に報じて験を請う者は、一切の費、皆主家と隣近之を任う。之を屍場東道と謂う。其れ銭を得て而して官に報ぜざる者は、則ち吏役と地棍及び屍親、瓜分して以て息む。之を話和と謂う。其れ地保等主和し、而るに吏役与せざる者は、則ち官に仮りて以て喚訊す。之を叫回頭と謂う。中人の家、一たび此の厄を経れば、毎に蕩産を致す。[54]

とあり、同鎮が所属する太倉本州の悪習で最も深刻なものは、命案に仮託した需索であった。すなわち乞児や丐媪などが中産戸の門前で斃死すると、地保が地棍と結託してその親族を探し出し（別人を仕立てあげ）、殺人事件にすると

脅迫して金銭を得ようと企てるのである。恐喝が成功しなかった場合、報官相験することになるが、一切の検視費用は地主や隣家より需索する。これを「屍場東道」と称する。恐喝が成功し、書役と地棍、屍親とが仲良く報酬を分割することは「話和」と呼ばれる。これとは逆に地保側が書役を交えず単独で恐喝し、その後書役が官の名を借りて地主を召喚し、二重の需索を被ることを「叫回頭」と言う。いずれにせよ、中人の家は一度需索の対象になると大抵破産すると恐れられていた。同書は続けて

按ずるに、道光五年、城中に路斃公局を設有し、凡そ路斃浮尸有らば、局中に報明し、代わりて収埋を為すを許し、隣里をして一草一木をも費やさざらしめたれば、此の風遂に息めり。[55]

と記されており、書役らの需索に対処するため、道光五年（一八二五）城内に路斃公局が設置され、あらゆる路斃浮屍を局で収埋するようになったので、各種の弊風はようやく終息したと言われている。この路斃公局もまた蘇州府や松江府における善堂と同じ機能を担っているが、注目されるのは恐喝する相手が「中産」「中人の家」と呼ばれていることである。何らかの資産を所有し、なおかつ郷紳のように政治的影響力を持たない階層こそが、書役の主たる需索対象となっていたのである。視角を変えれば、一九世紀江南の善堂や公局が救済の対象としたのは、社会の底辺層ではなく、有産階層であったと言えるだろう。なお太倉州鎮洋県合志に相当する光緒『壬癸志稿』によれば、路斃浮屍による擾累から人民を救うため、諸生胡仲槐が資金を募って局を設置し、死屍を埋葬したとある。[56]この局が前出の路斃公局なのであろう。

嘉定県でも衙役や地保による需索が民害となっていた。[57]各図の保長の大半は游民により承充されており、差保が調査した事件は信用してはいけないと言われていた。[58]そこで同県南翔鎮では嘉慶一三年（一八〇八）里民朱掄英により振徳堂が建置され、路斃浮屍などを収埋するとともに、棲流所を併設して行路の病人を収容した。[59]『得一録』には南

翔鎮振徳堂の成案として「厳禁地保差仵人等藉屍詐擾碑文」が採録されている。その内容は嘉慶一七年（一八一二）三月付の按察使巴哈布による路斃浮屍に便乗した験費需索の厳禁命令であり、太倉直隷州署知州陶がこれを受け、同年四月二二日、嘉定県知県呉に転飭し、同年八月某日、呉が県民に示諭したと記されている。[60] 同碑文の後部には、道光二年（一八二二）九月一九日付の太倉直隷州知州張の各善局董事への次のような示諭が付されている。

各堂奉公以来、已に実効有り。乃ち近ごろ聞くならく、不法の差仵、毎に藉端需索すること多し。惟地隣人等を混伝し、案に到りて伺訊せるのみならず、並びに且つ堂董を将て牽渉し内に在り……と。此が為に該堂局董事人等に諭仰して知悉せしむ。嗣後凡そ救生江船、江河に於いて撈獲せる浮屍、及び陸路倒斃の人有らば、均しく向定の章程に査照し、分別して収埋報験せよ。差仵人等、地隣・土工・船戸・報信人等を混伝して伺訊するを得ず。更に堂董を牽渉して内に在らしめ、藉端阻撓するを得ず。……堂局の費に至りては、本より各地方の紳士由り、自捐自辦す。其れ毎年支銷の数と夫れ堂董の遇事更替は、均しく仍応に其の自ら査辦を行うを聴し、官が経理を為すを庸うる毋からしめ、以て書役の造冊に藉りて名と為し、多方勒索するを免ずべし。[61]

これは署按察使湯の札飭を伝達したもので、その概要は、従来路斃浮屍など犯罪とは無関係で、かつ引き取り手のない死体については、善堂が報験埋葬することを許していたが、近年不法の差仵が在地の人々や善堂の董事に対する需索を再開したので、改めてこれを禁止するというものである。湯はまた、善堂の経費は在地の紳士が自捐自辦したものであるから、その運営は彼らの自治に委ね、決して官が経理を代行し、書役が事務手数料を需索することのないよう指導している。善堂の自主的収埋活動は、道光初には既に国家より認知され、差仵や書役の需索から保護されていたのである。

また宝山県でも路斃浮屍関係の善堂は多数存在していた。光緒『宝山県志』は養済院、公善堂、留嬰堂など総計二

○の善堂を列挙した後、次のように記している。

按ずるに、以上各善堂の経費は、地方の紳士の先後捐置せる、及び典舗の月捐等の項に由り、多寡等しからず。所辦の善挙は、掩埋路斃を以て首務と為し、旁らに保嬰・恤嫠・棲流・施棺・施薬・施衣等の項に及べり。[62]

宝山県の各種善堂は郷紳や典当の捐資によって運営されていたが、その主要目的は路斃浮屍の処理であったことが明快に述べられている。

県属羅店鎮では道光元年（一八二一）紳士らが按察使の諭飭に従い、怡善堂公局および棲流所を創建した。代葬規条や路斃規条は、蘇州府の一善公堂章程を模倣している。[63] また月浦鎮では同治年間里人らが善堂を設置し、路斃を埋葬している。[64] 同じく江湾鎮でも崇善堂が路斃を埋葬していた。[65]

4　常州府・揚州府の善堂設置

常州府に目を転じよう。武進・陽湖両県では存仁堂、同仁堂、旌孝存仁堂などが、城内外および各郷で路斃浮屍の収埋を組織的に行っていた。[66] 宜興・荊渓両県では道光期より図を単位として毓善堂が設置され、施棺および路斃浮屍の収埋を実施しており、その他の善堂も同様の業務を行っていた。[67] 光緒『宜興荊渓県新志』によると

其れ水浮道斃の尸も、亦由りて報聞せり。経費常有り、里隣擾わず。則ち施捨する者、後顧の憂い無し矣。……兵乱克平以後に至り、百廃未だ修めず。而るに善堂先ず建てり。旧き者復し、新しき者増したるは、固より好施の念切なる乎。亦畏累の情深き也。[68]

とあり、善堂が路斃浮屍の験費を支給するのは里隣への需索を予防するためであり、本志の著者は「（善堂へ）施捨をすれば後顧の憂いがなくなる」と述べる。それ故、太平天国終息後まず最初に再建されたのは善堂であり、既設堂の

復旧と併せて新設堂の追加も見られたが、この状況を見て著者は「元々好施の念が篤いのか、それとも畏累の情が深いのか」という感想を洩らしている。常州府でもまた、善堂の設置動機は慈善ではなく書役の需索防止であったことがうかがわれる。

最後に揚州府について。嘉慶『東台県志』によれば、嘉慶一七年（一八一二）巴哈布が蘇州府に倣い各地に一善・同善等堂の設置を奨励したのを受け、嘉慶一八年（一八一三）邑人らが一善堂を捐建した。堂の経費は塩商や典当が支辦した。嘉慶二〇年（一八一五）には堂門に按察使毓岱の験費需索禁止碑文を建てている[69]。また咸豊『重修興化県志』によれば、巴哈布の善堂からの路斃浮屍験費支給奨励政策に従い、知県が積善会南普済堂に報験聯単を給付していた[70]。丁日昌の財政改革以後も同府での善堂活動は止まなかった。光緒『江都県続志』によれば、同治五年（一八六六）務本堂が設置され、路斃浮屍に板棺を給して収埋を援け、棍徒の居民や舗戸に対する訛索を厳禁した[71]。また光緒『再続高郵州志』によれば、同治七年（一八六八）署按察使勒方琦が各属に札飭して善堂を設立し、無傷の路斃浮屍を収埋させている[72]。

以上、蘇州、松江、太倉、常州、揚州五府直隷州における新型善堂の設置状況を瞥見したが、その他の地域でも同様の善堂は若干ながら存在した。江寧府江浦県では楽善堂が路斃浮屍の相験および収埋費用を支出して地主隣佑の召喚を防止し、民累を蘇らせた[73]。徐州府宿遷県では嘉慶末、験費需索に苦しむ人民が蘇州府に倣い同善堂五箇所を捐建した。しかしこれらは太平天国以降衰退している[74]。通州直隷州如皐県では継善堂（道光一一年建）、周急所（道光一五年には存在）、同仁堂（嘉慶一五年建）、育徳堂（道光元年建）、周済所（道光二六年建）、公善堂（咸豊七年建）などが路斃浮屍を収埋していた[75]。泰興県では道光三〇年（一八五〇）体善堂が設置され、蘇州一善堂の例に倣い、路斃浮屍の験費として堂より銭八千文を支給した(76)。総じて江蘇省では、嘉慶後半頃より概ね淮河以南の地域で新型善堂が普及したと言えよう。

5　浙江省の善堂設置

江蘇省とは対蹠的に、浙江省では書役の需索防止を目的とした善堂はほとんど存在しない。地方志に新型善堂の存在が確認されるのは、杭州府臨安県、嘉興府嘉興県新塍鎮、湖州府烏程県南潯鎮である。

まず臨安県について。宣統『臨安県志』によると、同治九年（一八七〇）知県沈宝恒が安仁善堂を設置し、匿糧田二九三畝を付与して租穀を経費に充当した。その機能の一つが命案相験の経費支給であった(77)。次に新塍鎮について。民国鎮志によると

　窃かに査するに、省垣棲流所章程内に「路斃浮屍及び闘殺命案を報験するに、応に用うべき飯食各費は、所由り給発し、毎次四千文とす」との一条を載有せり。以て圩差の苛派擾累を防げり。民間の用意甚だ至れり。新塍鎮は邑より距たること三十余里、動もすれば船隻を需う。或いは一日にて往返するに及ばず。倘し事件を報験する有らば、応に給すべき飯食各費は、宜しく棲流所章程に仿照し、酌量加増すべきに似たり。今各費の細数を擬《はか》るに、合に毎次銭十四千文を給すべし。清摺を開具し、呈して核行を候《ま》つ(78)。

とあるように、省城棲流所章程内に路斃浮屍および闘殺命案の験費支給条項があり、一件につき銭四千文を支給し、圩差の需索を予防していた。そこで新塍鎮ではこれに倣い、一件につき銭一万四千文を支給することにした。

継いで南潯鎮について。民国『南潯志』によれば

　師善堂。南柵青華観内に在り。康熙六十年建てり。施櫬揜埋を董理する公所為り。後漸く廃弛せり。嘉慶七年、

復た建設を行えり。道光二十四年、又規約を重増せり。咸豊四年、府城広仁堂の例に仿照し、無主の路斃浮屍及び闘殴命案に遇わば、屍場験費は、堂由り捐給せり。復た兵燹に遭い停罷したり。同治四年、糸捐款を撥し経費と為せり。六年、堂屋を重建せり。……按ずるに、同治六年、浙江巡撫馬新貽、聞きて而して之を善しとし、通省の各府県に檄飭し、均しく南潯の師善を以て法と為せり。(79)

とあり、康熙六〇年（一七二一）南潯鎮に施棺収埋機関として師善堂が創建された。堂はその後衰退したが、嘉慶七年（一八〇二）に再建され、道光二四年（一八四四）規約が追加された。更に咸豊四年（一八五四）府城広仁堂の例に倣い、路斃浮屍および闘殺命案の屍場験費の捐給を開始した。太平天国期は休止していたが、同治四年（一八六五）糸捐款を経費に組み込んで再出発し、同治六年（一八六七）堂屋を再建した。同年浙江巡撫馬新貽が師善堂を高く評価し、各府県に檄飭して普及を奨励した。

このように浙西では交通の要衝を中心に若干ながら屍場験費支給のための善堂が存在した。しかし江蘇南部と比較すると、さほど普及していたとは言えない。そして浙東ではこのような善堂は全く見られなかった。

以上まとめると、善堂の設置目的は、江蘇・浙江両省とも単純な慈善ではなく、命案相験や路斃浮屍に便乗した書役や仵作による際限ない需索を予防することであった。(80)善堂が路斃浮屍の相験・収埋費用を支給するようになるのは嘉慶年間以降であり、国家財政が逼迫し始めた時期と概ね一致している。新型善堂の設置および既存善堂への新機能の添付は、江蘇の場合、蘇州府滸墅鎮の一善公堂を嚆矢とし、嘉慶一七年（一八一二）江蘇按察使巴哈布の承認と奨励を契機として、主として江蘇省南部で展開した。その後同治七年（一八六八）署按察使勒方琦が全省で善堂設置を奨励し、翌同治八年江蘇巡撫丁日昌によりようやく験費需索が禁革された。しかし早くも乾隆末に陋規需索・規礼饋送体系が解体されたと言われる浙江省では、新型善堂はほとんど普及しなかった。

なお第一章および第二章で解明したように、四川省では三費局が相験、招解、緝捕の経費を支給していたし、湖南省でも長沙府湘潭県の保安堂や岳州府平江県の皆不忍堂が命案験費や丁胥夫役の人件費を支給していた。善堂や公局による地方行政経費の負担は他省でも行われていたのである。

三　地域社会と国家

一九世紀江浙で広範に展開した善堂は、単なる慈善団体ではなく、国家財政の逼迫に伴って激化した書役の厳しい需索を予防することを主目的とした財団であった。それ故乾隆末に地方的徴収の改革を実施したと言われる浙江省では、陋規改革の成果はともかく、浙東はもとより浙西でも新型善堂はほとんど見られないが、同治中期まで財政改革が実施されなかった江蘇省では、省南部を中心に屍場験費の支給や路斃浮屍の収埋を目的とした善堂が普及した。以上が本章の結論である。

浙江省における陋規改革の成果や、隣接する江蘇省で改革が遅れた理由は未だ不明であり、今後の課題として残される。そこで最後に財政改革や善堂設置が地域社会に及ぼした影響に関する予測的見解を述べて、本章の結びに替えたい。

一九世紀江南の善堂は、地方行政経費の欠乏とそれに伴う書役の需索の激化を国家が放置したため、在地の有産者層が自衛手段として設置したものであるが、このことは結果的に郷紳を中心とした地域社会の結束力を強めることになった。善堂が「地方自治の出発点」と言われる時、その「自治」とは「官治」に対抗するものではなく「吏治」に対抗するものだったのである。

在地有力者層にとって書吏・衙役の需索を排除し財政改革を推進する督撫権力は、決して敵対的存在ではなかった。丁日昌の財政改革以降も善堂の活動は継続するが、光緒初頭には華北一帯を襲った大旱魃に対して郷紳が自発的に援助を行うなど、彼らの活動領域は地域社会の空間を超越することさえあった(81)。

郷紳層に対する評価が高まる一方、在地の公共業務における書役層の役割は大幅に低下した。光緒『南匯県志』が

> 地方公事、開濬賑飢の類の如きは、全て差保に資する能わず、自ら当に紳士を以て督率せしむべし(82)。

と語っているように、清末の衙役や地保は紳士層に監督されるまで影響力を失ってしまった。

江蘇南部と比較すると浙西では善堂設置が少なく、郷紳の地方政治への関心は低かったものと思われる。ところが浮収の残存した浙東では、郷紳は江蘇南部とは対蹠的行動をとる。たとえば寧波府定海県では、民国県志によると

> 民間の産業、開糧過戸等の事、本より庫吏・戸胥之を為すに由る。惟浙東一帯は、荘書の承辦に由ること多し。……其の初は僅かに推収の時に於いて、紙張飯食の費を略取せり。後には則ち開除の際に値《あ》たり、戸管冊一本を造る毎に、費銀一円を索め、田一畝を開除する毎に、費銀二角を索めり。而して取る所の紙張飯食の費は、毎歳毎畝、穀を取ること二三斤不等に至れり。之を規例と謂えり。亦工食と曰えり。其れ狡横なる者、更に此の外に於いて、窮取濫索せり。甚だしきは訟事を包攬し、郷民を魚肉するに至れり。其れ田地山蕩を承管すること多き者、入る所素封に比ぶべし。冊籍を移蔵し、公務を私家し、諸を子孫に伝えり。紳衿殷富、争いて此の役に充たり、頂売転移し、視て家業と為せり。極盛の時、多きこと四百余家に至れり。庫吏・戸胥と雖も、亦冊籍の荘書に存するに因り、造報徴収は、皆焉に仰頼せり(83)。

とあり、浙東一帯では「荘書」と呼ばれる書役が田産登記事務を独占し、推収に際して高額の手数料を需索していた。

荘書は一種の家業として子孫に継承されたが、紳衿殷富は争って荘書に充役したと言われている。清代中期には荘長として需索の対象となっていた紳士・富民層は、清代後期に至って荘書という需索の主体に変身したのである。もちろん彼らは書役と同様、一般人民の怨嗟の的であった。定海庁では武生徐仁依が荘書の陋規需索を告発したが、庁同知楊志濂に扇動の罪で誣告され、省当局に捕縛された。これに憤激した定海八荘の人民が徐の釈放を求め、光緒三三年（一九〇七）五月二四日に暴動を起こしている(84)。

また台州府黄巌県路橋鎮の鎮志である民国『路橋志略』によると、同県では同治以前地方官が実務を書吏に委ねていたため、里人が豪吏と結託して専横を極めていた。そこで同治初知府劉が紳士に行政を委任したが、今度は地方官と郷紳との癒着が起こったとある(85)。温州府泰順県でも嘉慶以降士習が次第に紊乱していたが、道光以降地方官が士人の家を訪問して酒食の供応を受けたり、士人が官署に入って博打に耽ったりするなど、甚だしい癒着が見られた(86)。地方志の風俗の項に記されている士習は往々にして主観的なものであるが、江蘇南部の好善の風と見比べると、浙東在地有力者層の州県権力との癒着傾向はやはり際立っている。

一九世紀の財政悪化と督撫による財政改革は、奇しくも在地有力者層の国家との関係を浮かび上がらせることになった。江蘇南部では、彼らは善堂設置活動を通して自発的に書役の需索を防止し、地域社会の指導者として成長を遂げた。一方浙東では、彼らの多くは国家権力の末端部分と結託し、伝統的支配機構の片隅で自己の利益を追求している。彼らの行動様式の相違には明確な地域的偏差があり、清代江南社会の流動性の高さでは説明できない。但し浙東の郷紳層はもちろん、江蘇南部の郷紳層もまた専制国家を止揚したり、国家の公共業務を代替したりする行動は起こさなかった。彼らは国家権力の存在を前提としながら、地域の社会的状況に適応する形で国家との共生を求めていたのである。

長江流域各省で非効率な地方行政制度を改革した督撫権力は、新たに釐金や牙帖捐などの流通課税を導入し、省レベルでの財政集権化を推進した。それでは商品経済が相対的に未発達な華北諸省では、財政改革は如何なる様相を見せたのであろうか。次章以下で検証しよう。

註

(1) 拙書『清代の市場構造と経済政策』。

(2) 地方的徴収の整理については、本書第一章および第二章で述べた。流通や商業への課税については、拙書『明清時代の商人と国家』第二章「清代後期四川における地方財政の形成」および第五章「清代江南の牙行」を参照。

(3) 夫馬進「清代沿岸六省における善堂の普及情況」富山大学『人文学部紀要』七号、一九八三年(夫馬『中国善会善堂史研究』同朋舎出版、一九九七年所収)。夫馬論文の結論は大筋では頷首し得るが、地方志の調査範囲を『中国方志叢書』第一期に限定したこと、データの集計を王朝(皇帝在位年代)ごとに行っていることに問題がある。

(4) 仁井田陞「清代湖南のギルドマーチャント――洪江の十館首士の場合――」『東洋史研究』二一巻三号、一九六二年(仁井田『中国法制史研究――法と慣習・法と道徳――』東京大学出版会、一九六四年所収)。

(5) 夫馬進「清代前期の育嬰事業」富山大学『人文学部紀要』一一号、一九八六年、同「清代松江育嬰堂の経営実態と地方社会」『東洋史研究』四五巻三号、一九八六年(ともに『中国善会善堂史研究』所収)。

(6) 前註(5)の他、「同善会小史――中国社会福祉史上における明末清初の位置づけのために――」『史林』六五巻四号、一九八二年、「善会、善堂の出発」小野和子編『明清時代の政治と社会』京都大学人文科学研究所、一九八三年(ともに『中国善会善堂史研究』所収)。

(7) 善堂については、高橋孝助「近代初期の上海における善堂――その『都市』的状況への対応の側面について――」宮城教育大学『紀要』一八巻、一九八三年が都市化の視点から検討を加えている。

(8) 『治浙成規』巻二、藩政「革禁積弊以省糜費四条及札府洗除積弊整粛吏治」(乾隆五八年)

知府為方面大員。理宜潔己奉公。迺浙江十余年来。有借饋送上司之名。分別大中小県分。攤派属員。名曰公分。甚将在署柴米・煤炭・油燭。以及動用傢具・什物。并修理裱糊各項。又因公赴省。一切船隻・伙食・夫役・公館。無不攤派所属。名為供応。

(9) 同右

殊不知。州県廉俸之外。別無応得之款。若非挪移帑項。即属朘剥小民。本司接見各府。毎経詢問。有云此係従前之事。近年未敢踵習。亦有含糊答応。請為革除等語。

(10) 同右、巻二、藩政「禁止勒派殷実農民生監充当地保荘長」(乾隆五九年)

窃照。地保一役。乃係郷中無業之民。顧充此役者。准其充当。与在県之皁隷・民荘等役無二。従未有殷実力田之農民。押令其充当此役者。今本署司等訪得。浙西杭嘉湖三府属州県。将地保一役。不許郷中無業之人充当。毎歳底。択図中田多殷実之良民。号曰殷戸。押令充保。……凡殷戸一充此役。則庫吏・戸書。以及皁快・頭役。先有百般勒索。名曰上頭費。視図分之大小。毎保出銭三四十千至百余千不等。該州県即差一役到図。令地保養贍。号曰図差。毎逢銭糧比期。図差帯地保。到県血比。以致殷戸受責難堪。只得将自己所有之田産。先行変売。墊完銭糧。僅有数十畝田産之家。充当地保一年。家業立尽。

(11) 同右

至浙東寧温等八府属。又於地保之外。更設荘長一役。均係勒点殷実生監充当。凡差役赴各戸。守催銭糧・南米・官穀。俱住歇荘長家内。索擾酒飯。如採買官穀。亦著該荘長引領。挨戸勒放。有不肯収受穀価包封者。総惟荘長是問。甚至県令親徴。或委員坐都催糧。以及相験路斃・命案踏勘・地方公事。並著該荘長。備辦公館供応。及書役飯食盤費。該荘有尾欠銭糧。即押比荘長代完。如欲求免。即勒出銭若干。名曰吊荘銭。充当之年。日無寧晷。而生監之有志挙業者。毎因此廃時失事。阻其上進之路。

(12) 光緒『鄞県志』巻八、戸賦、光緒『奉化県志』巻七、戸賦「乾隆六十年禁生監作荘長殷戸作地保」(乾隆六〇年三月二一日)、光緒『忠義郷志』巻一、田賦「示永禁荘長全文」、光緒『鎮海県志』巻九、戸賦「永革荘長碑」(乾隆五九年一一月一〇日)、光緒『定海庁志』巻一六、田賦「永革荘長碑」(乾隆五九年一一月一六日)など。

(13) 光緒『永嘉県志』巻一〇、秩官、留績、秦瀛。

(14) 同治『嵊県志』巻四、賦役、戸口。
(15) 光緒『定海庁志』巻一六、田賦「禁荘書推収取索費端事」（嘉慶六年八月二九日）。
(16) 民国『嵊県志』巻四、賦役、田賦、糧席。
(17) 同右、糧価。
(18) 光緒『上虞県志』巻二六、食貨、田賦上「道光二十七年完賦定章全案」。
(19) 民国『新昌県志』巻三、食貨上、田賦、徴収。
(20) 宣統『諸曁県志』巻一七、風俗、風俗総。
(21) 『江蘇省例』「禁革伝詞規費」（同治五年四月□日）
両江爵署督部堂李札開。民間詞訟。除三八放告外。果有冤抑。准其随時控告。所有伝詞規費名目。一概永遠禁革。倘有不肖書差。仍敢復踏故轍。変易名目。藉端索詐銭文。一経覚察。或被告発。定即提轅懲辦。
(22) 『撫呉公牘』巻八「札飭候補人員差委給発薪水不准向州県需索」。
(23) 同右、巻二九「申禁需索串票遁呈相験各項雑費由」。
(24) 同右、巻三〇「咨行飭議印官相験差保需索章程並沛県記過由」。
(25) 同右、巻三四「通飭各属凡遇命案相験厳禁書差需索使費勒石永禁」。
(26) 光緒『呉江県続志』巻二、営建一、院堂、民間善堂「署知県汪奉巡撫部院丁札示禁碑摹」（同治八年二月）。
(27) 『撫呉公牘』巻八「通飭禁革各属招解人犯承差陋規案」。また『江蘇省例』「禁革招解規費」（同治七年五月一七日）も同文。
(28) 『撫呉公牘』巻一九「臬司詳覆禁革各属招解命盗襍案規費一案核議由」。
(29) 同右、巻一五「江寧府稟隔省州県及隔府県関緝関提犯証所需差費由本官酌給不准在外詐擾請分別咨会通飭照辦由」。
(30) 前註（23）
今訪査各属去年徴収情形。其櫃収与市価。並無低昂者。不過数処。其余洋価。均有短作。……又如串票錢。原定官給五文之外。不准糸毫浮収。今訪査各属。毎票一張。書差有索至数文。至十余文以至数十文不等。且有小民自封投櫃。而書差故意刁難勒掯。如崑山・新陽・太倉・宝山等櫃者。更有宝山劉家湾一帯書差。於毎銀一錢。収錢二百二十文之外。浮収脚費。至一百二三十文之多。仍須索取串票錢二十文者。

（31）前註（23）。また『上海碑刻資料選輯』上海人民出版社、一九八〇年、一五四頁「嘉定県禁櫃書糧差需索票銭告示碑」（同治七年四月）は、丁日昌の串票銭徴収禁止命令を刻んだものである。

（32）『撫呉公牘』巻二九「札司飭属厳密査禁差役需索」。

（33）同右、巻一「禁革報荒規費告示」。

（34）前註（23）。

（35）光緒『呉江県続志』巻二、営建一、院堂、民間善堂「按察司使巴厳禁屍場滋擾告示碑摹」（嘉慶一七年三月）。

（36）同右「呉江県李諭衆善堂徐達源知悉」（嘉慶一八年五月）。

（37）『呉江県続志』は衆善堂について「黎里染字圩に在り。嘉慶十七年、里人徐達源建つ」と解説しており、巴哈布の指示に応じて徐達源が衆善堂を新設したらしい。しかし光緒『平望続志』巻四、営建三、善堂によれば「衆善堂は関帝廟の東廡に在り。咸豊十年燬《や》けり。光緒六年、護理巡撫譚鈞培奏請し、各属に善堂を設立せり。並びに資を捐し、江震両県に札飭し、平望鎮に於いて、倡率重建せり」とあり、黎里鎮に在ったのか平望鎮に在ったのか不明である。『平望続志』に従えば、衆善堂は太平天国の兵火で一旦崩壊し、光緒六年（一八八〇）署江蘇巡撫譚鈞培の善堂設立奨励政策によって再建されたようである。

（38）もちろん善堂は従来より死体収容を行っており、『呉江県続志』の記載のように在来善堂と新型善堂とを截然と区別するのは危険が伴うであろう。また地保の需索対象は路斃浮屍関係に集中していたとはいえ、他の需索が全くなかったとは考え難い。実際には一九世紀以降路斃浮屍に藉口した地保の験費需索の激化という政治的動向を背景として、善堂の広範な活動の中で特に相験経費支給業務の比重が増大しつつあったものと思われる。韓是升の一善公堂設立は善堂の長期的変動における象徴的出来事であったのだろう。また需索防止業務は孤児の収容、乞食の収容、寡婦の保護などとは性格を異にするが、前者もまた社会秩序の維持や因果応報を通して結局慈善事業遂行者の利益となると通念されていたが故、後者は直接的善挙、前者は間接的善挙と呼ぶべきかもしれない。本章の目的は善堂の役割を「純粋な善挙」かあるいは「需索防止」かと二者択一的に判断することではなく、一九世紀以降善堂における間接的善挙の役割が社会的に注目されるようになったことを、当時の財政事情を踏まえながら解明しようとするものである。

（39）前註（25）。

（40）民国『黄埭志』巻三、公署、仁寿堂。
（41）光緒『常昭合志稿』巻一七、善挙
凝善堂。在午橋衖。初邑人徐鏶・屈廷棨・戈榕・徐藻等。於嘉慶十八年。具呈按察司。借致道観中。設寧善堂。捐貲置田。專司収埋路斃及浮尸。

また同右、巻三一、人物、義行、徐鏶。
（42）光緒『周荘鎮志』巻二、公署、善局
懐善局。……咸豊七年。復添辦収殮路斃浮屍。
（43）『江蘇省明清以来碑刻資料選集』生活・読書・新知三聯書店、一九五九年、四三〇—四三三頁「蘇州府為閶門程元芳香店門首有病丐路斃丐棍借命図詐出示究辦碑」（康熙六一年七月□日）。なお都市に常駐する物乞いは丐頭の下に組織されており、地域社会の秩序に従っていた。丁日昌が取り締まった南京の流丐は、地元の乞丐とは無関係の存在で、各処の丐頭は流丐を排除していたと言われている。前註（29）参照。そして流れ者や無頼・棍徒から社会秩序を守ることを目的の一つとして保甲制が編成され、その指導者として地保が設置されたことは注目に値する。
（44）嘉慶『松江府志』巻一六、建置、公建。
（45）光緒『松江府続志』巻五、疆域五、風俗。
（46）嘉慶『上海県志』巻七、建置、施善諸堂。
（47）同治『上海県志』巻二、建置、善堂。なお光緒『松江府続志』巻九、建置、公建、同仁輔元堂には
輔元堂。始自道光二十三年。
とあり、梅益奎が創建したのは輔元堂であり、後に同仁堂と合併したようである。
（48）光緒『松江府続志』巻九、建置、公建、同仁輔元堂「知県劉郇膏示禁碑」。また余治『得一録』（同治八年刊本）巻八の五、屍場経費章程「上海県劉詳定屍場経費稿」および「上海県定屍場経費示」は、この経緯についてより詳細に述べている。後者の告示は『松江府続志』所収の碑文とほぼ重なる。
（49）光緒『南匯県志』巻三、建置、義挙、屍場公費「同治六年知県葉稟」
伏査。卑県於咸豊二年。経高前令厳行禁革屍場需索等弊。勧諭職員沈執慎・顧思恩等。捐銭二千串。存典生息。仿照奉賢

県詳定章程。遇有鬪殴自尽命案。応行相験者。除官坐船。自行発給外。毎起提給銭二十千文。以為随従書差船価及飯食之費。……旋於咸豊三年八月。賊陥県城。先経紳士顧祖金。借提此項経費。募勇団練。迨収復後。拠該董清理還款。置田一百畝。召佃承種。収取租息。以為此項経費。……卑職因城内向有同善堂。収取願捐。施送貧民棺木。是以将此項田租。併帰同善堂董事経理。……而命盗解勘之案。応需解費。仍不可少。発本生息。実属無款可籌。但為地方除害。当不吝此捐廉。応由県按年捐銭二百千文。

(50) 光緒『奉賢県志』巻二、建置、公所
同善総堂。在邑廟東側。道光十四年春。知県楊本初。倡捐建屋。両進諭董林国賓・唐慶門等勧捐。存典生息。為施棺埋葬経費。并収殮路斃浮屍。……復以四郷窵遠。施捨難周。設分堂四処。……並因命案屍場。擾累地方。議定験費章程。由堂給発。通詳立石。

(51) 同右「勧捐験費啓」
窃惟。奉邑城郷。設有同善堂。由紳富捐銭助費。置買義冢。施捨棺枋。収埋無主路斃浮屍。復籌編戸験費。公請堂董。以司其事。使貧家無乏葬之虞。骸骨無暴露之惨。而編戸之相験。亦得永免擾害。是誠善挙。功莫大焉。兵燹之後。幾至廃弛。幸与林君国琛等集議。循旧重興。甚欣慰也。……同治三年仲秋。知県韓佩金謹啓。

(52) 『撫呉公牘』巻二七「奉賢厳禁索費等弊」。

(53) 嘉慶『朱涇志』巻二、建置
同善堂。……凡有路斃浮屍。悉照郡城詳定規条。堂中給発屍棚飯食。折銭八両。以禁差保需索。亦経詳請立案。立石署前。尤為善挙。

(54) 道光『璜涇志稿』巻一、風俗、流習。

(55) 同右。

(56) 『壬癸志稿』巻八、人物、太倉州義行
胡仲槐。……先是邑有道斃者。土人因縁株累。仲槐募資。設局殮埋。人多便之。

(57) 光緒『嘉定県志』巻八、風土、風俗
害民之事。……文武佐雑衙役。皆有使費。倉差地保。尤若輩護符。官雖示禁。空文而已。

（58）同右

各図保長。除現年夫束承充外。半皆游民頂充。武断郷曲。遇事生風。凡遇有差保查覆事件。不可憑信。

（59）同右、巻二、営建、公廨

振徳堂。南翔鎮施棺代葬公所。嘉慶十三年。里人朱掄英等建。並設棲流所。收養路過病煢。

（60）『得一録』巻八の四、収埋路弊［斃］浮屍章程「厳禁地保差仵人等藉屍詐擾碑文」（南翔振徳堂成案）。本文は前註（35）と同一である。

（61）同右、又論。

（62）光緒『宝山県志』巻二、営建、善堂。

（63）民国『羅店鎮志』巻三、営建、善堂、怡善堂「崑山新陽県王陳示」（道光二六年六月二五日）前於道光元年。遵奉臬憲諭飭。創設怡善堂公局。並建棲流所一処。一切規条。悉遵憲頒蘇郡一善堂章程。代葬規条と路斃規条は同告示の後に附記されている。

（64）民国『月浦里志』巻一〇、救恤、恤亡、施棺及掩埋

清同治年間。里人陳廷彦・張人鏡等。創辦専恤窮黎病故・無力挙喪。或境内有路斃者。経地保報明。由善堂施棺。並雇工掩埋。

（65）民国『江湾里志』巻一〇、救恤、恤亡、施棺及掩埋

境内凡有路斃者。向由崇善堂施棺。於冬杪一律掩埋。

（66）光緒『武進陽湖県志』巻三、営建、善堂。

（67）道光『重刊続纂宜荊県志』巻一之三、営建、卹所。

（68）光緒『宜興荊渓県新志』巻二、営建、善堂。

（69）嘉慶『東台県志』巻一四、官署

一善堂。嘉慶十八年。邑人金撰・呂俊……。捐銭一千五百緡建置。為施櫬棲流之所。其経費。議同塩商・典商。公籌酌辦。

（70）咸豊『重修興化県志』巻一、輿地、公署、公所、報験聯単式。

（71）光緒『江都県続志』巻一二下、建置

務本堂。在北柳巷甘泉境。旧領於両淮商人。同治五年。揚州英参将朱元松倡立。……路斃之屍。由地保具報。査無別故。亦給板棺。厳禁棍徒藉屍訛索居民舗戸。

(72) 光緒『再続高郵州志』巻七、善挙、善堂
郵邑旧無善堂名目。縁同治七年。署按察使司勒方琦。札飭各属。設立善堂。収埋水陸無傷斃屍。善堂之名。遂由此昉。

(73) 光緒『江浦埤乗』巻六、建置下、義建
楽善堂。旧在同善堂内。凡遇陸路倒斃。由局査明。有傷者。地保報験。尸場費用。照局例開発。不喚地主隣佑。以蘇民累。

(74) 同治『宿遷県志』巻一三、善堂
同済堂。義挙堂。尽善堂。基善堂。聚善堂。……右五堂。道光二十三年添設。案。嘉慶末年。民間苦相験之累。毎一命案出。上中之産。罔不傾家。里人因仿蘇州滸墅関善堂章程。分別地段。捐資建設善堂。詳定章程。彙刊成帙。……兵燹之後。漸就廃弛。

(75) 道光『如皐県志』巻一、建置、公廨、同治『如皐県志』巻一、建置、公廨。

(76) 光緒『泰興県志』巻八、建置、義宇
体善堂。在慶延舗。道光三十年。邑人沈漢池等。旧設楽善舗。……光緒十一年。王恩煦等修章程。〔一。路斃浮屍。無属出認。地保赴堂。知照報明有無傷痕。有傷者。由堂塡単報験。堂捐験費及車費。不出蘇州一善堂成例八千文之外。不伝地主隣佑及堂董司事人等伺質。……〕
なお亀甲括弧は割註を示す（以下同様）。

(77) 宣統『臨安県志』巻一、輿地、風俗、恵政
善堂。在治東南。創自同治九年。令沈宝恒。以張姓匿糧田二百九十三畝八分九釐。充入安仁善堂。戸内収納租穀。以作常年経費。……一。相験経費。議相験命案。……臨時由県給発。支条交原差等。赴堂請領。分別転給。

(78) 民国『新塍鎮志』巻五、任卹、報験飯食各費。

(79) 民国『南潯志』巻三四、義挙一。また光緒『烏程県志』巻二、公署も大略同じ。

(80) 帆刈浩之は清末上海における遺体処理問題を考察する過程で、善堂による路斃浮屍の埋葬についても言及している（帆刈「近代上海における遺体処理問題と四明公所——同郷ギルドと中国の都市化——」『史学雑誌』一〇三編二号、一九九四年）。

帆刈の議論は、上海の都市化が進行する過程で、近代的衛生観念と伝統的埋葬思想との桎梏が顕在化するというものであり、善堂や公所の路斃浮屍収埋は慈善活動であると見なしている。しかしながら既述の如く、善堂の遺体処理は純粋な慈善すなわち直接的善挙ではないし、遺体処理問題は近代化や都市化によって顕在化したのでもない。善挙が活発化した近代以前、すなわち一九世紀初頭に特有の社会的背景も考慮に入れる必要があるように思われる。

(81) 光緒『松江府続志』巻五、疆域五、風俗

近年直豫秦晋。相継告祲。好善之士。聞風興起。集資至数十万之多。救済及数千里之遠。一時東南好義之名。称天下。

光緒『平望続志』巻一、疆土、風俗

近年直豫秦晋。屢告偏災。而吾党好善之風。盛於曩昔。或移賑。或集貲。

東南諸省の紳商が華北大祲に対し巨額の義捐金を醵出した経緯とその目的については、拙書『清代の市場構造と経済政策』第九章「清代直隷の棉業と李鴻章の直隷統治」を参照。

(82) 光緒『南匯県志』巻二〇、風俗。

(83) 民国『定海県志』巻一六、方俗、風俗。

(84) 同右、巻一五、故実、荘民暴動始末。

(85) 民国『路橋志略』巻五、叙事

同治以前。官皆深居簡出。親信吏胥。里人如於俊圃・鄭良槐。皆結豪吏。管訟事。盛徒党。以為雄。及劉太守璈至。始任士紳捕匪興学。而風気一変。其後士則媚官拝門。狎優鬮服。以為楽。

(86) 『分疆録』（光緒『泰順県志』）巻二、輿地、風俗

迨嘉慶後。世家子弟。遂多奔競。廉恥漸疎。……道光以後。勢利風行。礼儀僅存其文。甚有官長入士人家。餐早膳飲喜酒者。士有入官署博奕者。此雖由於官邪。抑亦為士者不知自愛也。

第四章　清末山西の差徭改革

はじめに

同治年間（一八六二―一八七四）から光緒（一八七五―一九〇八）初期にかけて、長江流域各省では督撫の指導により財政改革が実施された。この改革の目的は、第一に、租税負担の均等化や地方的徴収の大幅な削減などにより国家財政を回復させることであり、第二に、釐金税や牙帖捐に代表される臨時税を基盤として事実上の省財政を形成し、軍備や産業の近代化を推進することであった。太平天国以降清朝は所謂「半植民地化」への道を一途に邁進したのではなく、洋務派地方官僚を中心とした新たな集権化の道を歩んでいたのである。

第一章から第三章では長江流域の湖広、四川、江南三地域における財政改革について具体的に検討した。三地域とも督撫により伝統的財政制度の贅肉である陋規需索・規礼饋送体系の削減が精力的に推進されたが、その一方で従来州県官や書役の私的調達に依存してきた地方行政経費を公的資金により確保する努力もなされた。湖広では地丁や漕糧の折銭に際して州県経費が織り込まれ、四川では三費局が書役の手当てを支辦した。また江南では嘉慶年間（一七九六―一八二〇）より路斃浮屍に便乗した書役の需索を防止するための新型善堂が設置され始めた。それでは華北では何を口実に地方的徴収が行われ、またそれに対する改革の動きは見られたのであろうか。

一般に地方的徴収は付加税や手数料として需索される。長江中下流諸省では、地丁や漕糧の折価額を制銭の市場価格より高値に設定することで浮収を行っていた。一方駅站の負担が大きい華北や西南諸省では、差徭や夫馬の名目で地方的徴収を行っていた。地方志を網羅的に検索してみると、華北の駅站差徭は山西、陝西が最も繁重で、直隷がこれに次ぐようである。直隷、陝西については、それぞれ藤岡次郎、片岡一忠によって差徭の実態がある程度解明されている。(1) そこで本章では陝西と並ぶ重負担省である山西を取り上げ、差徭の実態とその改革について検証する。

一　清代山西の差徭

山西省は直隷から陝西へと通じる幹線道路の沿途に位置し、常差（流差）、兵差、学差など官僚や軍隊の移動に伴う夫馬の提供が義務付けられていた。その経費は本来国家財政から支出されるはずのものであった。乾隆刊『晋政輯要』によれば、乾隆二二・二七年（一七五七・六二）の二度にわたり山西巡撫明徳が奏請して五六駅、一〇軍站、一二辺站を設け、馬三五〇八匹、馬夫一七三二名、廠排夫二八三三名を配置した。駅站の予算は年間一六万七二四一両に固定され、各県が徴収した地丁銀内より控除存留して支給された。ところが乾隆五二年（一七八七）戸部は夫馬工料を布政使司へ起運するよう変更した。そして乾隆五三年（一七八八）以降、駅站地丁銭糧は一旦藩庫に全数収納され、定期的に駅站へ支給されるようになったという。(2)

銀一六万余両で山西全省の駅站を維持できたのか否か、確認する方法はないが、直隷や陝西の事例と比較すれば、独り山西のみが充分な予算を与えられていたとは考え難い。馬匹や人夫の提供に対し、国家が市場価格に見合った対価の給付を行わないのであれば、駅站は義務的供出すなわち差徭として人民に科派されていたことになる。陝西の場合、差徭は里を単位として糧戸に科派され、現物を徴発する方法や貨幣で代納する方法が存在したと言われている。(3)山西の差徭も後述の如く、概ね陝西と同様の形態をとっていた。

さて駅站の運営に当たるのは現地の州県官であり、当初は地丁存留項下に一定の予算が付けられていた。ところが乾隆五二年（一七八七）この費目は布政使に吸い上げられてしまった。しかし駅站を管理する義務は依然として州県に残されたから、布政使が規定通り経費を支払わなければ、知州や知県が費用を立て替えねばならない。言うまでもなく最終的には糧戸がしわ寄せを被ることになる。乾隆五二年の法令改変はこのような危険を伴うものであった。否、むしろ初めからそのような事態に陥ることを予測しながら、敢えて変更を行ったのであろう。乾隆末頃より外省では財政の虧空が顕在化しており、(4)布政使は藩庫の欠損の穴埋めに頭を痛めていた。そこで夫馬工料など州県が存留していた経費を召し上げ、虧空の補塡に流用したものと思われる。

貴重な財源を奪われた州県は、民間への攤派をより一層強化せざるを得ず、駅站はほとんど徭役と等しくなった。この差徭を円滑に収集するために設置されたのが差徭局である。太原府楡次県では早くも乾隆年間（一七三六―一七九五）より県城内に公和局（後に清徭局と改称）が設置され、地丁銀の多寡に応じて差銭を攤派していた。公和局が管理するのは県内の一六五村で、地丁一両につき差徭銭三三〇文が攤派され、総計一万〇六八〇串が徴収されていた。これに管轄外四二村の差銭一六八〇串を加えると、県全体で一万二三六〇串の差銭が徴収されていたことになる。楡次の差銭はその後も加増され、光緒初の差徭改革直前には一万四〇〇〇串に達していた。(5)

差徭の按糧攤派は他の州県でも実施されていたようであるが、地方志を見る限り差徭局の設置が確認できるのは乾隆期には楡次県のみであり、嘉慶・道光（一八二一―一八五〇）年間には一件も設置例が見られない。大半の州県では公局を経由せず、銭糧輸納の際に差銭を併せて徴収していたのである。陝西省も同様で、道光年間までに差徭局を設置したのは三県にとどまっていたようである(6)。但し第二章で見た通り、白蓮教徒の乱が勃発した四川省では嘉慶以降差務が急増し、各地で夫馬局が設置されている。

　山西において差徭が急増するのは太平天国期である。解州直隷州安邑県ではもともと州内で差徭が最も繁重で、東南北三郷が馬を、西郷が車を供出し、号草は四郷に分別攤派されていたが、軍興以来車馬の需要が数倍に急増したので、人民は苛斂誅求に苦しんだ。そこで咸豊年間（一八五一―一八六一）河東道が塩引の収益より馬局に銀一六〇〇両、車局に銀八〇〇両の補助金を津貼している(7)。安邑ではこの時既に「馬局」「車局」と呼ばれる差徭局が設置されていたことが確認される。直隷に近い代州でも駅站は早くから民間の差徭に依存し、馬匹は贏櫃が、車輛は馬王社がこれを処理していた。しかし軍興後車馬の需要が増大したので、州当局は咸豊末兵差局を設置して軍事輸送に当たらせた。馬王社および兵差局の経理は紳民に委ねられていた。ただ贏櫃だけは従来書役が管理していたので需索が絶えず、長年民間の桎梏となっていた。この贏櫃も同治一二年（一八七三）知州により改革が行われた(8)。

　これに加えて軍需に便乗した州県の需索もかなり広範に見られた。太原府洪洞県では清初より差費を按糧攤派し、県城内に二箇所の「公所」を設けて車馬を提供してきた。ところが軍興以後兵差の急増に便乗して狡猾な総甲（里長）が不当に攤派を強化したため、差銭は遂に地丁正額を超えるまで膨張し、糧戸は非常に苦しんだと言われている(9)。このような不正を防止するため、咸豊五年（一八五五）には銭糧輸納における陋規禁止条例が交付されたが(10)、軍事輸送の民間への依存を前提とする以上、付加徴収の禁止命令は何の効力も発揮しなかったものと思われる(11)。

　差徭が銭糧と比肩するほど肥大すると、科派の繁重な州県と軽微な州県との格差は無視できないくらいに拡がった。そこで各州県は負担の凹凸を均等化すべく、近隣との調整を開始した。また差徭局を設置して紳士に経理を委託し、書吏の需索防止を図った。

直隷と陝西を結ぶ幹線道路は平定州－太原府－汾州府－霍州－平陽府－絳州－解州－蒲州府を経由しているが、沿線州県の負担能力は一様ではない。特に平定州と霍州は財政が脆弱で、差徭の自辦は困難であった。そこで同治年間、余力のある州県から困窮している州県へ差徭を援助する工夫がなされた。これを「調協」「協済」などと称した。その最大級のものが太原府属文水、公城二県から平定州への調協と、平陽府属襄陵、翼城、浮山三県から霍州への調協である。まず平定州への調協について。光緒『文水県志』によれば、これら調協車馬は往返が千里にも達し、費用も莫大で、人民の甚だしい苦累となっていた。[12] そこで同治元年（一八六二）知県が差徭の折銀化を試みたが、これは一時的な取り決めにとどまり、同治六年（一八六七）には供出側と受領側との間に深刻な対立が生じてしまった。これを解決するため同治一三年（一八七四）山西巡撫鮑源深が章程を制定し、車一輛を銀五両に、馬一匹を銀二両に折価させ、受領側がこの銀で車馬を雇って差徭に応じることとした。この裁定により民間の負担は大幅に削減された。[13]

次に霍州への調協について。光緒『襄陵県志』によれば、霍州への兵差の協済は、人夫の需要が千人以上に達する場合、その二割を援助するというものであった。ここでも同治四年（一八六五）知県譚廷栄が浮山、翼城両県と協議して、車一輛を銀五両に、馬一匹を銀二両に折価し、差徭を軽減している。更に同治一〇年（一八七一）には三県が輪番で差徭を負担する取り決めがなされた。[14] 光緒『翼城県志』によると、翼城で霍州車馬の折給を始めたのは同治六年（一八六七）であると記されている。[15]

この他平陽府属の太平、翼城両県では同治一〇年より吉州と郷寧県に課せられていた黄河防衛に関する差徭を隔月で分担支辦することになった。この差徭は「郷吉河防」と呼ばれ、車馬や騾頭を提供するものであったが、折銀化はなされなかった。[16]

咸豊・同治年間、陝西や甘粛での回民反乱により差徭が繁重かつ恒常化すると、それまで里単位で差徭を科派していた州県も続々と按糧攤派に切り替えるようになった。そして差銭を徴収し、車馬や人夫などを提供する機関として差徭局が開設され始める。たとえば絳州では同治五年（一八六六）里甲局を設置し、差徭を支辦させた[17]。また解州直隷州平陸県では同治五年、知県馬丕瑤が民間の役困を解決するため、県城および茅津渡に里民局を設置し、常差を支辦させた。次いで同治一一年（一八七二）には軍需局を設け、兵差の支辦を管理させた。里民局、軍需局ともに生員や監生に経理を委託し、書役の需索を排除しようとしたが、浮収の弊害を防止することは困難であった[18]。同じく平定直隷州盂県でも同治四年（一八六五）に官差局が設置されている[19]。

以上のように、山西の差徭制度は本来国家予算で賄われるはずの駅站の経費不足を補完するために編み出されたものであり、咸豊・同治年間太平天国や陝甘回民反乱に対する軍事輸送を契機として、糧戸への攤派が爆発的に増大した。これに対し州県は各種の差徭局を設置し、差銭の攤派や車馬の支辦を専管させた。但し同治年間に至っても差徭局が設けられた州県の数はさほど多くはなく、また兵乱が終息したにもかかわらず、差徭は一向に減少しなかった。なぜなら財政難に苦しむ州県が新規の財源として差徭を取り込み始めたからである。たとえば解州では流差や学差など本来の差徭の他、地方官とその家族および幕友の移動にまで差徭が科派されており、これを「京省長車」と称していた。また書吏による需索も激しかった。更に衙門の必要経費までもが差徭として徴収されていたのである。県下六五村の内流差など本来の差徭は渠南一六村に、京省長車は渠北二九村に割り当てられていたが、衙門の必要経費は県内全村が負担しなければならなかった。なお京省長車は光緒元年（一八七五）河東道江人鏡によって廃止されている[20]。また蒲州府虞郷県でも、流差・学差から衙門の細々とした雑役に至るまで、一切の力役が郷民に科派されていた[21]。他にも差徭に地方行政経費を上乗せして徴収する州県は少なくなかったものと思われる。光緒初頭の山西省では、差徭の改革すなわち本来の差徭の削減と差徭に名を借りた地方的徴収の分離は、不可避の行政的課題となっていたのである。次に二度にわたる山西の差徭改革について考察を進めよう。

二　第一次差徭改革

咸豊以降軍需の増大と地方的徴収の強化により山西の差徭負担は次第に繁重化しつつあったが、抜本的対策は立てられなかった。しかし光緒初華北が大旱魃に襲われたことを契機として、山西省では本格的な差徭改革が開始される。第一次差徭改革は光緒五年（一八七九）前工部右侍郎で陝西の差徭改革も同時に手掛けていた閻敬銘と時の山西巡撫曾国荃によって実施された。

光緒四年（一八七八）山西の大飢饉救済に当たっていた曾国荃は、民力休養政策の一つとして差徭の減免を奏請し、次のように述べた。

山西に官たる者、民間の疾苦が差徭の正賦より数倍重いことに起因していることを知らない者はおりませんが、これを甦らせる手段がありませんでした。……今目下の計を為しますに、減差均徭の一法のみが概ね有効な救済手段となり得るでしょう。私は州県に檄飭し、各種の大差については、伝単を持つ者であれば照合した上で、常例に従って差徭を支辦させ、本省の軍差、餉差、委員の往来などこれまで定例のなかったものについては、省から通飭する条款に従って処理させ、その他の不法な苛派は一切禁止する措置を講じております。(22)

一方、陝西省朝邑県に帰休していた閻敬銘は、光緒五年（一八七九）五月差徭辦法八条を策定し、上奏した。その内容は

①裁減例差借差（例差や借差の削減）
②由臬司給発車馬印票（按察使による車馬印票の発行）
③喇嘛来往須有定班（ラマ往来の差徭の定額化）
④奉使辦事大臣宜禁濫索（大臣による差徭濫派の禁止）
⑤厳除衙蠹地痞（衙役や地棍による不正の排除）
⑥令民間折交流差銭文由衙門自辦（流差の銭納化と県衙門による役務の自辦）
⑦厳査駅馬足額備用（駅馬の充足数の厳査）
⑧本省征防各兵給与長車由営自辦（軍営による兵差の自辦）

というものであった。(23)これに対し中央政府は光緒帝の上諭という形で

閻敬銘の奏する所に拠れば、近年山西等省では差徭の科派が繁重で、小民が追呼に苦しんでいるそうだが、実にけしからぬことである。閻侍郎の策定した辦法には見るべきものがある。……以上の各条項を四川、陝西、山西、河南の各督撫に鋭意検討させ、属員を督率して民隠を詳察し、積習を破除して章程を厳定し、あらゆる名目のない科派は悉く廃止せよ。(24)

との命令を下し、華北諸省および四川における差徭改革を支持した。

上諭を受けて閻敬銘と曾国荃は山西省における本格的な減差に乗り出した。その方法は、従来曖昧であった差徭の条目を画定して必要に応じた経費総額を算出し、これを糧戸に按糧攤派するというものであった。これが厳格に実施されれば、差徭に便乗した地方的徴収は外部にはじき出されるはずである。光緒六年（一八八〇）六月曾国荃は新章により差徭の五割から八割、差徭銭にして総計百万余串が削減されたとして、差徭均減政策の成功を上奏している。(25)

閻敬銘と曾国荃の指示により、州県は差徭章程を制定して差徭を定額化するとともに、差徭局を設置して紳士に差銭を管理させた。ここでは平陽府洪洞県を例に取り、改革の経緯を観察しよう。まず光緒四年（一八七八）五月二七日曾国荃が閻敬銘と会同して差徭辦法八条を上奏し、光緒五年六月四日前述の上諭が下された。同年一二月二二日曾国荃は善後総局に減差を指示し、光緒六年二月五日総局は平陽府に札（命令書）を転送した。[26] 平陽府からの札飭を受けた洪洞県は、紳耆を招集して巡撫衙門に派遣し、減差の趣意を理解させた。巡撫より差徭の折価額を算定するよう指示を受けた紳士たちは、四月一四日知県に対して地丁一両につき差銭二〇〇文の値を具稟した。[27] ところが一一月六日知県は差銭を二六〇文に定め、これを告示した。[28] その理由は記されていないが、おそらく県の地方行政経費を上乗せしたものと思われる。これに対し紳士側は巡撫に減額工作を行ったようである。光緒八年（一八八二）三月洪洞県を通過した閻敬銘は、差銭を二〇〇文に引き下げるよう指示し、紳士らはこれを知県に具呈した。[29] こうして郷紳層の同意を取り付けた巡撫の強力な指導の下に折価額が確定されたのである。また県城内には差徭局が設置され、紳士数人を選んで経理を担当させた。[30]

洪洞県の事例を通して光緒五年の差徭改革を整理すると、次のようになる。第一に、差徭銭が毎両二六〇文（最終的には二〇〇文）に定額化されたのは、それまでの実徴数と較べれば大幅な減差であった。[31] 差徭改革はとりあえず成功したと考えて良かろう。第二に、曾国荃は州県の紳士らを巡撫衙門に呼び寄せ、差徭の折価を公定するよう指示している。差徭改革は在地有力者層との合意形成を必要とすることを、巡撫は認識していたのである。紳士層は折価額の算定だけでなく、差徭局の運営にも参画していた。第三に、地方行政経費を差徭などの地方的徴収によって賄わざるを得ない知県は、差徭銭に僅かでも浮収を上乗せしようと試みた。ところが巡撫の後押しを得ている紳士層は、閻敬銘の指示という形で折価額を当初の公定値に戻させた。ここに差徭改革の徹底を図る閻敬銘、曾国荃、在地有力者層と、地方行政経費を何とか確保したい州県官との間に厳しい対立関係が発生したのである。

閻敬銘と曾国荃の差徭改革は従来差徭が科派されていた地域の地方志に数多くの記録が残されているが、ここでは解州直隷州の事例を二件紹介しよう。まず解州では知州馬丕瑶が紳士を招集して、従来村単位で割り付けていた車馬を按畝攤派（土地所有に応じた割り付け）方式に変更し、毎畝銭一文を徴収して年間銭約三〇〇串を確保し、その内六割を車費に、一割を地方行政経費に充て、残る三割を発商生息（商人に貸し付けて利息を生ませること）させて兵差に備えるという新章程を制定した。この新章程では従来各村に攤派されていた官衙で用いる器物の支辦も削減された[32]。次に州属安邑県では知県趙輔堂が主立った郷紳を招集し、新章程を立案させたが、その内容は、①四郷が輪番で支辦していた差徭を按糧攤派に改め、差銭は地丁一両につき二〇〇文に公定する、②差徭局を設置し、紳士に出納を管理させる、③差銭の七割を流差の支応に、一割三、四分を買草費用に、残りを差徭局経費に充て、県衙門の差徭は一律廃止するというものであった[33]。

両州県とも従来村や里を単位として科派していた差徭を按畝攤派や按糧攤派に切り替え、差徭章程に従って車馬を支辦するようにしたことが共通するが、特に注目されるのは、差徭を名目とした州県衙門の必要経費の徴収を禁止している点である。言うまでもなく、この費用は本来州県が正規財政の存留項下や公費あるいは養廉などで手当てすべきものであるが、既述のように咸豊・同治年間にはその大半が差徭に便乗した民間からの供応に依存するようになっていた。閻敬銘と曾国荃の差徭改革は、本来の差徭である駅站夫馬の経費についてのみ、差徭局を通して差徭章程の範囲内で差銭を糧戸へ攤派することを公認するとともに、差徭に付着した州県衙門の地方行政経費の徴収を分離して、これを廃止したのである。

第一次差徭改革は光緒初の華北大祲に対する復興政策として登場し、減差については一応の成果を達成した。但しそれは不要な差使の廃止や徴収・支応制度の改善など、比較的表層部分の改革によってもたらされたのである。しかし当時太平天国以降の諸反乱は終息しており、差徭問題は駅站車馬から差徭に名を借りた地方的徴収の肥大化へと移行していた。もちろん閻敬銘や曾国荃は差徭本体と地方的徴収を分離して後者を廃止しているし、在地有力者層を差徭局に登用して収支を監視させ、州県官が差銭に地方行政経費を上乗せすることも防いでいる。だが州県があれこれ手を尽くして需索を行うのは、上級官庁が規礼饋送を厳しく要求するからであり、地方行政制度の改革に手を付けずに地方的徴収を禁止してもあまり効果はないであろう。先に紹介した解州の場合、攤派された差銭は専ら各項の規礼に充てられ、車馬の雇覓には使用されなかったと言われている[34]。山西の差徭は第二の改革を必要としていた。

三　第二次差徭改革

閻敬銘・曾国荃に続いて差徭改革に着手したのは、山西巡撫張之洞（光緒七年一一月–光緒一〇年四月在任）である。閻・曾の改革と張之洞の改革は連続して実施されているが、『山西財政説明書』が前者を差徭清理の第一期、後者を第二期と区別しているように[35]、両改革の内容はかなり異なっていた。以下『張文襄公全集』を手掛かりに、第二次差徭改革の経緯とその特徴について検討する。

張之洞は着任後間もない光緒八年（一八八二）より改革を開始した。張がまず取り組んだのは規礼問題であった。一二月二九日の布政使への札文によると、前任の山西布政使護理山西巡撫葆亨は、光緒六年（一八八〇）七月巡撫の行政経費を補塡するため、善後局が節約した費用より銀五万両を動支し、これを商人に預託して毎年六〇〇〇両の利息を確保していた。また「水礼」と呼ばれる規礼の饋送を停止するとともに、従来巡撫に水礼饋送を強いられていたり財政上比較的余裕のあったりする二司三道四府一庁三直隷州一県に対し、新たに毎年銀一万七〇〇〇両の「公費」および二五五〇両の「小費」（公費の付加徴収）を提供するよう命じていた。(36) しかし張之洞は、巡撫の苦しい台所事情を察しながら、どちらの政策にも反対する。

まず善後局公款の発商生息について。張之洞によれば、現在善後局には大祲復興のための緊急の業務が山積しており、資金に余裕はない。にもかかわらず経費を節約させ、これを運用して巡撫の行政経費を補塡するのは邪道であると言う。(37) 次に公費について。葆亨が設けた公費は、従来の水礼などと同様下級衙門より饋送されたものであり、これは単に規礼を公費に読み替えただけに過ぎない。このような私的性格の強い公費は明らかに廃止すべきであると彼は考える。(38) こうして彼は善後局公款の運用益を善後局で使用させるとともに、巡撫への規礼あるいは規礼の読み替えに過ぎない「公費」の饋送を禁止するという基本姿勢を打ち出したのである。(39)

ところで張之洞の認識によれば、江蘇、安徽、江西、福建、四川など華中諸省では、公費は釐金付加、漕糧折価、塩課平余などより捻出されていた。これに対し山西では、下級衙門に公費を攤派していた。(40) 山西の方法では最終的に責任を負わされるのは州県であり、州県は差徭に名を借りて糧戸に負担を肩代わりさせるから、差徭問題は一向に改善されないであろう。かといって華中諸省ほど商品流通が発展していない山西では、釐金など流通課税に基づく地方行政経費の確保は困難である。(41) 新規課税を導入しない限り、現行の公費を一律に廃止することは非現実的である。そこで彼はやむを得ず公費の一部を容認し、饋送州県の負担能力や被送上級衙門の必要度を勘案して、公費の額を規定するという妥協案を提示した。(42)

まず饋送州県について。山西では大部分の州県が公費饋送を求められており、それらは上級衙門を通して巡撫の手許に集められていた。そこで張は、①著しく貧困で、これまで公費を攤派されていた二五州県については、公費を全廃する、②著しく貧困で、これまで公費を割り当てられなかった五州県については、公費の新設を永遠に禁止する、③その他の七五庁州県では、公費を半減するとともに、公費の付加徴収である小費も公費に準じて削減する、④塞北六庁は、これまで公費が課せられていなかったが、水礼が大変多く餽送されていたのでこれを禁止するという処置を実施した[43]。全省の約三分の二に相当する比較的余裕のある州県の公費餽送は、半額ではあるが残さざるを得なかったようである。

次に餽送を受ける上級衙門について。張之洞の措置は、①巡撫の公費は全廃する、②按察使、冀寧道、河東道、雁平道の公費は全廃ないし半減する、③各府・直隷州の公費は均しく半減するが、財政に余裕のある忻州および別に補助金を手当てする遼州、隰州については全廃する、④貧困地域である雁平道、朔平府、寧武府、遼州、沁州、隰州および支出が多く過剰削減した平陽府、汾州府、沢州府については、巡撫が裁革した公費・小費銀七八二〇両、卓飯銀二四〇〇両、供支一半銀二〇〇〇両、合計一万二二二〇両を籌餉局に送り、ここから補助金を配分するというものであった[44]。余裕のある衙門の公費を大幅に削減する一方、余裕のない衙門に対しては、これまで巡撫が受領していた各種公費や規礼を用いて援助を行い、地域間の不均衡を平準化することを張之洞は意図していた。

規礼（公費）を大幅に削減した張之洞は、続いて差徭の整理に取りかかる。そもそも規礼の大半は車馬を名目とした差徭銭の形態で需索され、餽送されていた。第一次差徭改革は差徭に名を借りた陋規需索を禁止したが、官場における規礼餽送体系については手を着けなかった。そこで張之洞はまず規礼餽送を制限し、継いで差徭の削減を敢行したのである。光緒八年（一八八二）四月七日の札文によれば、閻敬銘と曾国荃により差徭が削減されたにもかかわらず、両司や道府が様々な名目の例差（小銭、契尾、塩当、焼鍋、馬匹など課税対象にちなんだ名称を付けられることが多い）、例差と等しい強制力を持つ雑差（緝捕や駅站など使役の内容にちなんだ名称が多い）、更に差使に仮託した雑差（催提や繁

年のあらゆる例差の項目および人員について調査報告するよう命じた[45]。

この調査の結果は記録されていないが、六月一二日の奏片によると、山西では大県で五、六万串、小県で一万数千串の差銭が按糧攤派されていたようである[46]。このうち中路の太原府陽曲県および平定直隷州平定州・盂県・寿陽県、西南路の霍州直隷州霊石県、南路の太原府楡次県、北路の忻州直隷州忻州では、車櫃や騾櫃による勒索、小甲や差班による非公認の使役、差徭局による恣意的攤派などにより、差徭の弊害が最も深刻であった[47]。また西南路の州県では閻敬銘の改革により一時的に差徭が整理されたが、短期間で元の状態に戻っていた[48]。そこで彼はこれらの州県に対し、再度閻敬銘の差徭章程を遵守するよう命じるとともに[49]、差徭が最も重い前記五路の州県に対し、①陽曲県については官が差徭局を設け、車馬を自備させるとともに、差徭章程を厳しく定め、委員による勝手な利用を禁止する、②平定州・寿陽県・盂県については上下駅站から資金を津貼（援助）させる、③霊石県については官署での浮費（規礼）の応酬（饋送）を厳しく制限するとともに、駅馬を購入して差務を自辦させ、差銭二千余串を削減する、④楡次県については三度にわたり差銭七千串を削減する、⑤忻州については西郷総局、南北車局の弊章を改正し、冗費（陋規）を廃止して住民や客商の負担総計一万一千余串を削減するという大幅な減差を実施させた[50]。なお張之洞は別の批牘で、平定州属三州県の措置について、平定州に五千両、寿陽県に二万両の公款を用意して発商生息させるとともに、嬢子・槐樹両釐卡より釐金の一部を補助させるべしと述べており[51]、奏片の内容と食い違っている。平定州が近郊の駅站から差徭経費の援助を受けているというのは不自然であり[52]、おそらく釐卡から融通を受けたという方が正解であろう。また霊石県については、地丁一両あたりの差銭を四五〇文から三〇〇文に減額するとともに、銀五千両を発商生息させ、毎月六〇〇両の利息を差務に使用するよう指示している[53]。

差銭の科派が繁重な七州県以外の地域でも改革は実施された。閻敬銘の第一次改革より、省内四一州県で大差、兵差、流差など本来の差徭の削減が実現した。しかし差徭に名を借りた地方的徴収についてはほとんど手が着けられなかった。そこで張之洞は各州県に対し、河渠、堰堤、城垣、衙署、倉廒、監獄などの修繕費、衙署や公館が必要とする食糧や什器、下郷相験踏勘に伴う諸経費などを民間に負担させているか否かを報告させ、徴収を行っている費目の内やむを得ないものを除いてこれを削減するよう命じた。更に各州県の差徭局の名称を「清徭局」に統一し、清徭局に会計報告を義務付け、本来の差徭以外の不明朗な徴収や支出を排除した[54]。こうして山西の広範な地域で二度目の減差が実施されたのである。

それでは張之洞の第二次差徭改革はどの程度の成果を上げたのであろうか。『山西財政説明書』所載「山西各庁州県差徭情形一覧表」には省内一一三庁州県の差徭の実態が記されているが、この内幹線道路沿いに位置し大駅に類別された州県を含む平定州、太原府、汾州府、霍州、平陽府、絳州、解州、蒲州府についてまとめたものが表4・1である。調協車馬は大谷県から寿陽県および趙城県から霍州が残っているが、同治以前とは形態を異にしている。大駅に区分された州県の大半は按糧攤派により差費を調達しているが、平定直隷州属三州県だけは、布政使より直接援助を受けたり、司庫銀からの基金を運用して利子収入を得たり、典当より陋規を徴収したりして費用を捻出している。注目されるのは民間の負担が軽減されたことである。按糧攤派は差徭の重い州県を中心に採用されているが、科派数は地丁一両当たり最高でも制銭三〇〇文であり、当時の銀銭比価を勘案すればさほど高額だとは言えない[55]。また年間徴収総額について見ても、たとえば光緒初頭には一万四千串に達していた楡次県の差銭は、改革後八八三〇串に低下している。「差徭情形一覧表」を読む限り、張之洞の改革は一応成功したものと見なされる。

差徭から地方的徴収の相当部分を削除した山西省は、光緒一〇年（一八八四）清源局より全省差徭章程を公布した。

表4－1　第二次改革直後の山西省主要駅站の差徭情形

府州県名		衝僻	通年収数	籌辦情形
平定直隷州	平定州	○	**2,500両** 1,800串	司庫銀発商生息**500両**＋司庫領銀**1,200両**＋当規銀**800両** 司庫領銭
	盂　県	○	**550両**	司庫領銀
	寿陽県	○	**3,200両**	司庫銀発商生息**1,400両**＋司庫領銀**800両**
太原府	陽曲県	△	**6,740両**	善後局資金を発商生息
	太原県	×	1,193串	公和局より幇貼
	楡次県	○	8,830串	按糧攤派（165村＝200文／42村＝140文）
	太谷県	×	定数なし	寿陽協済
	祁　県	○	7,400串	按糧攤派（300文）
	徐溝県	○	8,000串	村単位で按畝攤派
	交城県	×	210串	城関六坊車店が包貼代辦
	分水県	×	790串	按糧攤派（13文）
汾州府	汾陽県	×	6,520串	按糧攤派（140文）、附郭差務に使用
	平遙県	○	9,400串	按糧攤派（140文）
	介休県	○	9,290串	按糧攤派（200文）＋各村に車馬銭を別途攤派
	孝義県	×	定数なし	
霍州直隷州	霍　州	○	8,818串	按糧攤派6,838串（300文）＋趙城協済1,980串
	霊石県	○	**2,400両** 6,000串	司庫銀発商生息**900両**＋司庫領銀**1,500両** 按糧攤派5,000串（300文）＋司庫領銭1,000串
	趙城県	○	7,722串	按糧攤派（240文）
平陽府	臨汾県	○	11,000串	按糧攤派（200文）、光緒6年清徭局設立
	洪洞県	○	11,000串	按糧攤派（200文）
	翼城県	×	4,500串	按騾収銭
	太平県	○	13,500串	按糧攤派（260文）
	曲沃県	○	13,200串 300串	按糧攤派8,800串（150文）＋抽車行用銭4,400串 発商生息
	襄陵県	×	定数なし	騾櫃頭が輪流支応→光緒22年按糧攤派（20文）に変更
	浮山県	×	定数なし	地方官の捐廉により差務辦理、霍州調協は按糧攤派
	岳陽県	×	134串	按騾収銭
	汾西県	×	160串	按糧攤派
絳州直隷州	絳　州	×	408串	発商生息
	垣曲県	×	**170両**	発商生息
	聞喜県	○	11,000串	按糧攤派（160文）
	絳　県	×	不　明	光緒29年按車捐銭55串
	稷山県	×	定数なし	地方官の捐廉により差務辦理
	河津県	×	3,899串	按糧攤派3,467串（100文）＋発商生息432串

解州直隷州	解　州	×	定数なし	
	芮城県	×	96串	発商生息
	安邑県	○	10,000串	按糧攤派（170文）
	夏　県	×	4,000串	按糧攤派（120文）
	平陸県	×	120串	発商生息
蒲州府	永済県	○	11,790串	按糧攤派（150文）
	臨晋県	○	12,400串 **721両**	按畝攤銭 発商生息
	虞郷県	×	2,700串 **230両**	按糧攤派（100文） 発商生息
	猗氏県	×	定数なし	地方官の捐廉により差務辦理
	栄河県	×	3,540串	按糧攤派（100文）
	万泉県	×	**1,566両**	按糧攤派**1,246両**（**4分**）＋発商生息**320両**

出典：『山西全省財政沿革利弊説明書』第２章第１節「附山西各庁州県差徭情形一覧表」

記号：　○　大駅　　△　次衝　　×　偏僻

註　①太字の数値は銀、その他は制銭を表す。
②按糧攤派の括弧内の数値は地丁１両当たりの差銭（但し万泉県は差銀）を示す。
③按騾収銭とは民間で飼育している騾馬の数に比して差徭を科派する方法である。
④籌辦情形については光緒８年前後における差徭の記述のみを採る。
⑤呂梁山脈西側に位置し幹線道路から外れている岢嵐州・嵐県・興県（以上太原府）、寧郷県・永寧州・石楼県・臨県（以上汾州府）、吉州・郷寧県（以上平陽府）は省略した。

その後光緒二八年（一九〇二）には偏僻州県の差徭改革が巡撫により実施された。『山西財政説明書』はこれを差徭清理の第三期と位置付けているが[56]、差徭の主要な課題は第二次差徭改革でほぼ解決されたものと考えて良かろう。

もちろん地方的徴収が完全に整理されたわけではない。「差徭情形一覧表」の末尾附記には、章程制定後も実際には現地の状況に合わせて手直しが加えられていたとあり[57]、地方行政のための経費不足に苦しむ州県の浮収上乗せ工作は止まなかったようである。また差徭を口実とした地方的徴収がもはや困難であると判断した州県が、銭糧を通した地方的徴収に切り替えることもあった。解州直隷州芮城県では、光緒一二年（一八八六）知県曾福善が旧章に準

図４－１　山西省中南部地図

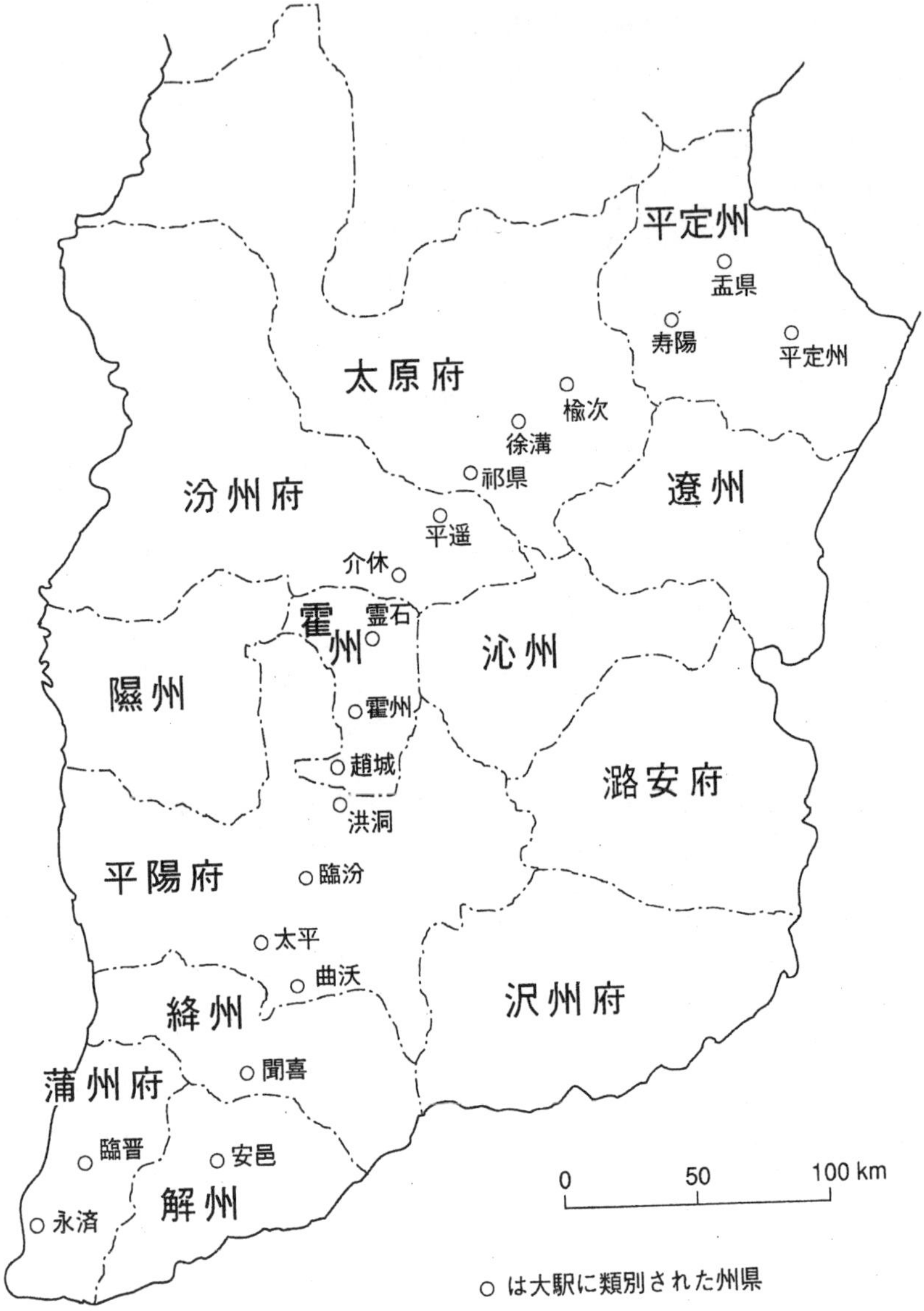

じて耗羨や平余など諸般の田賦付加税や、各房、各櫃の公用の雑費を銭糧に上乗せして徴収し始めた。但し実徴額は地丁正額一両につき、浮収を含めて市平銀一両四銭二分であり、[58] 庫平に換算すれば更に低くなるであろう。

芮城県の事例は、張之洞のような財政改革に積極的姿勢をとる督撫が離任すると、州県官はたちまち地方的徴収を復活させたと解釈することも可能である。しかし芮城の新たな浮収も、地丁一両につき銀数銭という常識的なものであったし、張之洞以降差徭あるいは銭糧に対する付加徴収が省レベルで問題になることはなくなった。総じて、差徭改革は民間からの恣意的徴収を廃することに成功したと言えよう。州県が苛酷な地方的徴収を控えるようになったのは、改めて言うまでもなく需索の元凶である上級衙門への規礼（公費）饋送が禁止されたからである。

おわりに

概ね嘉慶頃より国家財政の悪化と並行して次第に強化されつつあった山西省の差徭は、咸豊年間以降太平天国および陝甘回民反乱を契機として急増し、反乱鎮定後も軽減されなかった。何故なら州県が本来の駅站経費に地方行政経費を上乗せして徴収し始めたからである。しかし光緒初頭華北一帯を襲った大旱魃の救済を契機として、山西や陝西ではようやく差徭改革が開始された。山西では光緒五年（一八七九）前工部右侍郎閻敬銘と山西巡撫曾国荃によって差徭章程の制定による差徭の減額・定額化、差徭局の設置による紳士層の経理への参加、地方行政経費の上乗せ禁止などを骨子とした第一次差徭改革が実施された。しかし地方的徴収の禁止は、上級衙門から規礼饋送を要求されている州県にとっては受け入れ難いものであり、改革の実効性は乏しかった。そこで光緒八年（一八八二）より山西巡撫張之洞の手で第二次差徭改革が行われた。彼はまず「公費」に名を借りた規礼饋送を大幅に削減し、州県の負担を軽減した上で、現実的範囲で差徭を削減した。これにより駅站差徭と差徭に便乗した地方的徴収は分離され、後者を絞り込むことによりようやく差徭改革は成功を収めたのである。

銭糧や駅站差徭からの浮収、命案相験や路斃浮屍の処理に関連した陋規需索、州県から道府、布按両司、督撫への規礼饋送、これらは一九世紀中国の財政制度が抱えていた宿痾であった。太平天国の動乱を克服した洋務派地方官僚は、長江流域諸省で陋規需索・規礼饋送体系を解体することにより財政改革を遂行し、省単位での財政集権化を推進した。山西や陝西の差徭改革も東南諸省の財政改革と軌を一にしていると見なして良かろう。

但し商品経済の展開が遅れ、釐金のような流通課税がさほど期待できない山西や陝西では、地方的徴収を整理した後に強固な省財政を構築するには至らなかった。片岡一忠は庚子賠款（義和団事件に対する賠償）における陝西省の差徭銀の役割を高く評価するが、それはとりもなおさず陝西や山西の督撫権力が按糧攤派という田賦の付加徴収以外に新たな財源を見出せなかったことを意味している。全国市場から相対的に自立した地域経済圏を形成できなかった山西や陝西は、財政面でもまた自立が困難な地域であった。一九世紀後半は牽引力を失った清朝中央に替わる新たな動力車と付随車との役割分化が進行した時期であったが、沿海部や長江流域諸省が求心力を高めたのに対し、華北や西南諸省は従属的地位に組み込まれたのである。

註

（1）藤岡次郎「清代直隷省における徭役について——清朝地方行政研究のためのノオトⅣ——」北海道学芸大学『紀要（第一部B）』一四巻一号、一九六三年、同「清代の徭役」『歴史教育』一二巻九号、一九六四年、片岡一忠「清代後期陝西省の差徭について」『東洋史研究』四四巻三号、一九八五年。

（2）乾隆五四年刊『晋政輯要』巻七、駅站夫馬前於乾隆二十二年・二十七年。経前撫明。斟酌抽撥。俾駅逓馬数。衝僻適宜。労逸得均。現設五十六駅・十軍站・十二辺站。共馬三千五百零八匹。馬夫一千七百三十二名。廠排夫二千八百三十三名。歳支夫馬工料銀十六万七千二百四十一両八銭六分八釐。此項銀両。向係在於各属額徴地丁銀内。扣留支給。至乾隆五十二年。奉文帰入起運。全数解司。由司核給。於乾隆五十三年十一月十七日。奉准戸部議覆山西巡撫海咨。駅站地丁銭糧。統行解交藩庫。応令臬司。安設庫蔵。将夫馬工料銀両。自乾隆五十三年冬季為始。按季由藩庫領貯支発等因。

（3）前註（1）片岡、三－五頁。

（4）鈴木中正「清末の財政と官僚の性格」『近代中国研究』第二輯、東京大学出版会、一九五八年。但し山西の虧欠は、沿海各省と比較すると相対的に少なかったらしい。

（5）光緒『楡次県続志』巻一、田賦、均減差徭

楡次差費。向係闔邑按糧均攤。……乾隆間。城内設立公和局。〔按新章。応改為清徭局。〕専司催集里下差費。勾稽出入。在局者百六十五村。計糧銀三万二千一百余両。毎糧銀一両。攤差銭三百三十文。共銭一万六百八十余千。局外四十二村。糧銀一万八千四百余両。共攤差銭一千六百八十串。両項合計共銭一万二千三百六十串。其後逓有増益。光緒六年以前。猶攤銭一万四千余串。

（6）前註（1）片岡、六頁。

（7）光緒『安邑県続志』巻一、田賦、差徭

邑当孔道。為陝甘・新疆・回疆・四川・雲貴・前後蔵来往通衢。重以地界塩池。塩務各衙門。駐紮運城。星羅棋布。故徭役之重。為解属最。邑北涑芝駅。額設号馬七十余匹。凡車馬供応。号車輪将。不能不借資民力。邑分四郷。向値各差。東南北三郷支馬。西郷支車。号草則由四郷分攤。軍興以来。差務絡繹。需用車馬数倍。曩時里民。苦累尤甚。咸豊間。経河東道籌款調剤。由河南額引。提保用銀千六百余両。津貼馬局。又経前令請。道庫発銀八百両。津貼車局。

（8）光緒『代州志』巻四、建置、駅逓

案。州当孔道。駅站馬匹。祇以馳逓公文。遇有供応。必借民力協済。故向設贏櫃。以備騎頭。設馬王社。以備車輛。軍興不敷支応。咸豊末。始立兵差局。専備軍事。与社皆由紳民経理。惟贏櫃則多胥役任之。号曰贏頭。因縁為姦。民間久苦其擾。同治十二年。署知州夏。乃従州人之請。禁革之。

（9）民国『洪洞県志』巻九、田賦、差徭
差徭者何。凡有摺差・貢差。勘合火牌及上憲馳駅。並一切官辦因公過境諸差・零星兵差。需要車馬之費。又本県各色津貼。旧制係按正糧。攤派於民。名曰雑事。由県飭諭各該坊里総甲。設立坊里公所二処於城内。供応差務。二百年来。遵行已久。尚不至苛派累民。乃自道光末年。至咸豊以来。粤捻二匪並回匪滋擾。軍興旁午。兵差絡繹。供億浩繁。以致総甲之桀黠者。仮公済私。闔攤闔抖。甚至毎糧一石。攤銭至二千数百文不等。較之正糧。猶為溢額。閭閻困苦。不堪言状。

なお総甲については「総甲俗名里長。銭糧亦係総甲催納」という割註が付されている。

（10）たとえば光緒『屯留県志』巻三、田賦には
咸豊五年。奉文裁革徴糧陋規条例。
とあり、続いて禁令一八条が記されている。

（11）逆に主要交通路から外れた地域では、差徭問題は顕在化しなかった。沁州直隷州沁源県では、清末に至っても差徭局を設けず、酒行が流差に応役していた。民国『沁源県志』巻二、田賦、丁差
差徭。清季本県不専設清徭局。所有流差。由酒行支応。

（12）光緒『文水県志』巻五、財賦、車馬
査。調協車馬。有極遠者。如襄陵・翼城・浮山之協霍州。如文水・交城之協平定。往返幾及千里。……其攤派車馬費用。動以万計。民間最為受累。

（13）同右
雖同治元年九月。前令丁君有折銀之挙。乃一時之私議。至六年七月。遂有彼此忿争具稟之事。迨同治十三年。前撫憲鮑中丞源深。始飭局。明定章程。毎車一輛。折銀五両。馬一匹。折銀二両。由応協之州県。解交受協之処。自行僱備。継今已往。民力大紓。定価亦不為少矣。

（14）光緒『襄陵県志』巻一一、差徭、協済霍州兵差
数在千名以上。協済十成之二。千名以下。不協済。同治四年。知県譚廷栄。与浮翼二県稟請。另定章程。毎車一輛。連例価折給霍州銀五両。毎馬一匹。連例価折給霍州銀二両。永不派撥車馬。前往支辦。同治十年八月。又奉准。将協済霍州車馬。改派浮翼二県。幇同襄邑協辦。並以三年為率。期満再行酌定。

(15) 光緒『翼城県志』巻九、田賦、解支
同治六年。趙令稟請協済霍州車馬。折価解赴自顧。奉臬憲陳批准。

(16) 光緒『襄陵県志』巻一一、差徭、郷吉河防
支応車馬・騾頭。経本県紳耆控。蒙委員会同本府。酌議章程。詳奉批准。自同治十年八月初一日為始。襄陵与太平県。按月輪流支辦。雙月帰太平支応。単月帰襄陵支応。

また光緒『太平県志』巻七、賦役、差徭、古城支辦には
古城非駅地也。亦無差務。凡兵役之往来郷吉者。向皆由襄陵支辦。自同治年間。回匪猖獗。河防戒厳。遂改移於古城焉。

同治十年。因民不堪命。稟請何撫憲批飭。著令襄陵・太平。輪月支辦。単月帰襄陵支辦。雙月帰太平支辦。

とあり、当初郷吉河防は襄陵が単独で支応していたが、同治一〇年に太平県を加え、負担を均等化したようである。

(17) 民国『新絳県志』巻三、丁役
丁役即差徭也。曩由二十五里。輪流供給。清同治五年。甘陝不靖。河津設防。軍差絡繹不絶。本県設里甲局。常川支応。

(18) 光緒『平陸県続志』巻上、賦役、差役
軍需防務。幾二十年。兵流差絡繹不絶。車馬支応。日恒数十。供億煩重。官民交困。同治五年。邑令馬丕瑶。以民苦於役。
因立里民局於県城。復分設於茅津。専支餉鞘。委員過往。流差経費。則按合邑。騾馬毎頭攤銭五百。歳計収銭四千余緡。
令里中公挙生監掌之。遇差雇支。日給銭一千。兵差則仍其旧。同治十一年。復設軍需局。二専辦各省勇丁過往等事。経費
則按糧一両。攤銭二百文。亦用生監掌之。積久弊生。致多浮冒。

(19) 光緒『盂県志』巻八、建置、駅逓
官差局。設於同治四年。詳明上憲。立案遵行。議定条規。永昭画一。

(20) 民国『解県志』巻三、丁役
解県向来流差・学差。需要車馬。並官署一切器具。差務支応。靡不取諸里民。又或本官赴引。或官親幕友。遠遊他省。責
里下供応車馬。名曰京省長車。郷愚畏道遠。輒願折銀交官。毎車約数十金。相沿成例。歳必藉名苛斂。多寡且無限制。吏
胥又従而侵蝕之。種種弊端。遂成積重難返。県属計六街六十五村。向以姚暹渠。画分南北。渠北二十九村。支京省長車。
渠南一十六村。支流水差車。南山上下二十村及渠南北各村。分別軽重。支署内所需各物。清光緒初年。河東道江人鏡。痛

懲長車積弊。通飭各属。永遠裁除。勒石重禁。
(21) 民国『虞郷県志』巻三、丁役
査。在昔光緒年間。凡遇撫台巡行外県。由蒲往運。学憲考試臨棚。自解赴蒲。均在県住宿。除応支車馬外。並派人夫。擡送行李。及官署零砕雑活。無一不派。郷民支応。均属力役。有可明証。

但し後述の如く、光緒期には二度にわたり差徭改革が実施されているので、この状況を直ちに光緒年間の実態と捉えることには危険が伴う。
(22) 曾国荃『曾忠襄公奏議』巻九「縷陳要務疏」(光緒四年五月二七日)。
(23) 民国『続修陝西通志稿』巻三〇、田賦五、差徭。詳細は前註(3)片岡、一三―一四頁を参照。
(24) 同右および光緒『続雲南通志稿』巻四一、食貨、夫馬。
(25) 『曾忠襄公奏議』巻一八「辦理晋省善後就緒疏」(光緒六年六月一七日)
臣与前侍郎臣閻敬銘。決意革除錮弊。督率司道。厳飭印委各員。就該処民情地勢。分為大駅・次衝・偏僻三項。所有一応差事。均令照章支給。其格外科派需索。概行禁革。約計毎年供億。必不可少之数。由闔県按畝均攤。既絶浮濫中飽之弊。亦無此菀彼枯之虞。較之旧章。或減去十之五六。或減去十之七八。釐定規条。詳明立案。通計毎年為民間節省差徭銭百万余緡。而要差仍不致誤。各属紳民。無不感悦。
(26) 民国『洪洞県志』巻九、田賦、差徭「平陽府転札文」
調署平陽府正堂穆。為札飭事。光緒六年二月初五日。蒙善後総局憲札開。五年十二月二十二日。蒙爵撫憲曾札開。照得。本爵部院。於光緒四年五月二十七日。会同欽憲前工部右堂閻。恭摺具奏。臚陳山西目前要務一摺。嗣於六月初四日。内閣奉上諭。該省徭役。各属攤派不同。該撫所陳。均減差徭。以免此軽彼重。並除虚糧認差之弊。均著依議行。
(27) 同右「初議差徭稟県公牘」(光緒六年四月一四日)。
(28) 同右「本県均減差徭示」(光緒六年一一月六日)。
(29) 同右「請詳立案立碑稟県公牘」(光緒八年三月二六日)。
(30) 同右、差徭(本文)
蒙欽憲閻・爵撫憲曾奏准。委員同地方官。籌辦均減差徭。另立章程。設局城内。名差徭局。由県選派紳士数人。経理其事。

(31) 前註 (9) によれば、咸豊年間洪洞県の差徭銭は、正糧一石当たり二千数百文に達していた。
(32) 前註 (20)
会欽使閻敬銘・撫院曾国荃。奏請裁減差徭。奉旨報可。飭牧令。極力裁節。用卹民艱。知州馬丕瑶。集紳籌議。分別閤属村庄大小。酌定応差次数。輪流先後。通支流水差。不復再分南北。毎年按地。毎畝派銭一文。不足一畝者。仍照一文攤派。通年得銭約三百千零。以六成為解糧車費。半成為試院州署椽費。半成為経収里長費用。余三成発商生息。以備兵差。其署内需要器物。除裁減外。仍定以数。期有限制。擬定新章呈［程］。准立案。於光緒六年正月施行。里民称便。
(33) 光緒『安邑県続志』巻一、田賦、差徭
会前工部侍郎閻・爵撫院曾。奏請裁減差徭。藉紓［紓］民力。奉俞［諭］旨報可。飭本道州。督同県令趙輔堂。悉心籌議。爰集紳董。同擬新章。懲三郷支馬・一郷支車之偏重。改為随糧攤派。按地丁正糧一両。分両忙。共攤差銭二百文。以均苦楽。設立差局。択正紳。司出内［納］。約以七成。供応流差。一成三四分。交県自行買草。余款為北相鎮・県城両局薪工雑費。至県署零星支応。一律滌除。
(34) 前註 (20)
然按畝所派銭文。祇充各項規費。所需差車。仍不発価。民国成立。将一切陋規・差費。全数裁免。
(35) 『山西全省財政沿革利弊説明書』第三編第二章第一節、差徭之経費。
(36) 張之洞『張文襄公全集』巻八六、公牘一「札藩司通飭永遠裁禁陋規」(光緒八年二月二九日)
光緒六年七月。拠司道会詳。以院署辦公不敷。擬於善後節省項下。籌動銀五万両。作為発商。新増生息。所有此項息銀六千両。毎月以五百両。由藩司備文呈解。作為津貼之用。前護院葆因去任。在即批令。儲備公用。復於向来致送水礼。暨缺分較優之処。議令両司三道四府一庁三直隷州一県。毎年共提公費銀一万七千両。加一五小費銀二千五百五十両。分季批解。即将節寿水礼。一概停止。
(37) 同右
至於善後一款。其来既不容易。其用何忍含糊。査現在農桑・水利・道路・倉廒。関於善後者。不可枚挙。工用未訖。節省奚来。即曰発商生息。亦祇応留備善後公用。以此専款。為院署津貼之項。固属不倫。
(38) 同右

詳考。前撫院各任甚廉潔者。糸毫不収。稍謹飭者。間収微物。亦従無歴任倶収之説。剏将水礼。改折実銀。揣瘠分肥。限期批解。是返虚入実。化私為官。謂之利己可也。謂為恤人得乎。夫作法於涼。其弊猶貪。作法於貪。弊将安底。以晋承大祲之後。官司窘累万分。本部院雖不能格外体恤。俾得牧養斯民。又何忍巧立名目。奪其固有之利。縦令日尋斤斧。以割剥閭閻元気乎。此公費一款。所当明白裁革者也。

(39) 同右、巻一一〇、公牘二五「批司道会詳裁減各署公費」(光緒八年三月一四日)
所謂裁汰陋規名目者。裁其名乎。抑裁其実乎。此皆葆護院逞私作俑。以致謗議沸騰。禍不旋踵。此可為詫怪而歎息者也。改弦更張。正在今日。本部院迂儒之見。以為恤民必先恤官。治人必先治己。首将原議院署公費曁一応陋規。全行裁除。

(40) 同右
蓋晋省公費。攤諸州県。不似両江皖蜀各省。取之釐羨・漕折・塩平。其名似乎因公。其実同於勒派。故近年各省遵旨議定公費之案。屢見奏章。然其款必有所出。如三江閩蜀諸省。或取之釐羨。或取之漕折。或取之塩平。

同右、巻四、奏議四「裁革公費餽送摺」(光緒八年六月一二日)

(41) 清代山西の商品流通については、拙書『清代の市場構造と経済政策』第一〇章「清代華北内陸部の市場構造」を参照。当時釐金、特に釐金付加税が省財政や州県行政経費として重要な役割を担っていたことについては、拙書『明清時代の商人と国家』第二章「清代後期四川における地方財政の形成」を参照。

(42) 前註(39)
査。此項公費。若論至高極美之道。自以一併裁汰。為是所難者。晋省既無公款可以籌抵。且臬道府州。応得廉俸。均経折減。不敷辦公。亦係実在情形。与其全行刪汰。致啓公然納賂之門。又不若分別減裁。俾作経久可行之計。

(43) 同右
其出者。若著名瘠苦之苛〔岢〕嵐・嵐県・吉州・汾西・寧武・五寨・平魯・偏関・永和・大寧・蒲県・楡社・和順・左雲・右玉・定襄・静楽・天鎮・広霊・霊邱・五台・沁源・沁水・屯留・寧郷二十五州県。原定公費。一律全裁。又著名瘠苦之石楼・平陸・垣曲・山陰・応州五州県。原無公費。永遠禁止。其余七十五庁州県。減半。所有小費。悉準公費裁減。此外帰綏道属之帰化城・綏遠城・薩拉斉・清水河・托克托城・和林格爾六庁。本無公費。聞向来頗有致送水礼之事。一併永遠禁止。

(44) 同右
其入者。応将院署公費。一律全裁。臬司・冀寧道・河東道・雁平道。或全裁。或減半。各府直隷州。均減半。〔内忻州。因辦公優裕。是以全裁。遼隰二州。因另籌津貼。是以全裁。〕惟裁定以後。缺本清苦之雁平道・朔平寧武二府・遼沁隰三直隷州。以及裁減過多之平陽・汾州・沢州三府。誠恐不免辦公竭蹶。是恤人累己。亦非所以計久長。必応籌給津貼。……応令将現裁院署公費。連同一五小費。共銀七千八百二十両。径行按季交解籌餉局。並現裁院署卓飯銀二千四百両。又現裁院署供支一半銀二千両。一併飭営製所。按季解存籌餉局。三項共銀一万二千二百二十両。統作津貼一道五府三直隷州之用。

(45) 同右、巻八六、公牘一「札司道首府裁革例差査明開報」(光緒八年四月七日)
査。各省司道府衙門。向有春秋例差。如小銭・白役・保甲・契尾・塩当・焼鍋・馬匹之類是也。有雖非例差。而等諸例差者。如緝捕・銭糧・駅站・稽査游勇之類是也。有並非例差。而亦託名差使者。如催提・繁費之類是也。其名目甚繁。其委員無定。要皆藉差調剤。騒擾駅站而已。……今方裁減差徭。而仍復為百姓増車馬之累。名実矛盾。於事果奚益乎。除分飭外。為此札仰該司道府。於三日内。立将通年一応例差。共有幾項。其中応委正印幾項。左雑幾項。毎年約委若干人。査明開摺詳覆。以憑酌核。

(46) 同右、巻四、奏議四「裁減差徭片」(光緒八年六月一二日)
所謂差徭者。非役民力也。乃斂民財也。向来積習。毎県所派差銭。大県制銭五六万緡。小県亦万緡至数千緡不等。按糧攤派。

(47) 同右
大抵中路之陽曲首県。東路之平定州。並所属盂県・寿陽。西南路之霊石。南路之楡次。北路之忻州。皆為最衝。冠蓋交午。或車櫃・騾櫃。拉扣勒索。或小甲・差班。無票横擾。或城郷設局。任意攤収。居者行者。兼受其患。

なお車櫃・騾櫃とは、前註(7)『安邑県続志』の車局・馬局、前註(8)『代州志』の馬王社・贏櫃などと同じく、車輌および馬匹を常備する組織のことである。小甲・差班は本来の駅站差徭のための科派単位のことであろう。前註(1)片岡、三頁参照。

(48) 同右
西南路州県差徭。経閻敬銘減数定章。民紓而官亦不困。特貪吏無厭難保。不日久復。

(49) 同右
故臣厳飭西南路州県。恪守閻敬銘成規。不容稍軼。

(50) 同右
陽曲則為籌款生息。官設差局。自養車騾。如必不敷。臨期自行雇備。並飭将駅馬買補。厳定応差章程。不准差員濫支。総之。不取民間一銭。不擾過客一車。平定・寿陽辦法。亦同盂県。令其津貼上下両站。代為接遞。……霊石則将官署応酬浮費。痛加裁省。令其買補駅馬。自支差務。永除車櫃之弊。為霊石本県。民間歳省差費制銭二千余串。……楡次差銭。三次核減。為民間歳省制銭七千串。忻州将旧日四郷総局・南北車局。弊章釐正。革除冗費。為民間歳省制銭一万串。為行旅歳省制銭一千余串。

また前註(35)『山西全省財政沿革利弊説明書』にも、第二期改革の内容として同様の記載がある。

(51) 同右、巻一一〇、公牘二五「批署太原府馬丕瑶等稟会議平定盂寿差徭事宜」(光緒八年七月二五日)
其不敷銭数。除現已飭司発給平定銀五千両。寿陽二万両。生息備用外。統於嬢子・槐樹両卡釐金。如数按月撥補。

(52) おそらく従来の調協車馬と混同したものと思われる。既述の如く、平定州への調協は太平府属二県が負担していたのであり、これを「上下両站」と呼ぶことは困難である。

(53) 『張文襄公全集』巻一一〇、公牘二五「批太原府馬丕瑶・霊石県趙克卿稟籌議霊石差徭章程」(光緒八年七月二五日)
以後差銭。毎丁銀一両。減去一百五十文。只准収三百文。不得再有糸毫増加。……准即発銀五千両。交該県生息。按月一分。作為毎年津貼六百両。

(54) 同右、巻八六、公牘一「札解州等四十一州県減免差徭」(光緒九年正月一三日)。また同右、巻八六、公牘一「札徐溝等六十州県減免差徭」(光緒九年正月一三日)も同様の内容を記す。

(55) 陝西省と比較してもこれらの数値は低い。前註(1)片岡、一六一一七頁参照。

(56) 前註(35)
光緒十年。復由清源局。将全省差徭章程。酌量更訂。由各属按月開報送核。並将収支各数。榜示局門。然皆注意於大駅・次衝之庁州県。而於偏僻処所。則多付欠如。光緒二十八年。復経撫院呉。遴委員紳。分赴偏僻之庁州県。会同調査。一律改名清徭局。擬定章程。刊石遵守。而通省衝僻之差徭。遂均有定章可稽矣。是為清理差徭之第三期。

（57）「山西各庁州県差徭情形一覧表」附記
晋省各属差徭。自光緒四五年来。逮於今茲垂三十年。雖均有定章。然在事実上。亦間有斟酌本地情形。随時稟明核改者。

（58）民国『芮城県志』巻二、田賦
光緒十二年。知県曾福善。査照旧章。毎正銀一両。連耗羨・平余・加平・加色・火工・解費。並各房・各櫃辦公雑費等項。共収市平銀一両四銭二分。

第五章　清代後期直隷・山東における差徭と陋規

はじめに

清代の地方行政は財政上の支援をほとんど付与されていなかった。官衙の備品費や消耗品費、地方官の交通費や交際費、幕友や書役の人件費など、必要経費の大部分は銭糧の存留や養廉・公費などの正規財政からではなく、陋規と総称される法的根拠のない付加税や手数料によって賄われていた。陋規は書吏・衙役によって人民より需索（収奪）されるが、その一部は規礼という名目で上級衙門に饋送（上納）されていた。すなわち当時の財政構造は、地丁・漕米・塩課・関税など法定的かつ固定的な正規財政の外側に、陋規需索・規礼饋送体系という非合法で不明瞭な金銭の流れ（地方的徴収）を必要悪として付着させていたのである。

このような地方的徴収は前近代中国に遍く見られるが、清代では正規財政が逼迫した一九世紀頃から陋規需索の弊害が深刻化し、様々な社会問題を伴って専制国家支配を内部から掘り崩した。これに対し東南諸省の総督や巡撫は、同治年間（一八六二―一八七四）から光緒（一八七五―一九〇八）初頭にかけて財政改革を断行し、旧来の不正規な徴収体系を解体して、督撫権力を中心とした省単位での財政集権化を推進するとともに、商品生産の展開を背景に財源の重心を土地税から釐金や牙帖捐に代表される流通税へと移行させた。一方華北や西南諸省では、差徭と総称される主として駅站への車馬供出に名を借りた地方的徴収が存在したが、山西・陝西両省では財政改革とほぼ同時期に差徭改革が実施され、差徭の定額化や貨幣納化を通して浮収が大幅に整理された。

このように民衆の負担を軽減し財政の建て直しを図るという点では、差徭改革は財政改革の一種であると見なし得る。しかし長江流域の財政改革が督撫権力を核とした省財政の形成へと向かったのに対し、華北西部の差徭改革は州県の恣意的な車馬徴発を禁止したものの、商品経済の相対的未発達により財政を集権化するには到らなかった。

但し華北東部の直隷・山東両省は、長江流域と比較すると商品生産の展開や地域間分業の形成が遅れており、市場も定期市段階を脱してはいないものの、大運河を軸とした商品流通がある程度発達し、華北の大豆や江南の棉布が南北に往来していた。また山東西北部では脆弱ながら木棉手工業も勃興し、渤海を挾んだ奉天方面との棉布と糧食の交易も見られた(1)。総じて華北東部は華北西部より商業化が進んだ地域と言えるだろう。だが財政改革については、結論を先取りすると、直隷では早くも道光（一八二一―一八五〇）初頭から差徭の弊害が指摘されていたにもかかわらず、結局最後まで改革が実現しなかったし、山東でも各種の不正規徴収が残存し、光緒末にようやく改革が実施されたものの、その成果は不明である。商品流通の相対的発達とは裏腹に、両省での財政改革は失敗ないし低調に終わったのである。そこで本章では道光初頭の直隷を中心とする差徭改革の動きとその挫折について再検討し、併せて直隷・山東両省の地方的徴収の実態や変遷について考察する。

現在のところ清代直隷・山東の地方的徴収に関する総合的研究は見当たらないが、嘉慶（一七九六―一八二〇）・道光年間の財政基調については鈴木中正の包括的労作があり、また道光初の直隷差徭論争については藤岡次郎の先駆的研究が有名である(2)。本章もこれらの諸成果に負う部分が多い。しかしながら修正を必要とする部分もあるように思われる。鈴木は大清実録や文集などの史料を駆使して嘉慶・道光年間における州県の虧欠の実態と清朝中央の対応を丹念に解明したが、虧欠が発生し改革論が挫折した理由を官僚層の私欲追求性向に求めるのは一面的であろう。また藤岡は道光初における直隷差徭論争を取り上げ、賛成派と反対派の議論を詳しく紹介しているが、本書が分析の対象とする差徭とは、大差や春秋両差のような国家的徴収（本来の差徭、すなわち中央政府による物資や労働力の臨時徴発）ではなく、それらに仮託した「雑差」と総称される地方的徴収（地方衙門が正規の差徭を口実に需索する陋規や浮収）であると思われるし、差徭改革が挫折した原因を、改革派が主張した按畝攤派方式、すなわち土地面積に応じた割り付け案に対する大土地所有者層の反発に求めるのはいささか短絡的であろう。

そもそも官僚の私利私欲は何も一九世紀に限った特徴ではないし、差徭改革に反対した官僚は地主層の利益を擁護するために抵抗したのでもなかろう。鈴木・藤岡両研究の限界は、本書の主題に即して言えば、中央政府から独立した地方財政を認めない専制国家財政の構造的欠陥とそれが必然的にもたらす陋規需索・規礼餽送体系について考察していないことである。従って本章では陋規や浮収を単なる官僚の不正蓄財としてではなく、事実上の地方行政経費と捉え、財政改革論争の本質を「雑差」「陋規」などと称される地方的徴収の合理化を巡る議論と理解する。

一　道光初の財政整理と直隷差徭論争

周知のように清朝財政は嘉慶白蓮教徒の乱を転機として恒常的欠乏状態に陥った。これに対し嘉慶・道光年間には財政の建て直しが幾度も試みられるが、特に道光帝が即位当初に企てた財政整理計画は朝廷を二分する大論争に発展した。本章が検討の対象としている直隷差徭論争も財政整理論争の一環として位置付けられる。そこでまずこれらの議論を瞥見しよう。

道光帝は即位直後から財政整理計画に着手した。彼は官僚による財政の私物化や徴税に便乗した私的な需索の横行が虧欠を惹起したと考え、改革の主たる対象を民間からの非合法的徴収と上司への付け届けの慣行である陋規需索・規礼饋送体系に据えた。嘉慶二五年（一八二〇）九月甲子の内閣への上諭で、彼は「府州県に支給される養廉は元々定額があるが、近年差務や捐攤（上級衙門から強制的に割り当てられた協力金）の拠出が増大し、全額控除されることもある。そこで府州県官は、地方行政を遂行するため、廉潔な者でも陋規を徴収せざるを得ない」と述べ、中央が支給する地方行政経費の不足が地方官の需索を助長していることを認めた上で、各省督撫と布政使に所轄の地方官の陋規を逐一清査させ、必要不可欠な陋規は存続を許すが、廃止可能なものは改革するよう命じた。[3] 同月己巳の上諭でも、再度同じ趣旨の命令が下されている。[4] 道光帝は陋規を大幅に制限かつ明確化し、人民からの際限ない需索を禁止して、徴税制度の透明度を高めることから財政再建を開始したのである。

皇帝の命を奉じた各省督撫と布政使は陋規の実態調査に乗り出すが、議論の対象として浮かび上がってきたのは主に漕糧の陋規と直隷の差徭であった。まず漕糧の陋規について。御史王家相の上奏によると、漕運における最大の弊害は、沿途の費用や漕運衙門への規礼饋送を口実に運軍（漕糧輸送のための軍）が州県より幇費を要求し、州県が運軍への幇費支給を口実に糧戸から更なる誅求を行うことであった。これに対し道光帝は幇費の禁止と運軍への補助を通して浮収を廃絶しようとした。[5]

次に直隷の差徭について。この問題を上奏したのは御史蔣雲寛であるが、彼の文章は後の差徭論争に強い影響を及ぼし、差徭改革派の張杰も「論差徭書」にてこの文を援用している。蔣によれば、直隷は行幸に際し道路や橋梁の修繕、車馬の供出などの差徭が繁重で、会計報告が困難な、すなわち公費で賄えない出費があり、これらは民間に科派される。また貪欲な州県官は差徭を名目として需索を行う。更に州県は紳士層の抵抗を恐れて差徭を按地攤派（土地所有に比例した割り付け）せず、これを書役に委ねるので、不公平で恣意的な徴収がはびこるという状況であった。そこで道光帝は直隷総督方受疇に按地攤派方式の導入の是非を調査させるとともに、差徭章程を制定して差徭の徴発を明文化し、地方官の私派を厳禁するよう命じた(6)。

漕糧陋規問題と直隷差徭問題の共通点は、第一に実際の業務に必要な経費が足らず、これを幇費や差徭という地方的徴収に求めざるを得なかったこと、第二にこれらの科派を名目に地方官や書役が私的徴収を行い、負担が人民へ雪だるま式に転嫁されたことである。それ故陋規を整理するためには、地方行政のための必要経費を予算化し、恣意的科派の口実を与えないようにする必要がある。しかし財政が逼迫し、養廉や公費の形で経費を支給することができない状況の下で、全面的に陋規を禁止することは実際には不可能であった。道光帝も廃止すべき陋規と存続させる陋規とを区別し、前者のみ改革するよう命令したのであるが、本来不正規徴収である陋規を必要部分と不必要部分に区別することは困難であり、徒らに混乱を招くだけに終わるだろう。朝廷では改革を推進する道光帝と軍機大臣兼戸部尚書の英和に対し、慎重論を唱える両江総督孫玉庭らの攻勢が次第に強まりつつあった。

陋規整理に対する反論は、九月甲子の最初の諭旨の直後から吏部侍郎湯金釗、礼部侍郎汪廷珍、翰林院侍講陳官俊らの中央官僚によって唱えられたが、九月己巳の二度目の諭旨以降も、直隷総督方受疇、四川総督蔣攸銛らが相継いで政策の非現実性を訴え、性急な改革に反対した。更に一二月乙未には慎重派の中心人物である孫玉庭が、本来禁止されている陋規を国家が公認することの是非と、些末な陋規の公定化が煩瑣であることを指摘し、陋規清査による地方行政の混乱を危惧する上奏を行った。これに屈した道光帝は即日改革の中止を宣言し、英和を譴責することで混乱の収拾を図った。英和は軍機大臣の職を解かれ、孫玉庭ら反対派官僚は翌日議叙された(7)。こうして陋規整理は僅か三か月であっけなく幕を閉じたのである。

但し孫玉庭は陋規を放任したわけではなかった。嘉慶二五年（一八二〇）一二月戊子の上諭によると、彼は江南の漕運における幇費や陋規を即時全廃することが不可能であると述べ、運軍への幇費は漕糧一石につき銀四－五銭に制限し、沿途での陋規は半分に限定せよと提案し、道光帝もこれを支持した[8]。また漕運総督成齢、浙江巡撫陳若霖が、浙西の漕運事情は江南と同様深刻であり、徐々に改革を行いたいと上奏したのに対し、道光帝は漕運総督の手ぬるさを批判し、幇費を毎石銀三－四銭以内に押さえ、沿途の陋規も三－四割以上を削減せよと命じた[9]。漕運については陋規を清査しない代わり、その部分的禁止を実施することで折り合いが付いたようである。

しかし財政的支援のない一方的禁止だけでは陋規需索は止まない。つとに英和は各省の地方公務のための費用は正項あるいは耗羨から支出すべきであるのに、近年では州県への捐攤に依存している状況を憂慮し、以後督撫が州県へ支給すべき養廉を捐輸として控除する場合には中央に申告させ、年末に報告させるよう進言して、道光帝の支持を得ていたが[10]、この案は彼の失脚により沙汰止みとなった。孫玉庭は陋規需索の元凶である養廉の控除など地方行政経費不足の問題は議論せず、陋規の数量的制限を唱えたに過ぎない。このような彌縫策では陋規の整理は不可能であろう。

早くも道光元年（一八二一）六月戸部侍郎姚文田は、漕運において州県の浮収や運軍の勒索、沿途の陋規が改善されていないと報告し、運軍への津貼の増加を求めた[11]。同年九月には孫玉庭自身が、江蘇各属の養廉はほぼ全額省に控除されており、州県の行政経費が工面できないと上奏している[12]。このように江浙の漕運陋規改革は結局頓挫したのである。

地方行政経費の欠乏に起因する陋規需索の激化は直隷と江浙に限らず全国各地で看取され、地域ごとに特有の対策が立てられた。第三章で述べたように、江蘇省南部では嘉慶年間以降路斃浮屍の発生に際して刑書、仵作、地保らが殺人事件に発展させると脅迫し、有産層を需索することが日常化していた。そこで韓是升により検視や埋葬の費用を支給する新型善堂が創建され、各地に広められた。また貴州省貴陽府貴筑県では、知県が軍餉輸送や犯人護送など各種の差務を執行するため、差役より毎年二千余両の差費を饋送させ、一方差役は詞訟案件に付け込んで（裁判に伴う法外な各種手数料を）民間より需索していた。この慣行は道光一八年（一八三八）巡撫賀長齢により禁止され、今後は知県が必要経費を自前で調達するよう改められた。[13] 彼はまた全省に対して、裁判事務や命案相験に便乗した衙役の需索を禁止するよう通達している。[14] 但し彼は州県行政を財政面から支える政策は実施していない。この他河南省河南府鞏県でも、駅站差務の増加に伴い書差や郷保（郷村で書役の業務を補佐する者）の需索が激化したため、嘉慶一六年（一八一一）知府が紳士と協議して章程を制定し、県城内に五路公局を設置し、紳士を公挙して差務支辦業務を代行させていた。[15] 鞏県の施策は同じく駅站差務に苦しんだ四川省の夫馬局設置と類似している。

このように差徭の苛派や陋規需索の激化は全国的現象であったが、道光初頭特に問題が顕在化したのは直隷であった。直隷では蔣雲寛の上奏以降も差徭の苛派が止まず、道光元年（一八二一）には広平府永年県民郭万清が戸書の銭糧浮収と兵書の差役私派を上訴した。[16] そして道光二年（一八二二）正月乙卯、直隷布政使屠之申が差徭改革を提議し、[17] これを契機として本格的な差徭論争が開始された。

屠之申はまず「直省は畿輔の重地為れば、差務殷繁なり。立法の初、徭役較《やや》多きに因り、故に正賦独り他省より軽し。而るに賦に常経有れど、徭に定額無くれば、日久しくして弊生じ、遂に派差の名色、枚挙に勝《た》えず、挾制の控案、幾《ほと》ど《ん》虚日無きに至る」と概述した後、州県は養廉を控除されるため国家の求める差徭や各種地方公事の経費を支辦できず、勢い民間に攤派せざるを得ないが、これに便乗して書役や郷保が需索する実態を明らかにし、改革案として、①差徭の按畝攤派、②公費の設定、③陋規需索・規礼饋送禁止の三項目を提起した。具体的には、①直隷の民地約六〇万頃に対し、毎畝銀一分の差徭銀を攤派し、年間六〇余万両を確保する、②この内一八万両を布政使を通して本来の差徭である春秋両差に支出する他、四〇万両を総督、布按両司、道府州県の公費とし、地方行政の必要経費の大小や塩商・典当からの雑税・陋規収入の多寡を勘案して配分する、残余は飢饉への備えとする、③公費を支給したからには、省は捐輸の攤派や規礼の収受を行ってはならず、州県も差徭に名を借りた需索を停止せよという内容である。[18]

屠之申の改革案で注目すべき点は、規礼餽送禁止の代替策として省からの公費支給を措定したことである。この意味については後述する。ここでは支給基準の一つとして塩商や典当からの雑税や陋規収入の多寡が挙げられていることに注意を喚起したい。当時既に養廉は大半が控除され、地方行政のための経費は専ら規礼に依存していたが、一部の地方官は塩商や典当など特許商人からの収入が少なからずあったらしい。そして反対論者もこの点を突いてきた。

屠之申の改革論に対して直ちに慎重論を展開したのは直隷総督顔検である。彼は「東南は則ち賦重く而して役軽し。西北は則ち賦軽く而して役重し」と述べ、華北の差徭問題を深刻に受け止めているが、按畝攤派方式の導入には反対する。[19]その理由を彼は次のように語る。

査するに、直隷通省、地畝を按じて差を出だす者有り、騾馬を按じて差を出だす者有り、行戸を按じて差を出だす者有り。名色各おの相同じからざれば、行差即ち画一し難し。今比べて而して之を同じくし、専ら地畝に攤派せんと欲す。是逐末者は差軽く、務農者は差重し。此行う可からざる也。[20]

すなわち現在直隷の差徭は土地、騾馬、牙行に対して割り付けられているが、これを按畝攤派に統一すると牙行など商人の負担が軽くなり、農民の負担が重くなる。それ故土地に対する割り付けは結果的に賦税を増加させることになり、従って差徭改革は断じて実施すべきではないという主張である。

顔検の議論は屠之申とは対蹠的であるが、両者とも商業に対する地方的徴収の存在を認めている点では共通している。当時塩商には莫大な塩規が半ば公然と割り付けられていたし、[21] 牙税や当税は雑税に区分され、正規税額は微細であったものの、水面下では巨額の捐税を徴収されていた。[22] そして大運河流通の一翼を担う直隷では、これら商業部門からの収入は地方行政に大きな役割を果たしていたのであり、改革派も慎重派もその存在を念頭に置いて議論を展開している。両者の相違点は、屠之申がこれら商業からの徴収の存続を前提に按畝攤派を実施しようとしたのに対し、顔検は按畝攤派への移行により商業からの徴収が減少し、その結果として農業部門の負担が増大すると危惧していることである。

ところで改革派にはもう一人張杰という論客がおり、彼は「均徭文」「均役弁」「論差徭書」と題された三編の文章を著している。[23] その中で彼は蔣雲寛の現状認識に則して屠之申の改革案を提起しており、両者の議論をほぼ踏襲していると言える。具体的に見ると、「均徭文」では按畝攤派により均徭銀七〇万両を徴収し、内二〇万両を大差に支辦すべきことが、「均役弁」では各級衙門に均徭銀の一部を津貼して、州県の陋規需索や上級衙門の養廉控除を禁止すべきことが、「論差徭書」では直隷における差徭の弊害が、それぞれ詳細に述べられている。

但し「論差徭書」には蔣雲寛の上奏に見られない固有の意見もある。彼は直隷差徭の現状分析を記した後で、次のように語る。

これまで陋規の需索は公認されていなかったが、州県は口実を設けて需索していた。今では諭旨を明奉し、銭糧の平余、雑税の存剰、行戸の津貼、塩当の規礼は悉く徴収が許された。これらは地方公事の執行に十分足り、どうして更に口実を設け需索する必要があろうか。しかし恐らく州県は陋規徴収公認の諭旨に便乗し、雑差を名目とした不正規徴収を陋規と混同し、勢い必ず大っぴらに誅求を恣にするであろう。しかし愚民は無知で、どれが雑差でどれが陋規かを区別できず、唯々諾々と官命に従い、敢えて誰何しないので、貧民は益々生活に苦労することになろう。そこで州県が民間に科派している各種の雑差は、現段階で悉く革除浄尽すべきであり、僅かも需索の萌芽を残してはならない[24]。

ここで彼が「平余、存剰、津貼、規礼などの各種陋規は諭旨により徴収が公認された」と言うのは、恐らく嘉慶二五年（一八二〇）一二月乙未の陋規清査中止宣言を示すのであろう。陋規の清査をしないということは、事実上陋規を公認することに等しい。陋規整理の失敗は逆に陋規徴収をとがめないという先例を開いてしまった。これに勢いを得た直隷各州県が雑差に便乗して白昼堂々と不正規徴収を行うことを恐れた張杰は、陋規需索の口実を与えないためにも差徭を徹底的に整理しなくてはならないと訴えたのである。

陋規整理政策の失敗がもたらした陋規の既成事実化は、張杰のような改革派に危機感を抱かせたが、慎重派には追い風となった。道光二年（一八二二）袁銑は「按畝攤派を実施しても、州県は差徭銀の徴収に仮託した新たな付加的徴収を行うから、これは加賦を招く。一方財政的余裕のない州県官に差徭を支辦させる限り、減差など到底不可能である」と上奏し[25]、顔検の慎重論への支持を表明した。差徭を明文化し準公的租税制度に組み込んでも、結局州県がそれを口実に新たな陋規を需索するであろうという悲観的見通しは顔検と共通するが、道光帝の陋規清査中止により陋規が事実上公認されたとみなすと顔検の「按畝攤派により商業部門からの陋規徴収が減少する」という説は成立しなくなるので、袁銑はこの問題を回避している。

ここで両者の論点を整理しよう。まず蔣雲寛、屠之申、張杰ら改革派は、国家が要求する本来の差徭より、差徭に付随した雑差や陋規などの地方的徴収の整理を主目的としている。その方法として、①煩瑣で不明瞭な徴収形態を按畝攤派に統一すること、②差徭銀の三分の二を公費として地方官に支給し、地方行政経費に充てさせることなどが検討されている。このように安定した収入源を保証し、その一部を省から公費として分配することにより、陋規需索・

る。
規礼饋送体系の必要性をなくすという発想は、同治・光緒年間の財政改革を先取りする斬新さを有していると思われる。

次に顔検、袁銑ら慎重派は地方的徴収の整理には消極的で、むしろ差徭の定額化が新たな浮収を惹起すると警告する。彼らは改革の困難性を強調するだけで、財政構造の欠陥を改善する何らの方策も持ち合わせていない。但し公費を設定しても浮収が止むという保証は何もないという悲観論は、鈴木中正の言う官僚の私欲追求性向を考慮すると、一定の説得力があっただろう。総じて、改革派が財政制度の手直しによる民衆の負担減を目論んだのに対し、慎重派はそれがかえって負担増につながると危惧し、現状維持を唱えたのである。

そして直隷差徭論争は道光二年（一八二二）閏三月庚子の顔検の上奏を支持する諭旨により、慎重派の勝利に帰した。もっとも地方的徴収の整理計画は既に嘉慶二五年（一八二〇）一二月に頓挫しており、直隷差徭改革だけが実現される見込みはなかっただろう。但し改革派も慎重派も、差徭を名目とした地方的徴収の相当部分が塩商、典当、牙行など商業部門に対する科派によって賄われていることは否定しなかった。商業部門からの陋規について、改革派はそれを公費を補完する財源と位置付け、慎重派は按畝攤派への統一がそれを否定すると危機感を煽った。そして次節で考察するように、直隷における商業部門からの不正規収入の多さが、結果的に差徭改革を含めた財政改革の必要性を減じていたのである。

さて差徭改革の挫折により、直隷ではその後も差徭問題が相継いだ。まず道光六年（一八二六）七月二四日直隷総督那彦成は「直隷では元々差務が重いため、白役すなわち定額外の私設衙役を置いているが、彼らには手当てが支給されないので、差徭の免除で代替している。これに付け込み、勝手に衙役に充当して差徭を忌避しようと図る者が多い。そこで布按両司と協議し、書役を司道府庁衙門は五〇名、州県衙門は八〇名、教官佐雑衙門は二〇名に制限することを請う」と上奏し、裁可された[26]。額外書役の存在は何も直隷に限った現象ではないが、直隷では差徭の忌避に利用されるため、特に取り締まりを強化して負担の均等化に努めたのであろう。

続いて道光七年（一八二七）一二月、給事中托明が京師西北一帯における州県差役の差徭に仮託した需索を取り上げ、特に宣化府懐来県南山村では、月柴、月炭、豆石および県署が必要とする果物等の銭を科派していると糾弾し、その禁止を奏請した。道光帝は吏部尚書盧蔭溥、順天府尹何凌漢、直隷巡撫護理直隷総督屠之申らに実態を調査させ、額外の差徭科派を一切禁止せよと命じた[27]。

これを受けて道光八年（一八二八）正月屠之申は州県の差役が差徭を口実として苛派することを厳禁すべしと上奏し、道光帝もこれを支持した[28]。屠之申に再び差徭改革の機会が巡ってきたかのように思われた。しかし三月実態糾明のため懐来県に派遣された礼部尚書湯金釗は「該村の郷民に訊ねたところ、柴炭等の供出は皆旧規であり、当県が新たに科派したものではないと言っております」と報告し、深刻な陋規需索はないと反論した。これに対し道光帝はまたもや湯らの慎重論に屈し、托明の上奏を誤りとするが当人は処罰しないと裁定した。但し皇帝は「当県が現在支辦している差徭は、旧来の章程に従い代金を支払って採買しているが、書差が定価以下で強制的に買い付けており、また果物については全く代価を払っておらず、ともに禁令を犯している」と述べ、県当局による果物の徴発と典史による私的な柴炭や果品の需索については禁止を命じ、書役の監督を怠った知県と当該典史を処罰した[29]。結局皇帝は末端の地方官を切り捨てて問題を収拾しただけで、差徭に仮託した陋規需索を改革することはできなかった。

だが托明以後も差徭改革を望む声は途絶えなかった。道光一一年（一八三一）二月には御史周作楫が直隷差徭の弊害とその改革を奏請した[30]。彼によれば、直隷差徭の弊害は大別すると郷保の浮派と書差の勒索である。前者は差役と民衆との間に立って差徭供応などの調整役を果たすべき郷保が差徭に便乗して各戸より需索することであり、後者は書差が差徭のために提供された車馬を没収したり、規銭と称する陋規を需索したりすることである。続いて道光一二年（一八三二）正月には御史那瑪善が順天府における差徭に付随した需索の存在とその禁止を奏請した。彼の報告によれば、近年州県では定額外に差徭を加倍雇覓（割り増し徴発）し、差役が応差を忌避する者から賄賂を需索していた。[31] 更に道光一六年（一八三六）二月には御史朱成烈の上奏に応える形で、道光帝が直隷総督琦善に対し各種差徭に便乗した書役や郷保の陋規需索を禁止するよう暁諭した。[32] この他道光二〇年（一八四〇）一一月には御史万超が直隷における差徭苛派の深刻化を憂える上奏を行い、皇帝は直隷総督に調査を命じた。[33] また道光二一年（一八四一）九月には御史佩瑲が書吏による差徭に藉口した客商からの車輛の徴発を告発し、この弊は直隷や山西で最もひどいと指摘している。[34]

陋規の改革と並行して規礼餽送問題も議論の対象となった。道光一一年（一八三一）一一月の上諭によると、蔣兆璠が清河道道員徐寅第による多額の規礼需索を直隷総督琦善に告発し、この事を琦善が上奏した。道光帝は刑部侍郎特登額を派遣し、実態を究明させたが、蔣兆璠の他にも規礼を要求されている州県官は多いだろうと憂慮している。[35] 翌道光一二（一八三二）年一二月には徐宝善より「従来道府の行政経費は養廉より支出していたが、近年では大半が省に控除されるので、勢い州県からの規礼餽送に依存せざるを得ない。最近直隷では道府が幕友の人件費も州県に負担させている」との上奏があり、道光帝も「昨年蔣兆璠の告発以来、各省の督撫に規礼収受を厳禁させたのは、州県が規礼捻出のため小民への苛斂誅求を加えることを慮っての事である」と答え、直隷総督琦善に道府の幕友の人件費問題を調査させている。[36] ところが道光一三年（一八三三）正月の上諭によれば、琦善は「道府が幕友への謝金を養廉の控除によって調達した事実はない」「徐寅第に規礼を餽送したのは蔣兆璠だけで、その他の州県では行っていない」と回答し、規礼餽送慣行の存在を全面的に否定した。[37] かくして規礼餽送問題も差徭陋規問題と同様、闇へと葬り去られてしまった。その後道光一九年（一八三九）江西省広信府や河南省の規礼饋送を弾劾する上奏がなされたが[38]、いずれも成功しなかった。

このように道光初年以降も陋規需索・規礼饋送改革への試みは続けられたが、その度に慎重派の抵抗に遭って挫折した。対象地域がほぼ直隷に限定されたのは、差徭が直隷だけの問題だったからではなく、むしろ改革派の多くが京官だったので、身近な事例として取り上げ易かったからであろう。これに対し外省督撫の大半は慎重派であり、自ら収入源を断つような地方的徴収の改革には乗り気でなかった。そして概ねアヘン戦争が勃発した道光二〇年（一八四〇）を境として、差徭や規礼に関する議論は大清実録から姿を消す。太平天国の鎮圧後、今度は督撫権力によって財政改革が推進されることになるが、直隷はこの動きに乗り遅れた。

直隷の差徭を代表例として論ぜられた道光期の財政整理案はこうして終焉するのであるが、それでは何故直隷では同治・光緒年間の本格的な財政改革の流れに取り残されたのであろうか。私は先に商業からの陋規収入の存在が改革の必要性を減じたと示唆した。次節ではこの問題を山東と比較しながら検討しよう。

二　差徭・陋規の徴収形態

1　直　隷　省

道光年間に中央で論争の対象となった直隷の差徭は、地方志にはあまり登場しない。但し差徭やそれに付随した陋規は民国初まで存続した。『中国農村慣行調査』によると、旧正定府欒城県寺北柴村における聞き取りでは「大車と草を差という、馬糧としての草を国府に大車で納めさせた。これを差徭と言った」が「民国六年以後なくなった」と語られており[39]、駅站が需要する車馬の供出という国家的差徭の残存が確認できる。その一方旧永平府昌黎県侯家営での聞き取りでは、清代の雑差について「当時県には警察に当る三班六房がおり、その俸給はこれによつて払つた」「二月と八月に納めた」「(毎年の額は) きまつていない。多い時も少ない時もある」「(額は) 県の紳士がきめてきた。県に事がある場合に集めて相談した。この額も紳士と県長が相談した」と語られているように[40]、本来の駅站差徭とは別に地方的徴収としての雑差が存在し、これらは衙役の俸給支辦などを目的として、知県が紳士と協議した上で毎年徴収額を決定していたらしい。そして地方志に見られる「差徭」とは後者、すなわち地方的徴収を指している。

順天府について二、三の例を挙げよう。乾隆『三河県志』には「論じて曰わく。国家の頼む所の者は惟財賦のみ。地方の重んずる所の者は惟差徭のみ」とあり[41]、差徭は地方行政のための財源として、国家財政と明確に区別されていた。また民国『薊県志』には「旧志には徭役の記載がなく、徭役が存在しなかったように見えるが、光緒年間にも氷、炭、果物、泥工、鉄工、石工、厨工などの名目で徭費が賦課されていた」とあり[42]、さながら明代の舗戸の役の如く地方衙門が必要とする物品や役務の調達を名目として差徭銭が科派されていた。この他民国『覇県志』によると、雍正(一七二三―一七三五) 初の地丁併徴以後も同県には「垈船」と「貢鴨」の二種類の差務が残存し、県の郷紳が「的款」と呼ばれる基金を運用して、その利息で差務を支辦していた[43]。

直隷の差徭は按畝攤派されず、村庄単位に攤派されていた。保定府について見れば、民国『完県新志』に「差徭とは清代県衙門が徴収していた官柴、官草、官馬の折価のことであり、民国以降も村単位で科派されていた」とある[44]。民国『新城県志』も「差徭は村荘の大小を按照して酌量分配するに係わる」と記す[45]。また民国『雄県新志』によると「清代本県の差徭は号草、号豆、土坏、麦糠など九項目に分かれ、均しく各村に攤派されていた」とある[46]。正定府でも民国『続修藁城県志』に「差徭は村荘の大小を按じて攤派す」とある[47]。このように州県衙門は村を単位として差徭の総額を割り当てるだけで、各戸の負担額は民間で相互に調整させていたものと思われる。村から糧戸への差徭の割り付け方法については、地方志には記述がないが、順天府宝坻県を中心とした地方檔案である順天府檔案によると、青苗会のような村落の自発的組織が割り付けや徴収に関与していたらしい[48]。

但し差徭の全てが村落に科派されていたのではない。前節で見たように、商品流通が比較的発達した地域では流通業者からの徴収も存在した。天津府属塩山県の地方志、民国『塩山新志』によりこの事実を確認しよう。

同書によると「直隷の差徭は、清初以来人民の苦累であったが、塩山だけは軽微であった」らしい。その理由は、康熙九年（一六七〇）知県黄貞麟が雑差十項目を廃止し、また郷紳劉沢霖が退官後私費約四七〇両を拠出して「土貢」を肩代わりしたからだとされる。黄と劉の改革後、塩山の重い差徭負担はほとんど解消した[49]。こうして本来の差徭は整理されたが、一方「此の後陋規が次第に増加し、負担はかえって他県より重くなった」のである。この現象は、恐らく一九世紀以降深刻化したのであろう。但し、塩山の陋規は「大抵官が其の七八を得、吏が其の三四を染む。然るに皆之を牙儈・胥役の徒より出だし、而して民此に与らず。亦他県の希《ねが》う所也」と記されているように[50]、糧戸や村荘から直接徴収していたのではなく、牙儈と呼ばれる仲介業者や書吏・衙役によって支辦されていた。前者は牙帖捐など仲介業者に対する営業税の類であろう。後者は書吏・衙役などが需索する手数料や付加税の類であろう。書役による陋規需索は一九世紀中国全土で深刻な問題となっており、他の州県がこの方式を希求したとは思えないが、牙儈からの営業税徴収は地方志では他に類例を見ず、各州県の注目を浴びていたことは想像に難くない。塩山県は大運河とは直接連絡していないが、天津や山東省北部と近接しており、定期市での交易活動は活発であったのだろう。なお民国以降既に廃止されていた「差徭」や「官価採買」が復活したが、塩山では軽微であったようである[51]。官価採買とは国家が若干の対価を支給して必需物資を調達する制度であり、牙儈との関係が深い徴収形態である。

さて清代塩山では他の州県と同様、差徭本体より陋規が負担となっていたが、この他「例外雑差」と呼ばれる差徭があった。例外雑差は差徭の支辦に名を借りた地方的徴収であり、「煤車」「秫麦」「協済馬」に分類された。煤車とは知県の薪炭費で、着任時に饋送する正規と年ごとに饋送する歳規とに分別され、牲畜の多寡に応じて攤派された。秫麦とは監獄の維持経費で、戸ごとに攤派された。両者はいずれも郷地（地保）が徴収していた。一方協済馬は同治七年（一八六八）に新設され、知県の交替時における交通費支給を目的とし、四鎮の家畜経紀に攤派されていた。[52] このように塩山では例外雑差の一部も流通業者の負担に依存していたのである。

民国期には塩山の陋規は市集の牙儈（経紀）が納める「牙規」（年額京銭二三二七千文）、知県赴任の際に牙儈より徴収する「到任規」（年額京銭二九二八千文）、舗書（代書人）が納める「胥規」（年額京銭一三一一千文）に整理された。この三項は光緒中葉以降急速に増大したと言われている。[53] 流通への課税は一定の合理性を有していただろうが、牙儈からの規費の需索は一般民衆へ転嫁される危険性もはらんでいた。[54]

流通部門からの地方行政経費の徴収は民国以降更に増大し、州県の財源から省の財源へと発展する。たとえば順天府では、民国『順義県志』によると、民国期には牙帖税は省財政に組み込まれ、歳入の大宗を占めていたと言われる。[55] また民国『香河県志』にも、近年牙税収入が急激に増加しているとの報告がある。[56] ちなみに塩山県では光緒以前布政使へ提解（上納）すべき定額は牙帖二張、牙税八両であり、この他県が約六〇〇両の捐銀を市儈より徴収していたが、光緒末には捐輸も省財政に吸収され、宣統二年（一九一〇）の調査によると県は布政使に五三五両を上納している。[57]

この他保定府雄県でも、民国『雄県新志』によると「本県の牙行や経紀はこれまで定数がなく、知県より牙帖や腰牌（鑑札）を頒給されて営業し、概ね卯規や徭役を課されていなかった。清末あらゆる牙税は斗行、煙行、鮮菜行、麻行、油行、牲畜行、菜行、估衣行、柿子柿餅行、花行、布行、猪口行、銀行、醬行、木行、串子行、灰煤行、大米行、糠升行、雑項行に分別され、牙行税率は三％と定められた」とあり[58]、やはり清末に牙行税の徴収が本格化したことを示す。但し同書は清末以前の牙行や経紀からの陋規徴収については否定している。清代雄県で流通からの地方的徴収が全くなかったとは信じ難いが、地域的に見ると長城以北一帯および長城以南の保定府や正定府など西部諸府州では商業が相対的に未発達で、流通への依存度は低かったのかもしれない。逆に依存度の高かった地域は、北京・天津の二大都市と大運河を擁する順天府、天津府、河間府および省最南部の順徳府、広平府、大名府、趙州直隷州、冀州直隷州であったものと思われる[59]。

まず順天・天津両府については、既述の如く清末より牙行や経紀からの徴税が急増していたが、史料をもう一点追加しよう。天津府青県の地方志である民国『青県志』によると、民国期同県の地方行政経費は牙行や経紀からの捐税や借入金と村単位で農民に攤派される陋規によって賄われていた[60]。また同県の雑税には田房税、牲畜税、牙帖税があり、清末の新政施行以後急伸したとある[61]。流通業者への科派は光緒新政を皮切りに増大したらしい。

次に河間府について。民国『交河県志』によると、清代より典当、甲長（保甲制の甲首）、牙行に対して規費（陋規）が賦課されており、民国期には典当や牙行の規費は公署の経費に充当されていた[62]。また民国『景県志』によると「当税や牙税などの雑税が近年急増した」とある[63]。

続いて冀州直隷州について。民国『冀県志』によると、民国四年（一九一五）牙税新章程の制定以降、牙税収入が数十倍に著増したとあり[64]、民国『南宮県志』にも同様の記述がある[65]。但し光緒以前の陋規の実態については不明である。趙州直隷州について。民国『高邑県志』によると、清代には牙税正税および牙税贏余（付加税）を布政使に提解していたが、更に県が陋規を徴収していたとある[66]。光緒新政による牙行捐税などの省財政への組み入れ以降も、州県は牙行より陋規を徴収し続けたことが読み取れる。

順徳・広平・大名三府については、民国『定県志』に「直隷の差徭は大名・順徳・広平三府で最も煩重である。定県は省南部に位置しているが、差徭は他県より軽い」と述べられているように[67]、省内で差徭が最も重かった。また広平府属の民国『威県志』によると、差徭は清末県衙門の陋規であり、号車、土坏、棗茨、栽柳の名目で村単位に科派されていたが、これとは別に当規、旧牙税、牙行捐、棉花秤規、布店幇規、換馬規など商業や流通からの規費が存在したとある[68]。

以上のように、直隷の差徭は省南部を重点として賦課されており、その内実は国家的差徭すなわち駅站車馬など中央政府が需要する本来の差徭より、差徭に藉口した地方的徴収すなわち陋規が中心であった。そして陋規の多くは牙儈のような流通業者によって負担されていた。地方行政経費の多くを流通部門からの徴収に依存することにより、直隷省は光緒新政まで抜本的な差徭改革を回避し得たと言えよう。しかし州県では部分的な改革が試みられた地域もある。

清朝中央で差徭整理が議論されていた道光一二年（一八三二）、正定府藁城県では知県沈巣生により雑差が定額化され、軍隊が必要とする物資は差徭銭によって採買するように改められた[69]。咸豊元年（一八五一）一一月には、直隷総督訥爾経額により易州直隷州で差務章程が制定され、減差が図られた[70]。永平府灤州では道光・咸豊（一八二一－一八六一）年間より差徭の徴収が無制限になり、書吏・衙役による需索が農民を苦しめたが、同治一〇・一一年（一八七一・七二）知州游智開・朱靖旬により兵差の定額化が実施された[71]。順天府良郷県では光緒一〇年（一八八四）知県楊謙柄が経費銀二千両を用いて官車局を設置し、騾馬四五頭、大車一三輛、轎車一三輛を購入して差徭を支辦させた[72]。また保定府望都県でも、光緒二一年（一八九五）知県李兆珍が公金三千両を運用し、民間の差車費を補助する政策を打ち出している[73]。これらの差徭改革の特徴は、第一に、実施地域が盛京への通路に当たる永平府や山西への通路に沿う順天府、保定府、正定府、易州など、交通の要衝で本来の差徭が繁重な地域に限定されており、それと関連して第二に、改革の対象は本来の差徭が中心であり、そして第三に、道光初の改革派が提起した按畝攤派方式は採用されていないことである。

これとは対蹠的に、差徭よりも陋規の方が重く、その多くを流通への課税に依拠していた省南部地域では、一部の州県で按畝攤派の実施が試みられた。たとえば順徳府広宗県では、同治二年（一八六三）県民の差徭章程制定要求を受け、知県王賓が紳民と章程を審議し、車差、片柴差、社差、稭草の差徭（を名目とした陋規）を畝ごとに制銭で攤派するよう改めた(74)。また大名府東明県でも、光緒八年（一八八二）知県張宗沂が章程を制定し、繁雑な差徭を按畝攤派に収斂して、銭糧と同時に徴収することとした。分配方法は毎年千両を省や府が県に割り付けている各種捐輸の提解のために備蓄し、残余を県で使用した。この内八割を号草、馬匹、車輛など駅站が必要とする本来の差徭支辦および典史や巡検への手当てに充当し、二割を書吏・衙役に支給した(75)。更に趙州直隷州寧晋県でも、差徭は物納から貨幣納に替えられ、光緒三一年（一九〇五）知県劉本清がこれを按畝攤派し、毎畝制銭三〇文を銭糧と同時に徴収した(76)。

こうして道光期には実現を見なかった差徭（陋規）の定額銭納化と按畝攤派制度の実施は、清末において省南部地域の一部で自発的に始まり、民国期に各地へ普及した。旧直隷の地方志には、民国以降における国家的差徭の消滅、陋規と総称される地方的徴収の県財政への昇格、按畝攤派方式の導入などについて語る史料が散見される。但し全省的な差徭改革は遂に実施されず、全省規模での差徭章程も最後まで制定されなかった。

2　山東省

直隷と比較すると山東では差徭についての記述がある地方志が格段に少ない。しかし山東には直隷には見られない地方的徴収が存在する。概して山東は、省西部に大運河が通っているため商品流通が活発であり、また華北諸省の中では木棉の商品生産が最も盛んな地域であった。それ故差徭や陋規も、商品生産や商品流通に付随して徴収されることが多かったものと思われる。このことを数点の地方志によって確認しよう。

咸豊『済寧直隷州志』巻三、雑税の項には、不正規徴収に関する興味深い文章が数点付記されている。一点は文末に呉樫『牧政録』所収と記された「雑差論」であり、内容より康熙三〇年代の知州の文章と推定される。もう一点は知州徐宗幹の「革小車行示」で、作者は道光一八年（一八三八）七月から二一年（一八四一）一二月まで知州に在任していた。

まず呉樫「雑差論」を通して清初の地方的徴収を瞥見しよう。冒頭で作者は「大河沿流の州県には、丁銀の他河夫の役が科せられていた。これは力役を徴発するが、やはり国家の要求する正差であり、これ以外に他の差徭は存在しない。しかし済寧では古くからの習慣として無名の差が甚だ多く、里民は擾累に堪え難い」と述べ[77]、具体的に本州衙門の陋規として、門子、禁卒、灯夫、轎夫、庫子などの衙役への給付や、新知州到任時の舗堂填宅、修理衙門といった公邸や役所の維持費の名前を列挙する。そしてそれらの科派は

一応《あら》ゆる公用の物、一つとして地方の行戸の承直有らざるは無し。曾て傘一柄を備うるに、牌甲の銭を派すること八十千文に至る者有り。一事此の如くんば、其の他知る可し。州由り之を推さば、則ち上下衙門、概ね知る可し矣[78]。

という有様であった。丁銀および国家的差徭の他各種の地方的徴収が存在するという状況は、独り済寧州のみの現象ではなかったようであるが、ここで注目されるのは、あらゆる公用物の調達は在地の牙行に当番制で請け負わせており、牌甲（ここでは差役の意）は牙行に対し不当に高額な差徭銭を科派していたことである。続けて作者は

更に笑う可き者は、某地方は是某衙の坐差、某工匠は是某衙門の占役にて、凡そ百工技藝の人、一つとして衙門に分認せざるは無し。此の衙門に答応する者は、彼の衙門即ち伝喚するを得ず。(79)

と語り、衙門ごとに差徭科派の対象となる地方（縄張り）や職人を囲い込んでいる状況を、やや自嘲的に紹介している。牙行だけでなく農民や職人も陋規需索体系に編成されていたことがこの一文よりうかがわれる。

後半では呉が知州到任直後より必需物資調達に際して代価を支給するなど、差徭改革に努めたことが記されているが、河道総督于成龍・董安国が総督衙門の修理と舗設の備辦（宴席などの準備）を行った際に費用が不足したので、これらを地方の舗戸に負担させた時には、止むを得ず指示に従ったとある。しかし呉は、これらは沿河州県官が捐廉して公備すべきであり、民間に攤派するのは良くないと主張する。そして最後に

数年来、凡そ工匠夫役と一切の動用の物は、一糸一粒たりとも、倶に民間に照らし、工値の平価を給与し、厨火等夫も、亦自ら工食を給し、未だ嘗て自ら一人をも役せず、一草をも派取せず。(80)

と断じ、同州地方行政の必需物資は官費で調達していると宣言している。

われわれは「雑差論」より、一七世紀末の済寧州では地方的徴収が主として在地の牙行に科派されていたことを知り得た。同業組合に対する陋規の攤派は、明末清初の江南では「舗戸の役」や「当官」などと呼ばれていたが、(81)山東省済寧州の事例もこれに近いものであると考えられる。但し江南の「当官」は清末には牙帖捐に収斂されるが、(82)済寧州では呉知州の差徭改革にもかかわらず、牙行に対する現物調達は続いた。別の形で再度雑差の整理に挑戦したのが、道光期の知州徐宗幹であった。

徐宗幹の「革小車行示」は前半にて済寧州の差徭の実態を次のように記す。

州属の遞解人犯等差、絡繹として絶えざれば、小車行を設立し、随時傭備せずんば能わず、而して此の名目有り。

則ち小車行、推運に遇有すれば、一切の貨物者、勢い必ず任意に扣留需索せられん。現在許成義等致訟して案有り。今該行を将て暫く革除を行う[83]。

徐知州によると、犯人護送など本来の差徭を支辧するため、済寧州では小車行を設置して陸運業者に差徭を請け負わせていたが、彼らはその負担を民間貨物の荷主に転嫁するので訴訟が起こり、小車行は廃止されたとある。徐は続いて、今後車輛を雇用する場合には知州が捐資して車価を支給すると約束している。そして同文の後半では、郷民が麵を販売する際に、小車行への補助を理由として「麵行」の名目で牙行の仲介料に相当する「行用」が私抽されていると述べ、差徭に便乗した不正行為を厳禁している[84]。

なお州志はこの文に続いて徐知州の「禁拏牛車示」と「船行示」を収録している。前者は差徭に仮託した車行の郷民からの牛車徴発を禁止したもの、後者は同じく差徭に仮託した船行の民間船隻からの陋規需索を禁止したものである。以上三編の告示文から、われわれは各種行戸への差徭の攤派と彼らの民間への負担の転嫁が道光期に到ってもなお深刻な問題であり続けたことを読み取ることができる。しかし一連の施策で陋規需索が止んだとは思えない。

続いて兗州府嶧県の地方志、光緒『嶧県志』の検討に移る。初めに本県の商品経済の状況を概見すれば、同書、巻七、物産の項に「乾隆（一七三六―一七九五）・嘉慶年間には大運河流通が発達し、本県産の麦・豆や石炭も広く移出されていた。しかし道光・咸豊年間以降、漕運の廃止（海運への部分的移行）や釐金の新設により商業活動が衰退した」との記述があり[85]、一九世紀初頭まで同県では商品流通が活発であったことがとりあえず確認できる。

さて同書、巻一三、雑税の項には、流通業者に対してではなく商品の生産者に対して陋規が賦課されたという珍しい記録が存在する。県志は次のように語る。

県境出だす所の物産、税無く而して陋規有る者、炭窰より大なるは莫《な》し。窰は古自り之有り。国朝以来尤も盛んなり。嘉道の間、民の炭を採る者、歳ごとに数窰有り。窰炭に美悪数種有り。而して総じて分かちて二と為す。大なる者は、歳ごとに貲を納むること、府自り県に至るまで、約ね万金を費やす。小なる者も、歳ごとに亦数千金を須む。委員・差役の諸雑費は、焉に与らず。(86)

すなわち嶧県では石炭の産出が豊富であったが、清代同県の炭鉱には税がない代わりに重い陋規が賦課されていた。嘉慶・道光年間には石炭の品質により二種類の陋規徴収体系に分かれ、府や県に毎年大は一万余両、小は数千両の陋規を納付する外、別途委員や差役の経費も負担させられていたのである。なお本文は続いて「光緒初に知県米協麟・戴華藻が官有炭鉱を開いて北洋籌款に充当し、民間の炭鉱は規費の他、近年新たに布政使より石炭税を徴収されたので、商人の利益が益々減少し、県への陋規も大幅に減少した」と述べており、(87)炭鉱は嶧県衙門の有力な財源であったが、光緒期には国家や省がその利を奪ったようである。

石炭に次ぐ陋規の財源は酒であった。県志は続けて語る。

其の次酒酤より大なるは莫し。嶧の酒、蘭陵の故風を以て有名なり。故に境内焼鍋頗る多く、百余家を下らず。而るに商名を以て司に上す者は四家而已《のみ》。其の余の諸家、各おの其の貲の多寡を以て、費を県に納む。定額有り。簿尉諸官、皆給を焉に仰ぐ。近時庫款支絀するを以て、当道の者、計の出だす所無し。是に於いて州県の諸陋規を尽提し、改めて正税に入れり。酒酤而外、当商・土薬の如き、以て米・炭・牛馬諸行に及ぶまで、皆旧章を釐改し、重ねて新課を加えり。別に一官に委ねて、之を臨督せしめ、復た地方の有司に領《おさ》めしめず。(88)

すなわち嶧県の酒蔵は、県に商号を登録して（酒税を納付して）いる大手が四家、その余の中小業者が百余家あり、後者は資本の多寡に応じて県に陋規を納めていた。陋規には定額があり、主簿や典史など諸官への給付もこれより支出していた。史料では大手四家が別扱いになっているが、当時醸造業は牙行や典当のような免許事業ではなく、正規の酒酤税も存在しなかったので、彼らに対する課税もまた地方的徴収であったものと考えられる。

ところが清末になると、藩庫の欠乏を補塡するため、酒造業を始め典当業、土薬業、各種牙行の陋規は州県から省に吸い上げられた。商品生産や商品流通への賦課は、旧来の章程を改正して税率が高められ、布政使が委員に徴収を監督させ、州県の需索は廃止された。詳しい記録はないが、清末山東では陋規需索・規礼饋送体系を解体し、商業課税を省財政の中心に据えた財政改革が実施されたことを、この史料は示唆している。恐らく後述する光緒二〇年（一八九四）山東巡撫李秉衡の財政改革を指しているのであろう。

なお商品生産に対する陋規の科派は、炭鉱業者や酒造業者のような専業生産者だけではなく、農村家内手工業者に対しても行われた。道光『長清県志』によると、済南府長清県では康熙年間（一六六二―一七二二）より闊布を有料で供出する差務が賦課され、県は毎年三三八疋の闊布を毎疋銀三銭で採買（買い付け）した。対価は約地（地保）を通して機戸に給付された。採買は嘉慶五年（一八〇〇）に一旦廃止されたが、道光二年（一八二二）に復活し、道光四年には三〇〇〇疋を追加、道光六年にも三〇〇〇疋を追加し、道光一〇年には一五〇〇疋を追加した。追加分の闊布は負担が多すぎるため、郷村では供出できなかったので、地方官は養廉を捐資して別に機戸を雇い、闊布を織らせた。原額の闊布についても道光八年（一八二八）知県舒が追加分と併せて自己の養廉を寄付して製織し、郷村機戸の闊布の累を取り除いた[89]。

それでは闊布の差徭は、対価を支給されるにもかかわらず、何故民苦となったのであろうか。また養廉の寄付による闊布の自辦は、何故民累を除くことができると考えられたのだろうか。同史料の末尾に付載された舒知県の「捐免西南各郷攤派闊布示」によると、問題は採買の方法にあった。

告示によると、従来の方法では、官が約地に銀を与え、西南北三郷の機戸より闊布を採買させていた。同県では棉紡織業は活発であるが、闊布を織る機戸はほとんどおらず、そのため約地は一般民衆より津貼（負担金）を徴収し、里差が機戸より闊布を高値で買い付けて官に納付していた。しかしながら約地に支給される価銀は中間で搾取され、攤派も不均等であったし、里差も期限内に買い付けねばならないため、代金の一部を自辦して採買していた。このため衆機戸（一般の機戸）は機頭の科派を受け、衆機戸のために約地や里差は自己負担による期限内買い付けに苦しみ、約地や里差のために一般民衆は採買終了後過大な津貼の需索を被るという負担転嫁構造が形成されていた。[90]そこで舒は郷村への採買請け負わせ方式を改め、養廉の捐助による直接買い付け方式に切り替えたのである。長清県の事例は地方的徴収とは直接関係はないが、国家の闊布採買を起点とし、代価の中間搾取や足元を見た生産者の価格吊り上げによる需索体系の存在が確認される。この場合牙行の役割を機戸が担っていたのである。但し内部には機頭と衆機戸との分化があり、一般民衆との間には約地や里差が存在するので、牙行の場合より徴収体系は複雑である。

以上三州県の地方志から、直隷南部より商品経済が発展していた山東では、国家的差徭や地方的徴収の相当部分を商品生産や商品流通への科徴に依存していたことが明らかとなった。こうした商業化の高さを背景として、光緒中葉山東巡撫李秉衡は財政改革を実施した。

『山東財政説明書』書役工食銀紙張津貼等項によると「従来巡撫衙門の書役の必要経費は布政使、漕運官僚、公局などが支給していた。しかし光緒二〇・二一年（一八九四・九五）巡撫李秉衡により大幅に削減された」とある。[91]これは各級官僚の巡撫への半ば常態化した規礼饋送慣行を規制する措置であったとみなされる。同時に彼は州県衙門の地方的徴収も整理している。民国『茌平県志』によると「清代知県は俸給過少のため、地方行政経費を地丁の浮収より調達していた。光緒四年（一八七八）知県胡廷耀は地丁一両を京銭五一〇〇文に換算して納めさせた。光緒二二年（一八九六）巡撫李秉衡は全省一律に地丁一両を京銭四八〇〇文に統合した。これは清末まで定例となった」とある。[92]

同書の記述によると、李秉衡は全省規模で浮収を定額化し、際限ない陋規需索を整理したようである。また民国『無棣県志』によると、光緒末に州県の雑課や陋規が廃止され、全数提解して国税に組み込まれたとあり[93]、商品生産や商品流通からの陋規の収公も同じ頃実施された可能性が高い。商業部門から徴収された陋規の省への提解は、前述の如く嶧県でも見られた。

ところが李秉衡の財政改革は、その他の地方志や彼の文集『李忠節公奏議』には記録が残されていない。そもそも李が山東巡撫に赴任した光緒二〇年（一八九四）には日清戦争が勃発しており、彼は淮軍の輸送に追われていた。光緒二一年（一八九五）正月六日付「奏設車局接遞各軍摺」の中で、彼は「山東は直隷、河南、山西、陝西などと事情が異なり、従来一切の国家的差徭は官が自辦し、民間には科派してこなかった」「現在山東では車局を設置し車馬を配備しており、沿路の州県が協済した車馬の費用も局より補償している」と報告している[94]。州県に差徭支辦の義務がないとすれば、省が車局の経費を賄っていたのであろう。それ故彼が差徭改革を実施した主目的は、兵員輸送など日清戦争の後方支援のための資金確保にあったと思われる。

総じて、直隷では皆目実施されなかった財政改革が清末山東で実施されたのは、たとえ臨時の軍事輸送を目的としたものであっても、山東の先進性を意味していると言える。しかし政策の詳細を記す史料は少なく、成果はさほど大きくなかったものと推測される。基本的に定期市段階での商品経済が発達していた山東や直隷では、地方衙門が必要とする物資や役務の調達を商品生産や商品流通に依存し得たが故に、山西や陝西のように徹底した差徭改革を断行して農民の負担を軽減する必要はなかったが、しかしながら長江流域諸省の如く釐金税や牙帖捐を省財政に組み込んだ本格的財政改革を成功させる力量にも乏しかった。地方的徴収の公的な州県財政への昇格と、商業部門からの陋規を基礎とした省財政の強化は、清代後期の劇的な改革を経由せず、民国以降緩慢に実現されたようである。

おわりに

清代直隷では山西や陝西と同様、地丁併徴の開始以降も駅站や兵差、大差、春秋両差など中央政府が要求する差徭が残存した。差徭は村単位に科派され、地保が徴収していたが、省南部では牙行や経紀からの徴収も見られた。

一九世紀以降差徭は次第に増大し民衆の苦累となるが、その原因は州県が地方行政経費を賄うため本来の差徭を名目として陋規を付加したからである。陋規すなわち地方的徴収の膨張に対し、道光帝は即位以来全国的な陋規清査と陋規廃止を試みた。しかし地方行政経費の調達が困難になることを恐れた地方官僚は相継いで慎重論を唱え、道光帝と英和の改革論を葬り去ったので、結局陋規需索・規礼饋送体系の廃絶は実現しなかった。

その後陋規問題は畿輔の重地である直隷の差徭論争に移った。ここでも差徭の定額化と按畝攤派方式の導入および地方官への公費支給を主張する屠之申、張杰ら改革派と、差徭の定額化が新たな浮収を生むと危惧する顔検、袁銑ら慎重派とが対立し、最終的に後者の勝利に帰した。但し両派とも差徭の相当部分が塩商、典当、牙行などの官許商人に依存しているという事実認識では一致していた。なお按畝攤派方式は清末直隷南部の州県で個別に導入され、民国期に拡大したが、全省規模での差徭改革は最後まで実施されなかった。

一方直隷より商品経済が発達した山東では、商品生産や商品流通から国家的差徭や地方的徴収を捻出する慣行が更に進行しており、一部の州県では主として地元の特産品生産者や流通業者から陋規を需索していた。山東の陋規需索・規礼饋送体系は光緒中葉巡撫李秉衡の財政改革により整理され、同じ頃商業部門からの陋規も省財政に吸収された。しかし財政改革の成功と省財政の形成を積極的に語る史料は乏しく、大きな成果は挙げなかったようである。清末山西・陝西両省で差徭改革が断行され、直隷・山東両省では積極的に実施されなかったのは、同じ定期市段階に属しながらも、華北西部より華北東部の方が商品経済の発達水準が高く、商工業者への科派が相対的に大きかったため、按畝攤派の導入という地主層にとっては厳しい改革を避けて通れる余裕があったからだと思われる。

ところで、商業からの調達行為は江南では一般に「当官」と呼ばれた。それでは本章で見た陋規と当官とは同じ徭役系統に属するのであろうか。次章では河南省の財政事情を通してこの問題を検討しよう。

註

（1）拙書『清代の市場構造と経済政策』第八章「清代山東の棉業と華北沿海部の食糧政策」、第一〇章「清代華北内陸部の市場構造」。

（2）鈴木中正「清末の財政と官僚の性格」『近代中国研究』第二輯、東京大学出版会、一九五八年、藤岡次郎「清代直隷省における徭役について――清朝地方行政研究のためのノオトⅣ――」北海道学芸大学『紀要』（第一部B）一四巻一号、一九六三年。

（3）『大清宣宗成皇帝実録』（以下『宣宗実録』と略記）巻四、嘉慶二五年九月甲子
至府庁州県。養廉祇此定額。而差務之費。捐攤之款。日益加増。往往有全行坐扣。禄入毫無者。雖在潔清自好之吏。一経履任。公事叢集。難為無米之炊。勢不得不取給陋規。以資挹注。……惟各省情形不同。著該督撫。督率藩司。将所属陋規。逐一清査。応存者存。応革者革。

（4）同右、巻五、嘉慶二五年九月己巳。

（5）同右、巻六、嘉慶二五年一〇月癸未
諭内閣。軍機大臣議覆御史王家相条奏革除漕弊一摺。漕務積弊。首在浮収。而州県之浮収。則以津貼旗丁幇費為詞。旗丁之勒索。又以沿途需費及漕運各衙門規礼為詞。今欲革除浮収。必先禁止幇費。幇費既禁。則不能不講恤丁之法。

（6）同右、巻八、嘉慶二五年一一月乙卯

諭軍機大臣等。御史将雲寛奏。直隷差使費用。名目不一。有難以報銷而必須使用者。如遇皇差。一切橋道工程車馬支応等項。雖有経費。不敷支銷。責令民間供応。已非一日。歴任総督。皆未拠実陳明。司道因未経奏明。畏州県之挟制。凡派銀両。不敢印劄明取。但令局員。潜通信息。於是州県之貪劣者。藉詞加倍派斂。州県又畏紳士之挟制。不敢按地均派。但令書役。向里民暗中調撥。於是吏胥之刁悪者。藉詞任意科斂。又倍於州県之数。……著方受疇。査明毎年辦理差務。是否旗民紳士。一体按畝均派。抑竟係富紳胥役。悉行寛免。偏累里民。各府州県情形。或同或異。訪察明確。応如何裁減限制。妥定章程。拠実奏明辦理。総不得任聴州県藉差肥己。暗中加派。朘削民生。

(7)　同右、巻一〇、嘉慶二五年一二月乙未、同右、巻一〇、嘉慶二五年一二月丙申。以上の経緯については前註(2)鈴木、二四八―二四九頁に詳しい。

(8)　同右、巻一〇、嘉慶二五年一二月戊子。

(9)　同右、巻一二、道光元年正月庚午。

(10)　同右、巻八、嘉慶二五年一一月戊午

諭内閣。英和等奏。各省攤捐流弊。請定限制一摺。各省地方公務。応行動項借項辦理者。原准於正項及耗羨項下動支。其有不敷。亦准其於存留雑項充公銀両内。酌加津貼。而近来州県捐攤之款。按缺分派。自数百両至数千両不等。逐年逓加。何所底止。……著通諭各直省督撫。嗣後応用款項。務令按例支銷。如例支実有不敷。必応按缺扣廉者。各将応扣成数。奏明請旨。其扣過銀数。仍於歳底彙奏一次。以資考覈。而示限制。

(11)　同右、巻二〇、道光元年六月丁酉

諭軍機大臣等。前拠姚文田奏。漕務法久弊生。小民苦州県之浮収。州県患旗丁之勒索。而旗丁又因沿途需費浩繁。勢必多索津貼。恐所定津貼旗丁毎船銀三百両。及現在厳禁州県収漕不得過八折之数。亦属虚名。請籌議兼全善術等語。当降旨。令軍機大臣。会同戸部議奏。今拠覆奏。運丁之疲乏。屢経籌給津貼。毋庸再議。

(12)　同右、巻二三、道光元年九月辛亥

又諭。前拠孫玉庭等覆奏。査明江蘇省各属捐廉攤款。皆係辦公所必需。請仍令照常捐辦一摺。当交戸部覈議具奏。茲拠奏称。江淮及蘇州等属。常年実捐養廉銀数。均在二三成以内。加以遇事攤捐各款。則江淮等属。成数已覚過多。而蘇州等属。額設養廉。幾於全行攤扣。州県辦公。恐必不能寛裕。所請照旧捐辦之処。未便議准等語。

(13) 賀長齢『耐菴奏議存稿』巻四「革除貴筑県差費片」(道光一八年一二月二一日)
再。省城貴筑県。向有二門差役。凡解送餉鞘人犯及一切差使之費。皆取給於該役。毎年不下二千余金。該役等費無所出。輒藉詞訟案件。詐嚇郷愚百姓。除支応差使外。且将藉以自肥。故其取於民者。往往倍於二千余金之数。或更過之。官因缺苦。不得不藉此以供差費。雖明知其害。而不能除。臣到黔後。訪知此弊。面諭該前県李秀発。将此項差役。全行裁汰。所需差費。悉由該県給発。官雖不免苦累。而民之所省実多。

(14) 賀長齢『耐菴公牘存稿』巻二、劄「飭禁差役殃民劄」「飭除蠹役積弊劄」。

(15) 賈臻『退厓公牘文字』巻一、署河南府任「鞏民省控差務車馬案判」。第六章註(2)参照。

(16)『宣宗実録』巻一八、道光元年五月庚午。

(17) 同右、巻二八、道光二年正月乙卯
直隷布政使屠之申奏。直隷吏治不粛。民困未蘇。擬請減差均徭。以資整飭。

上奏の内容は賀長齢『皇朝経世文編』巻三三、戸政八、賦役五に「敬籌直隷減差均徭疏」として収録されている。

(18)「敬籌直隷減差均徭疏」
直省為畿輔重地。差務殷繁。立法之初。因徭役較多。故正賦独軽於他省。而賦有常経。徭無定額。日久弊生。遂至派差之名色。不勝枚挙。挟制之控案。幾無虚日。……一切応辦公事需費之処。亦難悉数。例価既属不敷。養廉又被攤捐扣去。無米為炊。勢不能不派之於百姓。而硃票一出。書役・郷保。逐層漁利。……直省民地。共六十余万頃。毎畝攤銀一分。歳可得銀六十余万両。……以銀十八万両。由藩司分交委員経理。儘可足資用度。以四十万。作為院司道府庁州県辦公之用。分別衙門大小・衝僻繁簡。核実塩当襍税陋規。酌幇銀数多寡。即奏定条規。立以限制。不許任意浮銷。余銀留備荒歉。……辦公既已足用。上司即不得再令攤捐。収受規礼。而州県一切派差名色。出示遍諭郷民。永遠裁革。

(19)『宣宗実録』巻三一、道光二年閏三月庚子
諭内閣。前拠直隷藩司屠之申奏。直隷差務殷繁。議請於毎地一畝。攤徴差銀一分。以均徭役。当経降旨批示。俟顔検到任後。妥議奏聞。再降諭旨。茲拠顔検査明。拠実覆奏。該藩司減差均徭之説。実不可行。所論極是。賦役之制。東南則賦重役軽。西北則賦軽役重。立法至為深厚。若如該藩司所奏。是役重而賦並重。其意何居。

顔検の上奏も『皇朝経世文編』巻三三、戸政八、賦役五に「覆議減差均徭利弊疏」として収録されている。

(20)「覆議減差均徭利弊疏」
査。直隷通省。有按地畝出差者。有按騾馬出差者。有按行戸出差者。名色各不相同。行差即難画一。今欲比而同之。専於地畝攤派。是逐末者差軽。務農者差重。此不可行也。

(21) 佐伯富『中国塩政史の研究』法律文化社、一九八七年、六六七—六七一頁。

(22) 拙書『明清時代の商人と国家』第五章「清代江南の牙行」。

(23) いずれも『皇朝経世文編』巻三三、戸政八、賦役五に収録。

(24)「論差徭書」
従前陋規未准明収。州県猶得藉口。今則明奉諭旨。凡銭糧之平余。雑税之存剰。行戸之津貼。塩当之規礼。悉准取用。是儘足辦公。尚何所借口乎。且恐州県藉有明取陋規之旨。将雑差影射。混作陋規。勢必明目張胆。愈肆誅求。而愚民無知。孰能弁白何者為雑差・何者為陋規。予取予求。莫敢誰何。而窮民益不聊生矣。是州県派取民間各項雑差。於此時尤当革除浄尽。不可稍留萌芽者也。

(25)『皇朝道咸同光奏議』巻二七下、戸政、賦役、袁銑「革弊従権恐滋流弊疏」。

(26) 那彦成『那文毅公奏議』巻七二「請禁私役」
直隷為畿輔之地。往来差務。絡繹殷繁。額設吏役。不敷簽派。向准頭役各招散役数名。以供差遣。因散役例無官給工食。免其襍派各項差徭。而刁詐之徒。因此趨避謀充。掛名藉免差徭。是以吏役日増。……臣訪悉其弊。随与藩臬両司。熟商酌議。……応請将司道府庁衙門吏役。各由本管酌定応用人数。造立卯簿。不准過五十名。州県不得過八十名。教官左襍衙門門斗弓兵。不得過二十名。

(27)『宣宗実録』巻一三一、道光七年一二月壬辰
給事中托明奏。……京師西北一帯。州県差役。藉官倚勢。除応派差徭外。毎年額外勒索。盈千累万之多。其宣化府之懐来県南山村八処。更有添派月柴・月炭・豆石及県署需用果品等項銭文。按月苛斂。致窮黎日不聊生。……著盧蔭溥・何凌漢・屠之申。厳飭所属道府。認真詳察。如有前項弊端。立即査明懲辦。徧行出示暁諭。除例辦差徭外。一切悉行裁革。不得稍有派累。以杜積弊。而卹民隠。

(28) 同右、巻一三二、道光八年正月庚午

護直隷総督屠之申奏。厳禁州県差役。藉端苛派。得旨。如有不肖州県。藉差肥己。或縦容吏役苛派等情。即拠実厳参。断不准稍有徇隠。懍之。

(29) 同右、巻一三四、道光八年三月乙卯
諭内閣。湯金釗奏。査辦懐来県南山等八村。多派差徭。分別裁革一摺。……茲拠奏。査訊該郷民僉称。所辦柴炭等項。均属旧規。並非該県添派。……該県現辦差徭。雖係循照旧章。発価採買。其書差輒敢相沿尅扣短発。且此内果品一項。向不発価。該典史衙門。並無採買成案。亦各相率収取。倶属有干例禁。著照所議。将懐来県所属各村承応果品。及該典史衙門果品・柴炭等項。即行裁革。以省擾累。至該県呂崇修。既於吏役扣価折銭。未能覚察。又復相沿陋例。収受時物。該典史周振恒。亦収受無価柴炭等項。均属不合。呂崇修・周振恒。著交部分別議処。

(30) 同右、巻一八四、道光一一年二月甲申
御史周作楫奏。直隷差徭受累。請飭査禁一摺。拠称直隷州県派差之弊。一累於郷保之浮派。每於差使過境。先行出票。勒派各戸車馬。十倍於差事之用。……一累於書差之勒索。当各戸派出車馬之後。一経輸納。差事既竣。即作官物。不准領回。而於自備車馬繳送到官。書差勒索規銭。刁難更甚。

(31) 同右、巻二〇四、道光一二年正月庚午
諭内閣。御史那瑪善奏。官雇民車。請禁差役擾害一摺。……又州県飭役雇車。每於足数之外。加倍雇覓。内有不願前往者。賄求差役縦放。該役等藉以飽其慾壑。

(32) 同右、巻二七九、道光一六年二月庚午
諭内閣。御史朱成烈奏。胥役藉差浮派。請旨飭禁一摺。……惟各項差使。一経出票伝差。仮手吏役郷保。科派侵呑。種種滋弊。不可不厳行飭禁。著琦善。厳飭所属地方官。遇有差使。務当先期明示暁諭。概不准経吏役之手。以致重重剥削。不均不平。

(33) 同右、巻三四一、道光二〇年一一月乙卯
諭軍機大臣等。御史万超奏。風聞直隷州県指差苛派。縦役需索一摺。直隷省辦理差務。自有旧章。若如所奏。蠲免銭糧。未能実恵及民。而指差苛派之条。倍加繁重。甚非剔弊安民之道。著訥爾経額。按照摺内所称各款。詳細査明。

(34) 同右、巻三五七、道光二一年九月丙寅

本日拠御史史佩瑲奏。請査禁胥役藉差擾累行旅一摺。……近来馬不足額。胥役遇有差徭。輒攔截過路車輛。将客商行李。抛擲道旁。駆車径去。藉端婪索。濱水地方拏船。行戸胥役。表裏為奸。直省皆然。直隷・山西尤甚等語。

(35) 同右、巻二〇一、道光一一年一一月庚午
又論。前因琦善奏参蔣兆璠致書徐寅第一案。当派特登額等。赴直隷秉公審訊。業已訊出徐寅第得受蔣兆璠餽送節寿陋規。至二千四百両之多。……在徐寅第所属二府五直隷州四十八州県。既経収受陋規。必不止蔣兆璠一人。

(36) 同右、巻二二七、道光一二年一二月乙卯
有人奏。向来道府辦公。惟資養廉。各省攤扣較多。支領無幾。不得不取給於陋規。……近来道府所延幕友。令州県公出脩脯。直隷即如此辦理等語。上年因蔣兆璠稟訐一案。降旨令各督撫。厳禁陋規。原以該州県豈能自出己資。無非朘削小民。以為逢迎之計。若如所奏。直隷道府延請幕友。倶係州県公出脩脯。是否実有其事。如此変易名目。豈即能免属員訐告之端。著琦善。将該省現在如何辦理。確切査明。拠実具奏。

(37) 同右、巻二三〇、道光一三年正月乙未
当降旨。交琦善。確査具奏。茲拠奏。……其道府延請幕友。歳需脩脯。向係自出己資。並無詳請攤扣他人廉俸案拠。……至上年蔣兆璠訐告徐寅第一案。経戴宗沅等確訊。実止蔣兆璠一人致送陋規。此外各州県。実無餽送之事。亦別無訐控之人。

(38) 同右、巻三二七、道光一九年一〇月丁亥、同右、巻三二九、道光一九年一二月甲戌。

(39) 中国農村慣行調査刊行会編『中国農村慣行調査』第三巻「河北省欒城県」岩波書店、一九五五年、一五一頁。

(40) 同右、第五巻「河北省昌黎県および良郷県」岩波書店、一九五七年、三五〇頁。

(41) 乾隆『三河県志』巻五、賦役
論曰。国家之所頼者。惟財賦。地方之所重者。惟差徭。

(42) 民国『薊県志』巻五、賦税、清之徭役
旧志於徭役。無所紀載。……光緒年間。凡郷村戸丁。除例在優免者外。皆有応納徭費。如氷・如炭・如果品。各有戸供之。又如泥工・木工・鉄工・石工・厨工。凡有一種名色。無不有行。行皆有頭。行頭按年起行中人之花費。

(43) 民国『覇県志』巻三、政事、差徭
差丁款項。自清雍正初。已照浙江等例。将丁銭攤入地糧征収。九等丁徭之目。已無庸存列。惟垡船・貢鴨両項。属上解差

務。尚為人民特別負担。均経邑紳籌有的款。生息備用。
(44) 民国『完県新志』巻四、行政下、財政
差徭。係前清県署応徵官柴・官草・官馬之折価。於民国三年。奉前直隷民政司。令准帰公。由県分村。輪流派警票取。按年報解。
(45) 民国『新城県志』巻六、地事二、賦役、解庫款目一覧表
差徭。……係按照村荘大小。酌量分配。
(46) 民国『雄県新志』第三冊、賦役、差徭
本邑差徭。向分号草・号豆・土坏・麦糠・秫稭・荊刺・暖棚・河庁差捕・庁差九項。均由各村。分項攤辦。
(47) 民国『続修藁城県志』巻三、賦税、税捐
差徭。按村荘大小攤派。
(48) 小田則子「清代の華北農村における青苗会について――嘉慶年間以降の順天府宝坻県の事例より――」『史林』七八巻一号、一九九五年。
(49) 民国『塩山新志』巻九、法制、賦役下、雑差
直隷差徭。清以来民以為累。而塩山独軽於他県。康熙九年。知県黄貞麟。詳革雑差十項。……又向苦通草之累。蓋与狐皮。均係土貢之類。邑紳劉沢霖帰田後。謀之当道。自捐四百七十余金。代民繳還。部価累以永絶。繳款既如是之巨。当日苛派。絶重可知。自経黄劉両次裁革後。塩山徭累。始為一清。
(50) 同右
此後陋規日増。反重它県。大抵官得其七八。吏染其三四。然皆出之牙儈・胥役之徒。而民不与此。亦他県之所希也。
(51) 同右
鼎革以来。已免之差徭及官価采買。多復其故。塩山以数在微。未復不復。民亦不問。
(52) 同右
更出差徭。自属例外。自皆与陋規無殊。徒以仮借辦公。号為雑差。故別之於陋規以外。煤車之来。不詳所始。疑亦増自康乾以後。撰其名義。即県令煤薪之資。凡県令履新闔邑。郷地即交煤車三百三十九千。疑此係正規。後遂変為歳規。而正規

猶不免耳。棘麦之名。郷人皆云。歳修囹圄之需。枷為刑具。梆為守夜。皆監獄所用者。煤車・棘麦。皆郷地索之於民。煤車按牲畜攤捐。棘麦則按戸。協済馬之名。本地糧内。協済駅站之目。地糧外。本無此規。旧聞云。此係同治七年。捻匪過境。県令逃於郷。或借馬送之帰。遂開此例。令四鎮牲紀攤納。毎値県官履新。仮名協済。輒辦一次。康熙初。革尽差徭以後。所増益者尽此矣。

(53) 同右、陋規
塩山陋規。大別為三。曰牙〔斗級・牲紀之類〕。曰胥〔舗書・官中之類〕。曰到任規。到任規為大。牙規次之。胥又次之。……光緒前。三項数皆微末。中年以後。驟増什倍。而官中暴長為最甚。

なお各陋規の年額は本文表上、表中、表下の末尾に記された数値による。

(54) 同右
惟規費断不宜重。使牙儈得所藉口。於習慣而外。日増月益。以朘吾民。

(55) 民国『順義県志』巻六、賦役、雑税「河北省政府公告」
査。旧直隷及京兆属各県。商民買売貨物。向由牙行。評価過秤。成交抽用。按名領帖納税。報解省庫。其款列入予算。為本省歳入大宗。

(56) 民国『香河県志』巻四、行政、財政、賦税之徴収
至各行牙税。因競争結果。標額亦格外提高。歳有増益。誠能徴収足額。比之旧例。不啻倍蓰。

(57) 民国『塩山新志』巻九、法制、賦役下、雑税、牙税表
以上捐銀并加色。共六百一十一両八銭。

按。清代旧例。塩山牙税上解者。惟牙帖二張。共税八両。表中所列。皆藉此牙帖二張為名。向以取之市儈者也。宣統二年調査。拠云。除雑紀不解外。報解藩司者。共五百三十五両。此数上解。未之前聞。当係光緒末清査入款後所報解之数。号為牙紀盈余者也。

(58) 民国『雄県新志』第三冊、賦役、雑税、牙税
本邑牙紀。向無定数。由県知事。給発諭帖腰牌等。即得承充。概無卯規徭役。清季所有牙税。為斗行・煙行・鮮菜行・蔴行・油行・牲畜行・菜行・估衣行・柿子柿餅行・花行・布行・猪口行・銀行・醤行・木行・串子行・灰煤行・大米行・糠

升行及雑項行等。其抽収牙税。以三分為率。

(59) 省南部はまた木棉生産が比較的盛んな地域でもあった。拙書『清代の市場構造と経済政策』第九章「清代直隷の棉業と李鴻章の直隷統治」。

(60) 民国『青県志』巻六、経制、賦役、田賦

按査。青邑各地方機関経費。除恃牙紀行商捐曁租金等項為底款外。対於普通人民。向係按村荘大小。分級攤派。

(61) 同右、雑税

雑税向行於境内者。惟田房税・牲畜税・牙帖税三者而已。為数甚微。儘征儘解。不設定額。至前清末葉。厲行新政。急於籌款。雑税因之繁興。洎乎民国。日増月益。

(62) 民国『交河県志』巻二、田賦、最近財政、各項陋規。

(63) 民国『景県志』巻三、政治上、田賦、雑税

按旧志。雑税僅有房地税・当舗税・牙税・牛驢税等四項。……近則名目繁多。且征収辦法漸多。改用招商投標。各包商愈競争。則標額愈増。

(64) 民国『冀県志』巻一六、権税

光緒以前。藩司旧発牙帖。毎一帖。銀僅四両耳。民国後。増至数十倍。

民国以来。牙帖銀一両。折徴洋二元。四年。財政庁更定新章。牙帖分為六等。

(65) 民国『南宮県志』巻九、法制、賦役下。

(66) 民国『高邑県志』巻三、行政、財政、牙雑税

按。各行牙税。在前清時代。僅解省庫牙行盈余二百一十両。其余即帰県署。名為陋規。

(67) 民国『定県志』巻七、政典、賦役下、差徭

直隷大・順・広諸府。差徭最重。定県雖近南服。以較他県猶軽。

(68) 民国『威県志』巻七、財政、差徭之沿革

威県向有各種差徭。日久相循。成為陋規。毎年応収号車。京銭一万八百吊。土坏京銭五百八十八吊。棗茨京銭二百四十吊。栽柳等項。京銭九百六十七吊。

同右、巻七、財政、当規・旧牙税・牙行捐・棉花秤規・布店幇規・換馬規には「清末県公署の陋規と為る」と記されている。

(69) 光緒『続藁城県志』巻三、賦役、差徭
県属雑差。向無定額。民多病之。道光十二年。知県沈巣生。酌公項之度支。定為準額。除在城営辦軍流差外。分於四郷二十一営。名曰採買。毎年交採買銭制銭四千八百余千。毎季交制銭一千二百余千。按四季呈交。民甚便之。

(70) 『文宗実録』巻五〇、咸豊元年二月辛丑
直隷総督訥爾経額奏。遵議易州差務章程。得旨。惟在官辦理得体。方能日久相安。現已酌定章程。甚善。

(71) 民国『灤県志』巻七、賦税、差徭
至清代道咸年間。差徭之徴。漫無限制。胥役藉端勒索。妨農害民。不堪其苦。自同治十年。知州游智開・朱靖旬二公。辦理差徭。力除積弊。派夫徴車。示有定数。法良意美。

(72) 民国『良郷県志』巻三、賦役、経費
兵差旧無定章。吏役任意中飽。需索無厭。……自同治十年・十一年。州牧游公・朱公接任。厳剔其弊。

官車局。在県南門外。光緒十年。前知県楊謙柄。因邑為首站。差務之繁。甲於通省。車頭藉差滋擾。恒苦累民。稟諸前府尹周。於是年六月。発給経費銀二千両。設局統帰官辦。購騾四十五頭・大車十三輛・轎車十三輛。以応差需。

(73) 民国『望都県志』巻四、政治、財政
光緒二十一年二月。邑侯李公兆珍莅任。目撃心傷。亟欲籲懇減賦貼差。以蘇民困。……継又援新楽県歳貼官三千金例。請以貼民間差車費。

(74) 民国『広宗県志』巻七、財政、地方財政、差徭
差徭。在清代。本為県署陋規。……同治二年。県民以差徭繁重。稟県酌定章程。以紓民困。時知県王賓。与紳民議定章程。車差毎年毎畝交大銭十文。片柴差毎年毎畝交大銭四文。社差毎年毎畝交大銭十六文。稭草毎年必須親身完納。均由民戸承辦。……民戸毎年毎畝需大銭五十文。

(75) 民国『東名県新志』巻七、賦役、雑差、差徭
向日差徭。名目繁雑。不随地糧収徴。倶分派牌戸之無功名者。自光緒八年。知県張宗沂。改章詳定。按畝派差。帰上下両忙。随同地糧征収。……其分配之法。上下忙各提出銀五百両。以備抵解省城・郡城攤捐各款。所余按十成。分派県署。応

得八成。作為号草・馬匹・車輛・窩舗・冬防及河工辦差酬応。並典史巡検津貼等費。其二成。散給号友・門丁・書差。以資辦公。永為定例。

(76) 民国『寧晋県志』巻三、賦役、丁徭按。差徭前係按事徴収物品。後即按物折価。征収銀銭。至前清光緒三十一年。寧晋県知県劉本清。将応徴各種物品二十五項価値。……合並按畝徴銭。即定為毎畝制銭三十文。分上下両忙。随糧帯征。

(77) 咸豊『済寧直隷州志』巻三、食貨四、賦役、雑税、呉檉「雑差論」瀕河州県之民。丁銀之外。又有河夫之役。所謂力役之徴。亦是公家正差。除此別無差徭矣。乃済寧故習。無名之差甚多。里民不勝其擾。

(78) 同右
一応公用之物。無一不有地方行戸承直。曾有備傘一柄。牌甲派銭至八十千文者。一事如此。其他可知。由州推之。則上下衙門。概可知矣。

(79) 同右
更可笑者。某地方是某衙坐差。某工匠是某衙門占役。凡百工技藝之人。無一不分認衙門。答応此衙門者。彼衙門即不得伝喚。

(80) 同右
数年来。凡工匠夫役。与一切動用之物。一糸一粒。倶照民間。給与工値平価。厨火等夫。亦自給工食。未嘗自役一人。派取一草。

(81) 佐藤学「明末清初期一地方都市における同業組織と公権力——蘇州府常熟県『當官』碑刻を素材に——」『史学雑誌』九六編九号、一九八七年、拙書『明清時代の商人と国家』第六章「明末清初江南の牙行と国家」。なお華北の当官については次章で詳述する。

(82) 拙書『明清時代の商人と国家』第五章「清代江南の牙行」。

(83) 咸豊『済寧直隷州志』巻三、食貨四、賦役、雑税、知州徐宗幹「革小車行示」
州属遁解人犯等差。絡繹不絶。不能不設立小車行。随時僱備。而有此名目。則小車行。遇有推運。一切貨物者。勢必任意扣留需索。現在許成義等致訟有案。今将該行暫行革除。

(84) 同右

又聞。郷民売麵。亦有麵行名目。以津貼小車行為名。私抽行用。小民蠅頭之利。何以堪此。着永遠禁革。

(85) 光緒『嶧県志』巻七、物産

当乾嘉盛時。江浙湖広諸行省漕糧数千艘。皆道嶧境北上。商旅歳時。往還不絶。而奇物珍貨衍溢。居民皆仰之。以贍身家。而本地所有麦豆及煤炭諸物。亦得善価。而行銷数千里。……洎道咸之変。漕運中廃。重以関津税釐之朘削。商賈疑畏。於是外貨不進。内貨不出。而嶧之生計。乃大困況。

(86) 同右、巻一三、雑税

県境所出物産。無税而有陋規者。莫大於炭窰。窰自古有之。国朝以来尤盛。嘉道間。民採炭者。歳有数窰。窰炭美悪有数種。而総分為二。大者歳納貲。自府至県。約費万金。小者歳亦須数千金。委員差役諸雑費。不与焉。

炭窰とは炭焼き窯の意であるが、ここでは木炭ではなく石炭のことを指す。

(87) 同右

光緒初。米令協麟・戴令華藻。稟請北洋籌款。就嶧地採煤。自是県始有官窰民窰之分。近歳始定税課。藩署委員督之。民自行開採者。除旧有規費外。亦一律報税。是後商販利益少。而県署進款亦大絀矣。

(88) 同右

其次莫大於酒酤。嶧之酒。以蘭陵故風有名。故境内焼鍋頗多。不下百余家。而以商名上於司者。四家而已。其余諸家。各以其貲多寡。納費於県。有定額。簿尉諸官。皆仰給焉。近時以庫款支絀。当道者。計無所出。於是尽提州県諸陋規。改入正税。酒酤而外。如当商・土薬。以及米・炭・牛馬諸行。皆釐改旧章。重加新課。別委一官。臨督之。不復領於地方有司。

(89) 道光『長清県志』巻六、食貨下、採辦、闊布

額辦闊布。西南北三郷承辦。毎年三百三十八疋六尺七寸一分。毎疋長四丈。闊一尺九寸。発例価銀三銭。向来将例価。発給約地。転給機戸。辦布繳解。自康熙年間起。凡遇採辦。皆照例辦理。嘉慶五年。奉文停止。道光二年。復行飭辦。四年。於旧額外。添辦三千疋。六年。仍添辦三千疋。十年。添辦一千五百疋。此添辦之布。為数過多。郷間各機戸。難於承辦。於是官為捐廉湊価。另雇機戸定織。其原額所辦。仍派民間。道光八年。邑令舒公。将原額一併捐廉辦織。詳憲出示。永不

科派。自是機戸無闊布之累。

なお河南省懐慶府孟県では、闊布無償提供の雑賦が残存していた。北村敬直「清初における河南省孟県の綿布について」小野和子編『明清時代の政治と社会』京都大学人文科学研究所、一九八三年。

(90) 同右「捐免西南各郷攤派闊布示」（道光八年三月）

向因西南北各郷。民勤紡織。機戸甚多。是以将例価先発給約地。約地散給機戸。原須津貼。而織闊布之戸無幾。不得不取津貼於衆戸。約地領発例価。難免従中尅扣。攤派不均。里差催繳布疋。亦畏受比逾期。遂至借支墊買。由是衆機戸受機頭之派。而衆機戸累約地里差。有催比墊辦之苦。而約地里差。亦累迨墊辦之後。不免多索取盈。而弱者或甘為魚肉。強者遂成為挟制。

(91) 山東清理財政局編訂『全省財政説明書』行政総費、撫院衙門経費、書役工食銀紙張津貼等項

査。撫署書役。向支飯食紙張等銀両。均由藩司運司及各署局。分解給領。光緒二十年・二十一年之間。経前撫院李。大加裁減。

(92) 民国『茌平県志』巻七、賦税、田賦

蓋以清時県長。薪俸極微薄。全恃地丁浮収。以資調剤。故浮収幾成上下之通病。而不諱也。至光緒四年。知県胡廷耀。改為毎正供銀一両。収京銭五千一百文。而銀価時有漲落。仍能高擡時価。視為定数。因此興訟数年。至光緒二十二年。始経巡撫李秉衡奏明。全省一律。毎銀一両。按京銭四千八百文折合。相沿至清末。遂著為定例。

(93) 民国『無棣県志』巻四、賦役、後叙

至光緒末。釐剔州県雑課陋規。尽数徴解。以補国用之不足。

(94) 李秉衡『李忠節公奏議』巻六「奏設車局接遞各軍摺」（光緒二一年正月六日）

惟査。東省州県。本無額設車輛。其騾馬大車。亦素無行桟。向来応付一切差徭。悉由官辦。非若直豫山陝等省。帰於民間経理。……今既設局。餧養長車。接遞兵差。数站一換。以一州一県之地。各軍接踵而至。勢難遽集多車。非責成隣封州県協済不可。其協済車輛。応由設局州県。移会隣封。先期僱備。撥送餧養銀両。在途則帰協済之州県支給。到局則帰局中核発。

第六章　清代河南の差徭と当官

はじめに

旧中国では正規の税糧徴収以外に、河川や道路の修築、官員や輜重の輸送、衙門の営繕や上司の接待などに要する資材や労働力を、現物あるいは貨幣形態で人民より徴発していた。このような法的根拠のない税制外の調達や徴収は一般に差徭、差務、陋規などと呼ばれた。華北や西南諸省では、特に駅站差徭やそれに付随した州県の陋規需索が人民を苦しめていた。

地方的徴収には差徭の他、主として商工業者から地方行政に必要な物資や役務を低額ないし無償で調達するものもあった。これは一般に当官と呼ばれた。当官慣行は長江流域、とりわけ明末清初の江南で顕著に見られたが、前章で検証したように山東でも差徭を名目とした商業部門からの陋規が存在した。一九世紀という同一時代において比較すれば、華北西部の駅站差徭への依存度の高さと華北東部の低さが確認されたが、駅站差徭と当官との関係や地方的徴収の地域偏差については未解明である[1]。

そこで本章では史料上駅站差徭と当官の両者が併存する河南省を素材として、これら地方的徴収の実態とその変化、清末における財政改革の有無について検討する。

一　河南省の地方的徴収

差徭や当官の推移について論じる前に、まず河南省州県志に見られる地方的徴収の実態を概観する。

差徭の歴史は古く、明代では里甲制の下に雑泛差役として位置付けられていた。里甲制が解体した清代以降も、雑泛差役は差徭として存続し、地方行政経費の源泉であり続けた。しかしその負担はさほど過大ではなかったようであり、清代中期まで差徭の弊害に関する深刻な議論は見られない。蓋し一八世紀までは各省の虧空も小さく、大規模な反乱もほとんどなかったので、正規財政の不足を差徭などの地方的徴収で補塡する必要に迫られていなかったからであろう。

河南省で差徭の重圧が無視できないほど増大するのは、他の華北諸省と同様道光（一八二一―一八五〇）・咸豊（一八五一―一八六一）年間頃からである。たとえば道光末署河南府知府の地位にあった賈臻によると、同府鞏県は交通の要衝で駅站差務が重いが、当地には車行がなかったので、車馬を民間に攤派せざるを得ず、結果的に書差や郷保の需索を招いていた。そこで嘉慶一六年（一八一一）、知府斉が郷紳の協力を得て章程を制定し、県城内に五路公局を設置して、局より車馬を支辦させ、書差の介入を排除した[2]。その後車馬需要の増大により書役の需索が再び深刻化したので、道光二九年（一八四九）賈は車廠（五路公局）より差務を支辦するよう再度通達を下している[3]。国家の車馬需要を直接的契機として書役や郷保を通した里民からの陋規需索が増大し、これに対して知府は五路公局と呼ばれる車馬局を設置して書役の中間搾取の予防を図ったのである。

このような現象は何も鞏県だけに限ったことではないだろうが、差徭は本来根拠のあいまいな徴収であるため、山東省と同様差徭に関する記述が収録された地方志は乏しく、大部分は民国時代のものである。同時代の史料でないのは説得力をやや欠くが、民国志は編纂の時点で清朝の州県衙門に対する遠慮はもはや存在しないから、前清時代の非合法な収奪の有様が忌憚なく述べられている利点もある。そこで民国志を素材に考察を進める。

まず河南府新安県の地方志、民国『新安県志』所収の記載を検討しよう。県志によると、新安県では太平天国が勃発した咸豊元年（一八五一）以降兵差が急増し、地丁一両につき差銭一〇余串が攤派されたが、人民は負担に耐えきれず、多くが他県に逃散したため、咸豊二年（一八五二）知県馮森が公車局を設置し、兵・貢・流・雑の各差を支辦させ、書役の陋規需索を防止した。その結果人民の流亡は止んだ。その後同治一二年（一八七三）に公車局は兵差局と改称し、紳士の管轄下に入った。光緒三、四年の華北大旱魃に際しては、地丁一両につき差銭七〇〇－八〇〇文を科派し、これを賑済に充てている(4)。

同県の咸豊元年の兵差割当額は突出して高く、臨時的性格の強いものであったと思われるが、翌年以降も一定の差徭負担は継続したため、知県は県衙門から自立した公車局を設置して、差徭に仮託した書役の陋規需索を排除し、徴収の合理化を図ったのだろう。その後兵差局への改編を契機に、郷紳層を差徭支辦業務に参画させるようになった。

ところで光緒初頭県内の駅站には馬五八匹が配備されていたが、飼育費は全て県が負担しなければならなかった。その費用は県内五二牌（行政村）に攤派され、大牌は銭二〇〇串を、小牌は銭九〇串を供出していた。これとは別に県当局は糧行に毎年飼料の豆三〇〇石を、油房に毎月衙門が使用する油四〇〇斤を、煤窰（炭鉱業者）に毎年窰口銭四〇〇余串を、牙行に毎年官騾銀二四〇両を、それぞれ割り付けており、新知県赴任時には一年分の追加負担が強いられた。また夏季には涼棚に用いる木材数百本を、冬季には暖房用の木炭万余斤を納めさせ（他にも句炭・攤炭・年炭などがある)、五日おきに鶏二〇羽、アヒル四羽(一羽ごとに折銭七〇〇―八〇〇文)を提供させるなど「凡そ衙署内外の員役の日用、一つとして民より取給せざるは無し」という状況であった。このように州県は兵差など本来の差徭の他、輸送手段の確保や衙門の求める物品の調達もまた、差徭を名目として人民に負担させていた。その上吏に書役が定額の差徭に一割から四、五割の陋規を上乗せ徴収し、郷紳層も需索を免れなかった(5)。

そこで光緒五年(一八七九)郷紳侯維楨、陳玉川、郭深之らは新安県民の窮状を河南府知府朱寿鏞に告訴し、知府の報告を受けた河南巡撫涂宗瀛は包差章程を改訂した。具体的には倡善堂を設置し、毎年の差徭は按糧攤派(毎両銭二串)して倡善堂に集めるとともに、知県、典史、委員および六房や倉房の門丁、家人、衙役への応分の付け届けも堂を通して支払い、一日当たり銭四〇串を県衙門に送付して県に流差を代行させるとともに、その他の雑差すなわち倡善堂を経由しない衙門の必要経費徴収行為は全面的に禁止した(6)。

新安県では太平天国勃発以降差徭が急増し、知県は差徭局を設置して郷紳層に車馬支辦および差徭銭徴収の業務を担当させたが、光緒初頭の大飢饉を契機に郷紳が差徭負担の軽減を求めたため、河南巡撫涂宗瀛により差徭章程が制定されたことが、県志から読み取れる。兵乱を契機とした差徭の増大と差徭局設置、光緒初頭督撫による陋規需索・規礼饋送の改革は四川など他の諸省でも見受けられるが、ここで特に注目されるのは以下の二点である。まず第一に、兵差や流差など本来の差徭の他、差徭に名を借りた衙門の日用必需品の調達が常態化しており、この負担は糧戸のみならず、糧行・油房・煤窰・牙行といった商工業者に及んでいることである。このような地方衙門の調達行為は、地方行政経費がほとんど計上されていない中央集権的財政構造の下では普遍的に見られたものと思われる。但し制度上は違法であるため、地方志などにはほとんど姿を見せない。

注目すべき第二の点は、光緒五年(一八七九)の差徭章程制定以後、差徭および知県や書役の付け届けは善堂から一括支給されるようになったことである。差徭局は県が設置したとはいえ、県衙門から一応独立した公局であり、その後郷紳層の参加も認められていた。しかし本来の差徭とは無関係な物品や金銭の、糧戸や商工業者からの需索は改善されなかった。巡撫涂宗瀛の差徭章程は、知県や書役に定額の手当を支給することにより、際限ない需索を抑制しようとするものであったが、その給付主体は善堂であった。この善堂は純粋な自発的相互扶助組織ではなく、国家の主導によって設置され、土地所有に応じて分担金を徴収する、準公的な財務機関であった。これは陋規需索の予防を目的とする点では一九世紀前期江南で相継いで創設された新型善堂と類似しているが、江南の善堂が郷紳により自発的に建置され、国家（江蘇按察使）によって追認されたのに対し、河南省新安県の倡善堂は当初から国家（河南巡撫）によって設置されたという点が異なっている。なお差徭銭は当初毎両二〇〇〇文に定額化されたが、光緒一二年（一八八六）に二二五〇文に増額され、光緒二七年（一九〇一）の義和団事件に際しては総額四万二〇〇〇串もの臨時的科派が実施された。(7)

商工業者への地方行政経費の攤派は新安県以外でも見られる。次に開封府滎陽県の地方志、民国『続滎陽県志』を検討しよう。県志によると、滎陽では車馬の差徭を県内一三保（行政村）が輪番に支辦していたが、道光二五年（一八四五）知県羅鳳儀が二〇畝以上の土地所有者に対し飛車（一二〇畝につき一台）、疲車（四〇畝につき一台）、馬匹（二〇畝につき一頭）を攤派する方式に改訂した。しかしその後猾戸の忌避や書役の不正によって負担の不均等が生じ、咸豊以降の兵差の急増とも相まって深刻な役困を招来していた。そこで光緒二七年（一九〇一）の義和団事件を機に、知県趙景彬が紳士層と協議して差徭を按畝攤派（毎畝銭三〇文）に改め、車馬局よりこれを支辦したので、民困はようやく除去された。(8)新安県より対応は漸進的であるが、太平天国や義和団事件を契機として兵差支辦方法が行政村の持ち回りから土地所有に比例した攤派へと進化を遂げたことが知られる。知県が差徭改革を主導し、郷紳層がこれに協力したことも共通している。

しかし共通点はそれだけではない。新安と同様滎陽でも「八作工差」や「春秋祭差」と呼ばれる物資や役務の調達が差徭に紛れ込んでいた。前者は大工、左官、石工、絵師、搾油、塗り師、抄紙、組み紐など八種の職人に賦課された徭役で、同業組合の董事を通して支辦され、光緒三〇年（一九〇四）知県により廃止された。後者は春秋の祭祀に際して屠行、牲畜行、布行にそれぞれ豚、牛と羊、鶏を差し出させるもので、宣統三年（一九一一）に廃止された。(9)これら職人や牙行に対する差徭もまた当官と同じ性質のものである。

もう一例紹介しよう。陳州府西華県の地方志、民国『西華県続志』は、差徭、陋規、税捐などの項目に分けて清代の各種雑税を記載している。まず差徭の項を見よう。清代西華では、馬匹の糧秣、官僚・書吏・委員の車馬、獄舎で用いる荊棘、考試の会場設営、祭祀の供物など、本来県衙門が公費で整えるべき備品の費用を全て郷村に支辦させ、各郷は農民に按畝攤派方式で差銭を割り付けていた。これは「牌甲を綑《しば》る」と呼ばれ、大概必要分の十倍は需索されると言われていた。(10)宣統三年（一九一一）議事会が策定した差徭整理案によると、差徭の内県衙門に入るのは一－二割、書差の陋規が三－四割で、残る四－五割は郷紳や地保によって中間搾取されていたようであり、今後あらゆる差徭は公款局が代収して支辦すべしと提起している。(11)差徭の全廃は困難であったため、県会は書役や在地の徴収代行人の苛烈な搾取を禁止して、必要最低限の徴発のみにとどめようと試みた模様である。

次に陋規の項を見よう。県志は五種類の陋規を掲げている。すなわち①県官の赴任時や毎年三節句に書吏、里書、衙役、保正、郷約、牙行、不動産牙行などより徴収される「卯規」、②毎年各房の継承（書吏頭）、各里の里書、壮皂、各班の総役（衙役頭）が交代する際に下役が贈る付け届けで、人民に転嫁される「点規」、③県衙門が日用必需の食料品や燃料、調味料、表具などを県城内の牙行や職人から調達し、最終的に四郷の農民が需索を被る「支官陋規」、④

県衙門の馬匹養育費である「草豆折価」、そして⑤里書が土地名義の変更に際して徴収する手数料や、納税時に郷民から受ける各種接待などを総称した「里書幇規」である。[12] この内①卯規、②点規、⑤里書幇規は書吏・衙役や里役の人件費に相当するもので、陋規需索・規礼饋送体系の末端部分を構成している。一方③支官陋規と④草豆折価もやはり地方的徴収の一部であるが、新安や滎陽で見られた衙門の維持経費と同じ性質の陋規で、特に支官陋規は江南の当官と酷似している。

このように西華県では、牙行は知県から卯規の名目で陋規を要求される他、支官陋規と呼ばれる衙門の無償調達にも応じねばならなかったが、現実にはこれらの負担は郷村の一般商人や農民に転嫁されていた。県志の税捐（牙帖税）の項も、この事実を裏付けている。

牙帖税とは、牙行に営業許可証である牙帖を頒給する際、省が徴収する雑税であると県志は語るが、牙帖は本来無償で給付され、正規の課税対象とはなり得ないはずであるから、ここで言う牙帖税とは厳密には牙帖捐すなわち牙帖交付に際して徴収される強制的寄付金のことであろう。西華は商工業が未発達な僻地で、商品の取引量も少なく、牙行に充当する者は無産の貧民であった。牙税自体は極めて軽微であったが、五年に一度の牙帖交換時に県全体で一千六、七百両もの牙帖捐を納付させ、その他の年には七、八百両の牙税を徴収していた。徴収業務は刑房が担当した。県は牙行の自由な廃業を許さず、たとえ当人が死んでも別人に無理やり継承させるので、善良な商人は牙帖を蛇蝎の如く恐れると言われていた。[13] 西華県当局は仲介業務に携わっていない者を半強制的に牙行に充当させるので、一般商人の破産没落を招いていたが、無産の貧民を牙行に充てることは結果的に明末清初の江南で見られた牙行の無頼化を引き起こしたであろう。[14]

彰徳府林県でも西華県と同様、牙行からの収奪が見られる。民国『林県志』によると、清代牙帖一張につき毎年の牙税は銀三銭以下であったが、付随して徴収される陋規は牙税の数倍から十倍、百倍と巨額で、これらは地方官や書吏・衙役の手当となっていた。衙門の厳しい収奪に堪えきれない小規模の牙行や経紀は閉店しようとするが、数十両の賠償金を払わねば牙帖の引き取り手はないという有様であった。(15) 本県でも牙帖は営業権よりもむしろ納税義務の表象であった。

以上民国期に編纂された四県志を通して河南省の差徭と牙行に対する陋規について考察した。河南では太平天国以降差徭が増大したが、人民を最も苦しめたのは国家が必要とする本来の差徭ではなく、差徭に仮託した州県の陋規需索であった。陋規は車馬の供出から衙門の維持経費、官僚や書役の人件費に及び、商工業者とりわけ牙行からの需索が目立った。彼らは州県衙門から恣意的な物資や役務の調達を強制されたり、牙帖給付に対して高額な税捐を徴収されたりしたが、前者は当官、後者は牙帖捐とも呼び得るものであった。江南では当官の矛盾を止揚したものが牙帖捐であったが、河南では両者の前後関係は不明である。

牙行を含む商工業者からの地方的徴収は直隷南部から山東でも見受けられるが、河南では按糧攤派や按畝攤派などと呼ばれる税額や土地面積に応じた差徭徴収制度の整備も並行して実施された。各種差徭局の設置と按糧・按畝攤派方式の導入について述べる地方志は多い。たとえば民国『続武陟県志』によると、懐慶府武陟県では車馬の差徭を二〇里（行政村）に輪番で支辦させていたが、咸豊・同治（一八六一－一八七四）年間これを按畝攤派に改め、衙役に徴収を請け負わせたところ、彼らは毎畝差徭銭数百文を科派したので、人民の苦累は重かった。そこで光緒五年（一八七九）河北道と知県が郷紳を督率して公義総局を設置し、局より車馬を支辦させ、差銭を定額化して毎畝五〇文とした。光緒九年（一八八三）には余剰が出たので、差銭を四〇文に減額した。光緒二六年（一九〇〇）義和団事件が起こると、流差の増大により差銭は五〇文に戻されたが、光緒三四年（一九〇八）には減額された。(16) なお当県では車馬の他、闊布を採買する際に費用の不足を民間に補塡させる「棉布幇価」や、県衙門の馬の養育費を名目として差銭を私派する「号豆」なども存在した[17]。

また民国『修武県志』によると、同府修武県でも車馬の負担は重く、以前は書吏が調達を請け負っていたので、人民は厳しい需索に苦しめられていた。そこで各里の大戸が協議して大戸局を設置し、局より差徭を支辦することで書吏の中間搾取を排除した。更に光緒五年（一八七九）には知県が河北道に願い出て、武陟県に倣って民立の大戸局を官立の車馬局に改編し、公正な紳士に経理を委ね、一切の費用は糧戸に按糧攤派したとある[18]。

車馬局の名は修武県のみならず他地域でも広範に用いられた。開封府通許県では光緒九年（一八八三）紳士司沢民の呈請により車馬局が設置され、局が車馬を自備して差徭を支辦したが、翌年には廃止され、以後戸南房が差徭銭を徴収した[19]。また同県では同治一二年（一八七三）より地方差徭と称する県衙門の陋規（毎年銭九〇〇余串文）も県内四八地方（行政村）に攤派され、兵房より徴収されている[20]。この他同府鄢陵県でも、清末車馬局が設置されている[21]。衛輝府獲嘉県では咸豊・同治年間徭役が繁重化したので、大戸が協議して南北両社に車馬局を設立したが、当初費用は村単位に攤派され、光緒年間（一八七五―一九〇八）に按糧攤派方式へ改められた[22]。懐慶府陽武県でも光緒三四年（一九〇八）巡撫の支持により車馬費が随糧徴収された結果、支車地方には毎畝一〇―一二文、支馬地方には毎畝五文の差銭がおのおの攤派され、公款局がこれらの経理を委ねられた[23]。また許州直隷州郾城県でも光緒二六年（一九〇〇）より差徭が按畝攤派化され、車馬局が毎畝三〇文の差銭を徴収して、内二〇文を差徭支辦費用に、一文を書院経費に、残り九文を台帳作成経費に充当した[24]。なお差徭局の設置は確認されないものの、差徭の按畝・按糧攤派が実施された地域として、開封府汜水県、衛輝府新郷県、陳州府項城県・商水県、汝寧府正陽県・西平県などがある[25]。

以上まとめると、河南省では道光年間より駅站差徭が次第に増加していたが、咸豊初の太平天国勃発を機に急増し、糧戸に対する収奪が限界に達した。銀一両を銭千文で換算すると、新安県では一時期正額銭糧の十数倍もの差徭が科派されていたことになる。そこで同治から光緒にかけて、多くの州県で個別に差徭改革が実施された。河南差徭改革の要点は、第一に里甲を単位とした輪番充役制から土地所有に比例した攤派方式へ移行したことであり、第二に差徭局の設置と局による差銭の経理、差徭の支辦であり、第三に郷紳や大戸の積極的協力を得たことであった。これにより差徭は重い県でも銭糧の二倍程度に削減された。また河南では山西や陝西で見られた督撫による全省的差徭改革は実施されなかったが、逆に直隷南部や山東で見られた商工業者からの陋規需索が少なからぬ州県で確認された。このことから清代後期河南省における地方的徴収の形態は、華北西部型と華北東部型の折衷型であると言える。

一九世紀後期における駅站差徭の収奪強化に対して河南省の督撫は概ね無策であり、州県官が大戸・郷紳層と共同で差徭改革を主導したのであるが、商工業者に対する陋規（不正規徴収一般の意味と区別するため、以下「当官」と呼ぶ）については、早くも一八世紀より督撫の注目を集めていた。次節では彼らの遺した公牘を手がかりに、河南における当官の実態とその変化について考察しよう。

二　当官の実態と変化

河南省の地方志に見られた牙行や職人からの陋規は、江南では当官と呼ばれた。当官は地方行政の遂行上やむを得ない収奪慣行であるが、正規の租税制度が認知しない違法な徴収であり、商工業の発展も阻害するため、時として督撫の取り締まりの対象となった。江南で当官の禁止と牙行制度への収斂が政策的に推進された雍正期、河南省では河南巡撫（雍正二年―雍正一〇年在任）兼河東総督（雍正六年―雍正一〇年在任）田文鏡が車馬や当官を名目とした商工業者からの陋規需索を禁止した。

まず駅站車馬に関わる差徭について。田文鏡が巡撫に就任した雍正二年（一七二四）、河南では駅站で用いる飼料の豆を斗行に、麩を磨坊と飯舗に、草を里甲に科派していた。田はこれを厳禁したが、その後も州県は陰で地畝に応じた差銭の攤派や市価の半額での強制買い付けなどを続けたので、彼は再度当官禁止を命じている。(26) 駅馬の飼料代は郷村の他、穀物牙行や製粉業者、飯店などにも割り当てられていたのである。また衙門が騾馬や車輛の手配業者である埠頭から車馬を雇用する時には、本来必ず代価を支払わねばならないが、開封府祥符県では漕糧輸送を口実に衙役が埠頭より車輛を強制雇用したり、衙役と埠頭が結託して外来の車戸を足止めし、官差を名目として差銭を需索するので、省城の祥符県や朱仙鎮に客商の車輛が来なくなった。そこで雍正三年（一七二五）田は車馬の強制徴発を厳禁している。(27) 祥符県では衙役が公事に名を借りて埠頭と呼ばれる車馬牙行を収奪し、埠頭は外来商人に負担を転嫁していたのである。

次に商工業者に対する当官について。祥符県および朱仙鎮では駅站車馬の他、行戸（牙行）に対して「当官応差」と呼ばれる陋規が課せられていた。これは衙門が必要とする金属、木材、陶磁器、布帛、敷物や家具調度、各種什器、装飾品などを各牙行より低価格あるいは無償で調達するもので、文字通り当官である。(28) 田文鏡は雍正三年このような当官行為を一切禁止したが、報告によると綢緞行からは各種絹織物を、布行や染店からは各色棉布を、磁器行からは食器を、木行からは机や椅子を、紙行からは各種の紙製品を、絨貨行からは毛氈を強制借用する他、金属器や雑貨を各行舗より借用し、場合によっては紳衿、富戸、寺廟、飯店、工匠にまで負担を及ぼしていた。(29) あらゆる牙行が何らかの形で当官を強制され、郷民もまたこれに巻き込まれていたことが史料より読み取れる。駅站差徭よりもむしろ当官こそが、清代前期河南省における州県衙門の行政経費の主たる源泉であった。

なお河南ではこの他に「土産」と呼ばれる陋規があった。これは州県官が知府や道員などの上司へ任地の名産品を毎年付け届けする慣行で、買い付け費用は自辦せず、行戸に肩代わりさせたり一般人民に割り付けたりしていた[30]。この土産は物納の規礼であり、土産の授受により道府もまた間接的に当官の恩恵に浴していたのである。当官や土産はそれぞれ陋規需索・規礼饋送の原始的形態であると言えよう。

田文鏡は当官の禁止を厳命したが、当官に替わる地方行政経費の手当てがなされない限り、州県はこれを止めることができないであろう。雍正四年（一七二六）彼は再度、州県衙門が黄河の護岸工事、白蠟や木材の確保、上司の接待、新任官の歓迎、転任官の手助け、勅使の世話、会計報告の際の心付け、食塩の不足、衙門の修理、柳の植樹、のろし台の普請、立春の祭礼、誕生祝い、駅站で用いる豆・麩・草などに名を借り、郷約や地保を通して各種物品、役務、金銭を私派勒取することを厳禁し[31]、併せて公務に便乗した船隻の無償徴発や運賃割引の強要を禁止しているが[32]、このような告示がたびたび繰り返されることこそ、当官の廃絶が至難の業であることを如実に示している。しかしその後も彼は当官改革に執念を燃やしていたようである。雍正帝は当時絶大の信頼を寄せていた田文鏡と李衛の奏議を編纂して『欽頒州県事宜』を作成し、地方行政の規範として州県に頒布したが、同書には行戸からの短価ないし無償の物資調達を禁じた河東総督田文鏡の一文が収録されている[33]。その冒頭で彼は「行戸の当官は、最も悪習為り。民牧に職司たる（親民官に任ぜられた）もの、首《はじ》めに宜しく厳禁すべし」と明言し、当官禁止を州県行政刷新の最重要課題として位置付けている。しかし既に前節で明らかにした通り、清末に至っても当官は廃止されなかった。

ところで当官は河南以外の地方でも存在した。乾隆一〇年（一七四五）陝西巡撫陳弘謀は、人民が既に禁止された当官雑差の累に苦しんでいると指摘し、九項目の事例を列挙している。第一は衙門の修理で、里を単位に銀数百両から一千両もの費用が攤派されている。第二は毛氈で、里単位に無償供出させている。第三は新官着任時の衙門の修理や部屋の設《しつら》えで、里単位に費用を科派している。第四は馬草の購入で、里民より買い叩く。第五は倉庫の修理で、里民に板切れを供出させ、代価を少ししか支払わない。第六は丁祭の供物で、行戸より安値で買い叩く。第七は毛皮で、衙門が安値で買い付け、舗戸に負担を掛けるが、公幇と呼ばれる者が当官に便乗して毛皮を無理やり値引きさせるので、舗戸の苦累は底知れない。第八は衙役などの賃金で、里民を役務に充当させ、官が工食銀を着服するのである。第九は孤児や貧民の救済で、対象となる者に給付金を支払わず、官がこれを着服する。[34] 以上九項目の内、最後の二項目は不正手段による州県正規財政の部分的流用であり、本来の当官から逸脱しているが、第一から第七までは江南や山東、河南で見られた当官と同様、州県衙門による物資の低価格ないし無償での調達行為である。

陳弘謀の檄文により陝西でも当官が存在したことが明らかとなったが、ここで注目すべきは、科派対象の大半が郷村の里民であり、牙行や舗戸を対象とした当官は丁祭用の供物と毛皮に限定されている点である。これ以外にも商工業者に対する当官が存在した可能性はあるが、さほど大きなものではなかったものと思われる。山東や河南と比較して商品生産や商品流通が相対的に未発達な陝西では、特産品の毛皮を交易する市鎮を除き、収奪に耐え得る商人がほとんどいなかったため、州県は駅站車馬のみならず衙門が必要とする物資や役務も里甲に科派せざるを得なかったのであろう。

一方時代はやや下るが道光初の湖北では、当官は既に過去のものと受け止められていた。道光六年（一八二六）荊州府知府に補せられ、道光九年（一八二九）より武昌府を調した裕謙は、『欽頒州県事宜』に収録された田文鏡の当官厳禁論に対して「当官による衙門の需索は昔日の事であり、今日では差務の支辦を名目として牙行が客商を収奪している。その結果商賈は零落し、市鎮は衰退している」と批評している。[35] 武昌府知府歴任時代の経験に基づく裕謙の認識によれば、一九世紀前期の湖北では商人に対する当官形態での収奪は姿を消していた。彼はむしろ当官を口実にし

表6－1　清代各省における牙税額の変化

（単位：両）

	康熙会典①	雍正会典②	乾隆会典③	嘉慶会典④
直隷	10,729	14,640	17,549	13,879
山東	6,467	1,716	6,493	18,422
河南	7,489	2,180	2,179	60,413
山西	6,860	6,240	9,088	9,111
陝西	2,305	1,721	1,655	1,765
甘粛	1,188	509	760	752
江蘇	9,316	6,775	11,130	11,559
浙江	4,327	2,791	4,528	4,518
安徽	5,394	3,460	8,031	8,444
江西	2,611	3,082	5,043	5,206
湖北	7,344	999	2,776	5,835
湖南	738	743	1,035	1,045
四川	200	357		
福建	5,226	2,683	2,721	2,721
広東	2,152	48,966	17,847	
広西	101			50
雲南				386
貴州	151	159	514	571

（小数点以下四捨五入）

註　①康熙（29年）『大清会典』巻35、戸部、過程４、襍賦。
②雍正（10年）『大清会典』巻53、戸部、過程５、雑賦。
③乾隆（13年）『欽定大清会典則例』巻50、戸部、雑賦下。
④嘉慶（23年）『欽定大清会典事例』巻195、戸部、雑賦、牙行商行当舗税。

た牙行の客商に対する不当な手数料徴収が商業を沈滞させていると強調する。

牙行をはじめ商工業者に対する当官の科派さえもが困難であった陝西と、当官形態での地方的徴収から脱却しつつあった江南や湖北との間にあって、河南は山東と同様当官への依存を継続させた。各省の地方的徴収における当官の比重を定量的に分析することは困難であるが、科派の対象である牙行の数である程度の傾向は推測できる。表6・1は康熙（一六六二―一七二二）、雍正（一七二三―一七三五）、乾隆（一七三六―一七九五）、嘉慶（一七九六―一八二〇）四朝代の大清会典に記載された各省の牙税額である。牙行一戸あたりの牙税額は省によって差異がないので、牙税総額の多寡は牙行総数のそれと概ね一致するものと考えてよい。但しこれらの数値は国家が課税対象として認知している牙行の数であり、実際に営業している仲介業者の数とは全く一致しない。牙帖を頒給されない牙行や経紀が多数存在する地域もあれば、逆に牙帖の返納を認めない河南省のような地域もある。従ってこの数値は各省における流通の発展程度や各朝代における商業の盛衰を必ずしも反映していない。また四川、広東、広西、雲南のように、国家がある時期において牙税数を計上しないこともある。

表を見ると、直隷、江西、湖南、四川、広東を除き、雍正年間の牙税額は康熙年間より低下しており、この頃仲介業者の牙行への強制充当に一応の歯止めが掛けられたことがわかる。しかしその後の動向は省によって大きく異なる。河南省について見れば、乾隆会典ではほとんど増加が見られないものの、嘉慶会典では約三〇倍の六万余両に達しており、この額は全国第一位である。山東省は乾隆会典で康熙時代の数値に戻し、嘉慶会典で約三倍に増加し、全国第二位の一万八千余両に達している。第三位は直隷省の一万三千余両、第五位は山西省の九千余両で、上位五省の内四省は華北である。これに対し華中では商品経済の最先進地域である江蘇省が一万一千余両で四位に入っているが、その他は皆一万両台を切る。裕謙が知府を勤めた湖北省は、雍正期に激減した牙税額が乾隆・嘉慶年間に次第に増加しているものの、康熙の定額には戻っていない。陳弘謀の陝西省やその西隣の甘粛省では、雍正期の定額削減以降ほとんど上昇が見られない。

大清会典に記載された牙税額は国家が定めた名目上の数値であり、実際には牙税の数倍から数十倍もの陋規が州県によって需索されていたのであるが、地域比較の目安としては有効であろう。華中より商品経済が遅れている華北の方がかえって牙税額が重く、特に河南と山東では絶対値、増加率ともに著しい伸長を見せている。両省における牙税額の突出は、牙行への財政的依存の大きさを示すものと考えてよかろう。一九世紀に入った後も河南省は牙行からの収奪を強化しつつあった。

牙税額がこれほど大きいと、牙帖を頒給され牙行と認定された者が実際に仲介業を営んでいたのかも疑わしくなる。

前節で解明した通り、河南では牙帖は営業権ではなく納税義務の表象であり、牙行を廃業しても牙帖を返還することはできなかった。おそらく一般の商工業者や富戸を強制的に牙行に仕立て上げ、当官を強制していたのであろう。

地方志にも牙税についての記載があるが、河南省の大半の州県志では、牙税は原額、新増、盈余、新認など複数の項目に分別されている。嘉慶『密県志』および同治『中牟県志』によると、原額は国初以来の数値、新増は康熙四九年（一七一〇）に設けられた増加分で、従来州県が任意に発行する県帖であったが、雍正四年（一七二六）の改革で布政使が頒給する司帖に転換された。盈余は雍正五年に増設され、新認は雍正八・九両年に増設されたもので、雍正一一年に以上四項を定額と定めた。[36] しかしこれら全てが戸部の認める定額だったとは思えない。大抵の州県志を見ると盈余牙税が数百両に達しているが、衛輝府濬県では牙帖原額銀が二四両四銭、牙帖盈余銀が一三五九両一銭、新認牙帖盈余銀が二〇〇四両六銭と記されており、[37] 同県だけで雍正・乾隆両会典に記された河南省の牙税総額を軽く上回る。おそらく会典の牙税額は原額もしくは原額と新増の数値を集計したもので、州県は戸部の把握しない「司帖」に基づき原額よりはるかに多大な盈余「牙税」を科派していたのだろう。また前出『中牟県志』には、原額府牙帖一〇張（牙税一〇両八銭）、新増府牙帖二九張（牙税一九両九分三釐）、盈余府牙帖一一張（牙税七両三銭八釐）との記載があり、司帖とは別に府帖なるものも存在した。そしてこれらの外部には更に膨大な陋規が付随していたのである。

以上のように、清代前期河南省の主要な地方的徴収は当官であり、雍正期の牙行数制限策の実施以降も州県は戸部の把握しない牙帖や牙税を設定し、人民を需索していた。その被害は牙行にとどまらず、舗戸、客商、職人、小経紀、富民にも及んでいたであろう。

ところが一九世紀初頭までは当官に依存していた州県も、道光年間頃から駅站車馬に付随した差徭を次第に強化するようになる。咸豊元年（一八五一）太平天国が勃発すると、車馬の需要は飛躍的に増大したので、各州県は差徭局を設置し、按糧攤派や按畝攤派方式による差銭の徴収を開始した。当官系統の陋規は依然として存続したが、江南のように牙行の営業税へと発展することはなく、牙帖税のなし崩し的拡大により、牙帖と仲介業者との関連は更に稀釈された。当官による収奪が限界に達し、地方行政経費も飛躍的に増大する一九世紀後期には、駅站差徭に仮託した需索が急伸するが、当官自体もしぶとく生き残り、両者が併存する形で清末を迎えたのである。

おわりに

清代河南では、郷村に科派される駅站差徭と商工業者に科派される当官との二系統の地方的徴収が存在した。駅站差徭は華北から西南諸省に広く見られるが、河南では太平天国以降に急増し、府州県によって差徭局の設置、郷紳層の参与、里甲の輪番制から按糧・按畝攤派への変更などが個別に実施された。一方当官は主として明末清初の江南で顕著に見られるが、河南でも一八世紀には深刻な弊害をもたらしていたようであり、雍正年間田文鏡は当官の改革に尽力した。しかし河南の当官は清末まで存続し、商工業者の牙行への充当も乾隆・嘉慶年間に激増した。河南の当官は牙帖捐へと収斂することなく、駅站差徭の増大以後も主要な地方財源であり続けた。

当官と総称される雑泛差役の科派形態には明確な地方的偏差が存在した。経済的最先進地域である江南では、明代後期より当官慣行が顕在化し、康熙年間には商工業者の負担が最も深刻となったが、雍正年間の牙行制度整備を契機として終息し、現物での恣意的徴発は定期的貨幣徴収である陋規へと移行した。同治年間には江蘇巡撫李鴻章の財政改革により、陋規は牙帖捐に置き換えられた[38]。また長江中流域の湖北では、江南のような劇的改革こそ見られないが、一九世紀前期には州県の商人に対する当官強制は既に過去のものとなっていた。

一方山東や河南では、清末まで当官に相当する商工業者からの調達が継続し、駅站差徭と並んで州県財政の重要な収入源であり続けた。特に河南では、仲介業を営まない者をも無理やり牙行に充当させ、当官を強制したり陋規を需索したりしていた。そして両省より更に商品経済が未熟な陝西では、当官は主として里民に科派されていた。

総じて、華中では当官は雍正期の牙行制度整備により姿を消し、特に江南では本格的な商業課税への進化さえ見られたのに対し、華北西部では商工業者に対する科派が困難であり、駅站差徭への依存が大きかった。そして華北東部では、先発の当官と後発の駅站差徭とがあいまいな形で併存し[39]、当官改革も差徭改革も中途半端に終わった。当官という収奪形態が定期市段階にある山東や河南の商品経済に適合的であったため、州県の駅站差徭への依存度は相対的に低く、従って全省的差徭改革の必要性も少なかったのである。

一九世紀後期江南、湖広、四川など長江流域諸省では督撫により財政改革が実施され、流通や商人への課税を原資とした事実上の省財政が形成された。しかし華北諸省は、差徭改革を実施した山陝両省や李秉衡により財政改革が試行された山東省を含め、この流れに取り残された。河南や山東の当官は駅站差徭と同様、最後まで州県の地方的徴収に留まったのである。

註

(1) 差徭や当官はいずれも史料用語であり、厳密には不正な行為であるため、指示対象は極めてあいまいである。本章では華北における正額外徴収(地方的徴収)の内、駅站に便乗して需索されるものを「差徭」あるいは「駅站差徭」と呼び、官物の無償調達を「当官」と呼んでいる。実態から見れば、前者は主として農民層に、後者は主として商工業者に賦課されていたが、截然と区別されていたわけではない。

(2) 賈臻『退厓公牘文字』巻一、署河南府任「犖民省控差務車馬案判」

査。鞏県地当孔道。差務絡繹。需要車馬。因本処並無車行。嚮係借資民力。嘉慶十六年間。因書差郷保。舞弊濫派。経前府斉立定規条。出示暁諭。並由県邀集紳士。妥議章程。於県城内。分設五路公局。公挙老成殷実紳民。挨次輪流。照料開列名単。呈県硃標。遇有公務。需要車馬。由局承応。不仮書差郷保之手。

（3）同右
嗣後仍照嘉慶十六年立定章程。在城設立車廠。輪支差務。不准再出外省長車長馬。需要車馬。上下站総。応見車換車。見馬換馬。不准額外多索。尤不准有折価情事。

（4）民国『新安県志』巻三、財賦、差徭
咸豊元年。兵差如織。丁地一両。派銭十余串。以供車馬麩草之需。人民不堪其擾。多逃至他境。二年。知県馮森。設公車局。専辦兵貢流雑各差。胥役侵漁之弊除。而流亡終。同治十二年。改公車局。為兵差局。由紳辦理。光緒三四年。奇荒。毎丁地銀一両。派銭七八百文。

（5）同右
当時県設支差駅站馬五十八匹。由五十二牌。公同喂養馬匹。……約計大牌年出銭二百串。小牌九十串。糧行年支料豆三百石。油房月支衙署油四百斤。煤窰年各納窰口銭四百余串。新令蒞任。加納一次。……牙行年支官騾銀二百四十両。新令蒞任。亦如之。夏季支涼棚杆数百根。冬支木炭万余斤。旬炭・攤炭・年炭。無定数。又鶏二十隻・鴨四隻。為一票。五日一支。毎隻折銭七八百文。……凡衙署内外員役日用。無一不取給於民。而又実用一分。出票多至四五分。雖紳耆。不得免焉。

（6）同右
五年。邑紳侯維楨・陳玉川・郭深之等。以新民苦於差徭。呈准知府朱寿鏞。転詳巡撫涂宗瀛。釐訂包差章程。創設倡善堂。常年差徭。随糧徴収。丁地一両。収銭両串。凡知県・典史・外委。吏戸礼兵刑工号房・倉房門丁・家人・衙役。各分潤有差。由倡善堂代収。按日繳県銭四十串。由官代辦流差。其余雑差。一律裁革。

（7）同右
十二年。因包差不敷。於包差両串外。毎両銀加銭一百五十文。二七年。清帝由陝回京。支辦皇差。除原派差銭二千一百五十文外。按糧加派銭四万二千余串。名曰小分数。以後加派兵差。沿用此例。

（8）民国『続滎陽県志』巻四、食貨、差徭車馬差。除在城一保不支外。十三保分配。輪流支応。道光二十五年。知県羅鳳儀。定為有地一頃二十畝。支飛車一輪。四十畝。支疲車一輪。二十畝。支馬一蹄。不及二十畝者。無差。民間称便。積久弊生。滑戸規避。書差隠瞞。地増者。不肯支。地減者。不能退。咸同間。兵差絡繹。民大困。光緒庚子。両宮西巡。愈不堪命。知県趙景彬。同紳董籌商。改為毎地一畝。派銭三十文。随糧征収。另給差票。設局試辦。官為監督。雇車馬応差。民困始蘇。

(9) 同右

八作工差。木泥石画油漆紙紮。各以首領。応差賠累。由其同作公同担認。光緒三十年。八作総目石楽山稟請。知県張紹旭豁免。

春秋祭差。城鎮屠行支猪。牲畜行支牛羊。布行支鶏。宣統三年。実行公費。一概豁免。

(10) 民国『西華県続志』巻六、財政四、差徭

前清時代。県署養馬所需穀草料豆。来往官吏委員車馬。獄牆棗刺。考試棚蓆。祭祀供品。均按地方分攤支応。各郷均於冬季。預為攤派。按畝収款。赴城完納。以免臨時勒訛。名曰綑牌甲。大概用一取十。利帰中飽。

(11) 同右「宣統三年議事会整頓差徭案」

査。各地方向時支差情形不同。……其実帰署内者。不過十分之一二。蝕於書差者。十之三四。而劣紳悪保。則侵呑十之四五。……本会再三討論。擬将所有差徭。由公款局代収。

(12) 同右、財政六、陋規

一。卯規。房書・里書・差役・保正・郷約・牙行・産行。於新官到任之初及毎年三節。例須点卯。並繳卯規。少者制銭数百文〔如保正・郷約〕。多至制銭数十串〔如房書・里書・産行〕。……

二。点規。清季凡房科経承・各里里書・壮皂各班総役。毎有更調。例須繳納点規。多至一千余串。少亦数百串。書吏・総役等。既無薪餉。自不得不向人民勒索。以償其慾。……

三。支官陋規。県署及典史署等。日常用品。屠行供肉。曰官肉。鶏魚行供鶏魚。曰官鶏・官魚。以及柴・煤・油・塩・蠟燭・木泥・裱糊・工匠等。均須支官。官署取之城内各業。城内各業。則転取之於四郷。輾転勒索。而民苦矣。……

四。草豆折価。清季県署養馬。城郷供給草料豆。為数甚鉅。即不養馬。亦須照繳。遂成陋規。……

五。里書幇規。……里設里書一人。或数人。視為世業。欲充里書者。除繳県署点規外。並須向前任里書。繳相当経費。……

旧例買売地畝。循例過割粮銀。如買戸売戸同里。且係旧戸名者。清末毎戸取手数料五百文。……如係新立戸名。或不同里者。清季毎戸手数料一串五百文。至三五串不等。……此外麦秋両季。里書例赴所管各郷村。借住郷紳家中。派人到各農戸収粮。毎戸少則数升。多至数斗。収畢。由農民備車。運送里書家中。歳以為常名。曰収口粮。如里書有婚喪事故。各農戸均須送礼等於派収。……

（13）同右、財政二、税捐、牙帖税

行戸領帖時。須先繳納帖税。名曰牙帖税。為省庫雑税之一。本県僻処腹地。工商業素不発達。無貿易可言。故充当牙行者。多係無業游民。在前清時。税収極軽。所有牙帖。由藩司頒発。五年一換。更換牙帖年分。繳納帖捐。共銀約一千六七百両。普通年份。僅繳牙税。共約銀七八百両。向帰県署刑房承辦。凡充膺牙行。領有行帖者。不准自由歇業。即令死絶。亦責令其継承人。或近支接充。往往因之傾家蕩産。善良商人。均畏行帖如蛇蝎。

（14）牙行の無頼化については、拙書『明清時代の商人と国家』第六章「明末清初江南の牙行と国家」を参照。

（15）民国『林県志』巻五、財政、税捐、牙税

当時牙帖一張。按章納税銀三銭。下至八九分不等。而各行所出陋規。為官及胥役所得者。常三倍・五倍乃至十百倍於額税。凡営小牙紀者。往往終歳勤動。所得不敷繳官之用。観於歇業行店。售出牙帖。尚須倒賠銀数十両。則当日牙税之病民可知。

（16）民国『続武陟県志』巻六、食貨、差徭

武陟差徭。昔称煩重。数十年来之沿革与夫賢有司之変通宜民。亦有不可得而略者。曰車馬。向係二十里輪支。咸同間。改由差役包辦。毎年毎畝。派至数百文。民累不堪。光緒五年。河北道呉・武陟県李。督同士紳。創設公義総局。為支応車馬之所。釐定章程。毎畝派銭五十文。……九年。河北道許。以差銭年有盈余。諭令毎畝減去十文。二十六年。両宮西狩。流差浩繁。知県孫稟准。仍照四十八文旧章派収。……嗣以差事漸少。新政日多。三十四年。経省委会同知県張。逐項核減。

（17）同右

曰棉布幇価。棉布即闊布。向由丁地内。留支例価。由官採辦。嗣派之民間。例価不敷。由民間貼補。名曰棉布幇価。……曰号豆。此係供給県号養馬之需。純属私派。較差徭尤非正当。

（18）民国『修武県志』巻九、財政、差徭

各路車馬。多包給書差。由書差。就近臨時。覓車支応。包辦者。往往高擡車価。藉資漁利。有事誤差。則仍按名伝追。罰

款不已。継以杖責。杖責不已。継以羈押。人民以是破産者。不知凡幾。各里大戸。難堪其苦。商議自行立局支辦。不仮手於胥吏。此大戸局之所由起。光緒八年。知県胡面稟河北道許。以修武差徭甚重。欲仿照武陟。設立車馬局。派公正紳耆経管。経道詳請上憲核准。改公立為官立。局内設総理一人。襄事各里一人二人不等。一切費用。均按銀両攤派。

(19) 民国『通許県新志』巻三、田賦、雑税、車馬費

光緒九年。由県紳司沢民等呈。准創辦車馬局。自養車馬。専備支応。……光緒十年。車馬局取銷。該款帰戸南房征収。

(20) 同右、地方差徭

清同治十二年開辦。按全県四十八地方分攤。由兵房征収。毎年約収銭九百余串文。此款為県署之陋規。

(21) 民国『鄢陵県志』巻一〇、政治、徭役

按。徭役一項。有清季世。苛濫已極。車馬局之設。所以均苦楽。平訟獄。便於支応也。

(22) 民国『河南獲嘉県志』巻六、賦役下、徭役

至咸同間。髪捻搆釁。獲嘉地当崇寧・亢村両駅。徭役煩興。始由各大戸商議。立南北社両馬局。専辦車馬差徭。……始則差用車馬。由県令局。由局中按各村攤派。光緒年間。……按銀両攤派。

(23) 民国『陽武県志』巻二、田賦、差徭

清光緒三十四年。奉河南巡撫林紹年令。将車馬款帰糧。支快車各地方。毎畝出制銭十文・十二文不等。支馬地方。毎畝出制銭五文。均随糧徴収。転交公款局。保管開支。

(24) 民国『郾城県記』巻九、賦役、凡徭

(光緒)二十五年。署知県周雲稟准。自二十六年始。改為按畝分攤。毎畝徴銭三十文。随糧交納。立局城中。支応車馬。永除籍書誣報之弊。花戸亦不能以析戸為詞。而於毎畝三十文中。以二十文。帰車馬局。為支差之用。以一文。為書院経費。九文為籍書造冊之費。

(25) 民国『汜水県志』巻四、賦役、地方財務、車馬、民国『新郷県続志』巻二、賦役、民国『項城県志』巻八、田賦「免雑派告示」、民国『商水県志』巻一二、麗藻、公牘「車馬巡警附捐記」、民国『重修正陽県志』巻二、財務、雑項、差徭費、民国『西平県志』巻一一、経政、賦役。

(26) 田文鏡『撫豫宣化録』巻三上「再行厳飭事」(雍正二年一一月)

本署院奉命旬宣。蒞任之始。即訪知豫省積弊。駅站所用料豆。派之斗行。麩子派之磨坊・飯舗。草束派之里下。殊為民累。当経頒示厳禁。飭取遵依在案。詎各該州県。陽奉陰違。仍踏前轍。或按地畝派銭。或発半価賤買。甚至草束則加二交収。麩料則斗半折算。

(27) 同右、巻四「厳行飭禁事」（雍正三年一二月）

照得。騾馬車輛各埠頭。凡大小文武衙門。遇有公事。俱照時価傭覓。不許強拉押候。短発車価。派令運送。久経本都院禁革在案。今訪得。祥符県指借運漕名色。差役着落埠頭。僱覓車輛。埠頭又借官差名色。将外来車戸。尽行押住。候送糧石。差役串通埠頭。有銭者放回。無銭者羈留。寒冬臘月。苦累不堪。以致各処運送客貨車輛。不但不敢軽至省城。並不敢入朱仙鎮等処装卸。臨年百貨昂貴。病商累民。莫此為甚。除厳行飭禁。并密訪査拏外。合亟出示厳禁。

(28) 同右「厳禁取用各行戸什物以甦商困事」（雍正三年正月）

訪得。省城暨朱仙鎮等処各行戸。俱有当官応差陋例。……自本都院衙門起。先行裁革。如署内需用一切銅錫・竹木・磁瓦・器皿。俱発現銭。照価買製。窓戸・頂槅《あみど》。並未派令裱糊《ひょうぐ》。間或宴賓送席。所需卓囲《テーブルクロス》・坐褥《ざぶとん》・椅墊《ざぶとん》・碗碟《こばち》・食盒《じゅうばこ》等物。悉皆自備。出巡公館。亦不令其懸灯《ランプ》・掛綵《かざりぬの》・舗氈《もうせん》・舗蓆《むしろ》・紮棚《かけごや》・貼対《たいれん》。到任以来。従無糸毫擾累商民。

(29) 同右

一。門簾《のれん》・帳幔《まんまく》・綵紬《あやぎぬ》・卓囲・坐褥・椅墊等物。不許向綢緞行借用。

一。紮棚・纏柱《はしらかざり》・紅緑青藍布疋。不許向布行・染店借用。

一。碗碟・盃盤《おおざら》等物。不許向磁器行借用。

一。卓椅・床凳《しょうぎ》・食盒・扛架《ながもち》等物。不許向木器行借用。並不許擾累紳衿・富戸・寺廟・飯店。

一。応銅錫鉄器。不許向各行舗借用。並不許擾累各匠役。

一。応紅緑紙劄。不許向紙行取用。用則平価公買。

一。応紅氈・花氈等物。不許向絨貨行借用。

一。高糧《りょうり》・蓆片《むしろ》・竹床・竹椅・苧麻・縄索。概不許向各行舗借用。

一。車輛・轎子・牲口。俱応現銀傭覓。不許向行戸借用。並不許擾累紳衿里民。

(30) 同右、巻四「再行厳禁勒取土産以甦民困事」（雍正二年九月）

但査。各属地方。倶有土産。歴来上司。勒取属員。……毎年呈送者。沿為旧例。封価発買者。仍繳原銀。各州県綿力難支。豈能照価買辦。不過苦累行戸小民。或合境攤派。分文不給。或短発価値。賠累不堪。

(31) 同右、巻四「厳禁私派以甦民困事」(雍正四年正月)

各府州県。尚有愍不畏死之員。罔上行私。擅行科派。或借河工名色。派取夫料。或借白蠟木槓。派取価値。或借供応上司。或借迎接新任。或借幇助旧官。或借伺候欽差。或借奏銷使費。或借食塩不足。或借修理衙門。或借栽植柳樹。或借修葺墩台。或借鞭春祭祀。或借慶祝生日。甚至駅站豆料。仍派行頭斗戸。麩子仍派飯店・磨房。草束仍派地方。土産仍派出処。柴炭米麵。或発半価。工匠人夫。仍充白役。夏月搭涼棚。則派椿木柳枝。冬月焼煖炕。則派煤炭柴薪。……嗣後爾民。除本身丁地銭糧之外。如有地方官并郷約・保地・里長・甲首・単頭。指借一切公事名色。派取一文一毫一草一粟者。概不得允従出借。

(32) 同右、巻四「厳禁出票拏船以甦民困事」(雍正四年正月)

今訪得。凡通水路州県。並不軫念民艱。或因解糧解犯等公務。或因載米載煤等私事。動輒出票拏船。……嗣後不論公私事務。凡用船隻。倶照民価傭覓。不許出票差拏。

(33)『欽頒州県事宜』免行戸(河東総督田文鏡)

行戸当官。最為悪習。職司民牧。首宜厳禁。蓋一物必有一物之値。一物必有一物之価。交易不平。則虧折為累矣。但州県衙門。所有日用食物布帛等項。往往有概不照依時估。十而予以四五者。亦有勒派取用。並不発給一銭者。短給而称為官価。白用而号曰当官。以致行戸賠墊。買販呑声。官既喜其省銭。役亦楽夫中飽。

(34) 陳弘謀『培遠堂偶存稿』文檄巻二〇「清査当官陋規檄」(乾隆一〇年六月)

科派陋規。久奉禁革。小民除応納正賦之外。凡有当官名色。皆属陋例。用一派十。弊累多端。本都院訪聞。陝省各属。尚有当官雑差名色。如伺応衙門工作。則有修理夫一項。係各里斂銀。自数百両至一千両不等。如官司毎年所用氈彩。則按里派取。並不給価。亦不発還。如新官到任。修理衙門。一切舗設。亦係按里派費。各里公議頭人。在城伺応。頭人勾通書役。乗機侵肥。如購買料草。則派里民供支。価少浮収。修理倉廒。則令里民。運供板片。価亦虧短。如丁祭牲物。倶不照値分価。苦累行戸賠墊。又地方有皮貨鎮市。則官衙短価賒取。舗戸有虧資本。公幇明応各衙門。利其価賤。日取日多。舗戸受累無已。又門軍皂役渡夫。原有額設工食。官則令別役承値。或另立名色。派里民充当。而額設工食。侵肥入己。甚有額設孤貧。缺不募補。而私自冒侵口糧。以上各種。雖各処名目不同。其為仮公済私。侵呑巧取。則一大干功令。

(35) 裕謙『勉益斎続存稿』巻五、武昌「州県当務二十四条」(道光一四年二月)、行戸

昔之行戸。以当差為苦。今之行戸。又以当差為甘。蓋藉当差之名。為漁利之地。如所当何項物色之差。即得把持。何項行市覇佔。何項埠頭苛派。何項幇費抽用。則違例倍加。論価則欺呑強半。甚至侵虧客本。動輒巨万。一経控告。則以当差二字。挟制有司。有司遂不得不為設法庇護。商賈日以零落。市鎮日以蕭条。

(36) 嘉慶『密県志』巻一〇、田賦、雑税

又額設牙帖一百四十二張。税銀五両二銭五分。……又康熙四十九年新増税銀四十六両四分八釐。又雍正五年奉文。首盈余銀八十四両五分二釐。

同治『中牟県志』巻四、田賦、雑税

原額牙帖五十張。納税銀二十一両三銭。歴来已久。……彼時係県帖。於雍正四年奉文。清査牙帖。不許州県濫給滋弊。悉照所報旧額冊内牙戸姓名及納税数目造冊。赴司請領。始行頒発司帖。

新増牙帖三十五張。納税銀四十両三銭四分五釐。盈余牙帖二百一十七張。納税銀二百五十五両八銭五分七釐。雍正五年。行査額銀之外。如有続増。即便首出免究。題明入額。造帰盈余項下。一併請領司帖。新認牙帖九張。納税銀十四両。雍正七八両年。詳請司帖。雍正十一年奉文。著為定額。嗣後止将額内各牙還帖頂補之処。査明報司。換給新帖。並無増減。

(37) 嘉慶『濬県志』巻五、方域、田賦、雑税。

(38) 拙書『明清時代の商人と国家』第五章「清代江南の牙行」。

(39) ここで言う先発・後発とはその役が繁重化した時期の後先であり、役の開始時期の後先ではない。

第七章　清代江南の地保

はじめに

本書第六章までは清朝の地方統治を財政的側面から論じてきた。続いて本章および次章では行政機構の側面から考察したい。財政面では正額外の非法定的徴収（地方的徴収）に注目したのと同様に、行政面でも州県衙門の外側から清朝支配を支えた里役・保甲制に焦点を当てる。

旧中国では地方行政のための緻密な官僚機構が整備されず、公的な地方財政もほとんど付与されなかった。地方行政の基礎単位である州県の統治は、民の父母とされる知州や知県の裁量に委ねられ、彼らが招聘した幕友や州県衙門に寄生する書吏・衙役が日常の業務を執行していた。また州県行政に必要な物資や役務の大部分は、書吏・衙役が需索する付加税や手数料、商工業者からの当官などの地方的徴収に依存していた。更に郷村での治安維持や租税の円滑徴収などは、郷約・地保などと呼ばれる里役がその責任を負っていた。国家の法定的租税としての徭役（力役）は一条鞭法により銀納化され、地丁併徴によって事実上消滅したが、地方行政のための徭役、すなわち物資・役務の徴発や郷約・地保への充当などは残存した。

郷約・地保は里甲制の解体に伴い雑泛差役に代置するものとして設けられた里役で、彼らは郷村で土地台帳の管理、納税督促、治安維持、公衆衛生、水利行政などの諸業務を輪番で担当した。特に治安維持業務が重視されたため、郷村の自警組織である保甲制と同一視されることが多い（本章では併せて里役・保甲制と呼ぶ）。そして清代の末端地方行政は、国家権力を行使する書吏・衙役と、国家権力の直接的行使を伴わない、あるいは権力の発動を未然に防ぐ里役・保甲制とによって構成されていた。たとえば徴税業務の場合、銭糧の徴収自体は戸糧房の書吏や糧差と呼ばれる衙役の業務であるが、郷村において納税通知書を作成し、糧戸に催促をするのは郷約・地保などの里役であった。また裁判業務でも、訴訟を受理したり原告・被告・証人を拘引したりするのは刑書や捕役であるが、紛争の調停に当たるのは里役や郷紳であった。このように州県行政は権力的支配機構と自律的調整機構とを併用して運営されていたのである。前者が国家の暴力装置であるなら、後者は国家の暴力的介入を未然に防止するための安定装置であると言えよう。

それでは、里役は陋規需索・規礼饋送体系の中で如何なる役割を演じたのであろうか。また一九世紀以降の財政悪化や太平天国以降の財政改革によって里役の役割はどのように変化したのであろうか。清代の地方行政については、これまで宮崎市定が書吏・衙役について、佐伯富が郷約・地保・里書についてそれぞれ先駆的研究を行っている他、瞿同祖が州県官と書吏・衙役・幕友などとの関係について詳細に論じている。[1] また滋賀秀三は淡新檔案を用いて、紛争調停の実態から国家支配と民間自治との関係について考察している。[2] これらの先行研究により里役の存在形態はある程度解明されたが、地方的徴収との関係や清代後期以降の変化については未だ十分に論じ尽くされてはいない。そこで本章では清代江南における地保の実態を地域ごとに再検討するとともに、清代後期の地保の変化と督撫・両司による地方行政改革について解明する。

一　地保の形成

周知のように、公租としての徭役は明末清初の一条鞭法や地丁併徴により段階的に揚棄された。しかしその後も地域社会における地方統治の補佐業務、すなわち郷村にて図内の事務を処理したり治安を維持したりする仕事は人民の無償労働に依存した。このような雑泛差役は明代では里甲制の外縁部分に位置付けられ、国家財政と密接不可分の関係にあったが、清代になると賦役制度とは切り離され、保甲制として独立した。黄印の『錫金識小録』によれば、一条鞭法施行後錫金両県の徭役は、図内の事務を総括する「総甲」、田産登記業務に与る「里書」、銭糧を督促する「里長」の三者に整理されたが、図内の未納銭糧については里長が全責任を負わされていたので、その負担は極めて重く、康熙（一六六二―一七二二）初紳士孫洊佳らの請願を受けて知県呉興祚が里長の役を廃止したとある。[3]

徴税請負業務を分離した後、雑泛差役は里役・保甲制に収斂され、主として治安維持業務を担当した。但し自警組織としての保甲制は郷村に定着しなかった。地域社会の秩序が弛緩しつつあった道光年間（一八二一―一八五〇）、包世臣は『安呉四種』の中に「説保甲事宜」なる一文を収め、改めて保甲制による犯罪防止と紛争調停を勧めている。[4]保甲制の実施や再強化は嘉慶白蓮教徒の乱以後の四川でも盛んに説かれているが、江南ではさほど成果を挙げていなかったらしい。

さて里甲の雑役は、松江府では府志および各県志に、雍正一一年（一七三三）両江総督趙洪恩が区・図の各差の廃止を命じた後、乾隆元年（一七三六）に至り区差を廃止し、図書を改め保正としたとの記載があり、[5]公的には乾隆（一七三六―一七九五）初に保正以外を廃止することで最終的決着を見たようである。一方蘇州府では『崑新両県志』

や『呉県志』によると、雍正一二年（一七三四）図書を廃止し、土地台帳や納税通知状を作成する清書と図中の全事務を担う保正を設立した後、乾隆一一年（一七四六）清書を廃止し荘書としたとされている。[6] 蘇州府も松江府と同様、雍正（一七二三―一七三五）から乾隆初にかけて里甲の雑役の整理が実施され、概ね保正にまとめられた模様である。この保正が一九世紀に問題となる地保である。また太倉州でも、民国『嘉定県続志』によると、地丁併徴以降も雑泛差役として糧長（銭糧督促）、塘長（水路浚渫）、里長（治安維持）、老人（紛争調停）が残されたが、雍正年間にこれを冊書（糧冊作成と銭糧督促）、郷地（水路浚渫）、保正（治安維持）の三役に整理し、その後間もなく前二役を廃止して保正のみを存続させたとあるように、[7] 松江府や蘇州府と同様の動きを見せている。

以上のように、清初の地丁併徴以後江南での里甲の雑役は、大別して銭糧督促業務を担う里書（冊書）と治安維持業務を担う保正（地保）とに整理されたが、ともすれば未納銭糧の立て替えを強制された前者の弊害が著しいと判断されたので、雍正から乾隆初にかけて里書が廃止され、保正のみが残された。里書の廃止を可能ならしめたのは自封投櫃の施行であったと言われている。[8]

一方保正は図内の治安維持業務を担当することとされたが、包世臣が後に改めて保甲制の実施を献策しているように、保甲制としてはほとんど機能せず、むしろ次節で見るように、書吏・衙役の下働きとなり糧戸を脅かす存在として認識されていた。包世臣の唱えた保甲制も、田産や銭糧の多い者および家に儒者のいる者の中から知県が甲首を選抜し、郷老や保長などには客礼を以て待遇せよと主張しているように、[9] 里役ではなく富裕な知識人層を指導者として措定していた。それでは乾隆初以降、地保は郷村で如何なる役割を演じたのであろうか。地方志の記述を手掛かりに彼らの活動を検証しよう。

二　地保の弊害

地保（以下保正など保甲の責任者を地保と総称する）は本来、郷村の治安維持を管轄する里役であったが、実際には付加的に各種業務を押し付けられることが多かった。彼らは書吏・衙役による需索を被ったが、その負担は一般の糧戸に対する需索で埋め合わせされた。地方志の記載をもとに江蘇南部各府・直隷州における地保の弊害について観察しよう。

1　松　江　府

青浦県朱家角鎮では、嘉慶年間（一七九六―一八二〇）図保が銭糧や漕米の徴収を請け負わされていた。保正は県がくじ引きで選抜し、紳衿耆老を除く殷実の糧戸が充当していたが、別人が包充（代理充当）することも多かった。[10] また華亭県寒字圩市では、咸豊年間（一八五一―一八六一）海塘修築に乗じ、書吏や保甲が業戸や小民を需索することが恒常化していた。[11] このような地保の弊害に対し、知府や布政使は幾度も禁令を布告している。

光緒『松江府続志』の記載によると、乾隆五三年（一七八八）知府が上海県における差保（糧差・保正）の銭糧包攬（代理納税）を示禁し、嘉慶四年（一七九九）知府が青浦県における差保の銭糧包攬を示禁した。嘉慶一七年（一八一二）には江蘇布政使慶保が保甲制の弊害を改革した。更に道光二一年（一八四一）には署布政使黄が青浦県における糧差の包攬を示禁し、翌二二年には婁県耆民沈茂廷の呈請により布政使が差保の漕糧包攬の強制や輸送費の需索を禁止した。咸豊四年（一八五四）には青浦県知県銭徳承が糧差の専従化を禁止し、輪番制に戻した。[12] このように松江府では乾隆後期から地保が糧差とともに包攬や需索の元凶と見なされ、相継ぐ不正禁止告示の対象となっていた。清末に至ると、たとえば光緒『南匯県志』に「地方公事の内、水路の浚渫や飢民の賑恤（救済）などは、差保に全てを委ねることができないので、紳士に彼らを監督させるべきである」という意見が表明されるなど、[13]紳衿層による地保の掣肘が待望されるが、民国続志には「不肖の士人が書役と結託して保甲を丸め込み、郷民を食い物にしている」と報告されているように、[14]知識人層の地方行政への参加は需索防止にはあまり役立たなかったようである。

2　蘇　州　府

呉江県では地総と呼ばれる里役が銭糧督促を行っていたが、道光元年（一八二一）地総が廃止された後も、経造と名を変えて存続した。同治五年（一八五五）呉江県知県沈錫華により、各図の経造および坐図（永年承充）糧差の廃止が断行され、ようやく里役と銭糧との関係が清算された。[15]ここで言う地総も地保の一種であろう。崑山・新陽両県では太平天国以後、地保が地主を経由せず佃戸から直接銭漕を取り立てることを許したので、地保や書役の需索が更に激しくなった。[16]同県でも地保は銭糧徴収業務を執行している。また常熟県では「県内の苦患は糧差の浮収と路斃浮屍に便乗した地保・刑書・仵作らの屍場験費需索である」と言われていた。[17]第三章で解明したように、路斃浮屍を恐喝材料とした書差や地保の験費需索こそ、清代後期江南の糧戸層にとって最大の脅威であった。

3　太倉直隷州

宣統州志には、乾隆一〇年（一七四五）知州蔡の順荘法施行により役困が一応解消されたが、「近ごろ役に似て而も役の比《くら》ぶ可きに非ざる者」が出現したとあり、[18]その筆頭に地保を挙げている。同書は地保について図ごとに一人設置され、該図の耆老や業戸から選抜される。銭糧・漕米の督促および警察業務を行う。二年交替制で、長年存続しており、現在でも廃止されていない。(19)

と説明し、更に

地保は給与を支給されず、舗戸が支払う年規と個人的用務の報酬によって生計を立てている。しかし衙役による陋規の需索が厳しいので、充当する者が乏しい。そこで管轄の衙役は、耆老や業戸を無理やり承充させ、彼らを恫喝して利益を貪る。これが地保の弊害である。(20)

と注釈を加えている。地保が銭糧督促業務をも押し付けられていたこと、人民から陋規を徴収するが、その原因は衙役による上納要求に端を発していることが如実にうかがわれる。

次に嘉定県では、前述の如く雍正期に保正以外の里役が廃止されたが、これとは別に「夫束」と呼ばれる役務が存在した。夫束は水路浚渫のために編成されたもので、土地所有の多寡により夫頭や協夫に充当され、折価も認められていた。ところが本来の水利業務とは別に、夫頭は毎年輪番で保正の下働きとならねばならなかった。これは「現年」と呼ばれた。保正に適任者がいない場合は、現年夫頭自らが保正の役に就いた。これは「乏充」と呼ばれた。

保正の業務は本来治安維持であり、付加的に糧差と協力して銭糧督促に従事していたが、後者はいつの間にか徴税業務に変質した。徴税に伴う経費は全て現年が支払い、租税の不足分も全て現年が立て替えていた。これは「捆塾」と呼ばれた。この他図内で強盗・殺人事件が発生すると、犯人逮捕や屍場相験に関する諸経費を名目として、官差(衙役)は保正から、保正は現年から陋規を需索した。このような保正の激しい収奪により、道光・咸豊年間には現年に当たった故に破産する者が続出したが、夫冊(賦役台帳)は十年あるいは数十年に一度しか改訂されなかった。(21)

嘉定県の場合、地方官→書役→保正→糧戸(現年夫頭)という陋規需索体系、すなわち銭糧の不足を補い地方行政経費を捻出するための負担転嫁体系が整然と組み立てられていた。その末端に位置する糧戸層にとっては、地保こそが郷村での直接的需索者であった。それ故地保の警察業務に対する信頼度も低く

各図の保長、現年の夫束承充せるを除くの外、半ば皆游民が頂充し、郷曲に武断して、事に遇い風を生む。凡そ差保の事件を査覆するに遇有すれば、憑信す可からず。(22)

とも言われ、夫頭による乏充以外の保長（地保）は人民から無頼のように見られていたのである。

河道を輪番で浚渫する現年河夫の制度は宝山県でも見られ、民国志によれば、当初は図内の業務を執行するのみであったものが、次第に官吏の需索に遇うようになったとある。(23)但し地保との関係は詳らかでない。

4　常州府

無錫・金匱両県では、康熙二五年（一六八六）江蘇巡撫湯斌により里長が廃止されたが、銭糧督促業務は現年総甲に帰することにより地域社会に残され、総甲は更に警察業務まで付加されて、書役による苛派勒索を被り続けた。嘉慶六年（一八〇一）県民蔣朝徳らの要請で巡撫が需索防止を示禁したが、効果はなかった。道光一七・一八年（一八三七・三八）には金匱知県胡兆蓉が生員や監生を現年総甲に充てたことに反発して県民が総甲の廃止を上訴し、署布政使李象鯤は知府に示禁を命じたが、書役の入れ知恵によって両県は現年廃止の必要なしと巡撫陳鑾に上申し、陳は布政使牛鑑に命じて改革を停止させた。結局道光二六年（一八四六）郷紳鄒鳴鶴の巡撫李星沅への直訴により、ようやく現年総甲が廃止され、今後は各図の士民より誠実明断なる者を公挙して地保とし、地保が糧差と協力して催糧業務を引き継ぐこととされた。地保の充当は輪番制を用いず、殷戸への充当強制も禁止された。(24)このように錫金両県では道光後期まで地保が存在せず、糧戸層が輪番で総甲と呼ばれる雑役に当たり、書役による直接的需索を受けていた。

この弊を除くために末端地方行政を専辦する役職として地保が創設されたのであるが、思うにこれは先に嘉定県で見た書役→地保→糧戸という陋規需索体系の制度化に他ならず、以後書役の需索が止んだとは考え難い。

同じ常州府でも武進・陽湖両県では、蘇松太三府州のように地保が社会問題となっていた。光緒『武陽志余』巻六、碑示所収の地保関係碑刻によって状況を再現しよう。江南で特徴的な路斃浮屍に仮託した験費需索の弊害は、武進・陽湖両県でも一九世紀より顕在化し始め、嘉慶五年（一八〇〇）には陽湖県で屍場験費需索禁止の告示が、道光四年・一二年（一八二四・三二）には武進県で善堂による路斃浮屍に対する験費支給と埋葬の告示がそれぞれ出されたが[25]、これに続き道光一三年（一八三三）には武進県で有傷死体発生時における地保の捜査義務を免除し、需索防止を徹底させた。碑文には

今後路斃浮屍が発見された場合、親族が名乗り出ないものについては、地保に命じて存仁堂の董事に報告して検視させ、無傷で病死した者なら堂より棺を施給して埋葬し、帳簿を作成して定期的に県に報告すること。傷が有る者なら堂より検視および捜査の報告書を提出させること。地保は現場で待機し、土地所有者を尋問しないこと。……もし仵作が需索を行ったなら、その者を県に告発せよ[26]。

と記されている。更に地保の本来の業務である窃盗犯の逮捕についても、道光二三年（一八四三）の碑文に

沿塘の地保は内陸の地保とは異なり、差務が繁重なので、今後安西郷の沿塘の図で窃盗事件が起きた場合、泥棒の隠れ家が図内にない場合には、巡邏の不行き届きのみを責め、犯人逮捕は捕役に命じ、地保の協力は免除せよ[27]。

とあるように、差務が繁重であることを理由として、運河の堤防沿いの地域における地保の捕役への緝捕協力義務を免除している。また咸豊元年（一八五一）には徒刑囚の郷村への配流を禁止し、郷民や地保の受累を予防している[28]。

両県の地保改革は太平天国により一時的に中断したが、反乱終息後直ちに再開された。同治四年（一八六五）常州

府知府扎克丹は、全ての地保に対し窃盗犯逮捕協力義務を免除した[29]。扎知府はこれと同時に各図の保役輪番制を耕地の多寡に応じて按配し、図内各荘の負担の平均化を図るとともに、武進県では雍正年間既に廃止されていたが陽湖県では残存していた、図内の差務を辦理する図差を廃止した[30]。翌同治五年（一八六六）には、両県の知県が連名で命案相験および盗案捜査の経費を知県の捐助と善堂からの支給で賄うよう改めて指示し、現年地保や郷民に対する書役の需索防止に努めた[31]。

なお同治一一年（一八七二）の知府呉鼎元の碑示に収録された武進県安西郷の郷董姚馨らの稟を要約すると同郷は水陸交通の要衝で、従来より御用船の往来が頻繁なのであるが、差船の船戸や兵隊らの需索により、現地の地保や商人は永年被害を受けていた。嘉慶年間生員楊掌綸らの稟請により、一度は需索が禁止されたが、近年復活の兆候があり、船戸は地保に人夫を提供させたり、船の護送を名目として銭を要求したりしている。そもそも地保は糧戸が輪番で役務に充当し、銭糧や漕米を督促する責任を負うものである。どうして船戸の需索を受けねばならないのであろうか[32]。

とあり、武陽両県の地保は糧戸から輪充され、商人とともに専ら需索を被る階層であったことが知られる。呉知府も地保に対する需索禁止を告示している。

また同年の別の碑示によれば、同治五年（一八六六）八月より路斃浮屍の屍場験費は善堂から支給し、糧戸から調達することは禁止されており、窃盗犯の逮捕に地保が協力する義務も免除されているにもかかわらず、相変わらず路斃浮屍や盗案に仮託して県差が地保に捜査協力を強要し、米穀や銀銭を需索する陋習が継続していたとあり、知府は再度地保の協緝義務免除を示諭している[33]。蘇松太三府州のように地保が糧戸を需索していた可能性は否定できないが、管見の限り書役↓地保↓糧戸という需索体系が同一地域で存在することを示す史料は確認できず、常州府の場合地保は書役の手先ではなく、むしろ書役から需索を被りがちであったものと見られる。

以上のように、常州府の武進・陽湖両県では一応地保が存在し、地保の需索を防止する政策も実施されていた。但し蘇松太三府州の地保が書吏・衙役の爪牙と見なされ、その懲治に政策の主眼が置かれていたのに対し、錫金両県では糧戸に対する書役の直接的需索を防止するため地保が新たに公挙されていたし、武陽両県では地保が郷民から需索することのないよう、その負担を軽減する政策を採っている。地保は書役と糧戸との中間に位置し、糧戸を需索するとともに書役より需索される存在であるから、国家が彼らに対し保護と弾圧との両面政策を採るのは当然ではあるが、敢えて比較すれば、蘇松太三府州では地保が専門職化し、書役の下働きと見られていたのに対し、常州府では地保自体が清代後期まで存在しなかったり（無錫・金匱）、存在しても糧戸の輪番制であったり（武進・陽湖）した。換言すれば、蘇松太三府州では雑役の統括者である地保と使役を被る現年とが分解していたのに対し、常州府では両者は未分化であった。言うまでもなく常州府の方が明代の里甲制や糧長制により近い、保甲制の原初的形態である。

なお両地域における里役の相違は、郷村が引き受けねばならない雑泛差役の総量や内容の違いによるものと思われる。蘇松太三府州では雑泛差役が相対的に繁多であり、純然たる被使役者と管理統括者との役割分担が進行したのに対し、常州府では比較的軽少であったため、官民の間の調整役を必要としなかったのであろう。

5 鎮江府

地保に対する徴税業務の付加は鎮江府でも確認できる。光緒『金壇県志』によれば

清朝は輪編里甲の法を行い、明の制度に倣って銭糧を徴収していたが、その後次第に廃れた。今日では図董や地保が、明代の里長や甲首のように催糧の責任を負っている。(34)

とあり、清朝は当初明代と同様里甲制を実施して銭糧を徴収していたが、その後おそらく自封投櫃の普及などにより、この制度は一旦廃止されたらしい。しかし光緒年間（一八七五―一九〇八）には、再度図董や地保が銭糧督促業務を担うようになった。

6 揚州府

長江以北の揚州府でも地保の弊害は深刻であった。高郵州では同治七年（一八六八）江蘇職員陳文霦らが都察院に「高郵州知州は銭糧徴収に際し、糧差や地保の他、現年を添設して催糧を行わせている。貧窮・滞納戸の銭糧は現年が代納させられ、期限までに完納しないと厳しく催促されるので、破産する者もいる」と窮状を訴え、現年の廃止を請願した。(35) 実態の究明と善処を命じられた署両江総督何璟・署江蘇巡撫恩錫は、以下のように報告している。

①高郵州では地丁併徴以後も雑泛差役として銭糧を督促する現年の役が残存し、里中殷実の糧戸が充当している。これとは別に里ごとに保正一人が公挙されるが、保正の工食（給料）は現年に支給させているので、実際には現年が当年の保正となっている。

②現年の累は「破串」「脚串」などと呼ばれる未完銭糧の立て替えである。糧差は欠糧督促に際し、まず保正を追求する。保正は更に糧差の接待費用も支出しなくてはならない。結局現年がこれらを支払わされる。太平天国以後糧戸の疲弊が進行したため、現年による銭糧の賠償も急増している。

③同治七年（一八六八）江蘇巡撫丁日昌による銭糧積弊の改革に際し、常州府武進・陽湖両県では図ごとに庄首を公挙し、これに銭糧納入業務を請け負わせた。そこで高郵州知州姚徳彰がこれに倣い、現年を庄首に比定して公認した。これに対し民人呉万里らが現年の廃止と糧差による銭糧徴収業務の一元化を州に呈請した。しかし知州は現年を

廃止すると保正を公挙することができなくなるとして、これに反対した。そこで紳民が都察院に控訴したのである。④われわれの考えでは、保正すなわち地保は誠実なる良民より公挙すべきであるが、現年は廃止すべきである。地保が毎年交替する必要はない。未完銭糧は地保に摘発させるが、地保による欠糧の賠償は禁止する。また差役が郷村に赴く場合には、必要経費を官より支給し、地保に対する需索を禁止する。[36]

何璟・恩錫の上奏によると、高郵州では殷実の富民が現年に充てられ、現年が保正（地保）の工食を支給し、銭糧督促業務を遂行していた。現年が被る弊害とは、拖欠（滞納）銭糧の賠償と糧差による陋規需索であった。現年と地保は事実上一体で、現年の中から当年の地保を挙充していたらしい。しかし奏摺に添付された州民呉万里らの原稟によると「揚州府では糧差が徴税を行い、地保が糧差を補佐するが、高郵州だけは糧差・地保の他現年が設置されている。毎年秋成の後地保が交替する時、旧地保に現年を推挙させ、地保と共同で銭漕を督促させている。欠糧が発生した時には、書差が地保や土棍と結託して現年を苛索する」とあり、[37]蘇松太と同じく地保は書役と現年の中間的存在であったとも考えられる。

督撫の奏文と呉万里の原稟を総合すると、高郵州では糧差↓地保↓現年という拖欠銭糧負担および陋規需索の体系が形成されていた。呉らは現年の被る弊害として、①旧保報充の害（旧保が現年を推挙する際、書差・土棍と串通して郷民を脅迫する）、②新保勒索の害（地保が必要経費を現年より徴収する）、③差役滋擾の害（糧差が銭糧を徴収する時、現年に拖欠銭糧を代納させたり、陋規を需索したりする。糧差は催糧業務を執行せず、別人に代行させる。本人はその間地保の家に滞在し、一切の経費は現年に払わせる）、④捆墊包完の害（未納銭漕を現年に負担させる）の四項目を挙げているが、[38]特に③の条文中に「現年が支払う前項の脚水銭文（陋規）の内、半分は糧差が収め、半分は官に饋送される」という記述があるように、[39]陋規需索の根本的原因は地方衙門による規礼饋送要求に在ったようである。

以上、地方志を史料として江蘇南部の五府一直隷州における地保の弊害を検証した。この地域では地保や保正が治安維持業務に加えて銭糧徴収業務を清初より継承していたり、一旦除去されたものの一九世紀以降再び付加されたりしていた。地保はこれらの業務の遂行に際して、糧戸層特にその代表者である現年から必要経費や各種陋規を徴収したが、その一部は書吏・衙役を通して州県衙門や地方官に上納された。すなわち地保は陋規需索・規礼餽送体系の最末端に位置し、人民を需索するとともに書役より需索される立場に置かれていた。地域的に見れば、蘇州・松江・太倉では収奪者としての側面が強く、その周辺部では高郵州の事例を除き、被収奪者としての性格が強いようである。清代後期に地保の弊害が顕著になったのは、州県衙門における銭糧の虧空や地方行政経費不足のしわ寄せが書吏・衙役を経由して末端の地保に波及し、彼らが糧戸に対する需索を強化せざるを得なくなったからであろう。なお郷村の如何なる階層の者が地保に充当していたのかは不明であるが、無頼のような反社会的分子や官途に在る者を除き、幅広い階層の人々がこれに当てられる可能性を有していたものと考えられる。

一方第三章で見たように、乾隆末に規礼餽送の改革と地保・荘長への強制的充当の禁止を断行した浙江省では、[40]地方志の中に地保の弊害を訴える記述がほとんど見られない。もちろん嘉慶以後においても、差保の浮収すなわち銭糧納入における付加徴収について述べた地方志は存在する。[41]しかし浙江では屍場験費需索のような徴税以外の場での収奪は顕在化せず、地保や現年などが地方志の中で里役（雑泛差役）として位置付けられることもなかった。

地保の弊害を除くためには、財政改革を実施して陋規需索・規礼餽送体系を解体しなくてはならない。これを断行して江南の末端地方行政を刷新したのが江蘇巡撫丁日昌であった。次に同治年間（一八六二―一八七四）以降の里役・保甲制改革について検討しよう。

三　地保の改革

一九世紀以降顕著となった地保の弊害に対し、在地有力者層は善堂から必要経費を支給することによって恣意的需索を制限しようとしたが、在地知識人の間では里役・保甲制の見直しも論議されるようになった。前述のように、道光年間包世臣は、知県が富裕な知識人層から甲首を選抜し、彼らに対しては客礼を以て待遇すべしと提議し、半ば書役の下働きと化していた地保や保正などの里役を廃して、在地知識人層を指導者とする地域社会のための新たな保甲制の創建を模索していた。

また咸豊年間均賦・減賦論を展開したことで有名な蘇州の郷紳馮桂芬も、末端地方行政については「現在州県では衙役や地保・地総に末端行政を委ねているが、彼らは平民以下の者であり、統治能力に欠ける。そこで十家ごとに甲長を設け、百家ごとに保正を設け、一郷に保長を設ける保甲法が考え出されたが、ほとんど形骸化しており、皇帝の詔勅や督撫の檄飭が相継いで出されても、遂に施行されず、たまたま施行されても実効に乏しい状況であった。軍興以来各省では団練・郷勇が編成され、図董・総董などが設けられたが、その効果は保甲より優れている。その理由を考えてみると、そもそも地保や甲長は賤役であり、官ではない。ところが団董は紳士であり、官ではないが官に近い存在である。思うに人民を統治できるのは官のみであり、官でない者がどうして人民を統治できようか」と論じ[42]、紳衿層に郷村統治を補佐させることを献策している。具体的には正董・副董を公挙させ、主として郷村内部の紛争調停に当たらせるとともに、緝捕や徴税に関連するもので権力の直接行使を伴わない道案内や勧諭も業務の対象とすることを考えていた[43]。

包世臣も馮桂芬も、ともに地方官と人民との間に末端地方行政を執行する役職を置く必要を認めている。問題はそれに当たる者の資質である。彼らは地保のような里役ではなく、政治的能力を備えた在地知識人の起用を強く主張する。特に馮桂芬は、太平天国期における団練・郷勇の成功を例に挙げ、郷官の設置を力説している。彼らの提案は直ちには実施に移されなかったが、その後の地方行政改革に一定の影響を与えた(44)。

馮桂芬の「里役は賤民であり行政能力に欠如する」という主張は、伝統的統治思想に基づくものであり、そこには何らの新鮮さも含まれていない。しかし彼が里役に代替する役職として紳士層を母体とした「董事」を措定したことには意味がある(45)。すなわち紳士層は社会的地位が高く、教養や道徳もあるが故に、書役から需索を受けたり糧戸層を需索したりすることがないと考えられたのである。実際太平天国期には各省督撫によって地方官や書役が関与できない流通新税として釐金税が設けられ、委員や紳士層が釐金局で徴税業務を行っていた。だがそもそも書役が地保を需索するのは、州県の行政経費が陋規によって賄われていたからであった。それ故地保の弊害を抜本的に除去するためには、単に紳士層の権威や公徳心を借用するだけではなく、地方的徴収自体を廃止しなければならないであろう。これを行ったのが江蘇巡撫丁日昌（同治六年一二月－同治九年六月在任）であった。

丁日昌は書役や地保の弊害が陋規需索・規礼饋送体系に起因することを認識し、財政改革に尽力したが、地保に依拠した末端行政制度についても改善を指示している。まず同治七年（一八六八）九月「今後各図の地保は、甲内の耆老に命じて適任者を推挙させ、県が調査の上任命することとし、従来の佐弐・雑職衙門より充当する方法は改めるべし」という呉県の稟に対し、丁は「正しい所見である。あらゆる地方公事は、衙門の介入が多いほど手続きが複雑化し、需索が激化するものである。稟の通り蘇州布政使に命じて各属に通達し、実施させるべし」との批を下した(46)。当時地保は知州・知県の属僚である佐弐や雑職の衙門が指名していたが、彼は在地の耆老が推薦した者を知県が任命する方法に改めたのである。更に彼は州県衙門の書吏が新たに地保を勒索することを警戒し、地方官が需索防止に尽力するよう指導した。[47] 彼の目的は地保を衙門の陋規需索体系から遮断することであったと考えられる。

書吏による需索の防止を企図する一方、彼は地保に一定の必要経費を給付し、糧戸に対する負担の転嫁を予防した。常州府武進・陽湖両県に下した札飭で、彼は「両県ではこれまで、各図の郷民を土地所有の多寡に応じて輪番に地保に充当し、銭漕徴収と全ての公事に使役してきた。この方法は均荘と呼ばれていた。しかし兵乱以降応役に耐え得る糧戸が減少したことにより、現年地保の負担が増大したので、地保への充当により破産する者も出現した」という現状を認識し、「聞くところによると、現在郷村では図を整理統合して共同で地保の役を支辦しているが、これは均荘より優れた方法である。そこで各府県に札飭し、董事に命じて協議させよ」という対策を実施した。更に「また聞くところによると、図ごとの新充地保には、衙役に支払う費用および事務経費として銭二五六六文を給付し、小図には二〇〇文を減じて支給している」と述べ、両県の地保に対する経費支給策を支持し、書差による恣意的需索の禁止を厳命した。[48] 定員削減と経費の支給により、彼は地保の効率化を図ったのである。

太平天国後の各省督撫は地保の弊害の削減と並行して、地保に替わる新たな末端行政制度の確立を模索した。たとえば咸豊年間湖北省で財政改革を断行した胡林翼は、地保・糧差・糧書の浮収を禁止するとともに、紳衿層や保甲組織に徴税業務の監視を命じている。[49] しかし丁日昌は、包世臣や馮桂芬が主張するような在地知識人層を主体とする郷官（董事）の設置には消極的であった。たとえば蘇州府新陽県の保甲制に関する稟に対して、丁は「近ごろ郷官が設置され、軍興以来紳士が保甲や捐輸などの業務を辦理している。当初は地位に応じて戳記《スタンプ》を給付していたが、その後弊害が甚だ多くなった」と回答している。[50] 郷官は概ね太平天国を契機として半ば自発的に設けられたが、丁は彼らをあまり信頼していなかったようである。

同じ頃鎮江府金壇県が策定した保甲章程に答えて、丁は「ただ住民台帳の作成費用や城郷各董事の交通費は董事が調達するとあるが、章程を定めるのか否か、不正を予防できるのか否か、不明確である。陋規を禁止するためには、彼らの苛派を厳しく防止することが最も重要である」と訓示するとともに「図董を挙人・貢生・生員・監生に限定するのは、彼らは自ずから図内の利弊を知悉しているので良かろうが、ただ彼らが詞訟へ関与することは厳禁し、流弊を予防せよ」と指示し、保甲の責任者である董事が事務費や交通費を苛派したり、詞訟に容喙して私腹を肥やすことがないよう警戒を促している。(51) また同府溧陽県が策定した保甲章程に対しても、彼は「保甲は甲長の選択が最も肝要である。甲長に人物を得れば、地域にとって有益となるだろうが、そうでなければ保甲は全く利益をもたらさないだけでなく、かえって諸々の弊害を発生させるだろう」と注意を与えている。(52) このように丁は董事や甲長が地保に代わる新たな在地の需索者となることを警戒していた。

丁日昌は保甲章程の制定や董事による地方行政の補佐を否定することはしなかった。しかし在地知識人を指導者とした自治組織としての新しい保甲制が、里役を責任者とした末端行政請負制度としての旧来の保甲制を止揚するであろうという期待はほとんど抱いていなかった。陋規需索・規礼饋送体系の解体を中心とした財政改革こそが彼の政策の中心的課題だったのであり、紳衿層を地方行政へ参画させることについては懐疑的であった。

地方行政改革は、丁日昌以降も書差や里役の弊害を直接除去する政策に重点が置かれた。同治一一年（一八七二）一二月江蘇按察使応宝寺は「各州県の月報を見ると、本来詞訟は地方官が自ら尋問や処断をなすべきであるのに、差保や中証に命じて調査や処置を行わせているが、これは州県官が民事紛争を殺人や強盗と比較にならない軽微な案件と考えている故に他ならない。……しかしそもそも差保は召使いである。中証は平民であるが、調停能力に欠如しているか、あるいは一方の肩を持つ者である。……彼らは情実を斟酌して紛争を解決することができないだけでなく、需索や威嚇・詐欺により是非を転倒させている。……そこで直ちに州県に札飭し、今後受理すべき詞訟については、州県官が自ら尋問・審理を行い、迅速に判決を下して原被告を得心させ、紛争の再発を予防せよ」と指示し[53]、里役や民間の仲裁者による民事案件処理の慣行を禁止した。但し当時の地方行政の実情を考えると、地方官を大幅に増員しない限り民事訴訟の全てを州県官が直接審理することはおよそ不可能であり、応宝時の要求は明らかに現実性を欠いている。しかし彼は、些末な紛争については耆老や董事などの在地有力者に調停を委ねるという発想は持っていなかったようである。

保甲制を再編し、紳衿層を郷官に登用して地方行政の末端部分を担当させるという発想が実行に移されたのは、光緒中葉以降のことであった。光緒一七年（一八九一）九月江蘇按察使陳湜は督撫の指示を受け保甲章程を策定したが、その中で「凡そ図董・総首を充つるに、必ず公正廉明の紳耆を択び、地方官は優礼もて相待すれば、事に于《お》いて自ずから必ず済《すく》い有らん」と述べ[54]、保甲の指導者である図董や総首には紳衿を抜擢し、彼らを属僚としてではなく賓客として待遇すべきであるとの考えを示している。包世臣や馮桂芬がかねてより献策していた紳衿重用案がようやく実現したのである。陳は更に、地方官に毎年二回郷村に赴いて保甲を調査させ、その際書役の藉端需索や地保の費用徴収を厳禁することを提起しており、陋規需索の防止にも注意を払った[55]。陳湜の保甲章程から、書役・地保に代わり郷官を地方統治の補佐役として積極的に活用しようとする姿勢が明確に読み取れる。

その後光緒二四年（一八九八）両江総督劉坤一は、保甲を整頓して団練編成の一助とせよという提議の中で、現在長江流域の大都市では治安が悪化しているので、道台や知府に保甲を厳査させ、兵勇の力を借りて団練を組織させているが、市鎮や郷村では紳董に委託して適宜団練を組織させるべしと主張した[56]。劉もまた郷村における董事の指導力を利用して治安維持の強化を試みたのである。

以上のように、地保の弊害に対して、太平天国終息後丁日昌が正印官による任命、書役による陋規需索の禁止、定員の是正、必要経費の支給などの地保改革を実施した。一方包世臣や馮桂芬は道光・咸豊年間より在地知識人層を郷官として登用せよと主張していたが、丁日昌や応宝時はこれを支持せず、光緒中葉以降陳湜や劉坤一によりようやく実現した。陋規需索・規礼饋送体系の解体および保甲制の再編を通した紳衿層の末端地方行政への参与により、地保は歴史的役割をほぼ終えたのである。

おわりに

中国では古代より専制国家支配を末端で執行するため、人民より徭役を供出させてきた。この内書吏・衙役は早くから専門職として独立し、里役のみが徭役として徴発され続けたが、江南では地丁併徴以後、銭糧督促業務を担う里書と治安維持業務を担う地保（保正）に整理され、雍正・乾隆初より地保に統合された。

地保は糧戸が輪番で充当し、書役を補佐したが、先進地域である蘇州府・松江府・太倉州では書役と同様専門職化が進み、書役から被る需索を糧戸に対する需索で補塡していた。これに対し常州府・鎮江府などでは徭役的色彩を強く残し、地保が糧戸の代表者として書役から一方的に需索を受けていた。

地保は郷村にあって治安維持や銭糧督促などの業務を執行する他、陋規需索・規礼饋送体系の最末端に位置付けられ、糧戸より陋規を徴収してその一部を書役に上納していた。一九世紀以降、地方行政経費の不足が深刻化すると、書役による需索は一層激しくなり、地保の弊害が顕著になった。これに対し督撫・両司は、まず財政改革を断行して陋規需索の元を絶ち、次に地保に代わって在地知識人層より郷官（董事）を登用して郷村統治を補佐させた。以上が本章の結論である。

それでは、清末における里役の後退と紳衿層の地方行政への進出は江南以外でも見られるのであろうか。また紳衿層の郷官への登用は地方自治の出発点となり得たのであろうか。これらの疑問に答えるため、次に四川における地方統治の変遷について検討しよう。

註

（1）宮崎市定「清代の胥吏と幕友――特に雍正朝を中心として――」『東洋史研究』一六巻四号、一九五八年（宮崎『アジア史論考』下巻、朝日新聞社、一九七六年所収）、佐伯富「清代の郷約・地保について――清代地方行政の一齣――」『東方学』二八輯、一九六四年、同「清代の里書――地方行政の一齣――」『東洋学報』四六巻三号、一九六三年（ともに佐伯『中国史研究』第二、同朋舎、一九七一年所収）、Ch'ü, T'ung-tsu, *Local Government in China under the Ch'ing*, Harvard University Press, 1962.

（2）滋賀秀三「淡新檔案の初歩的知識――訴訟案件に現われる文書の類型――」『東洋法史の研究――島田正郎博士頌寿記念論集』汲古書院、一九八七年、同「清代州県衙門における訴訟をめぐる若干の所見――淡新檔案を史料として――」『法制史研究』三七号、一九八八年。滋賀は後者の論考で、官憲の聴訟と民間の自主的な紛争調停とを異質なものと捉える通説的理解を批判し、両者の同時進行的側面、相互補完的性質を強調する。末端地方行政の執行者が国家か民間かを問う二者択一的命題を克復しようとする滋賀の指摘は傾聴に値する。しかし私は両者の機能的類似性から同質性を強調する滋賀の理解には賛同しない。権力的支配機構と自律的調整機構とは確かに車の両輪のように機能しているが、暴力装置を有するか否かで本質的に異なるものと思われる。

（3）黄印『錫金識小録』巻一、備参上、民役

自一条鞭之法行。一切民間雑役。倶改折編入正供。其田上輪役。惟総甲・里長・里書三者。総甲管一図事務。里書管推収過割。里長管図内銭糧。昔邑中多逋賦。且多死絶逃亡。官惟責成里長一人。賠累不堪。多被杖責。往往破家。康熙初。邑

士孫洊佳等。条列其弊。具呈於邑令呉公興祚。詳請革去里長。銭糧止責成的戸。勒碑永禁。自後但有総甲・里書。在官在民。久不知里長名目矣。

（4）包世臣『安呉四種』巻二八上『斉民四術』巻四上、礼一上「説保甲事宜」。

（5）嘉慶『松江府志』巻二七、田賦、役法

雍正十一年。総督趙洪恩。禁革区図各差名色。乾隆元年。革除区差。改図書為保正。

光緒『青浦県志』巻八、田賦下、徭役、光緒『重修奉賢県志』巻三、賦役、均田均役、光緒『金山県志』巻一〇、賦役中、役法なども同文を収録。但し光緒『重修華亭県志』巻八、田賦下、役法では「乾隆元年。図設保正一人」と文言を改めている。

（6）道光『崑新両県志』巻七、田賦二、徭役

（雍正）十二年。禁革図書。設立清書〔繕造徴冊・分結滾単〕保正〔任図中一応役務〕。乾隆十一年。散清書為荘書。

また民国『呉県志』巻四九、田賦六、徭役もほぼ同文を収める。

（7）民国『嘉定県続志』巻三、賦役、役法概要

順康間。差解尽改為官解。即徭編之銀差・力差。亦輸銀於官。……但尚有雑泛差徭。不得不役之民者。一曰糧長。五甲一輪。催糧之領戸也。二曰塘長。十年一輪。濬河之領戸也。三曰里長。主地方巡察者也。四曰老人。得参議民間利害・政事得失者也。至雍正時。約分三種。曰冊書。任造冊催糧。曰郷地。任督夫濬河。曰保正。任稽察地方。冊書・郷地。旋復革除。自是訖今。祇有保正。役止於此。可謂易簡。

（8）前註（1）佐伯「清代の里書」。佐伯は里書の需索者としての側面を強調するが、彼らは書役から不当な需索を受けたり、逆に書役と結託して人民を苛索したりするなど、両面性を有していたと考えるべきであろう。

（9）前註（4）

知県即考其産糧較多及家有業儒者。参以案冊。点其人為甲首。凡郷老・保長弍・里正。官皆待以客礼。

（10）嘉慶『朱里小志』巻二、田賦

催徴漕白。責任図保。保正一役。由県籤点。除紳衿耆老。例蒙優免外。択図中長厚殷実者為之。逐年更替。謂之輪年。然

長厚殷実之人。畏見官長。雇人代充。名曰包充。……春税秋糧。図保代納。謂之図賠。

(11) 咸豊『寒圩小志』徭役
海塘旧制。載府県志頗詳。……今則乗四月農忙。出差催築。于時民方布種。無暇到工。差人藉端勒索。有種田一畝。私齎至二三百文者。業主則循業食之例。亦有加派。習以為常。書吏保甲。藉為利藪。海人藉此代工。而小民之苦。無可告訴。

(12) 光緒『松江府続志』巻一四、田賦、役法
乾隆五十三年。知府楊寿楠。奉総督書麟檄。示禁上海県比保捆業賠墊諸弊。嘉慶四年。知府趙宜喜。永禁青浦県捆保圩業墊完積弊勒石。十七年。江蘇布政司慶保。申明保甲前禁。道光二十一年。署布政司黄。示禁青浦県捆墊。及糧差限銭舟盤貼頭。漕書煤頭活倉収諸弊。二十二年。婁県耆民沈茂廷。呈稟江蘇布政司。請禁差保勒墊異姓漕糧。并需索舟盤諸弊。咸豊四年。青浦県知県銭徳承。示禁坐図糧差。改復旧章。

(13) 光緒『南匯県志』巻二〇、風俗
地方公事。如開濬賑飢之類。不能全資差保。自当以紳士督率。

(14) 民国『南匯県続志』巻一八、風俗
不肖士人。恃一衿作護符。結交書役。牢籠保甲。恐嚇郷愚。魚肉善類。

(15) 光緒『呉江県続志』巻一一、賦役四、徭役、禁革経造
同治五年。知県沈錫華清糧。改立版図。分設郷柜〔櫃〕。詳革経造及坐図糧差。〔詳稿。経造一役。向為経収承造冊串。領進銭漕。指提糧戸而設。従前本名地総。於道光初年。奉文勒石永禁。遂改名為経造。……〕

(16) 民国『崑新両県続補合志』巻一八、集文、黄元炳「崑新銭糧平議」
兵燹之余。擬為著佃完納之法。謂業戸遠徙来帰。或本係客。県恐其延宕。著保向佃戸扣除。毎郷各撥差役。坐図収繳。於是悍吏之勢横行。地保之狡黠者。助之為虐。毎逢差至。騒擾一郷。佃戸唯唯従命。苟一齟齬。則擁至舟中。無名之費。倍於正額。……初亦謂著保著胥。可以起色。而不知地保之差費。出其中。胥役之侵蝕。出其中。徙〔徒〕損閭閻之膏血。而無補於国家之正供也。

(17) 道光『璜涇志稿』巻一、風俗、流習。

(18) 宣統『太倉州志』巻七、賦役、徭役

乾隆十年。知州蔡長澐。奉行順莊。……従此人無苦累之役。役無舞弊之方矣。其著為現行章程。近似乎役而非役之可比者。列其目於後。

なお順荘法については、栗林宣夫『里甲制の研究』文理書院、一九七一年、川勝守『中国封建国家の支配構造』東京大学出版会、一九八〇年、濱島敦俊『明代江南農村社会の研究』東京大学出版会、一九八二年、小山正明『明清社会経済史研究』東京大学出版会、一九九二年などを参照。

(19) 同右

地保。毎図一人。由該図耆老・業戸選充。有領催条漕及巡査協捕之責。二年一更替。相沿已久。至今不廃。

(20) 同右

按。地保不領工食。仰給於舗戸年規。及受人任使之酬値。頗足資以為生。而衙役輒向索陋規以窘之。自好者。毎不屑為。及懸缺。而名為管区之衙役。又促耆業報充。恫喝以為利。此其弊也。

(21) 民国『嘉定県続志』巻三、賦役、役法概要

夫束専為濬河編設。……定例田多者。充夫頭。田少者。為協夫。是名夫束。其不能任工者。則按夫折価。以価雇工。是名編折。唯濬河之外。夫頭須輪年挙報保正。名為現年。現年不得適宜之保正。而親自承役。名為乏充。保正之責。本為稽察地方。其領県差催糧。僅為附帯之職務。不知何時。領催変為経収。保正遂為徴糧主任。徴糧応有工食費用。須現年資給。徴糧不足額。或図内有絶戸。或保正有虧空。均須現年賠補。名為捆墊。此外遇有地方命案盗案。勘験之費。緝凶緝盗之費。以及勘荒招待之費。官差索之保正。保正仍取之現年。誅求種種。賠墊累累。現年毎因此破家。此為夫頭独受之害。夫従田起夫冊。不能歳歳改編。道光六年之冊。至同治四年改編。又至光緒三年改編。前者相距四十年。後者相距十年。

また光緒『嘉定県志』巻四、賦役中、役目にも同様の記載があり、「道咸間。有因此破家者。今雖弊不至此。而弊竇所伏。不塞不止」との認識を示している。

(22) 光緒『嘉定県志』巻八、風土、風俗

各図保長。除現年夫束承充外。半皆游民頂充。武断郷曲。遇事生風。凡遇有差保査覆事件。不可憑信。

(23) 民国『宝山県続志』巻四、財賦、考賦、役法

力役之征。久已廃止。而本邑独以渾潮淤淀各河道。須輪年開濬。乃有百畝編夫之制。……十年中。当夫一次。亦称現年。

初不過以本図任務。不可無所責成。実無与於在官之役。不料悪因已播。官吏乃藉此罔民也。

(24) 光緒『無錫金匱県志』巻一一、賦役、徭役
（康熙）二十五年。巡撫湯斌。永禁現年里長。皆勒石通飭。自是里長既除。而催糧之役。漸帰総甲。久之而按限血比。捆勒墊完。弊復如故。名曰現年総甲。……又書役藉端横索。苛派無度。凡派養流徒人犯。緝捕凶盗盤川。官司相験踏勘等費。悉令支値。是以一当此役。毎至破家。嘉慶六年。無錫県民蔣朝徳等。以県差賀欽等。恃票詐擾。籲請巡撫岳起。出示禁革。其風不衰。道光十七八年間。邑人激于前金匱知県胡兆蓉刑比生監一事。発憤上呈。請除此弊。両県不可。乃歴控于府于司于院。時署布政使李象鯤。洞悉民艱。已詳院飭府示禁矣。而両県受蠹書之聳。以為便於民而不便於官。密稟巡撫陳鑾。下布政使牛鑑覆議。大翻前案。藉口於弊政之除。不在現年之革。実則現年不革。即捆墊横派諸端。必無以絶也。至二十六年。巡撫李星沅。甫下車。邑紳鄒鳴鶴。力白其事。始畳下厳。……嗣後地保一役。照例由各図士民。公挙誠実明幹之人。報官点充。不必一正一次。一年一換。并不準勒定殷戸輪充。其現年総甲包総等名目。永遠革除。如有抗欠不完者。責成糧差。協同地保催追。不準捆勒代完。

(25) 光緒『武陽志余』巻六、碑示「陽湖県知県馬永禁屍場陋規碑文」（嘉慶五年）、「武進県知県汪世樟無属水陸斃屍由堂報験収埋碑文」（道光四年）、「武進県知県姚瑩無属水陸斃屍由堂報験収埋碑文」（道光一二年）。

(26) 同右「武進県知県呉時行水陸斃屍郷図地保免協緝碑」（道光一三年）
嗣後如有前項水陸斃屍。並無親属出認者。即令地保。報明存仁堂董事査看。如係無傷病故者。由堂捐棺殮埋。按旬塡簿報県。召属認領。如係有傷者。由堂塡単。報験詳緝。地保在郷伺候。不伝地主査詢。……如有差仵需索情事。許即指名稟県。以憑究治。

(27) 同右「武進県知県孫琬永免郷図地保協緝窃盗案碑」（道光二三年）
査。沿塘地保。差務繁多。与腹裡各図地保不同。査議得。安西郷沿塘図内。嗣後遇有窃盗之案。……如無匪窩在図者。一経呈報。地保有疎巡之責。遵照羅前憲通飭。随時責釈。案帰捕役緝拏。地保免其協緝。

(28) 同右「常州府知府張銓郷鎮免派罪犯碑」（咸豊元年）、「武進県知県向柏齢郷鎮免派罪犯碑」（咸豊元年）。

(29) 同右「常州府知府扎克丹永免郷図地保窃盗案協緝碑」（同治四年）。

(30) 同右「常州府知府扎克丹飭遵均庄辦役禁革図差箚」（同治四年）。

(31) 同右「武進・陽湖県知県王・温厳禁需索相験路費碑」、「武進・陽湖県知県王・温厳禁需索踏勘路費碑」。

(32) 同右「常州府知府呉鼎元禁差船需索碑示」(同治一一年)。

(33) 同右「常州府知府呉鼎元水陸斃屍郷図地保免協緝碑示」(同治一一年)。

(34) 光緒『金壇県志』巻四、賦役、里甲

国朝輪編里甲之法。悉同明制。用以催辦銭糧。其後浸廃。今則図董・地保。猶昔之里長・甲首。負有催科之責焉。

(35) 光緒『再続高郵州志』巻八、禁革、革除現年全案

准都察院皂保奏江蘇職員陳文釋等遣報。以積弊病民。籲請革除等詞。赴該衙門呈訴。拠称。高郵州知州。徵収銭糧。於糧差地保外。添設現年名目。具限領催。凡貧疲抗欠之戸。均由現年包完。一有逾限短繳。即稟提追比。甚至破産等語。

(36) 同右

自我国朝丁随田辦。一切傜役均免。而花戸良莠不斉。疲玩之戸。不能不由公正。領串催追。是以現年之名。至今未革。凡当現年者。均係里中殷実業戸。該殷戸因各有身家。故又公挙一人充当。謂之保正。凡保正之工食等項。皆由現年貼給。蓋保正現年。雖二実一。現年乃当年之保正。而保正即現年之替身也。現年之累。在於破串・脚串。所謂破串者。完而未清之串。脚串者。刁抗不完。均須現年代為完納。即如糧差到郷。催追欠糧。先尋保正。而保正供応茶飯川資。無非出諸現年。間或疲戸逃亡他出。保正無従指交。差役勢難空回。現年又不能不先為代墊。此脚串・破串。須現年代完之由来也。……乃自江省用兵後。地方較為凋弊。疲戸倍於往昔。近年之糧差。下郷既頻。現年之代墊較多。……迨同治七年。清釐銭糧積弊。経前撫臣丁日昌査得。常州府属之武進・陽湖二県。徵収銭漕。每庄推以殷戸為首。凡一庄之銭糧。統由庄首収斉。届限完納。……其時高郵州知州姚徳彰。甫経蒞任。因郵邑之現年。与陽湖之庄首。彷彿相同。正擬仿辦。即有民人呉万里等。以現年每受包完破串・脚串之累。請除現年名目。改由糧書催徵等情。赴州具呈。姚徳彰。因現年有挙充保正之責。一経革除。則保正無人挙充。且現年名目。列於州志。相安已久。似未便拠革。是積弊雖除。而名目仍在。該州紳民。慮有後患。此京控所由来也。該司道等。反覆籌議。詳経臣等確査。窃以挙充保正一事。儘可責之里民。何必再留現年名目。自応永遠革除。免其再挙。惟保正即地保。応令里民。公挙誠実良民充当。如無貽誤。毋庸年年更換。其完而未清。及刁抗不完之破串・脚串。応由地保。指交的欠之戸追繳。不准責令地保墊完。……其平時簽差下郷。無論提案催糧。均由本官。酌給飯食川資。不得輒向地保。需索供応。

（37）同右、附録原案

凡城郷疲玩之戸。既有糧差承催。又有地保協催。立法至周且備。不害公。亦不病民也。揚郡各属。大略相同。惟高郵州。於糧差・地保外。添設現年名目。毎歳於秋成後。更換地保時。先令旧保。稟出里中業戸一二人。充当現年。即令協同地保。具限領催銭漕。凡村中貧疲抗欠之戸。応由差追者。均帰現年包完。一有逾限短繳。糧差即稟提比追。而書差又勾通地保・土棍。苛索現年。

（38）同右、附陳現年受害四条。

（39）同右

現年所交前項脚水銭文。該糧差量撥一半。繳官一半。

（40）『治浙成規』巻二、藩政「禁革積弊以省糜費四条及札府洗除積弊整粛吏治」（乾隆五八年）、「禁止勒派殷実農民生監充当地保荘長」（乾隆五九年）。

（41）たとえば光緒『桐郷県志』巻六、食貨上、新政

光緒六年庚辰。桐郷曾令寿麟。征収銭糧。復自封投櫃之例。此本国家定制。桐邑則向来徴之差保。恣其浮収。不知其弊始於何年。

（42）馮桂芬『校邠廬抗議』巻上「復郷職議」

今州県設佐四五人。撥一二三人。分治各郷。至都図。則有地保・地総。司民事。其流品在平民之下。論者亦知其不足為治也。於是有保甲之法。十家一甲長。百家一保正。一郷一保長。然率視為具文。詔書憲檄。絡繹旁午。而卒不行。間行之。而亦無効。軍興以来。各省団練民勇。有図董。有総董。大同小異。顧行之。転視保甲為有効。然則其故可思也。地保等賤役也。甲長等猶之賤役也。皆非官也。団董紳士也。非官而近於官者也。惟官能治民。不官何以能治民。

（43）同右

民有争訟。副董会里中耆老。於神前環。而聴其辞。副董折中公論而断焉。理曲者。責之罰之。不服則送正董。会同両造族正公聴如前。……緝捕関正副董指引。而不与責成。徴収由正副董勧導。而不与渉手。

（44）郷官を実際に郷村支配に導入したのは清朝ではなく太平天国であった。太平天国の郷官に充当されたのは、地主、郷紳、富民、書吏、地保などであり、その職務も治安維持と徴税であった。太平天国の郷官制度は清朝支配下の地保や馮桂芬が想

定した郷官と機能的にほぼ同一であり、従来の郷村社会を変革させるものではなかった。河鰭源治「太平天国における郷官設置の実態——蘇浙湖濱地帯の一例によって——」『東方学論集』一号、一九五四年、同「太平天国における郷官創置とその背景」『史学雑誌』六三編六号、一九五四年、王天奨「太平天国郷官的階級成分」『歴史研究』一九五八年三号（『中国近代史論文集』上、中華書局、一九七九年所収）、伊原弘介「太平天国の郷村統治——江蘇・浙江地方を中心に——」『史学研究』八六号、一九六二年、針谷美和子「太平天国後期の郷村統治——一八六〇年以後の浙江省における——」『一橋論叢』八三巻五号、一九八〇年などを参照。

（45）董事については、小島淑男「清末の郷村統治について——蘇州府の区・図董を中心に——」『思潮』八八号、一九六四年、同「一九一〇年代における江南の農村社会」『東洋史研究』三三巻四号、一九七四年、大谷敏夫「清代江南の水利慣行と郷董制」『史林』六三巻一号、一九八〇年、稲田清一「清末江南の鎮董について——松江府・太倉州を中心として——」森正夫編『江南デルタ市鎮研究』名古屋大学出版会、一九九二年などを参照。

（46）『江蘇省例』「地保不由左雑衙門投充」（同治七年九月）
巡撫部院丁。批呉県稟。地保由里耆挙充。毋庸再由左襍衙門投充一案内開。拠請。将各図地保。諭飭十甲里耆挙保。由県験充。毋庸再由左襍衙門投充。以帰簡易。而専責成。所見甚是。且一切公事。多一衙門。即多一層転折。更徒多一番需索。自応如稟立案。仰蘇藩司。転飭遵照。并行各属。一体照辦。
また丁日昌『撫呉公牘』巻二八にもほぼ同文が「批呉県稟各図地保諭飭十甲里耆挙充毋庸再由左雑衙門投充由」と題して収録されており、その加函には
立地保以約束游民。又設左雑以約束地保。層層箝制。初意未嘗不善。近則層層剝削。無非百姓受累。
と述べられている。

（47）同右、加函
此後地保改由州県験充。自是正辦。然門閽・書差。亦可勒索地保。務祈通飭所属。必須官与百姓。時常見面。時常詢問疾苦。則上下之気通。門閽・書差。自不能従中作梗矣。

（48）丁日昌『藩呉公牘』巻一三「札飭武陽通図合辦地保一案由」
照得。武陽二県。各図地保。無論士農。逐年逐荘。按畝輪充。収繳銭漕。承応一切公事。名曰均荘。兵燹之後。熟田既少。

戸口亦稀輪充。現荘地保。在在需用。賠累不堪。凡貧小之図。毎有因此破家者。聞現在郷間。已有通図合辦之処。地保辦事。既可通力合作。尤無畛域之分。較之均荘為妥。合行札飭。札到該府・県。遵照督董集議。妥辦詳覆。再訪聞。毎図新充地保。須給衙門差役及冊結各費銭二千五百六十六文。小図酌減二百文。其人稍或懦弱。則書差更須多索。当此裁費絶弊之時。豈容任其索擾。並即従厳禁絶。

(49) 但し『武陽志余』によると均荘法は同治四年常州府知府扎克丹が導入したとある。恐らく太平天国以前から慣用的に実施されてきた均荘法を扎克丹《チャコタン》が公認し、その後丁日昌が廃止したのであろう。

(50) 胡林翼『胡文忠公政書』巻一四、批札「札各州県革除銭漕弊政」。

『撫呉公牘』巻四三「新陽県稟辦理保甲情形並章程由」

近於添設郷官。軍興以来。紳士辦理保甲捐輸等事。当時従権刊用戳記。後来流弊甚多。

(51) 同右、巻四三「金壇県稟擬辦保甲章程由」

惟査。造煙戸冊籍辛工。及城郷各董往返舟車等項経費。会董籌辦。是否籌有定章。能否妥善無弊。革除陋規。尤須厳防苛派。……至図董皆係挙貢生監。於各該図利弊。自較熟悉。第須厳禁。不得干預詞訟。以免流弊。

(52) 同右、巻三二「札飭溧陽稟挙辦保甲章程飭司核議」

惟茲事首重選択甲長。甲長得人。則誠有益地方。否則毫無実済。且諸弊従此出矣。

(53) 『江蘇省例』続編「詞訟案件州県親為審理」(同治一一年一二月)

按察使応。為通飭事。……本司検閲各属月報。多有応伝訊而不伝訊。応勘断而不勘断。竟飭差保査覆。或令中証理処者。該州県等。不過以為尋常細故。非命盗重案可比。……夫差保奴隷也。中証雖亦百姓。然非不能了事。即或有所偏袒者也。……且差保・中証。非但不能準情酌理。以解争訟而已。需索嚇詐。顚倒是非。……為此専札通飭。札到該府・州・庁。立即転飭所属州・県。嗣後凡遇応行受理詞訟。応訊即為集訊。応勘即為詣勘。速断速結。務使両造。気平心服。不致再起争端。

(54) 『江蘇省例』四編「酌議編査保甲簡易章程」(光緒一七年九月)

江蘇按察使司。為詳請事。……凡充図董・総首。必択公正廉明之紳者。地方官優礼相待。于事自必有済。

(55) 同右

該地方官。仍当毎年赴郷。稽査二次。以期核実。下郷之日。更宜厳禁書役藉端索貲。以及地保斂費。

(56) 劉坤一『劉忠誠公遺集』巻二八、奏疏「整頓保甲以輔団練片」
如沿江之九江・安慶・蕪湖・大通・金陵・鎮江・儀徵・瓜揚一帯。五方雑処。往往蔵垢納汚。現在分委道府大員。厳査保甲。並撥兵勇弾圧。以為団練先声。其余市鎮郵荘。則委紳董。因地制宜。自行籌辦。

第八章　清代四川の地方行政

はじめに

清代江蘇省では地保（保正）と呼ばれる里役が置かれ、彼らは郷村で書吏・衙役を補佐していた。地保は本来在地の非権力的調整業務に携わるものであるが、書役から陋規需索の被害を受け易く、また糧戸に負担を転嫁することも多かったので、財政改革に伴い地保の公正化が図られ、光緒（一八七五―一九〇八）中葉には在地知識人層を主体とした郷官（董事）に代置された。

一方江蘇省よりやや遅れて財政改革を実施した四川省でも、第二章で述べたように紳衿（紳糧）層は公局へ出仕する形で地方行政へ参加していた。それでは江南の郷官のような役職は四川でも設置されたのであろうか。この疑問に答えるため、本章では乾隆年間（一七三六―一七九五）から光緒末までの四川省に舞台を移し、地方志および府州県の行政文書が比較的多量に保存されている巴県檔案を素材として、里役・保甲制の長期的変化について検討する。時期的には、①専制国家の支配体制が円滑に機能していた乾隆期、②白蓮教徒の乱から太平天国・滇匪の乱に至る相次ぐ諸反乱に対して地域社会を防衛すべく、各地で団練が設置された嘉慶年間（一七九六―一八二〇）から同治年間（一八六二―一八七四）までの時期、そして③四川総督丁宝楨により財政改革が推し進められ、地方的徴収体系が整理された光緒期の三時代を措定する。

現在巴県檔案は一部分が刊行されているのみで、巴県地方行政の包括的把握には不十分である。また訴状や供述書は紛争当事者の主観的理解が記されたものであり、全幅の信頼を寄せることはできない。しかしながら、地方檔案には地方志や上奏文では得られない民衆の生の声が収録されている利点もあるだろう。なお本論考で使用する巴県檔案は四川省檔案館編『清代巴県檔案匯編』乾隆巻（檔案出版社、一九九一年）、四川省檔案館・四川大学歴史系編『清代乾嘉道巴県檔案選編』上巻（四川大学出版社、一九八九年）および魯子健編『清代四川財政史料』上巻（四川省社会科学院出版社、一九八四年）が引用する『巴県檔案抄件』に依拠している。本章ではそれぞれ『巴県檔案匯編』『巴県檔案選編』『四川財政史料』と表記する。

一　乾隆期巴県の末端地方行政

乾隆年間、四川省は二度の金川用兵を経験したが、社会秩序は概ね安定しており、また津貼・捐輸や駅站夫馬などの付加的徴収も深刻化していなかった。社会の安定期に刊行された地方志は、地方行政の問題点にはほとんど注意を払っておらず、その実態をうかがい知る記述に乏しい。そこで本節では巴県檔案を用いて、乾隆期巴県の末端地方行政制度について検証する。

江南と同様巴県でも、末端の権力的支配は衙役によって執行され、非権力的調整すなわち銭糧の督促や紛争の仲裁などは都市の客長や農村の郷約などによって行われていた。まず前者から検討しよう。

衙役は里甲（郷村）を含めた県全体の地方行政に責任を負っていたが、特に県城内の治安維持については、客長（外来商人の代表者）や郷約などの補佐を交えず、直接的に警察業務を遂行することが多かった。一九世紀後半になると巴県では八省客長（八省会館の董事）などの地方行政への進出が見られるが、乾隆期には彼らの都市住民に対する影響力は低かった。乾隆五九年（一七九四）八省会首（客長）が知県に対し、街区の長である廂長に示諭して各舗戸の門前に消防用の水桶を設置させて欲しいと願い出た稟の中で、彼らは

但し民等は各省会館の事務を管するに係わり、街坊の公事は、原より廂長の所管に属すれば、民等其の心有ると雖も、之を呼べども応ぜず。[1]

と述べており、会館は防火用水の設置という自治的活動でさえ、知県の告示や廂長の命令を仰がなければ民衆の支持を得られなかったのである。なお巴県で消防業務が八省紳商に委託されるのは光緒九年（一八八三）のことである。[2]

さて『巴県檔案匯編』所収「巴県皂班壮班争辦差務案」によれば、巴県城内および里甲で、知県の命令を受けて犯人を召喚護送する業務を担当していた衙役は、複数の班単位で活動し、各自縄張りを持っていた。まず乾隆二七年（一七六二）九月一一日付の稟で、皂頭王建昌らは「城内における娼家・賭場（の取り締まり）や刀剣による殺傷事件（の捜査）については、従来皂班が担当してきたが、秋審時の提解（犯人護送）については、捕班が（快班と）争ったため、前知県が暫定的に捕班に委ねた」と述べ、今後は提解秋審も皂班が引き受けたいと現知県に願い出た。[3] 知県は刑房にこの問題を調査させたが、一〇日後刑房書吏劉貴は「かつて捕班と快班が犯人護送業務を互いに押し付け合っていたので、乾隆二三・二四年（一七五八・五九）王前知県が捕班・快班・皂班の業務分担をわれわれに協議させた。その結果、捕班は城内および里甲での賭博・宰殺（役畜屠殺）・娼家・嘓嚕《カクロ》（の摘発）と窃盗・刀傷・私鋳・搶奪《ごうとう》（事件の捜査）を、快班は（城内および里甲の）戸婚・田土（に関する紛争処理）と酗酒《よっぱらい》・打架《けんか》・潮銀（低品位銀）・奸拐《ゆうかい》（事件の捜

査）を、皂班は城内の債賬《しゃっきん》（に関する紛争処理）と酗酒・打架・拐逃（事件の捜査）および些末な案件を担当することになった。皂班は（城内の差務のみを管掌しており）提解を執行する必要はなく、捕班も承辦を願っていないので、今後はこれを快班に担当させ、娼賭摘発と刃傷事件は皂快両班で分担させるのが妥当である」との報告を行った。(4) しかし知県は結論を保留し、三班頭役を交えた話し合いを命じている。(5) 捕班と快班が忌避していた犯人護送を何故皂班が引き受けようとしたのかは不明であるが、巴県では捕・快・皂三班が城内や里甲で警察業務を管轄していたことが上記史料から確認できる。

ところが、乾隆三〇年（一七六五）二月一一日付懐石里両班頭役魯子栄らの稟によれば、巴県の里甲の差務は西城・江北・居義・懐石の四大里がそれぞれ捕班と快班を編成して分掌しており、城内の差務は皂班が辦理していたとある。(6) また同日付皂頭陳希徳らの稟は、城内の事件は皂班が、里甲の事件は快班が処理すると述べている。(7) 県城の警察行政は皂班が専管していたことは劉貴・魯子栄・陳希徳の稟に共通するが、里甲については、劉貴が捕班と快班の分担だと述べているのに対し、陳希徳は快班の専辦だと述べており、また魯子栄は四大里がおのおの捕班と快班を組織して分担するのだと主張していて、一致を見ない。

以上のように、巴県における末端の権力的行政は班単位に編成された衙役によって執行されていた。城内は皂班が専管し、捕班や快班も活動していたようであるが、里甲については史料により記述が異なっており、詳細は未詳である。これはおそらく衙役の業務が都市を中心としたものであり、郷村での治安維持にはさほど関与していなかったことを意味していると思われる。

一方、里甲の中で末端地方行政に責任を負っていたのは、佐伯富によれば保甲制の甲頭（里長）や保長（保正）および郷約・地保と呼ばれる地方の代表者であった。佐伯は保甲制度を「人為的官治的性質の強い自治組織」と見なす

表8－1　乾隆27年3月巴県の甲内郷約・保長数

	1名	2名	3名	4名	5名	6名	7名	10名	不明	合計
郷約(甲)	60	8	5	3	1	0	0	1	32	110
保長(甲)	31	15	13	3	4	1	1	0	39	110

一方、郷約・地保を「自然発生的聚落を基盤」として「人民の自然的要求から発生した真に自治的性格の強いもの」と評価し、彼らは「民衆の利害を周知し、民情に通じてい」たが故に、国家はこれを「地方行政の末端に組み入れ、特に警察業務の一部を担当させた」と論じている。(8) また『清国行政法』も保甲を「地方自治」の範疇に入れている。(9) 里役や保甲制は純粋な自治制度とは考え難いが、これらが郷村の秩序維持のための業務を分掌していたことは巴県檔案からも確認できる。以下乾隆期巴県における郷約と保長との関係、およびその組織と業務について考察を加える。

まず郷約・保長の設置形態について。『巴県檔案匯編』二一一－二一五頁には本書の編者が「乾隆二十七年巴県里甲郷約保長名冊」を基に作成した「乾隆二十七年三月巴県郷約保長統計」が掲載されているが、これを甲の数を基準に整理したものが表8・1である。一見して明らかなように、各甲（概ね百戸）(10) は基本的に郷約一名と保長一名ないし数名を置いていることが読み取れる。

保長は本来一〇甲の長を意味するが、ここでは一甲ごとに置かれ、複数名の設置例も数多く見られる。これらのことから、郷約はもちろん保長もまた保甲制的編成に必ずしも厳格には従っていないことが理解される。しかし巴県檔案には彼らが自然村を単位として置かれていたことを積極的に示す史料もまた見出せない。

次に彼らの組織と業務について。『巴県檔案匯編』一九三－二一一頁には、乾隆期における郷保の「簽退承替」すなわち選抜・交替に関する檔案が収録されている。これらによると、郷約も保長も甲内で輪番に充当し、知県が公挙された者に執照（鑑札）を給付して認証していたようである。一例を挙げよう。乾隆二三年（一七五八）一一月二三日付「何殿卿稟」によれば、甲内の公務は輪番で支応することになっているが、直里八甲では長年何殿卿が郷約に、郭瑄が保長に充当していたので、次に李国仕を郷約に、趙世遵を保長に選抜し、知県の認証を得たとある[11]。郷約も保長もともに自治組織とは程遠い、国家が要求する義務労働（里役）であり、人民は里甲制と同じく交替でこれに充当していたのである。編成方法は郷約も保長も同一であるが、両者の役割の相違は巴県檔案からは読み取れない。

郷約・保長の科派対象となるのは、里甲内に田糧を有する者すなわち糧戸であった。たとえば廉里三甲在住の胡国欽は一応田糧を所有していたが、生計は非常に困窮しており、かつ本人も病気を患っていた。ところが郷約の黄照之は乾隆三六年（一七七二）一〇月一六日に胡を無理やり保正に選抜してしまった。そこで胡は県に免役を願い出たが、知県は当人の弟を承辦させるべしとの批を下して、胡の要求を却下している[12]。

郷約・保長の業務は、巴県檔案を見る限り、基本的に民衆教化、銭糧督促、治安維持であった。たとえば乾隆一七年（一七五二）孝里四甲の保長に選任された王星一に対する執照には

凡そ甲内の事理、糧務の催督、并びに外来の嘓嚕・匪類、酗酒・賭博、以て私宰に及ぶ有らば、一切の不法の徒は、爾が本県に扭稟し、以て究治に憑あらしむるを許す[13]。

と記されていた。乾隆三三年（一七六八）直里二甲の新任保長朱孔鐸に対する執照もほぼ同じ内容である[14]。これらの執照より、保長の主要任務は甲内の銭糧督促と治安維持であることがわかる。郷約も概ね保長と同様の業務を行っていたが、同年孝里三甲の新充郷約殷仕洪に頒給された執照には

嗣後凡そ甲内の公事に遇わば、必ず須く勤慎辦理すべし。朔望に逢う毎に、公所に斉集して聖諭を宣講し、愚頑を化導して永く和睦を敦くし、以て人倫を正すべし。仍不時に嘓嚕・匪類、窩娼・窩賭、私鋳・私宰、邪教・端《み》公《こ》、以て面生疑う可きの人に及ぶまでを稽査し、爾が本県に密稟し、以て拏究に憑あらしむるを許す[15]。

とあるように、銭糧督促の代わりに郷約本来の役割である民衆教化の文言が記されている。[16]

郷約の他、場鎮では場頭・客長が置かれ、該鎮の公事を担当していた。場鎮は近在の人や物が往来する郷村の流通拠点であり、住民は防犯のため場頭・客長や郷約の設置を自発的に願い出ていた。たとえば舗戸約二百軒が蝟集する陶家場にはこれまで場頭・客長がいたが郷約がいなかったので、乾隆二八年（一七六三）鎮住民は新たに熊孔文を郷約に公挙して知県に認証を請い、許可されている。[17] また二十余戸程度の小鎮である廉里三甲内の安鳳場では、乾隆三四年（一七六九）新たに周旭万・謝明睿をそれぞれ場頭・客長に選出して執照の給付を請願し、批准されている。[18] なお乾隆三六年（一七七一）一二月八日付陶家場客長劉発梁への執照および乾隆三八年（一七七三）三月一四日付隆興場場頭艾増陽・客長鄭文尊への執照は、[19] 若干の字句の違いはあるが、前出の保長・郷約への執照とほぼ同一内容であり（但し銭糧督促・民衆教化の文言はない）、場頭・客長も郷約・保長と同様、治安維持を主要目的としていたことが確認される。更に乾隆四二年（一七七七）二月走馬崗場客長王仕勝への執照の冒頭には「嗣後凡そ場内の公事に遇わば、務めて須く郷約と協同して、勤慎辦理すべし」などと記されており、[20] 彼らは郷約と合同で任務を遂行することが期待されていた。

以上のように、郷約・保正および場頭・客長は郷村や市鎮にて主に防犯の任に就いていた。佐伯はこれを「警察事務」「警察権」の分掌と見なしている。しかし彼らの治安維持活動は純粋な権力的業務とは言えない。確かに彼らは日常的に犯罪者、虞犯者、不穏分子などを調査して知県に報告し、場合によっては捕縛することもあった。しかしながら彼らの行為はあくまで地域社会内部における任意の犯罪予防であり、国家秩序を維持するための強制力行使ではなかった。それ故彼らは捜査・尋問権は付与されていなかったし、訴状の取り次ぎもできなかった。当時警察権は地方官が専管しており、末端での警察業務は各班の衙役が、裁判事務は刑書が執行していた。銭糧についても郷約らは催促を行うのみで、徴収は戸書や糧差に委ねられていた。このように郷約・地保や保甲制は、書吏・衙役が権力的支配機構として機能していたのとは異なり、人民の相互監視・連帯責任に基づいた自律的調整機構として位置付けられていたのである。

巴県の郷約・保正は江南の現年と同様、里甲に科派された各種の差務を、甲を代表して支辦しなくてはならなかった。前出の保長王星一は乾隆二四年（一七五九）老齢を理由に退役を願い出、甲内の了承も得たが、交替の前提として「蟻《われ》の領買すべき倉穀に在りては、久しく告竣を経たり」と述べており、(21)常平倉における新穀の採買が義務化していたことがわかる。(22)なお同甲では前年に郷約も楊爾庵（安）から王介凡に交替していたが、爾庵の子国材は領買票に父親の名が残っていることを心配し、王介凡へ領買の引き継ぎを伝えるよう知県に要請した。(23)採買費用は一応県より支給されていたようだが、(24)楊国材が県に確認を申請したように、倉穀の買い付けは重い負担であった。

倉穀採買の他、夫馬もまた里役に攤派されていた。孝里七甲の郷約諫思賢が知県に退役を請願した呈文で、彼は「夫馬と倉穀はきちんと納めている」と述べている。(25)但し第二章で見たように、乾隆期の夫馬はさほど繁重ではなかった。また乾隆三八年（一七七三）の金川用兵の際には、軍需銭が臨時に按糧攤派され、郷約がこれを取りまとめて納入していた。(26)同年邛州直隷州邛崍県でも金川平定のため正糧一両につき差銭一千文が攤派され、保甲によって徴収されたが、規定額に満たない場合は保甲が立て替えねばならないので、牌頭や甲長に充当した者の多くは破産したと伝えられている。(27)

このように郷約・保長は経済的負担が大きいため、応役を忌避する者が多かった。『巴県檔案匯編』所収の史料の多くは郷約・保長の選抜に関する稟であり、人々がなんとかこの役から免れようと知恵を絞っていたことがこれらの史料よりうかがわれる。忌避の方法としては、書吏・衙役に充当して里役を免除されたり、当人の承諾を得ず別人に無理やり押し付けたりすることが多かった。前者について。一例を挙げると、前出「何殿卿稟」によれば、郷約・保長に選出された李国仕・趙世遵は、それぞれ刑房書吏・快班衙役に潜り込み、里役を忌避した[28]。同じく前出「諫思賢簽呈」によると、彼は現在病気にかかり、息子の朝棟も礼房で充役しているとして、郷約の交替を願い出ている[29]。後者について。たとえば乾隆二四年（一七五九）直里七甲の寡婦馮都氏は、保長梁鳳羽が応役年令に達していない子の尚臣を保長に仕立てようとしたと知県に告訴した[30]。知県の取り調べに対して梁は罪状を認め、これまで五年間保長に応役し、家が貧しいため土地を手放して倉穀の採買に勉めてきたことを上申して、情状酌量を請うている[31]。また段文先のように、長年県城内で衙役に就いていながら、たまたま里甲に田糧を所有していたために郷約に当てられ、更に保長にも当てられたため、いずれか一方を免除して欲しいと願い出る者もいた[32]。なお場頭・客長には倉穀採買などが強制されていた痕跡はなく、忌避に関する史料も見当たらない。

以上のように、乾隆期巴県の警察行政は衙役によって担われていたが、郷村における衙役を差遣するに到らない紛争の解決や防犯などの業務は、概ね保甲を単位とした郷約・保長などの里役に委ねられていた。衙役には警察権が付与されていたが、里役には付与されれず、それどころか夫馬支辦や倉穀採買などの義務さえ付随していた。両者の本質的差異は、都市と農村という受け持ち地域の違いではなく、暴力装置としての機能を果たしていたか否かであった。

このような地方統治制度は他の州県でも概ね同様であったものと思われるが、社会秩序が相対的に安定していた乾隆期には、地方志など他の史料に記録が残ることは滅多になかった。保甲制に変化が起きるのは嘉慶以降のことである。

二　団練の編成

衙役と里役を併用する治安維持制度は乾隆期には有効に機能したが、嘉慶年間以降の相継ぐ民衆反乱に対しては無力であった。嘉慶白蓮教徒の乱に直面し、四川における統治機構の再建を画策していた龔景瀚は「郷官・郷鐸を設立せんことを請うの議」にて「州県の統治を補佐する者は書吏・衙役・郷約・保正に過ぎない。しかし彼らの社会的地位は低く、これに当たる者は無職困窮の徒であるから、狡猾無頼の輩に利用され易く、彼らを信用することはできない」と述べ、保甲制を強化するとともに士大夫層を郷官・郷鐸に任じ、彼らに郷約・保正・保長を統率させることを提議した。[33] 書吏・衙役についてはともかく、彼の郷約・保長に対する認識は実態とはかなり乖離しており、書役と里役を同一視する見解には賛同し難いが、民衆の相互監視制度である保甲制を強化して治安の回復を図ろうとする支配者側の意志は充分汲み取れる。郷官は結局設置されなかったが、その代わりに保甲を単位とした団練が編成された。

四川省の団練は、道光『重慶府志』によれば、嘉慶元年（一七九六）白蓮教軍の達州侵攻に対抗し、四川総督宜綿（嘉慶二年任）が各州県に通飭して、南充県知県曾自柏の方策に倣い、団練章程の制定を指示したことより始まる。その方策とは、有能な書役を選抜して郷村に差遣し、現地の郷約・保長を督率して関隘を防衛させる一方、知県が各郷に赴き、紳衿や郷約に面諭して団練の結成を奨励するというものであった。[34] 宜の指示がどの程度実行に移されたのか確認できる史料は見当たらないが、これ以後各州県は次第に団練を編成したようである。たとえば南渓県では道光一七年（一八三七）に知県翁が団練を結成したが、咸豊九年（一八五九）滇匪の乱に対し知県唐炯が城守局を設置し、紳民の捐資によって武器を製造し、郷勇千人以上を雇募した。[35] また慶符県でも咸豊九年知県李が団練を結成し、経費を戸ごとに攤派した[36]。地方志を検索する限り、嘉慶・道光（一八二一―一八五〇）年間の団練設置に関する史料は少なく、滇匪の乱を嚆矢とするものが多い。

団練の構成や機能に関する記載は地方志には少ない。民国『安県志』は清初より場鎮には街約が、郷村には里保あるいは団首が住民により公挙されていたと言うが[37]、里保に加えて団首が設置されたのは一九世紀以降のことであろう。また同治『仁寿県志』所載の咸豊（一八五一―一八六一）初知県史致康が制定した保甲章程によれば、保正・甲長は戸口調査、門牌（表札）頒給、盗賊逮捕の他、民間の些細な紛争の調停を責務としていたが、婚姻や田土に関わる詞訟に介入することは禁止されていたようである[38]。滇匪の乱による治安の弛緩に対し、各県の知県は保甲制の再強化を図ったのである。

保甲制の強化や団練の編成は地域社会に如何なる影響を及ぼしたのであろうか。再び巴県檔案を用いて検討を加えよう。『巴県檔案選編』には保甲に関する史料が収録されていないが、乾隆年間から道光末までの土地所有権、租佃権、水利権、石炭採掘権などを巡る詞訟関連文書には団練に言及した記述がしばしば見られる。一、二の例を挙げよう。道光二年（一八二二）一一月二八日唐徳文は自己所有の田を押租銀三〇〇両で楊朝益に貸与した。ところが道光五年（一八二五）八月一四日唐が租穀九〇石を請求したのに楊は全く支払わず、逃げて会おうとしなかった。そこで唐は「団約」張維珍・楊均重らに告発した[39]。また道光一一年、寡婦文楊氏の佃戸程思智は租穀を約半分しか支払わず、かえって退佃を迫ったので、彼女は「客長」胡大廷、「団首」文治海らの仲裁により押租銀の一部五〇両を程に返還した。程は更に彼女の家の門を破壊し、家神を持ち去るとともに、自分の辮髪を切り、妻を刀で殺害して殺人事件を惹き起こし、田主文楊氏を巻き添えにしようとした。彼女は「団隣」胡大廷に調停を依頼したが、程は応じなかったので、「団首」と協同して程を告訴した[40]。

このように当時地域社会内部の紛争は、まず当事者が郷約や団約・団首・団隣に投鳴（告発）し、彼らによる調停が困難な場合には詞訟を起こしたようである。それでは団首・団約など団練の指導者あるいは団隣など団の構成員が紛争調停業務を行うようになるのは何時頃からであろうか。表８・２は『巴県檔案選編』所収の「農業生産」「学田和廟産」「土地産業糾紛」および「煤」の項目に分類された各種紛争史料を、調停者ごとに整理したものである。なお約や団の構成員を示す表現である「約隣」は郷約、「団隣」「団約」は団首の項に分類し、「紳隣」は紳衿に入れた。

郷約・約隣は乾隆から道光まで一貫して主要な調停者であったことがこの表より読み取れるが、同時に注目されるのは、道光年間より団首・団隣を交えた調停が郷約に匹敵するほど増大していることである。このことから巴県の団練は概ね道光年間以降、地域社会の秩序維持機能を発揮するようになったと考えられる。但し郷約は保甲制に準じておおよそ一甲に一人設置されており、団練も保甲を軍事的に編成したものであるから、当然両者は類似の性質を有していたはずであり、また団首・団隣による調停数の増加により郷約・約隣による調停数が減少していないことから、地方統治制度が本質的に変化したとは言えないだろう。逆に客長や紳衿など保甲制とは無関係な者による調停は、道光期に若干存在するが、客長の進出は団首ほど顕著ではないし、紳衿には有意な増加は看取されない。

以上のように、四川では嘉慶・道光以降次第に団

表８－２　乾隆・嘉慶・道光期巴県における紛争調停数

		郷約	客長	団首	紳衿
乾隆年間		4			
嘉慶	元年—５年	1			
	６年—10年	4	1		
	11年—15年	3			1
	16年—20年	1			
	21年—25年	2		1	
道光	元年—５年	5		6	2
	６年—10年	7	2	5	
	11年—15年	3	1	1	
	16年—20年	8	3	7	
	21年—25年	2		2	
	26年—30年	1	1	1	

註　①１件中複数の調停者が存在する場合は、それぞれ１つと数える。
②同一案件の場合には、複数の檔案が存在しても１つと数える。
③「八省」は客長の項に分類する。
④場約は郷約に含める。

練が組織されるようになったが、巴県では道光頃より団練の社会的影響力が高まり、団首や団隣が郷約とならんで地域社会内部の紛争調停者として活躍するようになった。しかし客長や紳衿による調停は依然として少なかった。

団練が民兵組織としてどの程度機能したのかは明らかでない。郷勇とは異なり、外敵からの防禦にはさほど有効ではなかったようである。但し内なる敵との戦い、すなわち地域社会における不穏分子の排除には一定の役割を果たしたようである。道光六年（一八二六）団首駱彩清の供述によれば、李華の佃戸である黄文泰と鄒宗福は農作に励まず、日中から場市でけんかをする怠け者であった。それ故団保（牌長）らは彼らの姓名を団練の冊内に編入しなかった。そこで李華は退佃訴訟を起こし、知県は団首の駱に調停を命じたが、成功しなかった。最終的に知県は断を下し、黄らに対して自発的退去を、また李に対して作物の時価による償還を命じ、完了後押租銀を返還させた[41]。

もう一例紹介しよう。熊朝柱は龍台団に所属し、墳山や房屋を所有していたが、匪類万才らを招いて窃盗事件を起こしたため、道光二〇年（一八四〇）八月蕭正瀛によって知県に告発された。知県は熊の退去を命じ、団衆は彼が移転費用を持っていないのを知り、彼に銭一五串を与えた。彼の墳山、余地、住居跡地は団衆の共有地とした[42]。

黄文泰と鄒宗福はけんかをしただけで、特に法を犯していないにもかかわらず、団首は彼らを団練に編入せず、地主は小作契約の破棄を迫っている。また熊朝柱と万才についても、窃盗事件の具体的な経緯は明らかではないし、熊自身犯人隠匿の罪で処罰されていないが、龍台団からの退去を迫られている。彼らはただ団衆にとって好ましくない存在と見なされたが故に排除されたのである。こうして団練は相互監視による邪教の予防という本来の目的を逸脱し、団内の嫌われ者の追放に利用されることもあった。

黄文泰と熊朝柱の事例は前出程思智の事例と対照的である。程は小作料の未納、器物破損、窃盗、更には殺人まで起こしていながら、最後まで団首・団隣による調停の努力が図られているのに対し、黄と熊の場合は罪状が明確でないにもかかわらず知県より退去処分が下され、彼らもそれに甘んじている。何故このような差別が堂々と行われていたのか不明であるが、団首・団衆の形成する社会秩序は国法的秩序とは異なるものであったことが推測される。乾隆期の郷約が里役として重い負担を強いられるのみであったのとは異なり、道光期の団首は団衆の支持の下に地域社会の指導者として成長しつつあったようである。

三　光緒年間の地方行政改革

道光年間以降団練を通して地域社会への影響力を次第に強めていた団首層は、光緒初頭丁宝楨・劉秉璋による財政改革を通して更なる発展の機会をつかんだ。潼川府遂寧県の地方志、民国『遂寧県志』巻八、補遺に収められた田秀栗編「三費記」には、団練にも関わる「支発相験章程」「刊刻書役規費案」「書役規費章程」の三文書が収録されている。まず「書役規費章程」から検討しよう。この章程は文字通り書吏・衙役の手数料を項目ごとに規制し、際限ない需索を防止することを目的としたものである。その一部分を紹介すると、詞訟費用については、差役が原告・被告より徴収する手数料をおのおの二五〇〇文に制限し、もし原被告が差役に額外の賄賂を贈った場合は団保が、逆に差役が原被告から額外に需索した場合は保正・団首・甲長が、それぞれ調査した上で告発するよう定められた[43]。また差役の職務権限については、命盗案以外の一般訴訟で差役が勝手に原被告を護送することを禁止し[44]、里間にわたる詞訟では原告が所属する里甲の差役に召喚を担当させた[45]。更に額外需索については、衙役による誣告教唆や書吏の誣告被害者からの需索を禁止し[46]、搶劫命盗案件（強盗・殺人事件）の勘験緝捕（現場検証と犯人逮捕）経費は既に三費局より支給していることから、書役が関係者や団隣から需索した場合は、当該団保による告発を許した[47]。このように遂寧県規費章程は書吏・衙役の需索を厳しく制限し、これに違反した書役は保甲・団練に告発させて処分することを目指したのである。

次に「支発相験章程」を検討しよう。本章程中に「路斃浮屍が発生した場合、もし他殺の疑いがなく死人の親族もいなければ、地主が付近の地隣を通して団保分局に届け出、牌頭および甲長あるいは客約の立ち会いで死体を観察し、外傷がなければ埋葬せよ。もし郷約、客長、地棍が言いがかりをつけて需索し、埋葬を阻止して相験に発展させた場合は、彼らに検視費用を弁済させせよ」という条項があり、[48]明白な行き倒れ死体が発生した場合、官吏による検視を省略して牌頭と甲長（里甲の場合）あるいは客約（場鎮の場合）の検分後、現場の地主が埋葬することを許可している。

規費章程に見られる陋規需索の摘発、相験章程に見られる路斃浮屍の検視の省略が意味するものは、書吏・衙役の際限ない陋規需索を禁止するため、里役・保甲制に準拠した郷村の各級指導者や客長・場約らに書役の監視と警察業務の部分的代行を認めたことであろう。換言すれば、書吏・衙役による権力的地方統治の弊害を改革するため、本来非権力的存在であった団約・客約の監査能力が強められたのである。なお「刊刻書役規費案」によれば、規費章程は光緒五年（一八七九）三月二五日に具稟され、丁宝楨により裁可されている。

規費章程は忠州直隷州墊江県でも制定された。光緒『墊江県志』巻六、官師に収められた規費章程には「知県袁績震詳定書差規費章程」と「袁績震告示」の二文書が収録されている。前者は各種手数料の規定と禁止事項が記されているが、特に注目されるのは、県境地域での越境控訴や隣県の捕役による越境捕縛を禁止した条項の中で、局紳（この場合三費局紳）・団首・団約・客約が忠州の差役と協同で越境の差役や誣告者を県へ送致することを認めている条項である。[49]墊江県では遂寧県より一歩踏み込んで、差役の逸脱行為を掣肘する権限を郷紳や団約・客約層へ付与したのである。

後者は差役それ自体の改革を指示したものである。光緒三年（一八七七）知県は総督丁宝楨の札飭を奉じて従来の輪番制の差役を禁止し、三里の公正なる紳糧に命じて「領班」を作らせ、領班より散役を保挙（推薦）して衙役の公務を執行させた。経費については、命盗案は三費局が支辦し、詞訟案は三里の紳糧が支辦することとした[50]。袁績震は丁宝楨の指示に従い、紳糧が設置した領班から衙役を選抜させたのである。ここに到り紳糧層は国家権力を在地で執行する差役の任免に関与するまでの権威を獲得したのである。

上記二県の規費章程から、丁宝楨は書役の需索を抑止するため団約・客約層や紳糧層の監査機能を強め、彼らを郷村統治に利用したことが読み取れる。丁の死後、後任の四川総督劉秉璋は丁の改革を継承し、在地知識人層の登用を更に推進した。光緒一二年（一八八六）一〇月二一日劉は着任早々四川省が直面している課題とその対応策について上奏したが、この内治安維持政策については、保甲制の強化に重点を置いて

臣現に已に藩臬両司に檄飭し、前人保甲の法に仿照して、簡明なる章程を撰擬せしめ、各属に通飭して、紳耆に諭令し、認真挙辦せしめたり。……胥役の中に従りて牽制するを准さず、各郷各紳をして、地に就きて稽査せしめたり[51]。

と報告している。彼は書吏・衙役の保甲への介入を阻止するとともに、紳衿層の積極的な参加を促したのである。

劉秉璋の指示を受けて、州県は保甲制の再編に着手した。たとえば綏定府達県では光緒一三年（一八八七）知県孫清士が劉の札飭を奉じて保甲制を実施した。その内容は①県城および五郷・各場に保正を設置し、耆老や生員・監生をこれに任用し、知県が招聘するか紳衿に保挙させる、②保正とは別に城約・場約・郷約を設置し、一般人民をこれに任用する、③郷約は保正と協同で里中の詞訟を処理し、差徭や公事を支辦するというものであった[52]。城約・場約・郷約らの業務は乾隆期の郷約・保長とほとんど変化がないが、新たに耆老・生監層から「保正」を選出し、彼らを監

督させた点が大きく異なる。ここに嘉慶初龔景瀚が策定した郷官設置案はようやく現実のものとなったのである。綏定府では同年渠県でも達県と同様の施策が実施されたが、耆老や生監が充当し一郷の公事を総理するのは「郷正」、その補佐役は「団保」と呼ばれ、一般民衆が紳耆により推挙され詞訟や差徭に対処するのは「郷約」「保正」と称されていた。[53] この他順慶府広安州でも光緒一四年（一八八八）知州張が郷正・里正（旧称保正）を設置し、公事を執行させたことが確認される。[54]

以上のように、丁宝楨の規費章程制定、劉秉璋の保甲制再編を通して、四川では書吏・衙役の末端地方行政権が制限され、団約・客約層および新たに加わった紳衿層の書役に対する抑止力が強化された。それでは彼らは地域社会で具体的に如何なる役割を担っていたのだろうか。『清代四川財政史料』に断片的に収録されている『巴県檔案抄件』を素材として、巴県地域社会の事例を検討しよう。

本書は財政に関する資料集として編纂されたものであるから、詞訟に関する史料は収録されていない。但し租税を巡る紛争の調停役として彼ら在地有力者層はしばしば登場する。この内団隣・団衆・団首・団証・監団と呼ばれる団練関係者が介在している事例は五例あるが、内訳は光緒元年・二年・四年・一〇年・二九年が各一件であり、最後の一件を除き、大半は保甲制再編以前のものである。[55] 保甲制再編以降、これらは影を潜める。

彼らと入れ替わりに新たな調停者として出現したのは、総監正・監正・監保と呼ばれる一群である。監正の初出は光緒一六年（一八九〇）地主蔣玉順の銭糧未納に対し監正らが介入した一件で、知県は彼らを排除している。[56] 次は光緒二〇年（一八九四）直里九甲の糧戸馮国駒の訴状で、彼は郭洪川と仲間の糧差胡超に銭四串を需索されたとして、総監正に解決を依頼したと記されている。[57] 以後監正・監保らが関与する案件が続出するが、注目されるのは、仲裁が成功せず（民間の調停により和解が成立すれば県衙門の檔案には記録が残らない）裁判に持ち込まれた時、馮国駒の一事例を除き、訴状の原告となっているのは被害者ではなく彼ら調停者だという点である。たとえば光緒二七年（一九〇一）糧差宋成らが何文盛の銭糧を何宗禄に押し付けた事件では、監保伍詔容らが加害者として宋成・陳玉・童升を、被害者として何宗禄・何照聯を指名し、被告の尋問を知県に要求している。[58] 監正・監保は審判こそ下せないが、事実上郷村の仲裁者としての役割を果たしており、調停が不成立の場合には彼らが自ら当事者の一方を県に告訴したのである。

一方糧差は、他人に銭糧を押し付けると監正らに告発されるばかりでなく、銭糧滞納の糧戸を摘発する場合にも一旦監正らの仲裁を経なければならなくなった。たとえば光緒二七年（一九〇一）巴県西里の糧差岑盛は、全福堂の銭糧滞納問題をまず該地の監保に告発し、次いで知県に上稟している。[59] 巴県の監正・監保は光緒末には差役以上の権威を有し、地域社会の指導者としての地位を確立していた。そして彼らこそ、達県の「保正」や渠県の「郷正」「団保」に相当する郷官だったと思われる。

監正・監保の郷官化とは対照的に、光緒期の郷約は銭糧徴収業務（乾隆期の銭糧督促業務ではない）を割り当てられ、次第に糧差化しつつあった。光緒四年（一八七八）巴県郷約李宜斎は訴状の中で

凡そ糧を抗う者は、向に県主の約等に飭令して擡墊掃納せしめらるに係われば、以て早解に便なり。[60]

と述べており、知県が郷約に滞納銭糧の立て替えを命じていたことを示している。彼らは糧差とともに戸房の書吏が賄賂を受け不正に名義や糧額を変更した拖欠銭糧を代納しなければならなかったが、これは同時に郷約・糧差が拖欠銭糧を立て替えたと称して糧戸に対し需索を行う危険性もはらんでいた。彼らによる代納や需索の事例は『巴県檔案抄件』に多数収録されているが、[61] 光緒二五年（一八九九）生員向仲甫らが「世界清平なれば、一甲両約、已に公に任ずるに足れり」「一約多ければ必ず一害多し」と述べているように、[62] 郷約はもはや衙役と同様地域社会の宿痾であるとさえ認識されていたのである。

劉秉璋の保甲制再強化政策は『巴県檔案抄件』の財政関係史料と概ね同一の方向を指示していた。すなわち在地有力者層の参加による郷村行政機構の整備と、衙役のそれへの従属化である。この改革により、在来の権力的支配機構と自律的調整機構との両輪構造は大きく変化し、前者の権限が大幅に裁革されるとともに、後者が前者の機能を一部組み入れるという形で、新たな末端行政組織が構築されるに到った。書吏・衙役を通した粗い統治は、監正・監保を中心としたより緻密な統治へと脱皮しつつあったのである。

おわりに

乾隆期四川省の郷村は、衙役による権力的支配機構と、概ね里甲を単位として設置された郷約・保長による非権力的調整機構により統治されていた。当時の郷約・保長は夫馬支辦や倉穀買補の義務なども付随した純然たる里役であり、従って忌避者が絶えなかった。しかし嘉慶・道光年間以降、民衆反乱の予防を目的として保甲制の強化や団練の組成が開始されると、地域社会における団首層の権威が次第に強まり、彼らを中心とした独自の秩序形成が進行した。光緒初期四川総督丁宝楨による規費章程の制定と劉秉璋による保甲制の再編は、団約や客約の権限を更に強化させた。団首・監正や紳糧が地域社会の指導者として国家的に認知されるとともに、衙役の権限が大幅に制約され、郷約による衙役の業務の部分的代替さえ見られた。

清末の地方行政における書役・里役の後退と保甲制の再編を通した在地知識人層の郷官化は、江蘇省でも看取されることから、全国的趨勢であったものと推測される。これらの動きは光緒年間には各省督撫によって推進されたが、宣統年間には中央政府が自ら地方自治章程を制定し、紳衿層の統治能力が政権の延命に利用された。但し清末のいわゆる「地方自治」は、人民が国家から自治権を奪取したものではなく、督撫権力が書役・里役による非効率的行政を置き換えるために措定したという点で、今日的意味での地方自治とは全く異なる。紳衿層は書吏・衙役や里役と同様国家より地方行政を請け負っていたに過ぎず、在地の支配権を巡る国家と紳衿層との緊張関係は生まれなかった。専制国家が弱体化し「地方自治」が盛んに論ぜられた清末に到っても、郷村が共同体として一定の自治権を確立する契機は存在しなかったのである。国家と一般人民との中間に位置する階層あるいは中間的諸団体が何らの法的権力を具有することなく中央政府の支配を在地で代行する現象、換言すれば末端行政機構の国家への隷属性と人民に対する無責任性は、現代中国に到っても未だ解消されていないように思われる。(63)

註

(1)『巴県檔案匯編』三三〇頁「八省会首稟状」(乾隆五九年三月一〇日)
但民等係管各省会館事務。街坊公事。原属廂長所管。民等雖有其心。呼之不応。

(2) 拙書『明清時代の商人と国家』第二章「清代後期四川における地方財政の形成」。

(3)『巴県檔案匯編』二二五―二二六頁「王建昌等稟」(乾隆二七年九月一一日)
情役等皂班。并未承辦里甲差務。専辦本城雑差甚多。早年本城娼賭・鉄器戮傷。原係役等班内承辦。招解秋審。禍因王主捕班稟争。諭令捕班暫辦。……今(俟)後本城娼賭・鉄器。招解秋審。役等情願承辦。不得推卸。

(4) 同右、二二六頁「劉貴稟」(乾隆二七年九月二一日)
情有皂頭王建昌等具稟承辦本城娼賭・鉄器戮傷案件一案。恩批。該刑房査議稟奪。書査向来承檔案件。原因逓解人犯。捕快両班互相推諉起見。是以于乾隆二十三・四年。稟明前王主。批書等査該。書公同捕快各頭役議。将本城及里甲賭博・宰殺・娼家・窃盗・刀傷・私鋳・搶奪・嘓匪。帰捕班承辦。其戸婚・田土・酗酒・打架・潮銀・奸拐。帰快班辦理。皂班原係承辦本城債賬・酗酒・打架・拐逃及小差案件。従無逓解過犯之理。立案可稽。今王建昌等分辦娼賭・鉄器。詢及捕班。

亦不願承辦。……稟懇仁天批飭快班。承緝過往逓解。将娼賭・鉄器案件。帰于皂快両班承辦。毋致臨差推委。

（5）同右

県正堂批。爾房協同三班頭役妥議。再行公復候奪。毋致紛更煩擾干咎。

（6）同右、二二六－二二七頁「魯子栄等稟」（乾隆三〇年二月一一日）

縁恩治原係西城・江北・居義・懐石四大里。分為四班。其各里甲公務。各里各班承辦。在城坊廂公事差遣。係皂班辦理。歴有成規。

（7）同右、二二七頁「陳希徳等稟」（乾隆三〇年二月一一日）

情役等皂班。原辦本城坊廂案件。凡係里甲。倶帰快班辦理。

（8）佐伯富「清代の郷約・地保について――清代地方行政の一齣――」『東方学』二八輯、一九六四年（佐伯『中国史研究』第二、同朋舎、一九七一年所収）、三六三－三六四頁（頁数は著書）。

（9）『清国行政法』第一巻下、臨時台湾旧慣調査会、一九一四年、一一五－一一三頁。

（10）但しこれは基本理念であり、実際には現地の状況に合わせて柔軟な編成がなされた。『巴県檔案匯編』二一六－二一七頁「乾隆三十九年智里五甲煙戸統計」および二一八頁「乾隆四十五年廉里十甲煙戸統計」によると、乾隆三九年（一七七四）智里五甲では三九牌三九一戸が登録されていたし、乾隆四五年（一七八〇）廉里十甲には六牌七〇戸しか存在しなかった。

（11）『巴県檔案匯編』一九五頁「何殿卿稟」（乾隆二三年一一月二三日）

直里八甲郷約何殿卿・保長郭瑄。為乘簽鑽役。稟明除弊事。情蟻等甲内公務。理応輪流。簽替承値。庶苦楽得以均平。蟻等承充辦公年久。本年十月十八日。査明議簽李国仕承充郷約。趙世遵承値保長在案。蒙准差伝喚認。

（12）同右、二〇五頁「廉里三甲胡国欽訴状」（乾隆二六年一〇月二四日）

縁蟻雖有田糧載冊。因家赤貧。田地房屋。久已掃当与人住耕。蟻係佃房棲身。兼蟻身染母猪瘋病。病時愈［癒］時発。家務尚難辦理。如何承辦。詎遭蟻本甲郷約黄照之挟忿。于本月十六日。妄簽蟻承充保正。切充甲役辦公。固小民所当然。但蟻貧苦病軀。実難承辦供役。為此懇恩賞飭另簽。辦公得人。免誤公事。沾恩上訴。県正堂批。有弟亦可承辦。不准推諉。

（13）同右、一九三－一九四頁「巴県執照」（乾隆一七年三月二六日）

凡有甲内事理。催督糧務。并外来啯嚕・匪類。酗酒・賭博。以及私宰。一切不法之徒。許爾扭稟本県。以憑究治。

（14）同右、一九九－二〇〇頁「巴県正堂執照」（乾隆三三年二月一六日）
嗣後甲内公事。務須勤慎辦理。催督糧務。仍不時稽査嘓嚕・匪類。娼妓・賭博。私宰・私鋳。邪教・端公《みこ》。剪綹《すり》・戳白《すり》。以及外来面生可疑之人。許爾密稟本県。以憑拏究。

（15）同右、二〇一－二〇二頁「巴県正堂執照」（乾隆三三年六月一五日）
嗣後凡遇甲内公事。必須勤慎辦理。毎逢朔望。斉集公所。宣講聖諭。化導愚頑。永敦和睦。以正人倫。仍不時稽査嘓嚕・匪類。窩娼・窩賭。私鋳・私宰。邪教・端公。以及面生可疑之人。許爾密稟本県。以憑拏究。

（16）このことは郷約が明代の里老人制や郷約保甲制を淵源とすることを示唆している。

（17）『巴県檔案匯編』一九九頁「劉碩甫・王彩如簽」（乾隆二八年四月一三日）
惟有蟻等甲内。地名陶家場。舗戸約有二百余家。只有場頭・客長。欠少郷約。……今蟻等場衆公挙熊孔文為人老成。家道頗殷。言談如似蘇秦之舌。逢事排解。心存拆糸改網之念。堪充郷約。懇□給照。給与熊孔文。以便約束斯地頑民。均沾鴻慈矣。伏乞。県正堂批。着熊孔文。具到投充。当堂験看奪。

（18）同右、二〇二－二〇三頁「黄兆之等稟」（乾隆三四年三月一五日）、「巴県正堂執照」（乾隆三四年三月二九日）。

（19）同右、二〇五頁「巴県正堂執照」（乾隆三六年一二月八日）、同右、二〇五－二〇六頁「巴県正堂執照」（乾隆三八年三月一四日）。

（20）同右、二〇七頁「巴県執照」（乾隆四二年二月）
嗣後凡遇場内公事。務須協同郷約。勤慎辦理。

（21）同右、一九四頁「王星一簽呈」（乾隆二四年一〇月八日）
情蟻乾隆十七年。蒙准給照。応再承辦公事。奈蟻年老六十余歳。挙歩維艱。実難督辦糧務。在蟻領買倉穀。久経告竣。是以邀集合甲公議。惟有王文仲殷実識練。秉公端方堪充。

（22）同右、一九五頁「王介凡稟」（乾隆二三年一一月三日）に「情本甲王星一等。于十月内来城。領買倉穀」とあり、彼は陰暦一〇月に県城に赴いて倉穀を「領買」したのだから、倉は社倉ではなく常平倉、領買は陳穀買い取りではなく新穀採買であると判断される。

（23）同右、一九四－一九五頁「楊国財稟」（乾隆二三年一〇月二三日）

蟻于本月初三。以繳照簽換事稟恩。另簽王介凡承充在案。蒙批。候伝験奪。照銷。昨奉票飭買倉穀。票内仍有蟻父楊爾安之名。若不稟明。恐誤辦公。為此懇恩。即飭王介凡。赴験給照。以便伊承領辦公。

(24) 同右、二〇七―二〇八頁「鄧廷献稟」(乾隆四六年四月八日)
四十四年八月内。約簽李正撥。承充郷約。蒙恩批准。正撥現在承辦。約執照已経繳銷。因辦倉穀。約同李正撥。領銭協辦。倉穀去年九月。如数完納。未欠升合。

鄧は乾隆四四年八月に郷約を李と交替していたが、倉穀採買については完納未了であったようである。

(25) 同右、二〇一頁「諌思賢簽呈」(乾隆三三年六月一〇日)
情約于乾隆三十年。承充仁憲案下郷約。辦公数載。毫無違誤。夫馬・倉穀。倶已辦交清楚。

(26) 同右、二〇六頁「張継運条稟」(乾隆三八年一〇月七日)
縁甲内郷約呉子賢。収書戸内照糧該派軍需銭一千三百文不納。本年六月内。書以抗不輸納等情稟。経代行県事捕庁余主。差喚追楚。

(27) 民国『邛崍県志』巻四、賦税、力役説
其有溢出経制之外。而為邛民最苦累者。無過於牌甲一項。査。乾隆三十八年。因金川用兵。邛当孔道。供億浩繁。毎正糧一両。収銭一千。委各場保甲経収。募人供応。遇有不足。即由保甲担任。民間偶充斯役。恒傾家破産。至不欲生。

(28) 前註(11)
詎李国仕奸計躲公。鑽充刑書。世遵鑽充快役。捏稟卸責。甲内公務。無人承値。

(29) 前註(25)
約子朝棟。投充天案礼房。以効微力。今約得染癆傷病症。行動艱難。恐違公事。罪過難辞。……為此懇賞准簽替。以便辦公。庶公事不致違誤。

(30) 『巴県檔案匯編』一九六頁「直里七甲孀婦馮都氏稟状」(乾隆二四年四月九日)
突本年三月初三。遭夙有嫌隙之保長梁鳳羽。不念氏孀子幼。挟仇妄簽氏子尚臣。承充保長。……泣叩憲天賞施西伯之仁。垂憐寡幼。賞飭另簽。庶公務不致有違。世代頂焚。

(31) 同右、一九六―一九七頁「梁鳳羽稟」(乾隆二四年六月二三日)

情蟻承充本甲保長。已経五年。因家貧業売。勉将倉穀辦竣。……今奉批飭。蟻査得馮尚臣母孀伊独。年幼攻書無假［暇］。但蟻業売搬壁佃耕。本甲現有一郷一保承辦公務。懇施西伯之仁。釈蟻誤簽之咎。

（32）同右、二〇四頁「渝城段文先稟状」（乾隆三六年五月二〇日）
情蟻投充総捕府快役。在衙辦公有年。因蟻居住在城。田糧在廉里七甲。乾隆三十四年冬月内。有郷約馮美生。簽蟻充承郷約。蒙准給照。……今遭廉里七甲保長王正朝。私簽蟻名。承充保長。沐准差喚。蟻知駭異。……今正朝復簽蟻充保長。則蟻一身既承保長。応辞郷約。既充郷約。何復充保長。苦楽不均。情理不合。是以稟明。飭令王正朝。另簽妥人承充。公私両便。

（33）龔景瀚『澹静斎文鈔』外編巻二「請設立郷官郷鐸議」
且州県之所用者。不過書辦・衙役・郷約・保正等耳。奴隷使之。笞辱及之。衣冠之家及郷党。稍知自愛者。皆不屑為。充此役者。非窮困無聊之徒。藉此以謀口食。則狡悍無頼之輩。仮此以遂陰私。此豈能分州県之憂。代州県之事者。舎之則無可用之人。任之則非可信之士。……設立郷官。小州県四郷設四員足矣。大者酌為増置。所有郷約・保正・保長及一村一鎮之長。皆属之。

この一文は従来嘉慶白蓮教反乱研究者により、州県の統治能力の限界性を示す事例としてしばしば援用されてきた。

（34）道光『重慶府志』巻六、武備、団練
嘉慶元年。達州教匪徐添徳等滋事。四川総督宜綿。通飭各州県。仿照南充県知県曾自柏。辦理団練章程。案拠南充県曾令稟称。邪匪滋事以来。該県陸路隘口九処。水路大小渡口十九処。会同文武員弁。選撥幹練書役。分住各要隘。督同地方約保人等。厳密防堵。……見在巡査卡隘。親詣各郷。面諭衿約。激以大義。令其各保各甲。選出丁壮。自備器械口糧。互相聯絡。協力防堵。

（35）民国『南渓県志』巻三、武備、保甲団練
道光十七年。知県翁紹海。奉文挙辦団練。……咸豊九年。李永和囲攻叙州。県民震駭。時遵義唐炯為知県。截留地丁解款。創辦城守局。紳民先後捐銭十三万緡。製鎗砲器械。募郷勇逾千人。

（36）光緒『慶符県志』巻二六、屯練
咸豊九年。李逆倡乱後。邑令李到任。始行練団。挨戸編聯。不令遺漏。……其経費。按戸公派。

(37) 民国『安県志』巻二三、職官、郷官
清初就各場。設街約。由場上紳民公挙。就各郷。設里保或団首。由郷人公挙。

(38) 同治『仁寿県志』巻二、戸口、保甲
史致康保甲章程略。……一。各保正・甲長。清査戸口。分給門牌。査拏盗賊。是其専責。民間口角細故。排解理息。凡遇婚姻・田土。一応詞訟。不准将該正長。列入証見。該正長等。亦不得従中扛扶・賄和・勒罰・把持。如有此等情弊。加倍懲処。

(39) 『巴県檔案選編』一五四頁「唐徳文告状」(道光五年八月二九日)
情道光二年十一月二十八。楊朝益以銀三百両。押佃蟻田耕。毎年租穀九十石。蟻居遠隔。本月十四。蟻始撝穀。升合全無。而朝益逃不現面。蟻投団約張維珍・楊均重等査実。

(40) 同右、一六〇頁「文楊氏告状」(道光一一年八月二九日)
……今年応該撝給租穀十一石。只撝租六石四斗。估勒氏収領無異。思智反行逼要退佃。七月十七日。憑客長胡大廷・団首文治海等。退還思智押佃共銀五十両。……殊思智掣銀到手。希図為福覇踞。将氏門□打毀。撦去家神。氏久未較。悪猶不遂。本日二十八日。思智剪去髪辮。持刀殺傷伊妻龔氏鼻梁・右膀。冀醸成人命件。拖累田主。氏与紹堯得知。投鳴団隣胡大廷等。与伊理講。思智凶悪不改。総称打殺。衆皆莫何。只得協同団首。将程思智送案。叩訊究遂。以免後禍。

(41) 同右、一五五―一五六頁「駱彩清等供状」(道光六年九月二八日)
問拠。駱彩清供。小的是団首。這黄文泰・鄒宗福都是李華的佃戸。因黄文泰們不藝不業。朝日在場市。与人口角肆鬧。所以団保們不将他們姓名。編入冊内。以致李華控案。沐批小的査明理剖具復。小的遵批。于本月十八日。去長生橋。邀集両辺。各執其事。実難理息。是以赴轅稟明的。今蒙訊実。断令黄文泰們。搬遷另佃居耕。不得痞踞滋事。至黄文泰們各自所造房屋。任其拆遷。李華也不得阻攔。其土内業已播種葫麦・豌豆等項。李華照市価。如数借銭付給。黄文泰們依限搬移。就沾恩了。只求作主。今李華把鄒文福的押佃銀両檔案。俟他搬移後給領就是。

(42) 同右、二〇七―二〇八頁「陳正栄等告状」(道光二七年六月一七日)
情熊朝柱即熊麻三。在蟻龍台団。修墳造房。招留匪万才等。肆窃滋擾。道光二十年八月。経蕭正瀛以窃反滋控事。控万才等于前楊主。蟻等随以協懇究除続稟。九月初十。訊断朝柱。限五日。折［拆］房搬遷。団衆見朝柱無力搬遷。議給伊銭十

五串。其墳山余地房基。帰団衆。以作公地。朝柱等立有遵諭搬遷杜患字約。呈楊主。験明執拠。案結。

(43) 民国『遂寧県志』巻八、補遺、三費記「書役規費章程」

凡民間詞訟案件。差役飯食銭文。向無定数。今議。原被告各給銭二千五百文。……如有原被告暗賄差役。私許背手等情査出。許該処団保。指名稟究。倘差役不遵定章。欺凌郷愚。妄加搕索。許該保正・団首・甲長。査実稟送。以憑従厳懲辦。

(44) 同右

獲送命盗重案。自応照例収埋押所。有尋常詞訟案件之原被告。不准差役私押。以免濫食口岸滋累。

(45) 同右

民間詞訟。有歧控者。如彼里控此里。只許原告里分差役。承票喚案。不許両里争辦。

(46) 同右

衙役教賊。誣扳良民。俗名開花。経官審実。確係教誣。除将教誣之役。照例加等治罪。其被誣扳之良民。書役不得索取分文。

(47) 同右

民間搶劫命盗案件。批准会営暨書役。勘験緝捕。一切夫馬使費。三費已経開支。不得重向事主・団隣需索。分文如違。許該団保。査明稟究。

(48) 同右「支発相験章程」

路斃無名男子。並病斃老幼乞丐。及撈獲水漂浮屍。如無別故。亦無屍親者。由地主自請附近之地隣。投鳴団保分局。牌頭・甲長。本場客約。公同閲看。若無傷痕。即由地主自行掩埋。毋庸呈報。倘有郷約・客長及痞棍人等。藉此需索。仮冒屍親。従中阻撓。不准掩埋。以致地主畏有後累。勉強呈報者。一経験明無故。其由局支去験費若干。即責成地主。将需索阻撓之人。指名具稟。責令客約・痞棍。全数賠還。

(49) 光緒『墊江県志』巻六、官師、規費章程「知県袁績震詳定書差規費章程」

一。借甲越控与歧控。最為地方之害。……嗣後如有前項情弊。准受害者告知該場局紳・団首等。協同州差送県。酌量申詳。不得強拘。致州不分皂白。所有各分司差役。不得越境滋擾。准局紳・団約等。押送来県。以便究辦。而免拖累。

一。接壌隣封。往往捕差叫賊。誣扳良民。執票来塾。並不投文。即領白役。強拘過境。受其魚肉。嗣後隣境捕役。如有此弊。准局紳・団首・客約。攩住協同押差及誣扳者来県。以便訊明究辦。
(50) 同右「袁績震告示」
光緒三年。奉督憲丁札飭。禁革差輪等因。当経本県会同委員呉。厳究裁革。以前有輪差役。一概禁止。並飾［飭］三里公正紳糧。另行保充領班。領班保挙散役。方准註冊辦公。復給発腰牌。方准下郷喚案。除命盗両案。帰三費辦理外。其詞訟各案。照三里紳糧公議。毎案原告給銭四千文。被告給銭八千文。
(51) 劉秉璋『劉尚書奏議』巻四「奏川省応行整頓各情形疏」（光緒一二年一〇月二一日）
臣現已檄飭藩臬両司。仿照前人保甲之法。撰擬簡明章程。通飭各属。諭令紳耆。認真挙辦。……不准胥役従中牽制。使各郷各紳。就地稽査。
(52) 民国『達県志』巻七、官制、民職
（光緒）十三年。知県孫清士。奉札飭辦保甲。分城内為一郷。城内外分区如故。五郷各場。各挙保正。皆用郷耆衿監。或由県官礼請。或由紳衿挙充。不限任期。亦無薪水。保正之外。有城約・場約・郷約等名目。……其職与保正会同。主理里中獄訟。幹辦差徭公事。由各区紳耆公挙。官為給照。三年期満。則另行挙報。皆以平民充之。
(53) 民国『渠県志』巻七、兵備三、保甲
光緒十三年。城郷均設郷正。皆用郷耆衿監為之。或由官長礼請。或由紳衿挙保。不限期満。亦無薪水。又設各里団保以副之。郷正総理一郷公事。給以図記。……毎里設郷約・保正各一人。主理里中訟獄。幹辦差徭公事。
(54) 光緒『広安州新志』巻二二、武備、保甲
光緒十四年。知州張寿鑅。奉檄興辦保甲。……嗣是各郷公事。皆責郷正。又改旧之保止。曰里正。分任公事。
(55) 『四川財政史料』六〇五―六〇七頁「巴県郷約丁秀山稟」（光緒元年一〇月一四日）、「丁秀山等供」（光緒元年一二月一五日）、「巴県民陳裕順稟」（光緒元年一二月一五日）、同右、五九六頁「巴県郷約肖碧山稟」（光緒二年六月一六日）、同右、六〇九―六一〇頁「巴県民戸胡光彦控」（光緒四年六月四日）、「巴県民戸胡光彦控」（光緒四年七月八日）、同右、六五〇頁「巴県正里郷約全福泰稟」（光緒一〇年四月三〇日）、同右、六一二頁「巴県懐石里糧差沈福稟」（光緒二九年五月二一日）。
(56) 同右、六四三頁「忠里六甲監正張義峰・呉宗益・彭洪春・張嵩山等質稟」（光緒一六年一〇月二六日）。
(57) 同右、五八五頁「巴県糧戸馮国駒控」（光緒二〇年七月一二日）。

(58) 同右、六一一頁「巴県監保伍詔容等控」（光緒二七年一〇月二九日）。
(59) 同右、六四六頁「巴県西里糧差岑盛稟」（光緒二七年四月七日）
情役等承管直里糧税。遭八甲内糧戸冊名全福堂載糧四銭六分丢抗。去今両載不上。……役投該処監保。理斥応還。殊伊奸詭認給畳推。居心拖騙。害役挪負重利。追討如閻。
(60) 同右、六五四－六五五頁「巴県郷約李宜斎控」（光緒四年二月）
凡抗糧者。向係県主飭令約等。擡墊掃納。以便早解。
(61) 一例を挙げると、前者については同右、五九六頁「巴県郷約肖碧山稟」（光緒二年六月一六日）、後者については同右、五八四頁「巴県西城直里糧戸張開祥稟控」（光緒一一年八月二六日）。
(62) 同右、六二九頁「巴県直里八甲生員向仲甫・監正李次剛等稟控」（光緒二五年六月二三日）
切［窃］。世界清平。一甲両約。已足任公。遭太平復窃賸充。多一約必多一害。応懇拘追。
(63) たとえば、今日でも民事紛争や軽微な刑事事件は調停によって解決されることが多い。高橋芳郎「中国における人民調解委員会――上海市青浦県朱家角鎮の場合――」森正夫編『江南デルタ市鎮研究』名古屋大学出版会、一九九二年。

第九章　清代後期四川における塩政再建政策

はじめに

中国歴代王朝にとって塩課すなわち塩の専売税は銭糧や漕米に次いで重要な財源であったが、専売制は一旦その運用を誤ると、国庫収入が激減するだけでなく社会不安をも招来する危険性をはらんでおり、為政者は塩政の維持に常に心を砕いてきた。清朝もその例外ではなく、清末まで私塩の充溢や官僚・書役の不正に手を焼き続けた。

清朝の塩政は国家財政と同じく嘉慶年間（一七九六－一八二〇）以降次第に弛緩し、太平天国によって大打撃を受けた。反乱克服後、長江流域諸省では督撫が財政改革を実施し、地丁や漕糧を中心とした中央財政を再建するとともに、釐金税や牙帖捐を基礎とした事実上の省財政を創出した。彼らはまた塩政の再建にも取り組んだ。

清末の塩政再建政策を含む清代塩政史については、我が国では佐伯富による両淮塩政を中心とした研究が有名である[1]。両淮塩政の再建は清朝塩政の最重要課題であり、道光年間（一八二一－一八五〇）以来幾度も改革が実施されてきた。一方四川では井塩が産出されていたが、太平天国以降淮南塩と四川塩は湖広の販路を巡り対立関係にあったとされる。四川塩業については既に森紀子や張学君・冉光栄の先行研究があり[2]、清代後期の塩政改革についても触れられているが、いずれも財政史的観点からの分析は不十分であると思われる。

四川は江南や湖広と並んで地域経済圏の自立化や省財政の形成が進んだ地域であり、清代後期には塩生産が急伸したが、その主たる販路は淮南塩の行塩地（引岸とも呼ばれる販売指定地）に属する長江中流域であった。しかしこれまで湖広販路の争奪問題は淮南側からしか検討されてこなかった。そこで本章では四川の側から塩政再建政策を取り上げ、四川総督による塩政改革や他省との販路調整など、省財政形成の側面からこれを再構成する。具体的には嘉慶以降の塩課帰丁（塩課の地丁への繰り入れ）政策と光緒（一八七五―一九〇八）初四川総督丁宝楨による官運商銷政策に着目し、それらの目的と成果、そして財政史上の位置付けについて考察する。

一　四川塩政の崩壊と塩課帰丁

清代四川省で産出される井塩は、省内で消費される他、貴州・雲南・湖北・湖南・甘粛そして西蔵《チベット》の一部地域へも移出されていた。販売方法は両淮などと同様「官督商銷」であり、特定の塩商に塩引（手形）を交付し、塩廠にて官塩を支給し、定められた経路を輸送して行塩地で売りさばくことを義務付けていた。[3] 清初から乾隆（一七三六―一七九五）末まで四川の塩引は漸増傾向にあり、人口増加に比例するように塩の消費も伸びていたようである。しかし嘉慶元年―四年（一七九六―九九）水引（水運する塩の手形）六八九張、陸引（陸運する塩の手形）四〇〇〇張を追加し、陸引二五五張を削除したのを最後に、陸水塩引の増額は行われなくなる。[4] 道光六年（一八二六）には代銷改配すなわち塩商に別岸の引、別廠の塩を引き受けさせることが二〇年から三〇年に及んでいることが問題とされ、今後二―三年で終えるよう指示が下されている。[5] この頃既に塩商の多くは没落し、塩引の消化が困難になっていたため、官はやむを得ず滞引を別商に振り宛てていた。『清史稿』によれば、道光八年（一八二八）にはわずかに正課を納付できるのみで、耗羨（付加徴収）や截角（塩引回収時の手数料）は支払い切れず、また、この時既に成都府の漢州・什邡、綿州直隷州の徳陽・羅江・綿竹・梓潼・安県、龍安府の平武・江油・石泉・彰明、茂州直隷州の茂州、潼川府の射洪・塩亭・安岳、資州直隷州の井研、叙州府の隆昌、重慶府の栄昌・大足・銅梁・定遠、保寧府の閬中・巴州・通江・南江・剣州、順慶府の西充・儀隴・蓬州・営山、綏定府の新寧の合計三一州県が正雑塩課を地丁銀に繰り入れて徴収していた。(6)

塩課の帰丁は清初から輸送が困難で利益が見込めない僻遠の地域で部分的に実施され、やがて塩政の崩壊とともに四川にも普及したようである。『四川塩法志』によると、帰丁は当初河東塩（後述）でのみ認められていたが、雍正八年（一七三〇）山東省の青州府・登州府・萊州府、甘粛省、陝西省漢中府の西郷・洋県でも実施された。四川では保寧府巴州で初めて導入され、同府通江県と重慶府の定遠・銅梁・大足三県がこれに続いた。だがこれは皇帝の裁可を得ない地方の便宜行事であり、嘉慶一七年（一八一二）四川総督常明が帰丁を他州県に拡大したいと奏請すると、戸部がこれに反駁して実現できず、彼自身も降格処分を受けた。しかし塩商の没落により塩課が虧欠した州県はなし崩しに帰丁を導入し、道光三〇年（一八五〇）には三一州県に達したと言う。ちなみに同書が刊行された光緒初頭には、綿州直隷州の綿州、重慶府の永川・壁山・合州、保寧府の蒼渓・南部、瀘州直隷州の江安、潼川府の三台・中江、嘉定府の洪雅・夾江、資州直隷州の内江、雅州府の名山、眉州直隷州の丹稜の一四州県を加え、安県・蓬州・営山の三州県を除いた総計四二州県が塩課帰丁を実施していた。(7)

このように塩課を地丁銀に組み込んで合併徴収することは、清代前期より河南西部、山西南部、陝西南東部を行塩地とする河東塩および商人の往来が少なく運商のなり手に乏しい山東省半島部分、甘粛省、陝西省漢中府属二県などで実施されており、(8)やがて四川でも巴州を皮切りに徐々に浸透していった。常明の改革案は、各州県で便宜的に実施されていた帰丁を公認し、更に他州県にも普及させようとするものであった。

常明が塩政改革を試みた背景には四川塩商の没落と山陝商人の投機的塩売買があったらしい。帰丁の積極的導入を請願した奏文で、彼は次のように述べる。

> 川省充商の人、其の領引の初に当たりては、或いは引十余張を領し、或いは数十張、多きに至る者は百余張たり。且つ朋領せる者有り。需むる所の本銀限り有り。故に充商せる者、尽くは殷実の戸ならず。毎《つね》に所領の引を将て出典し、山陝の客民と与に行銷せる有り。此等の人、之を行商と謂う。本商は則ち之を坐商と謂う。川省の塩井、衰旺一ならず。塩価向には随時長落するに係る。行商の典引、或いは一二年、或いは三五年、久暫一ならず。本より世業に非ざれば、顧忌する所無し。只価を擡《もた》げて利を求むるを知るのみ。小民食貴の虞有り。是を以て各州県民、屢しば塩課帰丁の請有り。[9]

彼の認識によれば、塩商に充当する者の中には資金力の乏しい者もいて、彼らは山陝客商に塩引を質入れする。実際の塩販売は行商と呼ばれる山陝客民が行い、坐商と呼ばれる本省の零細塩商は事実上名義を貸すだけになる。行商は塩価の変動を見て塩を投機的に売買するので、人民は高価な塩を買わされることを恐れ、しばしば州県に塩課帰丁を請願していた。そこで彼は、現在行商の弊害が最も深刻な重慶府を筆頭に、巴州などで行われている帰丁を導入することにより、塩政の回復と民生の安定を企てたのである。[10]

しかし戸部は常明の改革案を却下し、嘉慶帝もこれに同調した。但しその理由は塩課帰丁政策の是非ではなかった。むしろ嘉慶帝の諭旨に

> 今遽《にわ》かに塩課を将て地丁に改帰し、民の興販を聴さんことを請う。此の議若し行わば、但該省の奸民、利に趨《はし》ること鶩《アヒル》の若く、害を為すこと滋《ます》ます甚だしきのみならず、且つ川省は両湖と毘連したれば、私販流れに順《したが》い而し

て下り、淮綱を侵灌し、諸もろ窒礙多からん[11]。

とあるように、中央が懸念したのは淮南塩の行塩地である湖広へ安い四川塩が漏出することによる淮南塩課の減少であった。この不安は太平天国を契機とした淮南塩の途絶により不幸にも現実化し、一九世紀後期に湖広は事実上四川塩の販路となった[12]。

こうして塩課帰丁による四川塩政改革案は中央財政の都合で見送られた。しかし塩課の虧欠や行商による塩価の騰貴に苦しむ州県は、独自に帰丁を実施した。地方志を披見すると、乾隆後期から嘉慶にかけて塩課帰丁を実施した州県が少なからず確認される。

まず成都府について。什邡県では同治志に「知県紀大奎の詳請により塩課が帰丁された」と記されている[13]。嘉慶志によれば紀の知県就任は嘉慶一一年(一八〇六)三月で、一三年七月には潘相なる人物が署知県に任ぜられているから[14]、帰丁の実施は嘉慶一二年前後と考えられる。ところが張学君・冉光栄によれば、道光『什邡県志』巻二三、塩法に「嘉慶一五年(一八一〇)引塩が販売し難く塩商のなり手にも欠いたため、紳糧羅纉らが知県沈壤に稟請して帰丁を実現させた」との記述があるらしい[15]。道光志によると帰丁の実施時期は嘉慶志の数年後になるが、気になるのはむしろ紳糧層が知県を動かして帰丁を実施させたという記事である。塩課に責任を負うのは地方官であり、帰丁は塩商の負担すべき塩課を糧戸に按糧攤派する政策であるから、無業の貧民であればともかく、紳糧が帰丁を歓迎するのは疑問である。第一〇章で詳述するように、乾隆中期以降河東では没落した塩商に代わって殷実富戸を強制的に塩商に充当し、塩政が更に行き詰まったので、帰丁が実施されたという経緯があり、羅纉らもそれを恐れて予防策を打ったのかもしれない。ともかく什邡の帰丁は以後も継続され、光緒末年には人口倍増を名目として毎両二銭三分から四銭七分への塩課引き上げが行われた[16]。

次に綿州直隷州について。嘉慶『安県志』は次のように語る。

乾隆四十六年（一七八一）に至り、塩商謝定武・李爾寿已に病故し、李饒来・陳爾寿・陶明徳、貧乏して力無く、招けども而るに人無し。知県王嘉猷、闔邑の紳耆糧戸人等に伝諭して公議し、四郷の地丁銀五千一百八十四両に按照して、丁銀一両毎に、塩税羨截角銀一銭二分五釐を攤徴し批解せしめたり。嘉慶九年（一八〇四）二月十四日、塩道の札飭を奉じたるに、准令せらく、奉節県計商李瑞卿をして、安県の塩陸引九百六十張を代銷せしめ、徴すべき税羨截銀五百六十四両四銭八分は、奉節由り領繳上納せしむるの外、安県の存引二十七張は、仍地丁に照らして攤徴せよ、と。……共に塩税羨截銀十五両八銭七分六釐を徴し、並びに商人の引を配し塩を行して発売する無し。四郷の食塩は、倶に民間の自ら例として応に配塩すべき豊谷井（綿州）に赴きて買食するに係る。[17]

奉節県の計商（内地塩商）李瑞卿が五百余両の塩課を払って安県の塩引を引き受けたのは、夔州府方面への官塩の割り当てが少ないため、行塩地の異なる塩引を敢えて買い取ったからではないだろう。清朝は計口授塩の法を行い、行塩地の人口を勘案して発行する引額を細かく規制していたから、清代中期川東における移民の増加にもある程度弾力的に対応できたはずである。安県の塩課を肩代わりしてまで高価な官塩を求めた背景には、川東から湖広への密移出による塩不足があったものと推測される。そして安県当局も、滞引を消化するため「代銷」すなわち別岸商人による塩引の買い取りを容認したのである。

州属綿竹県でも、光緒郷土志に「毎年額として行せる陸引一千四百四十七張、徴すべき税羨截銀一千零四十八両九銭五分六釐は、地丁に帰して徴収す」とある。[18] また西隣の茂州直隷州では、既に道光州志に「塩税は地丁に帰し、漢・羌を一体として照糧均攤す」との記載がある。[19]

続いて潼川府について。中江県では道光志に

（乾隆）四十八年（一七八二）、知県潘宏選、井涸れ柴貴く、引滞り課懸け、経に竈戸上控したるを以て、飭を奉じ調剤せり。県民と議して、計口食塩の例に照らし、年を按じ引張を認領し、自ら井廠に赴き、採買分銷し、税羨は地丁に攤入して完納せしむること、通詳允行せり。[20]

とあるように、乾隆後期知県潘が塩課帰丁と食塩購入自由化を実施した。また光緒『蓬渓続志』によれば

已に而して私販充斥し、商は業を歇《や》め、引税徴する無ければ、地丁に附し、均しく民に賦す。之を帰丁と謂う。其れ験截の徴も、県より併徴す。隣境も類然たり。蓋し其の時引塩行わるること鮮なければ、民食未だ乏しからざれば、則ち皆私販の為也。而して蓬岸は此自り商の課税無し。羨截は則ち皆井竈より出し、県由り之を徴す。其の引は則ち截《き》りて道庫に存す。知県高維嶽の請う所也。[21]

とあり、知県高の請願によって塩課正税は帰丁に移行され、羨余・截角は竈戸（製塩業者）より徴収された。高維嶽は光緒四年（一八七八）六月から翌五年閏五月まで知県の任にあったので、県志の記載は次節で詳述する光緒初四川総督丁宝楨による帰丁拡張期のものである。蓬渓県志は帰丁導入の理由を塩生産の減少に求めず、むしろ私塩が巷にあふれて官塩が売れず、塩商が没落して塩課が徴収できなくなったためだと断言しているが、その背景には川塩済楚以後の私塩の蔓延があるのだろう。また安岳県でも、道光志によると嘉慶九年（一八〇四）署知県劉有儀によって帰丁が実現した。[22]

雅州府では、光緒『名山県志』に

後引商故絶し、招募人無きに因り、道光三十年（一八五〇）、文を奉じ、残引の積欠を清釐せり。知県汪百禄、夫馬余銭八百釧を以て、銀に易えて彌補せんことを請えり。咸豊六年（一八五六）、知県陳中銘、帰丁を詳請し、糧銀一両毎に、捐銭一百文を攤し、銭を以て銀に易え申解せり。[23]

とあり、やはり塩政の崩壊により道光末まず夫馬費の余剰銭から塩課を支払い、次いで咸豊（一八五一―一八六一）初には本格的に帰丁を実施している。

北部山岳地帯の保寧府では、塩課を帰丁していると言われる州県が多かったが、地方志では咸豊『閬中県志』が詳しい経緯を記す。

乾隆五十七年（一七九二）、井枯れ水涸れたるに因り、竈戸・商人、均しく各おの家産尽く絶え、課を納むるに力無し。経に前令徐、道府に稟明し議定せらく。塩課銀両を将て、里下に攤入し、地丁と随同して征収す。塩は民間の自販自食に帰す。条糧銀一両毎に、塩課羨截銀一銭二分を加征す、と。乾隆五十八年自り始め、逐年征収し批解せり。未だ詳報して案有らざるに因り、毎年例に循じて引を領し引を繳し、仍商販の姓名を填めて申報したり。道光三十年（一八五〇）、督憲徐、閬中の塩課、既に地丁に帰したれば、所有《あら》ゆる毎年応に領すべき引張は、即ちに道庫に截存して彙繳せしめ、必ずしも再び発給を行い、推代の弊を啓くを致さざらしむを以て、奉じて札飭有ること案に在り。咸豊元年（一八五一）自り始め、閬中文を具えらく、請領せる引張は、随ちに領し随ちに繳し、引を領して県に到らず矣、と。[24]

当県でも塩井の涸渇を一応の理由として、竈戸や塩商が塩課負担能力を失い、知県によって帰丁が導入された。しかしこれは中央の許可を得た定制ではなく、道府との取り決めに過ぎなかったので、塩引は規定通り県に発給され、県も商販の姓名を書き込んで報告していた。このような架空の塩引は私塩業者に横流しされ易いので、道光三〇年（一八五〇）総督徐沢醇は、帰丁を実施している州県の塩引を発給と同時に道庫に回収させ、民間で流通させることを禁止した。

一方、川東長江流域は、民間食塩の自由売買と対になった塩課帰丁は実現し難かった。忠州直隷州梁山県では、乾隆五七年（一七九二）塩引がさばけないことから帰丁を願い出たが、総督は許さず、富順県の辺商（辺境塩商）朱近光に当県の雲陽塩廠水引二九五張を代銷させ、朱の塩は貴州に移出させた。[25] たとえ朱が県内で塩を売り出しても、県民は高価な官塩を買わなかっただろうが、それでも自由な塩売買は公認されなかった。その後も塩商による専売は継続したものと思われるが、光緒六年（一八八〇）本県の塩商畢復栄が辞退し、後任の充当者がいなくなったので、知県熊は紳糧と商議し、塩課の帰丁を実現させた。[26]

重慶府では、先に見たように長江から隔たった栄昌・大足・銅梁・定遠四県で帰丁が実施されていたが、この内光緒『栄昌県志』には「嘉慶二十二年（一八一七）、塩商疲敝したれば、知県李光謙、課を将て地丁に改帰し、畝毎に銭二文を派せり」とあり、[27] 畝を単位とした塩課の攤派が導入されたことが知られる。他方、物流の結節点である巴県では、乾隆二五年（一七六〇）刊の県志によると、乾隆一六年（一七五一）に崇寧県陸引六五〇張を代銷、乾隆一八年に射洪県陸引三二六張を代銷、乾隆一九年に富順行中江県陸引六六六張を代銷、乾隆二二年に漢州陸引五〇〇張を代銷したとあり、[28] 乾隆前期より成都府や潼川府方面の陸引を引き受けていた。乾隆志刊行後も、塩政の弛緩に伴って各地の滞銷塩引の代銷は増大していったであろう。但し同治県志は以上四県の事例をそのまま引用した後、現在では代銷は行われていないと註記している。[29] 同治志刊行までに代銷は停止されたようである。

以上のように、乾隆後期から嘉慶・道光年間にかけて、四川では各地にて塩政が弛緩し、塩商の没落、塩引の滞銷、塩課の滞納が深刻化しつつあった。これに対し州県は独自に塩課の地丁への攤入を行い、嘉慶八年（一八〇三）の総督常明による法制化は失敗したものの、道光八年（一八二八）には既に三一州県が帰丁を実施していた。しかしこれは税制上正規の手段ではないので、省当局や塩茶道は帰丁州県にも規定額の塩引を頒給せざるを得ない。これが代銷の名の下に川東地方の商人に買い取られ、私塩の護符として利用されていた。そこで道光三〇年（一八五〇）四川総督徐沢醇は帰丁州県塩引の道庫での処分を命じたのである。

『四川塩法志』は帰丁州県の積引について次のように述べる。

凡そ帰丁の州県は、商の引を領して配運する無し。有司は惟領引・繳引の公牘を虚具し、塩道に同呈するのみにて、実は領せず。然るに特《ただ》一二の州県之を行うのみ。余は率ね式に照らして領存し、納課の時を待ちて、白截同繳す。因りて他州県に転售し、或いは陰で商に售り代銷する者有り。他商も其の廉きを利とし、亦往往にして代行し、而して転た其の正引を閣す。故に帰丁の引は、率ね未だ繳せざる者多し。道光三十年、徐沢醇厳しく檄して繳を催《うなが》し、故商の名籍を除き、自後帰丁せる諸州県の引は、截りて道庫に存し発せず、以て招商を待てり。[30]

また同書別項に収録された彼の奏略および通飭によると、漢州など三一州県では既に帰丁が実施され、虧欠も起きていないので、帰丁政策の継続を請願するとともに、帰丁州県に対し塩引の回収と廃棄を命じている。[31] このように徐沢醇は中央政府に対して塩課帰丁という現実を追認させ、制度と実態との乖離から生じた帰丁塩引の横流しを防止し、塩政の建て直しを図ったのである。

そして今回は中央政府も四川総督の提言に従った。光緒『欽定大清会典事例』は

（道光）三十年、議准す。川省の塩商、近きは疲敝多く、毎に引張を将て、代商を覓《もと》めて承認せしめ、応に納むべき税羨は、向には本商に交えて自ら完せり。……嗣後該商等、如し人を覓めて代運する有らば、応に其の地方官に飭令し、代商を責成して、自ら納課を行わしむるを准す。[32]

と述べ、塩商が別の商人に食塩の輸送や塩課の納付を代行させる場合には、代商に塩課を科派するよう改めた。また

経徴の課税は、地丁銭糧例の如く、之が剋期と為し、分数を限定す。期するに十月を以て上忙と為し、次年三月を以て下忙と為す。[33]

ともあり、地丁銭糧に合わせた塩課の年二回徴収方式を実施している。中央は塩引の代銷、塩課の帰丁を事実上承認したのである。

しかしながら徐沢醇の措置は効果を発揮しなかった。『四川塩法志』は徐沢醇の檄飭について触れた直後沢醇旋《たちま》ち去り、果たして行われず、而して弊転た甚だし。帰丁の引、故に常引と別無し。塩道は往往にして庫に収入せず、諸を胥吏の手に存し、賄を縦にして私に售り、上下縁りて奸利を為せり。塩道受代の時、旧任は輒ち尽く帰丁の引を取り、賤售して利を牟《むさぼ》れり。之を放皦と謂えり。(34)

と述べ、咸豊二年(一八五二)に彼が四川総督を離任して以後、塩茶道は規則に従わず、書吏と手を組んで帰丁塩引を安価で横流ししたと証言する。咸豊三年太平天国の南京占領により淮南塩が湖広に供給されなくなると、四川の私塩がこの地に大量に流入し、政府も塩釐(塩に対する釐金税)を徴収して私塩流通を公認せざるを得なくなった。これが「川塩済楚」である。川塩済楚は四川塩業の発展にとっては千載一遇の好機であったが、国家による四川塩流通の把握は以後極めて困難になった。湖広への移出により川東方面で塩需要が逼迫すると、帰丁塩引の価値は更に上昇し、人民はますます私塩を食するようになった。太平天国を契機とした淮南塩の販路喪失は、これに依拠する国家財政に大打撃を与えたが、同時に四川塩政再建の機会も潰したのである。再度の再建策が講ぜられたのは光緒年間のことであった。

二　官運商銷の実施と帰丁の拡大

太平天国が平定され淮南塩の遡上が可能となった後も、四川塩の湖広への漏出は簡単には止まなかった。何故なら軍事費の飛躍的増大により、各省督撫は兵餉を塩課や塩釐に大きく依存するようになっていたし、販路を失う側では生産減少に伴う失業問題をも抱え込まなくてはならなかったからである。同治年間（一八六二―七四）両江総督曾国藩は淮南行塩地の回復に尽力したが、湖広総督李瀚章や四川総督駱秉章・呉棠は反対し、部分的収復しか果たせなかった。光緒元年（一八七五）両江総督に就任した沈葆楨は曾国藩の政策を引き継ぎ、残る引地の収復に乗り出したが、四川側でも光緒二年（一八七六）九月丁宝楨が総督となり、両江側の即時回収案には反対しながらも、四川塩流通の再統制に着手した。これが官運商銷と呼ばれる政策である。(35) そこでまず『四川官運塩案類編』『四川官運塩案続編』（以下前者を『類編』、後者を『続編』と略記する）および『丁文誠公奏議』を通してこの政策を検討しよう。

光緒三年（一八七七）七月丁はまず黔岸すなわち貴州省行塩地の建て直しから着手した。彼は四川候補道唐炯に命じ、四川布政使程豫、塩茶道蔡逢年と共同で実状を調査させたが、その報告によると辺塩引岸荒廃の原因は以下の三点に要約される。第一に、黔岸は永寧県より移出する永岸、合江県より移出する仁岸、涪州より移出する涪岸、綦江県より移出する綦岸に区分され、四岸の行商はおのおの十余家で、皆巨大資本を擁する陝西の大賈であった。しかし黔匪の乱により営業を停止し、出身地の陝西でも回民反乱により財産を失ったので、塩岸の維持が困難になった。近年各岸では数家が塩商に充当しているが、多くは四川人や貴州人の共同出資なので、資金力が乏しい。第二に、辺引は四川で塩釐を課せられ、各種の陋規を需索されるが、貴州でも釐卡が乱立し、官吏による関税徴収や土豪地棍による把持需索が重くのしかかり、塩商は利益を見込めない。第三に、辺岸（辺境行塩地）と計岸（内地行塩地）は境界が錯綜しており、計岸から安価な塩が不法に持ち込まれる。以上三点を検討し、丁は疲弊した塩商に代わって官が引地まで塩を輸送する官運の実施を提唱した。

具体的には、第一に、瀘州に塩務総局を設置して唐炯に運営を委ね、黔岸および叙永直隷庁の永寧、瀘州直隷州の合江、重慶府の綦江・涪州・江津・南川の六岸、辺岸に属する酉陽直隷州の酉陽・秀山・黔江・彭水、瀘州直隷州の納渓とその近辺州県の計引を管轄させ、第二に、産塩地の富順・犍為両廠に購塩分局を、永寧など六岸に售塩分局を設置し、塩引の配布、食塩の売り渡し、私塩の取り締まりなどの業務を分掌させ、第三に、貴州省内での塩釐徴収を免除した。貴州に対しては四川より毎年銀五－六万両を送り、損失を補塡することとした。

塩局の設置と引岸の画定は比較的容易な政策であろう。問題は官運の資金である。丁宝楨は官運経費を銀五〇万両と算定したが、四川省にはこれだけの準備がなかった。そこで彼は山東糧道庫銀一五万両、山東運庫銀一五万両を借用し、湖北からも釐金収入より一〇万両を酌撥し、残りは四川各地から借り集める計画を立てた。彼は四川総督就任前に山東巡撫を歴任しており、山東で余剰資金の備蓄に努めていたのである。この五〇万両は八年で償還するものとされた[36]。丁の改革案は裁可され、光緒四年（一八七八）より貴州省に隣接する四府州庁属の一三庁州県で官運商銷が始まった[37]。

ところで、この地域最大の商業都市重慶（巴県）は当初官運に頼る必要がないと見なされていた。しかし重慶でも塩商は既に没落し、暫定的に「行号」に塩引を代銷させていたが、彼らの多くは教民であり、後々問題を引き起こす恐れがあった。同じく江北庁でも同治五年（一八六六）頃より奸民が引商に充当し、訴訟沙汰が絶えなかったので、文生・武生・監生ら一三名の紳糧が官運州県への帰属を請願してきた。そこで丁は光緒五年（一八七九）正月より巴県と江北庁を官運に移行した[38]。

黔岸の回復に成功した丁は、次に滇岸すなわち雲南行塩地の建て直しに取りかかった。光緒四年（一八七八）九月丁は唐炯と協議し、雲南省に隣接する叙州府の宜賓・南渓・屏山・慶符・長寧・高県・珙県・筠連・興文・馬辺庁・雷波庁と瀘州直隷州の江安の一二庁州県を官運に変更して藩籬（緩衝地帯）と為し、ここからの私塩流入を禁止した上で、翌年二月より雲南でも官運商銷を実施する計画を策定した[39]。これにより雲南、貴州の行塩地は四川に回収された。

雲貴両行塩地の復帰に伴い、湖北方面への私塩流出は徐々に規制されていった。光緒五年（一八七九）一一月唐炯が私塩の防止と塩釐の確保を目的として長寿（重慶府）、忠州・酆都（以上忠州直隷州）、石砫庁の四庁州県を光緒六年正月より官運商銷地域に組み入れたいと詳請すると、丁宝楨はこれを支持し、四庁州県の官運への移行と犍為産塩の雲貴以外への移出を厳禁した[40]。一方両江総督のたび重なる淮岸回復要求に対して、丁は年間百数十万両の塩釐がなくなると湖広は兵餉を賄えなくなるであろうとして、即時返還に難色を示し、かつて沈葆楨が提起した引数行銷の法に倣い、とりあえず毎年の川塩済楚を総額八－九千張に制限して、湖広の軍事費調達の見通しが立った後、全てを淮岸に復旧するという漸進的改善案を提示した[41]。丁は塩政に関しては湖広・四川の財政問題に配慮しつつ、江南との協調を図った[42]。

元来湖広は淮南塩の行塩地であったが、湖北省西南部に位置する宜昌府の鶴峰州・長楽、施南府の恩施・宣恩・利川・建始・咸豊・来鳳の八州県は地理的に四川産塩地に近接しているので、乾隆二年（一七三七）より川塩行銷の地とされていた。しかし道光以降正規の行商が没落し、咸豊年間の川塩済楚により塩引は全く行銷されなくなった。そこで光緒六年（一八八〇）五月塩茶道崧蕃は官運局の唐炯と合議し、湖北八州県を官運に改め、この方面への塩移出の拠点である巫山・万県（夔州府）も官運に移行して藩籬とするよう申請し、同年丁によって施行された[43]。こうして雲南、貴州、湖北の川岸および四川省の藩籬三三庁州県で官運商銷が実現した。

丁宝楨の官運商銷策は、単に旧来の雲貴行塩地を回復するだけではなく、同時に実施された財政改革とも結び付いていた。丁は陋規需索・規礼饋送体系を解体するため、省財政より道府に公費を支給したが、その財源は釐金および塩務総局や購塩・售塩分局が徴収した平余であった。光緒四年（一八七八）一一月の報告で丁は、黔辺塩務の実施以来、各岸局が塩の売買に際して商人より徴収した平余が増大しているので、光緒五年より塩課平余から道府の公費を支給するとともに、道府への節寿規礼の饋送を禁止することを提起した。[44] 同時に成都将軍や副都統の公費も平余より捻出したいと願い出た。[45] これらは全て裁可され、各庁州県が道府に規礼を饋送したり、道府が規礼を需索したりすることは厳禁された。[46] また本来なら正款より支出しなくてはならないが司庫銀の不足により未払いになっている安定営の勇糧についても、唐炯の提案により平余から捻出した。[47]

規礼饋送の禁止を徹底するため、丁は不正を働いた属僚を容赦なく弾劾した。光緒五年（一八七九）四月丁は釐金局員から規礼や幇費を勒索したり、湖北の積引を新引と混淆させて流通させたりしたとして、塩茶道蔡逢年の免職を要請した。[48] 同年一一月の報告によると、蔡逢年は光緒二年（一八七六）六月二日から五年六月一三日までの在職中、水引二万八千数百張を横流しし、総商朱崇庚らより銀一一万数千両の規礼を受け取り、また帰丁州県の塩引を商人に発給したとされる。[49] これと並行して、同年一二月に丁は「川省酌議塩務善後章程」を策定し、道光三〇年（一八五〇）の徐沢醇による整頓以来長年弛緩していた四川塩政を再建するための指針を提示したが、その一項で塩茶道衙門に対する省からの公費支給を謳い、塩務担当官庁の書役の事務経費を確保した上で、陋規需索を厳禁している。[50] 彼はまた官運計岸の州県官が塩商より規礼を受け取ることも併せて禁止している。[51]

官運商銷と同時に丁宝楨は帰丁州県についても改良を加えた。光緒四年（一八七八）六月の上奏で彼は「四川省では窮民が甚だ多く、先には帰丁州県が小売り商人を塩廠へ行かせて余塩を購買させ、当該地域に搬入して販売させていた。従前は垣（貯塩場）を設けて経理を行い、局紳を派遣して、ともに検査させていた。これを垣塩と言い、斤単位に塩釐を徴収し、餉需に充てていた」が、彼らの多くは竈戸であるため、垣塩釐金を少なめに報告したり、帰丁塩には塩票がないため、途中で土棍や書役に因縁を付けられ需索を被るなどの弊害が存在したので、総局道員唐炯と討議して「各垣を撤去し、改めて富順・栄県・犍為・楽山等廠にて票釐局を設け、委員を派遣して管理させ、一挑（一運び）につき塩八〇斤を基準と定め、これ以上は認めず、挑ごとに護票一張を給付し、挑の回数に従って釐金を徴収し、帰丁州県に輸送して販売することを許す」方式に改めるよう願い出た。(52) これは裁可され、丁は富順など四廠において塩垣を撤去して官引局および票釐局を開設し、票塩に対する不法な需索を厳しく取り締まった。(53) 彼はこれらの措置を通して、帰丁にかこつけた私塩流出を防止し、併せて塩釐の徴収による省財政の強化を図ったのである。

票釐局によって塩の国家統制を維持する一方で、丁宝楨は塩課帰丁政策を推進した。徐沢醇による道光末年の改革以降も、帰丁を実施する州県は徐々に増加していた。たとえば眉州直隷州丹稜県では、同治一〇年（一八七一）塩商駱追風の死亡後、士民が知県に帰丁を願い出て裁可された。(54) 同じ年嘉定府洪雅県でも、塩商張怡豊が塩課・羨余・截角銀を滞納し、支払い能力もなかったので、当県出身の貴州巡撫曾璧光が紳糧層に議論させた結果、彼らは知県張文奎に塩茶税課の地丁への帰入を請願し、総督の批准によって帰丁が試行された。ところが光緒四年（一八七八）張怡豊は旧制への復帰を省に上訴し、知県張那鈞も反駁した。これに対して丁宝楨は、帰丁試行は成功を収めたと判断し、洪雅を三六永遠帰丁州県の一つに加えた。(55)

同じく光緒四年、重慶府永川県でも郷紳が知県に稟請して塩課を帰丁し、正糧一両につき塩課・羨截銀五銭を徴収することが認められた。(56) 高維嶽が蓬渓県で帰丁を実施したのもこの頃である。また光緒七年（一八八一）には産塩地の一つである叙州府富順県でも知県陳が塩課帰丁を実施し、正糧銀一両につき銭二四〇文が徴収された。(57)

一方嘉定府峨辺庁では、同治年間の兵乱で塩引が売りさばけず、塩税の虧欠や塩商の逃亡を招いていたので、光緒六年（一八八〇）省からの塩務整頓命令を受け、庁同知姚が委員胡とともに郷紳を招集して問題を討議させた。しかし彼らは塩課帰丁には反対し、塩商何らが同治七年（一八六八）以後実施した手法に倣い、官督紳解方式を採用した。これにより塩課は郷紳によって徴収され、庁当局が責任を持って省に送り届けることとなった。[58]

このように塩課帰丁は徴収責任を負わされている州県官、負担方法の制度化を求める郷紳層、塩政再建を企図する四川総督三者の利害が一致する政策であった。丁宝楨は光緒三年（一八七七）徐沢醇の改革を再度実施し、帰丁州県の塩引に「帰丁」の文字を注記してその漏出を防止するとともに、[59]書役が帰丁州県に運搬する塩に対し難癖を付けて需索することを厳禁し、[60]帰丁政策を側面から支援した。なお帰丁州県は光緒年間（一八七五―一九〇八）を通して増加の一途をたどり、宣統二年（一九一〇）には実に六八庁州県に達し、官運局が管轄する七〇庁州県と数の上でほぼ拮抗するに至る。[61]

丁宝楨の塩政改革は清朝中央にも受け入れられたが、川塩済楚以来急速に塩の生産量を増大させていた竈戸は、京官を巻き込んでこれに反対した。光緒五年（一八七九）二月二八日丁に下された上諭によると、竈戸が四川省官運局を告発し、礼部尚書恩承が旧来の官督商銷への復活を上奏したので、丁に両者の得失を検討させたとある。これに対し丁は、官運商銷の利点と官督商銷の欠点を列挙して反論し、特に道府の公費や京餉・協餉（首都や財政赤字省への送金）が塩務の平余や税羨から捻出されていることを強調して、官運の維持に努めた。[62]彼はまた実態を調査し、原告の富順県職員陳湖光ら七名は実在の人物ではなく、同じく原告の世新・儀生ら竈戸も訴えを起こしていないこと、官運局が竈戸を把持勒索したため竈民が潰れたというのも事実無根であることを報告している。[63]

だが恩承も簡単には引き下がらなかった。彼は次に官運局の収支が合っていないと非難した。これに対し丁は、光緒四年度は費用として塩本五〇万三〇〇〇両（布政司庫・塩茶道庫より二四万両、川東道夔関塩税、富栄両廠塩釐、成都典当への貸付金の利息などより二六万両、山東からの借入金三〇〇〇両）と運費一五万六六〇〇両の計六五万九六〇〇両を支出したのであり、恩承の言う七三万六〇〇〇両という数は誤りであると反論した[64]。丁は当初の計画とは相反し、省外からの資金援助を極力避けた。山東からは八万両が送られてきたが、丁は三〇〇〇両しか使用せず、残りは布政司庫に収貯しておいたため、恩承との間に費用の差が出たのである。また光緒五年（一八七九）一月には塩課収益より毎年二〇万両を京餉として戸部に送金することを申し出て、官運商銷の有利性を訴えている[65]。同年一一月には塩課収益より雲貴両省向けの協餉・捐輸を支出しており[66]、一二月には借入金の内既に二五万七〇〇〇両を布政司庫に返済したと報告している[67]。

恩承の他にも官運への批判はあった。光緒四－五年頃には某将軍（氏名不詳）が官運商銷により人民や塩商が困窮していると丁宝楨を弾劾した。丁は批判に対して逐条論駁し、特に平余が塩商を苦しめているという批判については「平余はあらゆる徴税に付随する浮収であり、官運局では平余を私物化せず、全額帰公して将軍、副都統、各道府の公費として支給している」と反論している[68]。今回も恩承の場合と同じく丁宝楨側の史料しか残されていないので、公平な判断はできないが、官運商銷批判が起こったのは、省による塩の統制強化（公定価格による買い上げや湖広への横流し禁止など）を不利益と判断した竈戸が、中央や地方の官僚に運動して旧制への復帰を画策したからではなかろうか。いずれにせよこれらの試みは水泡に帰し、四川塩政が官運商銷から官督商銷へ後退することはなかった。光緒七年（一八八一）八月の報告で、丁は丁丑・戊寅・己卯三綱（光緒三・四・五年度産塩）で辺岸・計岸併せて総計三五〇万両の塩課を徴収し、官運は成功したと誇っている[69]。

光緒七年以降官運の成功は誰の目にも明らかとなった。丁宝楨は光緒七年四月滞銷積引の塩課・耗羨・截角銀で徴収不可能なものを免除し、旧引の整理に努めた[70]。七年七月には直隷総督李鴻章の要請により、洋式軍艦購入経費の内三〇万両を四川官運総局より支払うことに同意した[71]。光緒八年（一八八二）一月には山東より送られていた八万両を全額返済し終えたこと、(72)昨年貴州に送った協餉・抵捐は一六万六〇〇〇両、塩釐は一八万両に達したこと、(73)そして丁丑・戊寅・己卯・庚辰四綱で総計四八一万両の塩課収入があり、雲貴への捐款、李鴻章への軍艦購入費の補助、借入金の返済、地方官への公費支給を除いても銀約二〇〇万両の利益が得られたことを報告している。(74)

それでもなお官運批判は跡を絶たなかった。光緒九年(一八八三)一一月には光禄寺少卿延茂が、官運局の前総辦唐炯と幇辦文天駿は毎年薪水費としておのおの五〇〇〇両を支給されており、戸部に報告していない無名の手当も相当数に上るだろうと非難しており、これに対し丁は、彼らの給与が毎月二〇〇両であり、総局の収入は全数国庫に収納していると反論している。(75)

官運商銷が軌道に乗り、雲貴行塩地が回復された後も、丁宝楨は湖広への川塩の出口を一定程度開け続けた。官運の成功を機に、両江総督は懸案の荊州府など湖北省五府二直隷州の淮岸への復帰を強く迫ったが、光緒八年(一八八二)になっても丁は湖広での軍餉の欠乏と四川での失業問題を口実に、川塩済楚の即時停止には反対している。(76)

以上のように、官運商銷の直接目的は、第一に、雲貴行塩地を収復して四川塩の湖広への流出を制限すること、第二に、没落した塩商の役割を官自身が担うことで、市場から私塩を排除し、専売制の再強化を図ることであった。一方塩商が既に没落しており、省外への漏出の危険性が低い地域について、丁は塩課帰丁を追認し、民間の自由な票塩販売を許した。図9・1は丁宝楨により官運商銷が実施された庁州県(湖北省を除く)と光緒八年(一八八二)刊『四川塩法志』に記載された帰丁州県を地図上に表したものである。(77)官運商銷州県すなわち藩籬が雲貴や湖広と隣接した地域に分布しているのは自明であるが、この他には帰丁州県が概ね富順・犍為・楽山・栄県の四大産塩地付近と省北部一帯とに二分されているのが目に付く。おそらく前者は産地に近過ぎ、一般民衆が廠から直接買い付けるため、後者は産地に遠過ぎ、輸送費用が多くかかるため、塩商の没落が他地域より早かったものと思われる。

図９－１　光緒初四川の官運商銷地域と帰丁州県

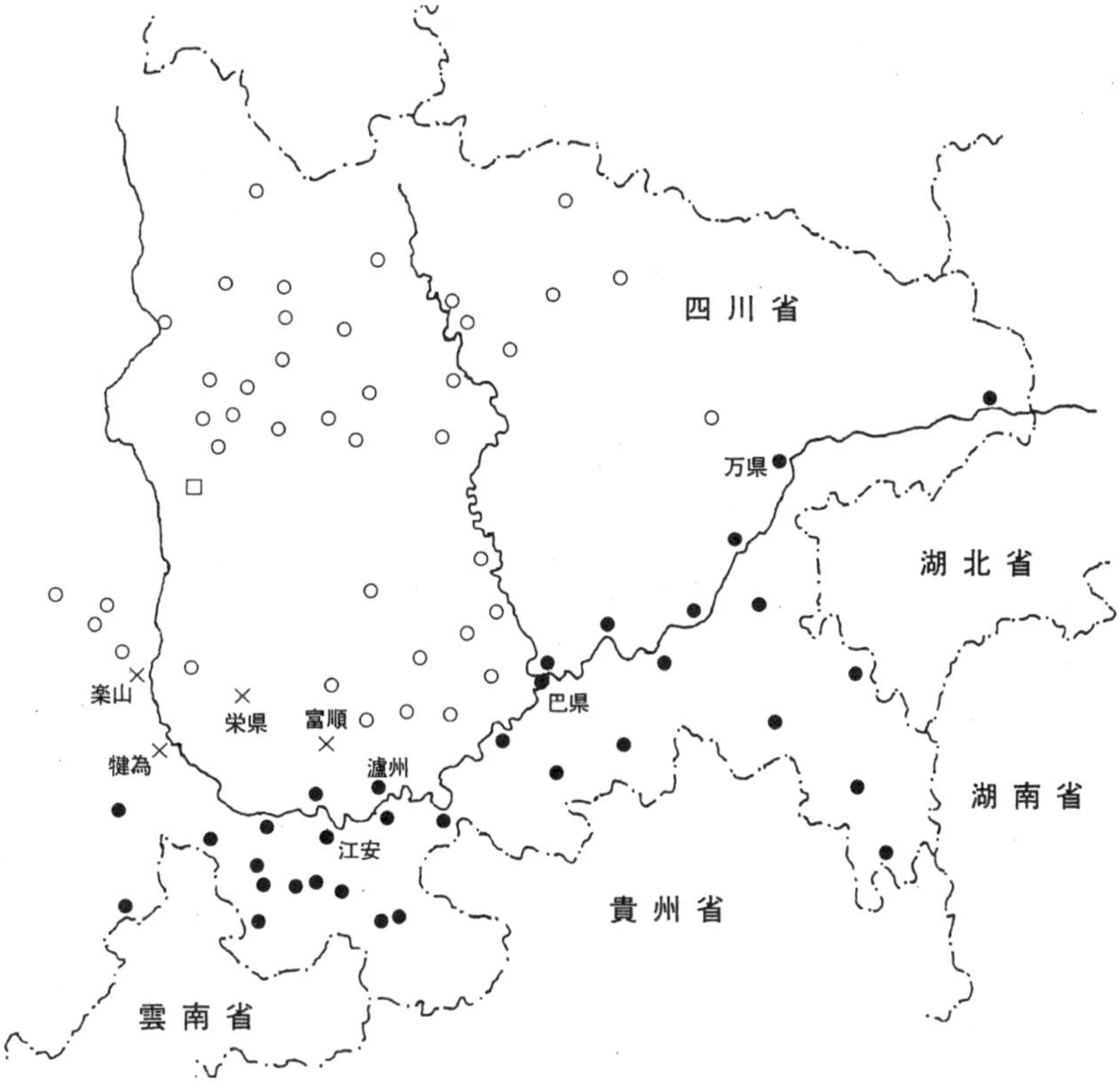

●　官運商銷州県（藩籬）
○　塩課帰丁州県
×　４大塩廠
□　省城（成都）

註　塩課帰丁州県は『四川塩法志』の記載に従ったが、江安県（瀘州直隷州）は官運商銷が実施されていたのでこれを除いた。

しかしその後も塩商の没落はやまず、清末には官運商銷、塩課帰丁とも対象地域を更に広めた。帰丁州県の増大については既に述べた。官運商銷については、光緒末に短期間四川総督の任に在った岑春煊（光緒二八年七月－光緒二九年三月在任）により、再度の拡大が行われている。

岑春煊自身は塩政に関わる史料を残していないが、民国刊の地方志には彼の官運政策について記したものが少なくない。民国『富順県志』によれば「光緒二十九年（一九〇三）、総督岑春暄《ママ》奏准す。上下游三十八庁州県計岸の引塩は、官運に改帰し、局を省城に設くべし」とあり、[78]民国『眉山県志』にも「（光緒）二十八年に至り、岑春暄《ママ》川を督し、成・華・眉・嘉等属に于《お》いて、改めて計岸と為し、滇黔辺岸の辦法に仿いて通行せしむ」とあるように、[79]成都府・眉州直隷州・嘉定府など合計三八州県を新たに官運商銷に編入したことが知られる。更に具体的に見ると、成都府の『崇寧県志』には、光緒二八年（一九〇二）岑春煊が商運を官運に改めたとあり、[80]同じく『新都県志』も、光緒二九年（一九〇三）官運に改め、成華分局に隷属させたとある。[81]前の『富順県志』に「局を省城に設く」と見えたのは、この官運局成華分局のことであろう。省東部でも、順慶府の『広安州新志』や綏定府の『達県志』が、岑春煊による官運商銷への改変について記している。[82]これらの州県は雲貴や湖広の藩籬とは言い難いことから、岑の政策は丁宝楨の官運の成功に倣い、専売制度の再建、塩課収入の確保を目指したものと考えられる。

大局的に観れば、丁宝楨による塩政改革の目的は、第一に、雲南・貴州で塩専売を復活し、財政再建の一助とすること（四川省財政の確保、京餉や雲貴協餉の財源確保、李鴻章の軍艦購入援助など）であり、第二に、川塩済楚を制限し、湖広の餉需に応えつつ行塩地を巡る両江総督との係争に終止符を打つことであり、第三に、塩局の平余から公費を支給して、陋規需索・規礼餽送体系の解体を側面から支援することであった。光緒二〇年（一八九四）勅命により四川塩政を査察した左都御史裕徳、吏部右侍郎寥寿恒は「塩局の平余から道府の公費を支出するのは政体に非ざる措置だが、丁宝楨は規礼禁止の代償として公費を置いたのであるから、廃止するのは宜しくない」と報告しており、(83) 中央官僚も渋々ながら丁の塩政改革の成果を追認している。更に光緒末四川総督岑春煊は官運商銷地域を藩籬以外へも拡張した。伝統的な綱法が塩商の没落により弛緩したのに対し、四川省は官運商銷と塩課帰丁によって塩政の再建を目指したのである。

おわりに

一八世紀末頃から始まる全国的な塩政の弛緩、解体に対し、四川省は両淮とは大きく異なった政策を選択した。既に乾隆年間より一部の州県では塩課帰丁を実施しており、嘉慶中期には四川総督常明が帰丁の制度化と対象州県の拡大を奏請したが、清朝中央は裁可しなかった。しかしその後も帰丁州県はなし崩し的に増大したので、道光末四川総督徐沢醇により三一帰丁州県の公認と帰丁塩引の不正流通防止策が実施された。これが四川塩政改革の第一期である。しかしこの改革は太平天国の勃発により軌道に乗らず、咸豊・同治年間には川塩済楚の名の下に湖広へも四川塩が移出され、私塩が蔓延した。四川や湖広の督撫も綱法の再建より塩釐徴収による兵餉の確保を優先し、湖広の淮岸への収復を企図する両江総督と摩擦を引き起こした。

戦禍がようやく収まった光緒初、四川総督丁宝楨は辺岸および四川省東南部三三州県で官運商銷を実施し、没落した塩商に代わって省当局が行塩地までの輸送を行うことで塩政再建を図った。丁は同時に三六州県を永遠帰丁州県に指定した。これが四川塩政改革の第二期である。光緒末には四川総督岑春煊により三八州県で新たに官運商銷が実施され、帰丁州県も引き続き増大し、遂に省内のほぼ全域が官運ないし帰丁に置き換わった。

塩課帰丁と官運商銷とは対象地域も開始時期も異なっており、為政者が両政策を意識的に使い分けていたわけではない。しかし特許商人である塩商の没落、塩課の未収、私塩の横行という事態を踏まえ、国家と現地の小売商人とを直結させる（官運商銷の場合は行塩地で、塩課帰丁の場合は塩廠で）ことで専売制の再建を目指した点では一致しており、このことは道光年間両淮で実施された票法とも共通する。綱法から票法へ、あるいは帰丁や官運への転換は、いずれも塩商・竈戸の中間搾取や塩務官僚の陋規需索を排除し、省当局が小売商人と直接取引することで官塩価格を適正水準に引き下げ、私塩の蔓延を抑止することを目的としていたのである。

とはいえ、財政史的観点から見ると、第一期改革と第二期改革との間にはかなりの相違がある。第一期改革においては、清朝中央が地方に与えた塩課徴収業務を円滑に遂行することを主目的とし、綱法という基本的枠組みの中で帰丁という例外的措置を中央に請願するにとどまっていた。ところが第二期改革においては、雲貴や湖広に蔓延していた四川私塩を防遏することにより塩課や塩釐を確保することが企図されており、これは四川総督が綱法を超えて塩流通に積極的に関与し始めたことを示している。丁宝楨は中央財政としての塩課を存続させつつ、各省督撫の主要な財源である塩釐の安定的徴収に尽力した。第一期塩政改革があくまで戸部財政建て直しの一環であったのに対し、第二期塩政改革は督撫財源の確保や江南・湖広など他省との権益調整をも含む抜本的政策転換であり、これらは同治・光緒年間における各省の財政改革と連動したものであると言えよう。丁宝楨は四川省財政の確立を推進したが、それは戸部中央財政や両江・湖広の省財政とも協調的であった。

全国規模で見るなら、四川塩政の変遷は同じく内陸地域に位置する河東塩政の動向と類似点が多い。そこで章を改め、河東塩政の変遷と改革について述べよう。

註

（1）佐伯富『清代塩政の研究』東洋史研究会、一九五六年、同『中国塩政史の研究』法律文化社、一九八七年。各論としては、同「清代における塩業資本について」『東洋史研究』一一巻一・二号、一九五〇・五一年、同「清代咸豊期における淮南塩政」『東洋史研究』一三巻六号、一九五五年、同「清代淮南塩販路の争奪について」『史林』三九巻四・五号、一九五六年（ともに佐伯『中国史研究』第一、同朋舎、一九六九年所収）。

（2）森紀子「清代四川の塩業資本――富栄廠を中心に――」小野和子編『明清時代の政治と社会』京都大学人文科学研究所、一九八三年、張学君・冉光栄『明清四川井塩史稿』四川人民出版社、一九八四年。

（3）『清史稿』巻一二三、食貨四、塩法。佐伯『清代塩政の研究』。

（4）光緒『欽定大清会典事例』巻二二八、戸部、塩法、四川
嘉慶元年至四年。題。増水引六百八十有九。陸引四千。又題准。西充県塩井坍廃。豁除陸引二百五十有五。

（5）同右
道光六年。奏定。以代銷改配。不宜濫許至二三十年。嗣後至遅不得逾二三年。以滞引銷畢為率。

（6）『清史稿』巻一二三、食貨四、塩法
至道光八年。三次期満。而其廠産塩愈少。毎年僅完正課。不完羨截。羨即羨余。截者。於繳課截角時交納也。時漢州・茂州・巴州・剣州・蓬州・什邡・射洪・塩亭・平武・江油・彰明・石泉・営山・儀隴・新寧・閬中・通江・安岳・羅江・安県・綿竹・徳陽・梓潼・南江・西充・井研・銅梁・大足・定遠・栄昌・隆昌三十一州県。因滷衰銷滞。商倒岸懸。民在近廠。買塩以食。正雑課銀。帰入地丁攤徴。

（7）『四川塩法志』巻二二、徴権三、帰丁
産塩行省。拠会典。惟河東塩池。議准課帰地丁。又皇朝通志。雍正八年。山東青登莱三府。塩商聴所属民人。領票銷売。課銀攤入地糧徴収。此外甘粛及陝西漢中之西郷・洋県。皆有之。四川初行於巴州。継而通江・定遠・銅梁・大足。皆因之。時以課辦民便。権宜暫行。未尽入告也。至嘉慶十七年。総督常明。請於他州県。照例挙行。戸部駁詰不許。常明坐是鐫級。然各州県有商亡課懸者。皆権宜行之。以待招商。至道光三十年。寖増至三十一州県。今先後増至四十二。曰漢州・什邡・永川・壁山・栄昌・大足・合州・銅梁・定遠・閬中・蒼渓・南部・巴州・通江・南江・剣州・西充・儀隴・隆昌・平武・

江油・石泉・彰明・名山・洪雅・夾江・三台・射洪・塩亭・中江・丹稜・安岳・内江・井研・綿州・徳陽・羅江・江安・綿竹・梓潼・茂州・新寧各引。

（8）河東塩の課帰地丁については次章で詳述する。山東省については、同治『欽定戸部則例』巻二五、塩法一、商民運票によると、青州府（安邱・諸城）、莱州府（掖県・平度州・昌邑・膠州・高密・即墨）、登州府（蓬莱・黄県・福山・棲霞・招遠・莱陽・寧海州・文登・海陽・栄城［成］）一八州県の票引三〇一〇五張分が地丁に攤入して徴収されている。三府の中でも交通至便な莱州府の一部と青州府の大部分では帰丁が実施されていない。

（9）『清塩法志』巻二五三、四川一〇、運銷門九、票塩、嘉慶十七年十二月四川総督常明奏言。……川省充商之人。当其領引之初。或領引十余張。或数十張。至多者百余張。且有朋領者。所需本銀有限。故充商者。不尽殷実之戸。每有将所領之引出典。与山陝客民行銷。此等人。謂之行商。本商則謂之坐商。川省塩井。衰旺不一。塩価向係随時長落。行商典引。或一二年。或三五年。久暫不一。本非世業。無所顧忌。只知擡価求利。小民有食貴之虞。是以各州県民。屢有塩課帰丁之請。

（10）同右

現擬将弊竇最重之重慶府属州県内。厳査行商等一切積弊。於地方尤不相宜者。仿照巴州等処塩課帰丁公同完納之法。従容籌辦。則川省塩務。不致尽被奸商壟断。窮民得謀生計。私梟不禁自絶。

（11）同右（本文）

今遽請将塩課改帰地丁。聴民興販。此議若行。不但該省奸民。趨利若鶩。為害滋甚。且川省与両湖毘連。私販順流而下。侵灌淮綱。諸多窒礙。

（12）前註（1）佐伯「清代淮南塩販路の争奪について」。

（13）同治『続増什邡県志』巻二八、塩法

査。県属塩務。額行六引一千五百五十一張。其課税。経前任紀詳請。帰丁辦理。

（14）嘉慶『什邡県志』巻三四、職官、知県。

（15）前註（2）張・冉、一一二頁。但し同書は我が国には存在せず、朱士嘉編『中国地方志綜録』にも見当たらない。

（16）民国『重修什邡県志』巻五下、食貨、塩法

清光緒末年。上憲以県属人口増加一倍。応援計丁配塩日消。準度成例。加徴塩税羨余・截角銀二銭四分。連原額。共銀四銭七分。

(17) 嘉慶『安県志』巻二二、税課、塩税
至乾隆四十六年。塩商謝定武・李爾寿已病故。李饒来・陳爾寿・陶明徳。貧乏無力。招而無人。知県王嘉猷。伝諭闔邑紳耆糧戸人等公議。按照四郷地丁銀五千一百八十四両。毎丁銀一両。攤徴塩税羨截角銀一銭二分五釐批解。嘉慶九年二月十四日。奉塩道札飭。准令奉節県計商李瑞卿。代銷安県塩陸引九百六十張。徴税羨截銀五百六十四両四銭八分。由奉節領繳上納外。安県存引二十七張。仍照地丁攤徴。……共徴塩税羨截銀十五両八銭七分六釐。並無商人配引行塩発売。四郷食塩。倶係民間自赴例応配塩豊谷井買食。

(18) 光緒『綿竹県郷土志』戸口
毎年額行塩陸引一千四百四十七張。徴税羨截銀一千零四十八両九銭五分六釐。帰地丁徴収。

(19) 道光『茂州志』巻三、食貨、税課
塩税帰於地丁。漢羌一体。照糧均攤。

(20) 道光『中江県新志』巻三、田賦、国賦
四十八年。知県潘宏選。以井涸柴貴。引滞課懸。経竈戸上控。奉飭調剤。議県民。照計口食塩之例。按年認領引張。自赴井廠。採買分銷。税羨攤入地丁完納。通詳允行。

(21) 光緒『蓬渓続志』巻二、出納、塩法
已而私販充斥。商歇業。引税無徴。附地丁。均賦于民。謂之帰丁。其験截之徴。併徴于県。隣境類然。蓋其時引塩鮮行。民食未乏。則皆私販之為也。而蓬岸自此無商課税羨截。則皆出于井竈。由県徴之。其引則截存道庫。知県高維嶽所請也。

(22) 道光『安岳県志』巻一四、貢賦、雑課
嘉慶九年。署邑事劉有儀。将塩課銀両。按糧随同地丁完納。

(23) 光緒『名山県志』巻一〇、塩課
後因引商故絶。招募無人。道光三十年。奉文。清釐残引積欠。知県汪百禄請。以夫馬余銭八百釧。易銀彌補。咸豊六年。知県陳中銘。詳請帰丁。毎糧銀一両。攤捐銭一百文。以銭易銀申解。

(24) 咸豊『閬中県志』巻三、賦税、塩課
乾隆五十七年。因井枯水涸。竈戸・商人。均各家産尽絶。無力納課。経前令徐。稟明道府議定。将塩課銀両。攤入里下。随同地丁征収。塩帰民間自販自食。毎条糧銀一両。加征塩課羨截銀一銭二分。自乾隆五十八年始。逐年征収批解。因未詳報有案。毎年循例領引繳引。仍塡商販姓名申報。道光三十年。督憲徐。以閬中塩課。既帰地丁。所有毎年応領引張。即截存道庫彙繳。不必再行発給。致啓推代之弊。奉有札飭在案。自咸豊元年始。閬中具文。請領引張。随領随繳。不領引到県矣。
(25) 嘉慶『梁山県志』巻五、戸賦、塩法
乾隆五十七年。因塩引滞銷。詳攤地丁。奉憲駁飭。覓富順県辺商朱近光。代銷雲陽廠水引二百九十五張。運黔省済食。
(26) 光緒『梁山県志』巻四、塩法
光緒六年。梁山県塩商畢復栄辞退。缺無人充。経官熊公汝梅。会同紳糧議稟。請将塩課銀両。帰入地丁項下。随糧派収。申解原案。
(27) 光緒『栄昌県志』巻七、塩法
嘉慶二十二年。塩商疲敝。知県李光謙。将課改帰地丁。毎畝派銭二文。
(28) 乾隆『巴県志』巻三、賦役、塩法。なお「富順行中江県陸引」とは産塩地である富順県で引き換えられる中江県向けの陸路輸送塩の引の意であろう。
(29) 同治『巴県志』巻二、政事、塩法
以上乾隆二十五年以前之実数也。今截。
(30) 『四川塩法志』巻一八、引票三、帰丁積引
凡帰丁州県。無商領引配運。有司惟虚具領引・繳引公牘。同呈塩道。実不領。然特一二州県行之。余率照式領存。待納課時。白截同繳。因有転售他州県。或陰售商代銷者。他商利其廉。亦往往代行。而転閣其正引。故帰丁引。率多未繳者。道光三十年。徐沢醇厳檄催繳。除故商名籍。自後帰丁諸州県引。截存道庫不発。以待招商。
(31) 同右、巻二二、徵榷三、帰丁「徐沢醇奏略」「又通飭」(道光三〇年)。
(32) 光緒『欽定大清会典事例』巻二二八、戸部、塩法、四川

（道光）三十年。議准。川省塩商。近多疲敝。毎将引張。覓代商承認。応納税羨。向交本商自完。……嗣後該商等。如有覓人代運。応准其飭令地方官。責成代商。自行納課。

(33) 同右

経徴課税。如地丁銭糧例。為之剋期。限定分数。期以十月為上忙。以次年三月為下忙。

(34) 『四川塩法志』巻一八、引票三、帰丁積引

沢醇旋去。不果行。而弊転甚。帰丁引。故与常引無別。塩道往往不収入庫。存諸胥吏手。縦賄售私。上下縁為奸利。塩道受代時。旧任輒尽取帰丁引。賤售牟利。謂之放礮。

(35) 前註（1）佐伯「清代淮南塩販路の争奪について」。

(36) 『類編』巻一「籌辦黔岸官運商銷塩務章程摺子」（光緒三年七月二二日）。

(37) 同右、巻二「請将黔辺辺計各引由局自行繳残摺片」（光緒五年三月一〇日）。同摺は官運に移行された計岸に叙永庁を含む。

(38) 同右、巻二「請将江北庁巴県計岸提帰官運摺片」（光緒四年一一月二三日）、同右、巻九「請将江北庁改帰官運詳文」（光緒四年一〇月二六日）。

(39) 同右、巻二「籌辦滇岸請緩奏銷摺片」（光緒四年一〇月九日）。

(40) 『続編』巻一「請将石砫酆都忠州長寿四庁州県計岸提帰官運摺片」（光緒五年一一月二三日）。

(41) 同右、巻一「限定毎年済楚川塩引数摺片」（光緒六年二月一日）、「川塩済楚未能即停請飭部議仍照減引通融辦理摺片」（光緒六年一〇月七日）。

(42) 楚岸復淮問題は、四川総督側の既得権確保要求からではなく、むしろ淮商が年間百万両もの鄂餉を肩代わりできなかったことから挫折し、私塩の増産とも相まって清朝滅亡まで解決を見なかった。前註（1）佐伯「清代淮南塩販路の争奪について」。

(43) 『続編』巻二「請将湖北八州県暨巫万両県計岸提帰官運摺子」（光緒六年五月一九日）、周詢『蜀海叢談』巻三、丁文誠公。

(44) 『類編』巻二「裁革道府規礼籌給公費摺片」（光緒四年一一月二三日）

惟自去冬開辦黔辺塩務以来。各岸局於購塩售塩之際。照商行収扣平余。銖積黍累。湊少漸多。……臣現擬。自光緒五年正月起。即於黔辺塩局収積平余備公項下。酌提成数。審定各道府缺分繁簡。均匀分撥。准其備文赴局領回。作為辦公経費。……

自光緒五年正月起。将従前一切節寿規礼。永遠裁革。不准再収分毫。
(45) 同右、巻二「匀撥将軍副都統公費摺片」(光緒四年一一月二三日)。
(46) 同右、巻一六「院行照単発給公費札」(光緒五年二月五日)、「院行奉旨裁革道府規礼籌給公費札」(光緒五年閏三月二五日)。
(47) 同右、巻二「請仍留引底並安定営勇糧於雑項平余内彌補摺片」(光緒五年二月八日)。
(48) 同右、巻二「査明道員操行貪劣辦事朦混奏参革職査辦摺子」(光緒五年四月一五日)。
(49) 『丁文誠公奏稿』巻一七「清査塩務大概情形摺」(光緒五年一一月一〇日)。
(50) 同右、巻一八「清査塩務妥議章程片」(光緒五年一二月一九日)。
(51) 『類編』巻二三「禁止各州県収受塩商規礼院示」。
(52) 同右、巻一「改設官引票釐局摺片」(光緒四年六月五日)
至川省窮民甚衆。向有帰丁州県。俾小販営生之民。均得赴廠。購買余塩。挑至該処售売。従前係設垣経理。派委員紳。会同査辦。謂之垣塩。按觔抽取釐銭。以済餉需。……臣与総局道員唐炯熟商。現将各垣裁撤。於富栄犍楽等廠。改設票釐局。派員管理。定以毎挑八拾觔為准。不准加多。毎挑給予護票一張。随挑抽収釐銭。准其挑赴帰丁州県售売。
(53) 同右、巻二三「禁止書役商巡留難阻揹票販院示」「経営黔岸創辦官運暁諭商竈院示」。
(54) 光緒『丹稜県志』巻四、田賦、塩法
同治十年九月。因商人駱追風身故。合邑士民。公懇荘令定域詳請。課羨帰丁。毎条糧一両。徴塩課銀三分。随糧申解。
(55) 光緒『洪雅県志』巻二、賦役、塩茶課税
洪雅自同治十年起。因塩商張怡豊。陸続短欠課税銀二千余両・羨截銀二百余両。無力措解。貴州巡撫邑人曾璧光。深知其害。函致本邑紳糧。令其公議。具稟前任知県張文奎。請将塩茶税課。帰入地丁項下徴解。以除積弊。而靖地方。蒙上憲批准試辦。嗣因張怡豊。於光緒四年。以懇興寃廃上控。経前任知県張那鈞駁斥。拠情申詳。復蒙制憲丁批。拠詳該県塩課帰丁。試辦数年。紳民相安。課羨無誤。応准照辦。仰候彙案奏咨辦理云云。是年塩憲通飭。将洪雅列入永遠帰丁州県。合併三十六処。
(56) 光緒『永川県志』巻四、賦役、税課
光緒戊寅年。邑紳稟請劉主立案。帰丁随正糧徴収。毎正銀一両。加収塩課羨截銀五銭二分。除申解贏余。存撥公費。

(57) 民国『富順県志』巻五、食貨、徴権、塩課
光緒七年。知県陳錫鬯稟准。帰丁按糧攤徴。課銀定章。毎糧銀一両。徴課銭二百四十文。
(58) 民国『峨辺県志』巻二、食貨、塩法
同治年間。夷患茲［滋］擾。引積不能銷竣。堆欠税銀過多。商人逃匿。無従追繳。光緒六年。奉通飭整頓塩務。経庁主姚。会同委員胡。集紳籌議。未便彷照帰丁州県辦理。仍照何商等同治七年以後辦法。以挑駝定税則。茲改為官督紳収。官認批解正税・羨余・截角銀両。紳認出力徴収。
(59) 『四川塩法志』巻一八、引票三、帰丁積引
光緒三年。総督丁宝楨。廉其弊。奏定。領引至。予為提出。注帰丁字于引勿印。総督関防。白截存庫。用杜流弊。
(60) 前註（53）「禁止書役商巡留難阻揹票販院示」。『四川塩法志』巻二二、徴権三、帰丁も同文を収録する。
(61) 『清塩法志』巻二五三、四川一〇、運銷門九、票塩、宣統二年六月
宣統二年六月。奏定整頓帰丁六十八庁州県票塩辦法。……抛四川総督趙爾巽原奏内称。四川現在行塩地方。約分両界。滇黔辺計塩道計岸。両官運局提辦之七十属。則行引塩之界也。其余商岸。並帰丁六十八庁州県。則行票塩之界也。
(62) 『類編』巻一「査明官運辦有成効未可更改摺子」（光緒五年閏三月七日）。
(63) 同右、巻一「遵旨査訊竈民呈控官運各款虚誣摺子」（光緒五年四月五日）。
(64) 同右、巻一「遵旨査覆官運局収支確数摺子」（光緒五年七月五日）。
(65) 同右、巻二「請自戊寅綱冬季為始抵撥京捐摺子」（光緒五年二月八日）。
(66) 同右、巻二「委解黔滇協餉並認解抵捐銀両起程日期摺子」（光緒五年一一月一〇日）。
(67) 同右、巻二「解還藩庫塩本摺片」（光緒五年一二月一九日）。昨年度返済分一三万七〇〇〇両、本年度返済分一二万両。
(68) 同右、巻二「遵旨明白回奏官運商銷成効摺片」。奏摺の年月日は記されていないが、『類編』では戊寅綱すなわち光緒五年度塩政の資料と見なしている。
(69) 『続編』巻一「行銷己卯綱辺計各引数目経徴税羨截釐一律全完摺子」（光緒七年二月八日）。
(70) 同右、巻二「懇飭部註銷川省無著残積各引摺子」「懇豁免川省歴年積欠羨截摺子」（光緒七年四月九日）。
(71) 同右、巻二「分批籌解購買鉄甲輪船銀両摺片」（光緒七年七月一三日）。

(72) 同右、巻二「撥還原借東省帑本銀両摺片」（光緒八年二月一五日）。

(73) 同右、巻二「官運局撥解七年分黔省協餉抵捐銀両数目摺片」（光緒八年二月一五日）。

(74) 同右、巻二「行銷庚辰綱辺計各引数目経徴税羨截釐一律全完摺子」（光緒八年二月一五日）。

(75) 『丁文誠公奏稿』巻二三「官運塩局実支実銷並無間款片」（光緒九年一一月二日）。

(76) 同右、巻二二「川塩済楚未能驟停摺」（光緒八年五月二四日）。

(77) 前註（7）。

(78) 民国『富順県志』巻五、食貨、塩法
二十九年。総督岑春喧《ママ》奏准。上下游三十八庁州県計岸引塩。改帰官運。設局省城。

(79) 民国『眉山県志』巻三、食貨、雑税
至二十八年。岑春喧《ママ》督川。于成華眉嘉等属。改為計岸。仿滇黔辺岸辦法通行。

但し成都華陽一帯、眉州直隷州、嘉定府などは元より計岸だったのであるから、これらの地域を計岸に改めたという記述は誤りで、前註『富順県志』の記載の如く計岸から官運に改めたとしなければならない。

(80) 民国『崇寧県志』巻三、食貨、塩岸
崇邑塩岸。前係商運。備載旧志。光緒二十八年。岑督撫川。始改官運。

(81) 民国『新都県志』第二編、政紀、賦税、塩課
光緒二十九年。改辦官運。隷属成華分局。

(82) 光緒『広安州新志』巻一六、賦税、税課
（光緒）二十八年。署督岑春煊。仍改州塩。為官運商銷。
民国『達県志』巻一一、雑税、塩税
（光緒）二十八年。署督岑春煊。通定為官運商銷。

(83) 裕徳・寥寿恒『欽差四川査辦奏摺簿』「謹奏為遵旨覆陳戸部奏査四川官運局塩務各款恭摺仰祈聖鑑事」附片
再。平余一款。……本非政体。而以塩局例外之取盈。議作道府各員之公費。考之各行塩省分。向亦無辦法。惟丁宝楨。既奏裁該省道府各員規礼。此項公費。即為辦公所不能無。該省又別無他項取給之款。自応毋庸另議。

第一〇章　清代河東塩政の変遷

はじめに

従来の清代塩政史は両淮塩政を中心に研究が蓄積され、河東や四川などの内陸塩政はあまり注目されてこなかった。両淮と較べて塩の生産量が少なかったことや、徽州商人のような巨大塩商がほとんど確認されないことが、塩政自体の複雑性とも相まって研究者の関心を減殺してきた。それ故われわれは、ともすれば両淮こそが清代塩政の一般類型であるかのような錯覚を抱きがちである。確かに国家の専売制という点では、両淮と河東や四川との本質的相違はない。しかし専売制を担う塩商について見れば、沿岸部と内陸部とではかなり様相を異にする。

両淮塩政で独占的地位を構築し栄華を極めていたのは、揚州を拠点とした徽州商人であった[1]。徽州商人の活躍により、われわれは塩商に対し特権的大商人という印象を持ってしまう。しかし山西省解州産の池塩を商品とし、華北西部を行塩地とする河東塩政について見れば、清初より塩商は国家に寄生して独占利潤の余禄に与る収奪者というよりは、国家によって塩課を賦課される被収奪者に近かった。本論で詳述するように、商人や富民が塩商に充当するのは、あたかも糧戸が差徭に充当するかの如き重負担であった。それ故徽州商人が両淮塩政に深く関わり、塩の専売を利殖の手段としていたのに対し、山西商人は河東塩政に積極的に関与していない。彼らの塩業経営はむしろ揚州で確認されている。(2)

そもそも塩課は塩の消費者である人民に遍く賦課される間接税である。しかし河東では、結論を先取りすれば、塩政改革の過程で簽商制（富戸に対する塩商への充当強制）や課帰地丁など、富民や糧戸に塩課を肩代わりさせる政策が実施されており、専売制を建前としながら、実際には差徭や津貼と同様強制的収奪の色合いが濃かった。両淮でも嘉慶年間（一七九六―一八二〇）以降の塩政の疲弊により、塩商が廃業を申請して塩務官僚を恫喝する現象が見られるが、(3)経済的後進地の河東では塩商に進んで充当する者はおらず、塩政が専売利潤を確保する制度として機能したことはなかった。塩務官僚にとっても商人にとっても、河東の塩専売は全くうま味のない事業であった。

一九世紀以降従来の綱法は全国的に崩壊し、各省で塩政改革が実施された。両淮では両江総督陶澍により道光一一年（一八三一）から票法が導入された。(4)一方前章で解明したように、地理的に省外との隔絶性が高く、比較的独自の対応を採り易い四川では、一八世紀末頃から交通の不便な州県を中心に塩課の帰丁が試行されていたが、光緒（一八七五―一九〇八）初頭には四川総督丁宝楨により、帰丁の拡大と官運商銷が実施された。それでは、同じ内陸地方にありながら四川より更なる周縁地域に位置する河東では、塩政の崩壊と塩政改革はどのような経緯をたどったのであろうか。

本章の課題は従来ほとんど解明されてこなかった清代の河東塩政に着目し、各時代の塩政改革を具体的に検証する作業を通して、華北西部の地域的特性や塩政改革の困難性を浮き彫りにすることである。

一　河東塩政の崩壊と富戸充商

前近代中国において塩の専売税は財政上相当大きな比重を保持していた。佐伯富は政書の記述から明清時代の塩利が国家歳入の半ばに達していたと推定する。[5]　一方岩井茂樹は、宋代以降塩税収入が安定的財源として着実に成長したことを強調しているものの、賦税全体に占める塩課の推計値は、明代では関税と併せても六－七％台にとどまり、清代乾隆年間（一七三六－一七九五）でも一割強程度だったと予測する。[6]　両者の主張には大きな隔たりがあるが、これはおそらく塩商に対する捐輸の強制や塩規の需索などの正額外徴収を含むか否かによるものと思われる。

専売税を徴収する手段として清朝が採ったのは明代以来の綱法であった。綱法とは商運商銷、すなわち特許を有する塩商が行塩地への輸送と現地での販売を独占し、塩引の頒給と引き替えに塩商より塩課を徴収する方法である。清代の河東塩政も最初は綱法から出発した。

河東塩の行塩地は山西・陝西・河南三省にまたがっていた。光緒会典によれば、山西省の太原府・平定州・忻州・代州・保徳州・寧武府・汾州府・遼州・沁州・平陽府・蒲州府・解州・絳州・吉［霍］州・隰州・潞安府・沢州府、陝西省の西安府・鳳翔府・邠州・乾州・商州・同州府・興安府、河南省の陝州・南陽府・汝州・許州（襄城県のみ）が行塩地に指定されており、[7]　概ね山西省中南部、陝西省中部、河南省西部がこれに該当する。但し康熙五三年（一七一四）には西端の陝西省鳳翔府を甘粛省寧夏府花馬池産塩の行塩地に移し、地元で食塩を産する山西省太原府・汾州府・遼州・沁州などで土塩の流通を認めた。[8]　また雍正八年（一七三〇）には陝西省邠州直隷州長武県での花馬池塩消費を公認し、鳳翔府と同様に行塩地を転換した。[9]　これらを地図上に表したのが図10・1である。これ以後引岸（行塩

図10－1　乾隆以降の河東行塩地

摘要

——— 省境

-------- 行塩地範囲（山西省は土塩・池塩境を含む）

.... 府・直隷州境

（網掛け） 土塩流通を許可した地域

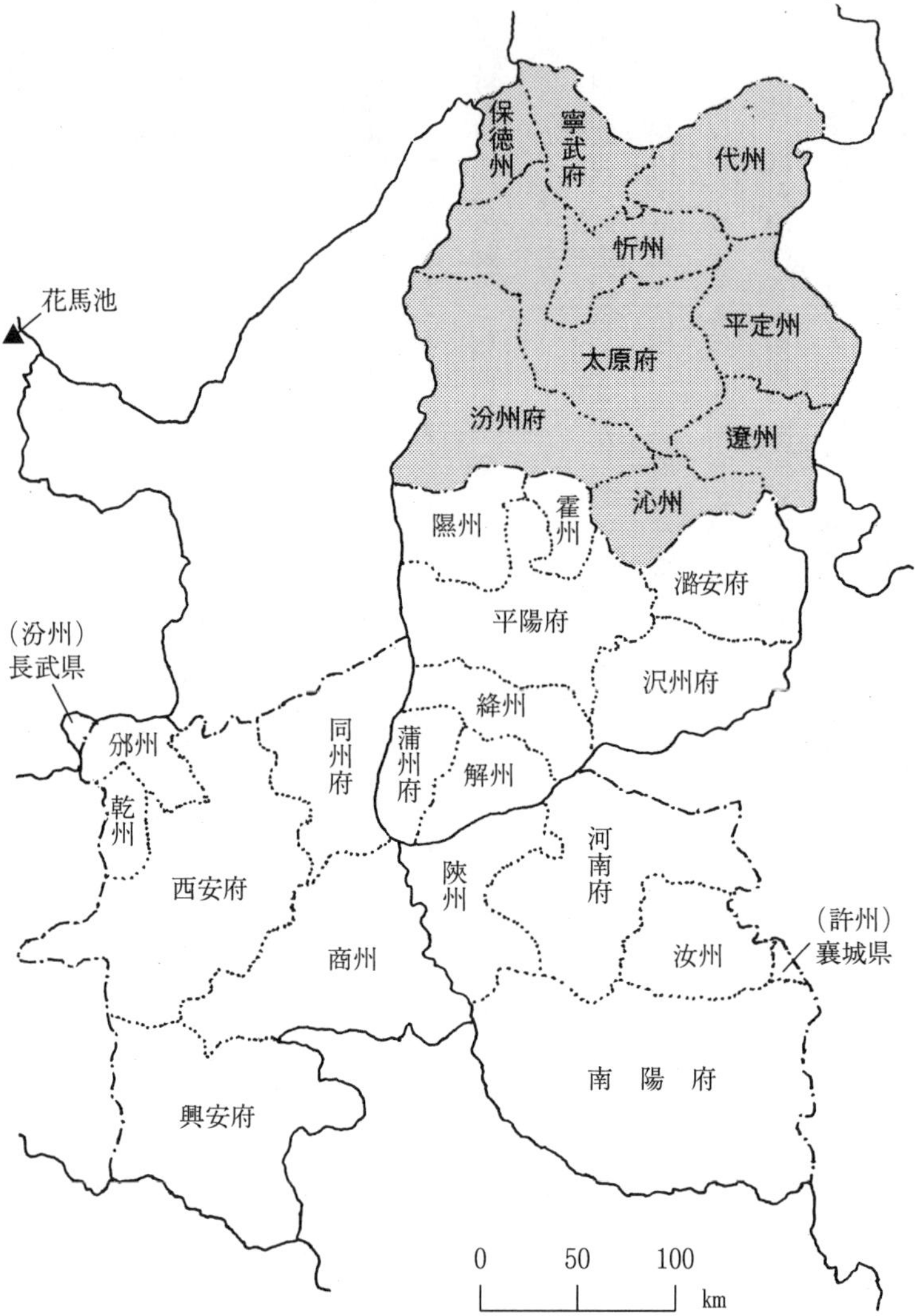

地）の変更は見られない。

山西省で河東引岸に属しながら土塩の消費が許されたのは、正確には太原府・汾州府・寧武府・遼州・沁州・平定州・保徳州・忻州・代州の三府六直隷州であった。道光『繁峙県志』によると、これらの地域では形式的に河東塩引を引き受けるが、実際には解州池塩を購入せず、塩課は「塩税」という形で徴収されていた。[10] 多くの地方志の記述によれば、塩税は地丁に攤派して徴収され、土塩は民運民銷すなわち一般人民による域内での自由な売買に委ねられていたようであり、[11] 後年の課帰地丁を先取りする政策であったと言えよう。

もちろん国家は当初土塩も専売によって統制しようと試みた。しかし土塩を扱う土商は育たなかった。平定直隷州盂県では雍正二年（一七二四）に塩課の帰丁と食塩の自由流通が認められ、[12] 同州寿陽県でも雍正四年土商充当者がいなくなったため、署知県趙尚友の詳請により民運民銷が実現した。[13] 汾州府汾陽県では雍正八年（一七三〇）同県の塩商や巡丁（塩商が雇募した私塩取り締まり人）が大いに民害となっていたことから、知府張学林が廃商を請願し、続いて同知権知府事馮雲爆が塩課の按糧攤派を請願した結果、雍正九年知府崔応階・知県林中枏により遂に課帰地丁が実施された。[14]

しかし課帰地丁は簡単に実現したのではなく、各地で紆余曲折の跡が見られる。たとえば遼州直隷州遼州では、康熙四五・四六年（一七〇六・〇七）塩商充当者がいなくなったため、知州沈光栄が塩税を賠償した。その後遼州は招商に復帰したが、塩流通の不正は絶えず、康熙五一年（一七一二）着任した知州王綬により塩税の按糧攤派が実施された。だが糧戸に負担が集中することを理由に、二年後には人口に応じた割当制に移行し、それが諸弊を叢生させたので、雍正年間（一七二三―一七三五）には招商に戻されている。[15] また州属和順県でも、清初は民銷と商銷を繰り返し、康熙四八年（一七〇九）に一旦民運民銷に落ち着いたものの、雍正年間には土商が長続きせず告退を繰り返し、乾隆四年（一七三九）県民の請願により毎戸毎季銀一分五釐を徴収する按戸均攤方式に移行したが、最終的に乾隆二一年（一七五六）代州などの例に倣って課帰地丁が施行された。[16]

一方戸部は、乾隆一二年（一七四七）土塩を消費し塩引を塩商に頒給していない山西中部三府六直隷州の内、寧武府を除く八地域に対して塩引四万道の加増を画策した。この時太原府楡次県では、知県徐玉田が加引の免除に奔走し、成功している。[17]また乾隆二八年（一七六三）には山西布政使文綬が「代州直隷州代州、太原府交城、平定直隷州寿陽の三州県の塩課は、商販がいないため既に地丁に攤入しているが、太原府の分水・太谷、汾州府の汾陽・平遙・介休・孝義・石楼・永寧・寧郷、平定直隷州の盂県、保徳直隷州の保徳・河曲の一二州県では、既に塩課を帰丁していながら実際には合併徴収せず、里老や甲頭に請け負わせているので、額外の浮収が絶えず、貧窮の小民は苦しんでいる。そこで如上の州県は代州・交城・寿陽の例に倣い、塩税を地丁と併せて徴収せよ」と檄飭している。[18]更に沁州直隷州武郷県では、乾隆三九年（一七七四）に十里の催頭を「土商」に公挙し、一年で交替させていた。[19]土塩流通を許可した後も中央は塩引の追加発行を試み、州県の多くも課帰地丁を謳いながら、塩税徴収を里役に請け負わせたり、果ては彼らを直接「塩商」に充当させたりしていた。このような恣意的科派形態は差徭と類似している。

土塩流通が許された山西中部九府州を除くと河東行塩地は随分狭くなるが、ここでは一応塩商が塩引を受領し、官塩を売りさばいて塩課を納めていた。しかしこの地域でも塩商を安定的に確保することは至難の業であった。『清塩法志』によれば「河東塩政は順治四年（一六四七）御史朱鼎延の招商分引に始まり、順治一〇年（一六五三）御史劉秉政、塩運使陳喆が極力招商して一一〇名を確保したことで概ね確立した。しかし当初より河東は商小力微で資金力に乏しく、一商名を数人で朋充する場合もあり、地方の坐商が塩商に充当しなかったため、勢い小販に頼って塩流通を図らねばならなかった。また乾隆二〇・二二年（一七五五・五七）には塩池の水災により塩商を辞める者が続出し、新規応募者もいなかった」とある。[20]河東では塩商に充当する利点はほとんどなかったと言えよう。このような状況の下では、塩引の引き受けは権利でなく義務となり易い。乾隆二五年（一七六〇）塩政薩哈岱は山西省太原府・汾州府・平陽府などで富戸を推挙させ、塩商に充当させた。[21]これを契機として塩政は差徭の色彩を帯び始めた。

富戸充商は塩流通の経験や当人の意志を問わない強制措置であり、積極的応募者が見込めないため、充当期限は設定されなかった。忌避者の続出により塩政が崩壊することを恐れたためである。それ故一旦充当された者は長年の塩引消化に追われて疲弊し、塩課の虧欠が危惧されるようになった。そこで乾隆四一年（一七七六）山西巡撫巴延三、塩政瑺齢の提言により五年交替制が実施された。これは現充の塩商に殷実なる富戸を推挙させ、各府州県の身元審査を経て新商に任命し、五年の任期内に塩課の滞納がなければ交替を許すというものである。[22]この制度は別に簽商（僉商）とも言い、有期限の塩商を短商、無期限の塩商を長商と称することもある。

巴延三の簽商法は、塩商が特許商人ではなく一種の差徭に応役する者であることを事実上認めるものであり、一時的に塩課を確保できても、富戸の忌避は更に深刻化するはずである。早くも六年後の乾隆四七年（一七八二）に簽商制は行き詰まり、山西巡撫農起は現商の内殷実な者のみを長商として残し、疲弊した者を解散させた。[23]彼は課帰地丁を導入して塩商を全廃し、塩の自由流通を許すべしという意見に対して

今若し尽く商人を去らせ、民の販運を聴さば、窃かに恐る、今日の私梟、他時の官販なるを。

と述べ、従来の私塩商人の活動を公認した場合に予測される治安上の問題からこの策を批判し、塩の販売価格を上げることで塩商の利益を確保しようと図った。[24]

以上のように、華北西部では塩専売への従事で利益を確保することが非常に困難であり、塩商に積極的に応募する者はいなかった。塩引を交付しながら土塩の流通を認めていた山西中部九府州では課帰地丁が実施されたが、里役に

塩税徴収を請け負わせたり、無理やり塩商に充当させたりしていた。河東行塩地でも綱法は円滑に機能せず、乾隆二五年（一七六〇）には富戸充商制が導入され、乾隆四一年（一七七六）には簽商（短商）制が実施されたが、乾隆四七年（一七八二）には長商制に戻された。これらの方法はいずれも資産家を塩商に当てて塩引を引き受けさせ、塩課の確保を図ることを目的としており、最終消費者から広く薄く徴税するという専売制本来の趣旨から大きく逸脱している。河東で行われていた塩政は、実際には差徭と変わらない性格のものであった。それ故差徭と同様従事者を定期的に交替させる簽商制を、綱法の様態を残す長商制に戻したところで、塩政の抜本的改革にはならない。農起の長商制復活からわずか六年後、富戸充商制は廃止されるのである。

二　課帰地丁の実施とその経緯

農起による長商制復活により河東塩政の行き詰まりは若干緩和されたが、長商も元より富戸が充当したものであるから、彼らが早晩疲弊することは目に見えていた。塩政を再建するためには、長商か短商かという彌縫策ではなく、大胆な改革を行うことが必要であった。そこで登場したのが農起によって一旦退けられた課帰地丁政策である。課帰地丁は乾隆五六年（一七九一）山西巡撫馮光熊、山西布政使蔣兆奎によって提起され、翌年より実施された。その経緯については『清史稿』、光緒『欽定大清会典事例』、『清塩法志』、『増修河東塩法備覧』、光緒『山西通志』など各種の政書や地方志に詳細な記録があるが、本論では改革の当事者である蔣兆奎の編纂した『課帰地丁全案』を手がかりに検討を進めたい。

乾隆五六年（一七九一）四月丁卯付で山西巡撫から両江総督に昇任した書麟は、北京で乾隆帝に謁見し山西の現状について上奏した時、農起による簽商制停止と長商制復活以来九年が経過したが、商力は疲弊し、充当困難なる者が既に三十余家に達していることを述べた[25]。奏文には具体的提案は見えないが、彼は乾隆帝に塩価の引き上げと簽商制の復活を献策したらしい。これに対し新任の巡撫馮光熊は、塩価加増により蒙古私塩はますます蔓延するし、簽商復活により富戸はますます疲弊するとしてともに反対し、課帰地丁こそが恤商便民の法であると訴えた。乾隆帝も「此語或一辦法」との硃批を下して課帰地丁に賛同し、現地で実施することを許した[26]。但し彼が山西の事情に明るくないことを慮った帝は、かつて河東塩運使の任にあり、先年上京の折課帰地丁の有効性を説いていた蔣兆奎を甘粛布政使から山西布政使に移して、馮光熊の改革を補佐させた[27]。一方帰丁反対派からは前山西布政使鄭源璹が、殷実富戸を募って補充すべしと上奏したが、乾隆帝から「従来塩規を収受していた地方官は課帰地丁の実施を聞いて必ず異議を申し立てると思っていたが、果たしてこの者が反論してきた。鄭布政使が在職中の八年間に山西の地方官は簽商に関わって余潤に均霑したのであろう。これまでの事は不問に付すが、現在汝は河南布政使の任に在り、今後もし馮光熊の課帰地丁を妨害したりすれば容赦はせぬぞ」と叱責された[28]。今や農起の時代とは風向きが逆転し、課帰地丁に期待が集まっていた。山西省太原府、汾州府、隰州直隷州などでは従来土塩を食し、塩課は久しく帰丁していた事実も、蔣兆奎らにとって追い風となった[29]。

着任早々馮光熊と蔣兆奎は課帰地丁政策を具体的に検討し、従来課帰地丁が実施できなかった理由は、法を妄りに変えることに対する抵抗感の外、帰丁が加賦につながるという不安や僻地で塩不足が起こるという危惧であると判断し、これらに反論している。まず加賦説に対して。地丁が銀一両で五人家族の家を例にとると、帰丁による塩価の下落により年間銭一五〇文が節約される一方、塩課の攤派は銀九分余程度に過ぎず、家計にとっては課帰地丁の方が有利であると言う。次に塩流通阻滞説に対して。専売の廃止により、塩課や雑費の賦課、軍隊や差役による検査や関所での阻害がなくなり、流通はむしろ活性化すると言う。また攤派の方法については、省単位に塩課総額を地丁総額で除した値を割り振ると、塩課に対して地丁の割合が高い陝西・山西と低い河南との間に負担率の格差が生じるので、三省一律に毎両銀九分余を攤派せよと提案する。更に塩池に対する課税については、課帰地丁を実施する以上新たに池税を設けることは不合理であるとして、塩生産者の自由な交易を許すべしと語る。これらの提案は乾隆五六年（一七九一）八月二三日に上奏され、乾隆帝は大学士、九卿に上諭を下してこれを審議させた(30)。

大学士らも馮光熊と蔣兆奎の課帰地丁政策に賛同したが、ただ三省一律に攤派すると山陝両省が不利になるので、河南の料率を増やすべしと答申した(31)。これに対し河南巡撫穆和藺は、河南では正賦の外毎年河工の幇価が課せられ、搶険（危険箇所の応急修理）の年には工費が別途按糧攤派されるので、塩課は地丁一両につき銀一銭三分にとどめて欲しいと上奏した(32)。山西・陝西もこれを認め、最終的に河南省が銀一銭三分、山陝両省が銀九分九釐を科派することで決着した(33)。そこで馮光熊は乾隆五七年（一七九二）からの課帰地丁の実施を人民に告示し、併せて土塩や蒙古塩の自由な流通を保証するとともに、書吏・衙役・土棍の流通妨害や河東塩の長蘆・両淮行塩地への持ち出しを厳禁した(34)。彼はまた課帰地丁善後章程二三条を策定して河南巡撫穆和藺、陝西巡撫秦承恩とともに上奏し、乾隆帝の裁可を経て実行に移した(35)。こうして乾隆五七年から三省一七二庁州県の額引四二万余道、余引二四万道（正雑課税銀五一万余両に相当）が頒給を停止され(36)、翌五八年には花馬池塩行塩地である陝西省漢中府・延安府などでも、河東に倣い課帰地丁が実施された(37)。

課帰地丁は専売税制を放棄して土地税に一本化する政策であるが、既に塩政が崩壊し、殷実富戸をあたかも差徭の如く塩商に強制充当させていた情況の下では、最も合理的な選択肢であったものと思われる。ところがこの方法はわずか一五年で廃止され、商運へ戻された。『清塩法志』はこの事情を嘉慶十一年、奏准す。河東塩務は、已に地丁に改帰して徴課したれど、現在潞塩隣界に侵灌したれば、仍応に商運に改還すべし。[38]

と語り、註として計三本の文章を掲載する。まず嘉慶一一年（一八〇六）三月の山西巡撫同興の上奏を見よう。

同興が三月四日沢州府において拝受した嘉慶帝の上諭には「倭什布の上奏によると、河東塩課を地丁に攤入し塩の自由流通を許して以来、蒙古塩が長城以南に浸透し、そのため池塩は河東で売れなくなり、勢い河南や湖北など両淮行塩地に漏れ出しているとある。今英和と初彭齢を甘粛に派遣して調査させるので、途中の山西で彼らと合流し、商運復活について商議せよ」という内容が記されていた。これに対し彼は、蒙古塩の流入と池塩の流出を認め、布按両司、河東道と協議した結果、やはり商運への復帰が妥当であると返答した。[39]

続いて同興と会議した内閣学士英和・初彭齢が嘉慶帝に宛てた奏文を見ると「水運を禁止しなければ蒙古塩の制限は不可能であり、官商を設置しなければ私販の撲滅は不可能である。引界を画定することにより私塩の漏出は防止できる。ただ簽商は不公平であり、招商も人選に慎重を期さねばならない」とあり、彼らは充商させるものを厳選するという条件付きで課帰地丁の廃止に賛同した。これに対し嘉慶帝は「簽商の議は弊害を生み易く、招商の方が良策である」と答え、同興らに章程の改定を命じた。[40]

第三文はこれに答えた同興の上奏と嘉慶帝の上諭である。同興は思慮の浅い小民が疑惑を抱き積極的に応募しないことを懸念し、対策としてまず乾隆五七年当時の旧商の中から殷実なる者を互いに保挙して塩商に復充させ、没落して保挙されなかった者は乏商とし、既に復充した旧商が新商を保挙して乏商と交替させ、もし推挙された者が不実であれば保証した商人を糾問すべしと提案した。[41]嘉慶帝は英和・初彭齢の上奏と同興の上奏は表裏一体であると述べ、同興の招商策に賛意を表したが、但し旧商によって招商するといっても、民間交易とは異なり任命や報告の業務に自ずと官が関与するから、書吏による不正が起きないよう十分注意せよと訓示した。更に蒙古池塩も河東池塩と併せて招商に移行させ、山西・陝西の適当な場所に塩政一名、属僚数名を配置して塩務を監督させた[42]。翌一二年（一八〇七）山西巡撫成寧の上奏によると、旧商五八名を塩商に復帰させるとともに、新たに一三名を招商し、正月一日より綱法を復活させたとある[43]。成はまた前年一一月に蒙古吉蘭泰池塩に対して、行塩地を画定し商運を始めている[44]。

ところで、たとえ塩商を復活させても、彼らが塩の取引で利潤を得られなければ、長商制は遅かれ早かれ再度破綻するであろう。かつて塩商が破産した大きな原因は、塩価の低価固定制であった。そこで嘉慶一四年（一八〇九）戸部侍郎に遷っていた英和は、山西巡撫、陝甘総督と共同で上奏し、乾隆一〇年（一七四五）以前の例に倣い、塩商に生産量の多寡や生産費の軽重を勘案して自由に売価を設定させ、一年後に再度価格を公定するよう進言した。この提案は裁可され、翌一五年（一八一〇）より乾隆五五年（一七九〇）時点の原価に毎斤銀五釐二毫が加増された[45]。こうして長商制の復活、蒙古塩の商運化、塩価の増額を支えとして、河東塩政は綱法に復帰したのである。

しかし英和や同興らの招商策はほとんど成果を収めなかった。『清塩法志』は招商の結果について

　復商以後、課額愈いよ重く、辦運愈いよ難し。向に潞塩を以て淮岸に侵銷せし者、今は則ち淮北の票塩、河東に倒灌せり。而して商力も亦愈いよ困しむ[46]。

と語っており、塩商保護のため塩価を割高に設定したのが裏目に出て、今度は淮北塩が河東へ逆流し、これが法定の塩を圧迫して、塩商を再び窮乏に追い込んだのである。嘉慶二四年（一八一九）山西巡撫成格は「塩商は（銭によって塩斤を売り銀によって塩課を納めるため）近年の銀貴銭賤の影響で費用が以前の二倍になり、塩一斤の売買で数釐の赤字を出したので、旧商は疲乏を理由に次々と廃業し、新商も尻込みして塩を商おうとしない」と塩政の窮状を報告し、挽回策として、山西・陝西については暫定的に塩引一張当たりの官塩配給量を増やして（事実上の値下げ）塩商を潤し、

河南については商銷から民銷へ切り替えることを願い出た。戸部もこの案に同調したので、成格は改めて河南での口岸（民販への塩の売り出し地）を陝州東郊の会興鎮と定め、毎引塩一〇斤を増量して卸売価格を引き下げ、告示を出して民販を召募することを提案し、実行に移された(47)。安価な淮北私塩に対抗するため、官塩の売り渡し価格を低減し、特に河南では商運民銷によって行塩地内での民販の自由な塩販売を部分的に復活させるというのが、成格の目論見であった。しかしそれでも、塩政崩壊の趨勢を変えることはできなかった。

道光帝が即位すると、嘉慶帝により廃止された課帰地丁への復帰を願う声が出てきた。道光元年（一八二一）八月御史梁中靖は河東塩政を乾隆五七年（一七九二）の旧制に復して帰丁すべしと上奏した。道光帝も「山西の塩務は三〇年来しばしば変更されているが、結局商運と民運のいずれが良策なのか」と問い、山西巡撫成格、山西布政使葉世倬に調査を命じた(48)。これを受けて彼らは歴代の河東塩務や今後の対策について報告したが、商運と民運の比較については優劣を論じるのを慎重に避け、課帰地丁の得失を述べて聖断を請うたようである。九月の上諭で道光帝は「課帰地丁政策は山西にとっては甚だ便利であるが、近接する両淮・長蘆にとっては私塩浸透の弊害をもたらす故、軽々しく塩法を変更するべきではない」との判断を下した(49)。おそらく成格らは課帰地丁が非現実的であると考え、道光帝を慎重論に誘導したのであろう。乾隆五七年の課帰地丁政策が清朝塩政の中枢である両淮・長蘆行塩地に与えた損害を考慮すると、帰丁の再実施は到底不可能であった。

河南省は嘉慶二四年（一八一九）より商運民銷に変更されていたが、民販への売り渡し地が陝州直隷州会興鎮に限定されていたので、行塩地までの輸送費用がかさみ、これが塩価を押し上げていた。そこで河南巡撫楊国楨は卸売価格を毎斤制銭二文引き上げることを条件に、河南府・南陽府・汝州直隷州にも分廠（出売地）を設け、民販の負担を軽減したいと建議し、戸部の支持を得て裁可された(50)。解池と会興鎮とは黄河で隔てられているとは言え、直線距離にして三〇キロ程度であり、塩商の輸送費用は少なくてすむ。しかし河南府・南陽府・汝州まで運ぶとなると、費用は数倍になるだろう。そこで塩商らは山西巡撫徐炘に泣訴して「これまでわれわれ塩商は塩課や河工経費を工面し、決して怠ることはなかった。今遠方に分廠を設置されると経営が立ち行かなくなり、塩商から手を引かざるを得ない」と主張した。[51]徐炘は塩商の意向を受けて分廠設置に反対し、道光帝も四月二三日の上諭でこれを認めている。疲弊した塩商を保護するためには、塩価の高擡はやむを得ないというのが当時の塩務官僚の本音であった。

しかし官塩の高価格政策は私塩の浸透を容易にする。折悪しく道光一一年（一八三一）に両江総督陶澍が両淮で票法を実施し、塩政衙門の陋規需索・規礼饋送体系を努めて除去することによって塩価を低減させるとともに、塩課納付と引き替えに民販に票を与え行運を許すことで塩商の世襲的独占権を奪った。彼の塩政改革は成功し、淮北では再び官塩が流通するようになったが、廉価な票塩は隣接行塩地にも流出した。河東塩は課帰地丁時代には淮岸を侵していたが、票法開始以後は淮北塩が侵入し、塩商の窮乏に拍車をかけた。[52]

道光二四年（一八四四）長商制の維持はいよいよ困難となり、山西巡撫梁萼涵は三年間の試行という条件付きで告退する商人に殷戸を推挙させることにした。彼の奏文には「道光一一年（一八三一）に塩池が被災し、銀貴銭賤とも相まって塩商が疲弊した。彼らの廃業を許さないわけにはいかないが、跡を継ぐ者はおらず、勢い殷戸を挙報して充当させるので、忌避が絶えない。そこで河東道に各商の実態を調査させ、乏商は告退させて新商を保挙し、三年後認充を願う者は正商とし、力のない者は別人と交替させせよ」とあるが、[53]殷戸を三年間塩商に充当させ交替を認めるのであるから、これは三年期限の短商に他ならない。梁は長商への認充も許すと言っているが、自ら塩商になりたいと願う者はいないであろう。こうして河東塩政は再度簽商制に移行したのである。

以上のように、乾隆末から道光（一八二一―一八五〇）末にかけての河東塩政は、簽商制→課帰地丁→長商制→簽商制と目まぐるしく推移した。但しこの循環から脱落した地域もある。山西省中部の土塩流通地域は、英和らにより一括して商運に戻されたはずだが、たとえば太原府属祁県では、嘉慶年間（一七九六―一八二〇）に塩税を地丁と塩池の両方から半分ずつ納付させており、道光二六年（一八四六）に塩税を巡り糧戸と土塩生産者との間で訴訟が起こったので、知府は従来通り帰丁・帰池おのおの半数を負担するよう命じている。[54] 少なくとも祁県では課帰地丁が継続し、知府もこれを黙認していたのである。また康熙五三年（一七一四）に花馬池行塩地に移された陝西省鳳翔府でも、英和らにより招商が実施されたが、扶風県では齟齬が生じて廃止され民運民銷に戻されたようである。[55] 同府属汧陽県でも、道光期に塩課は正糧一石について制銭三〇文であった。[56] 同じく漢中府では、嘉慶一二年（一八〇七）商運に復帰するものの、嘉慶一四年洋県紳士岳震川の請願を受けた知府厳如熤が巡撫成寧に詳請して再び帰丁に戻され、以後正糧一両につき塩課銀四分三釐八毫を攤派している。[57]

土塩や花馬池塩流通地域だけではない。解塩を食する興安府でも、嘉慶一五年（一八一〇）知府葉世倬が鳳翔府の例に倣い課帰地丁を請願し、翌年より実施された。[58] このように鳳翔府・漢中府・興安府など商業が未発達で塩商への充当者を探すのが更に困難な辺境地域は、英和らの招商復活策に反して早々と課帰地丁に転換していた。塩務官僚もこれを黙認せざるを得なかったのだろう。乾隆期から嘉道期にかけての河東塩政は、辺境の脱落を放置しながら、長商制と短商制の間を往来した。これが止揚されるのは、次の咸豊期（一八五一―一八六一）である。

三　商運から官運へ

道光二四年（一八四四）山西巡撫梁萼涵が三年交替の実質的短商制を実施したことにより、河東塩政はより一層混迷の様相を見せるようになった。道光二九年（一八四九）五月山西巡撫に就任した兆那蘇図は、翌三〇年に「三年短商制の試行以降、六年間で早くも塩商八十余戸が交替した。何故なら富戸は塩務に通暁しておらず、塩商に充当されても商夥（番頭）に経営を一任せざるを得ないし、本来の塩商も三年では時間が足らないので、経営努力を怠るからである。そもそも富戸の限られた資金を使って塩商の莫大な欠損を補塡するというのは、政治の正しい在り方ではない。現在の情勢から考えると、まず第一に長商制への復帰を図るべきである」と上奏し、長商復帰を初めとする塩法救済のための章程十条を献策した。(59) しかし彼の提案は直ちには実行に移されなかった。そしてこれを引き継いだのが戸部侍郎王慶雲である。

河東塩政を再建するため咸豊元年（一八五一）一二月六日の上諭によって江蘇布政使聯英とともに山西に派遣された王慶雲は、翌二年正月に太原で兆那蘇図と会見し、運城・蒲灘を視察して、短商制の弊害を確認した。(60) そこで彼は、塩価の公定によって塩の買い付け資金を軽減し、票法の実施によって浮費の需索を禁止し、口岸の画定によって輸送費用を下げるとともに、特許商人である塩商を存続させながら一般の商販に票塩の販売を解放し、塩課を納めさせた後で官塩を給付するという留商改票法の実施を提案した。具体的には簽商制を廃止して長商を復活させ、塩商に塩課を納めさせて塩票を発給し、これを民販に売らせるという案である。(61) 王慶雲は兆那蘇図の長商復活論を更に発展させ、納税者である長商と販売者である民販とを併用することで塩政の再建を図ったのである。この票法導入案は、おそらく道光年間の陶澍による両淮塩政改革に倣ったのであろう。

留商改票法は早速実施されたが、早くも翌三年（一八五三）五月には山西巡撫哈芬《ハフン》から反対意見が出された。哈芬はまず河東塩法道張錫蕃の「新章施行以降も塩課はほとんど集まっていない。口岸には塩斤がだぶついているので、塩商は票を受領したがらない。また簽商を改めて長商に戻すのは、既に塩商の没落が激しいため実行不可能である。

現在塩商侯六来らは先課後塩から先塩後課への復帰と短商制の継続を請願している」との上奏を引用し、新章自体は至計であるが、現実には塩課の減少と塩商の窮乏化が進行していると批判する。次に彼は運城に赴いて実状を調査し、塩商らは先課後塩だと塩の販売収益で塩課を納められず、自転車操業が立ち行かなくなり、更に彼らは皆が殷実ではないのに、交替を許さず留任承辦を強制するのは無益だと主張し、留商改票法に反対した。そして彼は「新章に拘泥するのは得策ではなく、商力困窮の時勢を鑑みて変通辦理せよ。納税方法は先塩後課に戻すべし。赤貧無力な乏商については、親族や親友で殷実なる者を招覓して業務を代辦させるか、塩商に共同で分辦させるべし。乏商以外は皆長商とするが、将来更に没落者が出たら商人間で互選交替を許すべし」と結論付けた。

これに対して王慶雲は「永遠禁革僉商の一節は留商改票法の中の第一緊要関鍵である」として、僉商を容認する哈芬の妥協案に反論する。彼の見解によれば、僉商制が不都合な理由は、第一に、名目は商人による自発的招覓であるが、実際には官吏による強制的挙充となる、第二に、乏商を無理やり留任させるのは無益だと言うが、新章では長商が歇業（廃業）すれば塩商全体で塩課を負担させるので問題ない、第三に、綱商（長商）は消長無常で継続が困難だと言うのは、乏商以外を長商とする案と矛盾している、第四に、塩政は利益より弊害の方が多いから、山西の富戸を尽く充商させても官吏の私嚢を肥やすだけであり、ましてやこれまで捐輸に協力してきた者たちを機械的に挙商するのは、善意ある者を罪に落とすようなものであるから、富民は塩務を恐れるだけでなく勧捐にも応じなくなるだろうという四点である。この中には上げ足取りや予断を交えた批判も含まれているが、彼の主張の眼目は「長商に歇業者が出れば、塩課を運商に帰併するか坐商を長商に頂充させるかし、どちらも困難であれば各省の運商の名義に塩課を均分配当すべきであり、僉商制につながる乏商の招覓や塩商の保挙は断じて認めてはならない」ということであった[62]。両者の議論から、哈芬が塩商窮乏の実態を踏まえて留商改票法の非現実性を訴えたのに対し、王慶雲は塩課の確保を最優先させていることが読み取れるだろう。

ところが哈芬は七月二八日「変法以来塩課は虧欠し、山西の官紳士庶は皆新法実施が不可能だと言う」として、戸部の批判に逐条反論した。これに対し王慶雲は、①新章実施以来塩課の虧欠が進んだと言うが、哈芬の別奏を精査したところ、虧欠は河南省の私塩防堵により塩斤がだぶついたからであり、山西の簽商とは無関係である、②哈芬は自信たっぷりだが、不換乏商を批判するだけで、督運・籌商・緝私・裕課への対策は示していない、③山西は運費がかさむので短期交代制にしなければ塩商の疲弊を助長すると言うが、新章では浮費約七〇万両を削減したので利益は確保できる。損をするのは官吏と綱総（総商すなわち塩商の元締め）だけである。もし歇業者が出たなら運商の帰併や坐商の頂充を許し、それでも肩代わりする者がいなければ塩課を各省の運商に均分配当すればよいとして、哈芬の主張を退けている[63]。

しかしながら留商改票法は哈芬ではなく戸部によって葬られた。『清塩法志』によると、咸豊三年（一八五三）戸部により捐免充商例が奏定されたとある。これは現在の運商百余家から資本の多寡に応じて総計銀二五〇―三〇〇万両を捐輸させ、それと引き替えに以後塩商への充当を免除し、塩課は塩場より徴収するという措置であり、太平天国に対する軍事費確保を目的としつつ、綱法・票法・簽商法を全て棄て去るものであった。咸豊帝は哈芬に換えて恒春を山西巡撫に任じて捐免充商を実施させ、恒春は運商孫慶余らから三〇〇万両の捐銀を獲得した[64]。

捐免充商法の実施により河東では咸豊四年（一八五四）以降塩商がなくなり、食塩は官や民（一般商人）の手により流通するようになった。山西・陝西両省では官運官銷、河南省では官運民銷が実施された。前者は州県が妥当な人物を選任し、食塩の輸送と塩課の納入を代行させるもので、塩課納付は州県の責任に帰属する。後者は河東道が妥当な委員を選任し、食塩を会興鎮まで輸送させ、行塩地内での民販の自由な販売を許すものである[65]。具体的経緯については、山西巡撫恒春の上奏によると、咸豊二年（一八五二）王慶雲らによる長商制への復帰以降も塩商の疲弊は改善されず、「長商制と短商制を繰り返しているだけではないか」との上諭を受けた結果、河東三省は一年の試行期間を経て商運から官運へ移行され、塩課は塩池にて名数（一名＝一二〇引）に応じて先課後塩方式で納税させるようになったとあり[66]、咸豊帝が河東での塩商の維持はもはや不可能であると判断した結果、戸部の捐免充商法が導入されたようである。戸部は就場徴税方式だと浮費が除去され原価が下落するので販路は必ず拡大するであろうし、行塩者と緝私者とが異なる商運より同一である官運の方がより円滑に流通するであろうとして、官運法に対し楽観的予測を下している[67]。

それでは、長商制復活を企図していた王慶雲は、官運法にどう対処したのであろうか。彼は咸豊三年（一八五三）一一月陝西巡撫に転出し、翌四年一一月には恒春の後任として山西巡撫に異動しており、官運を現地で実行しなければならない立場にあった。まず四年閏七月の上奏で、彼は

晋商は鉅富の家も塩に因りて消耗したるを以て、相率いて捐を貲して免れんことを声すれば、則ち接辦自ずから其の人に難し。……現《いま》試辦の始めに在り、本少なく課多ければ、暫く先塩後課し、以て転運に資せんことを請わざるを得ず[68]。

と述べ、陝西の商力が疲弊していることを勘案して、納課方法をしばらく先塩後課にして欲しいと願い出た。次に山西巡撫転任後の五年（一八五五）正月の上奏で、彼は正面から官運法に反論する。すなわち彼は「官運官銷の困難なる事は以前に上奏したが、現在戸部の案が試行されているので、私はなんとか便法を模索している。しかし運本が欠乏しており、布政司庫の三万両以外に資金は工面できない。それ故州県にも分担させざるを得ないが、州県にも資金はない。また私は当初厳しく緝私を行えば官塩の販路は拡大すると考えていたが、陝西では塩政崩壊以後、私塩が定

着しており、都市部なら無理やり官塩を売ることもできようが、村鎮では絶対に売れない。そこで滞銷賠課を恐れる州県は、勢い里甲や地丁を単位に官塩を押しつける按里給塩や計糧授塩を行うであろう。先人が言うように、官運の塩は、売れなければ官を病ましめ、売れれば民を病ましめるのである」と述べ、官運官銷は国家にとっても人民にとっても弊害が多いと主張する。そして彼は、乾隆五七年（一七九二）の河東三省での課帰地丁により官民が相安んじたこと、嘉慶一七年（一八一二）には四川総督常明が課帰地丁を請願したことなどを引き合いに出して、塩課帰丁と民運民銷を提案する。更に彼は布政使司徒照、塩法道麟泰による課帰地丁実施要領六箇条も開陳している。[69]しかしこの奏摺が書かれる直前の咸豊四年（一八五四）一二月、中央政府は既に王慶雲の提案通り塩課帰丁の実施を決定していた。[70]

ところが山西巡撫就任後、彼は官運法に同調するようになる。地丁が虧欠なく完納されている陝西では課帰地丁を認めた戸部も、山西・河南両省では帰丁に転換するか就場徴課を続けるか判断できず、両省の巡撫に調査を命じた。そこで王慶雲は咸豊五年（一八五五）三月の奏摺にて「陝西は塩斤の充溢を患っているが、山西は塩価の高騰に苦しんでいる」と指摘し、陝西で売れ残っている官塩三百余名を山西で売って、陝西塩課一六万余両の内不足分四万余両を補うとともに、河東では就場収税が最善で課帰地丁が次善の策だが、正賦の輸納さえ滞っている山西では帰丁もまた困難であると回答している。[71]

陝西と山西とでは事情が異なるとは言え、彼が一月初まで推進していた課帰地丁を唱えず、反対に陝西での塩課の不足を山西から補塡せよとしているのは理解に苦しむ。また彼は、就場収税を最善、塩課帰丁を次善としつつ、官運官銷・官運民銷が現実的方法であると述べているが、恒春の試案では就場収税と官運とは同一の政策だったはずである。王慶雲は何故両者を分けて捉えているのだろうか。

そもそも官運官銷とは政府が自ら官塩を行塩地まで輸送し販売することであり、専売税は小売価格に上乗せすればよい（官運民銷であれば卸売価格に転嫁すればよい）のであり、塩場で税を徴収する必要は全くない。にもかかわらず官運と就場収税とが組み合わされているのは、実際に官が費用を自辦することが困難なため、商人（運夥）を招いて代運させていたからである。(72) 従って官運とは名ばかりで、現実には官民並運だったのである。おそらく咸豊六年頃から王慶雲にもようやく官運の実態が見えてきたのであろう。

咸豊六年（一八五六）五月王慶雲は「河南省は官運民銷でありながら実際には民運を併用しており、全く問題は起きていないから、官民並運を続けるべきである」と報告している。(73) 一方、同年四月に陝西巡撫呉振棫は、課帰地丁が行き詰まっており、特に糧多課重の蒲城・富平・臨潼・渭南などではほとんど塩課が集まらないと訴え、陝西の塩課も河南に倣って官民並運に移行したいと申請した。咸豊帝は王慶雲に対し、呉振棫と商議して改革せよとの上諭を下した。そこで彼は呉振棫と諮り、課帰地丁を廃して官民並運に変更するよう上申した。(74) 官民並運はもはや後戻りできない時代の趨勢であり、留商改票法や課帰地丁により河東塩政を救済しようとした王慶雲も、最後にはこの流れに沿って塩務を遂行せざるを得なくなったのである。ちなみに同治一一年（一八七二）河南・陝西両省では、三分の一を官運に、三分の二を民運に振り分け、民運は民販が行い、官運は各州県が人物を調査した上で任命した運夥が販運を代行している。(75)

以上のように、河東塩政は道光末まで長商制と短商制とを繰り返していたが、咸豊三年（一八五三）王慶雲により留商改票法が施行され、従来の綱法に加え淮北などで成果を上げていた票法が取り入れられた。しかし同年太平天国に対する軍事費調達の一環として戸部は捐免充商を断行し、捐輸と引き替えに富戸の塩商への充当を永遠に免除したことにより、綱法への復帰はもはや不可能となった。翌四年（一八五四）より商運に代わって官運が実施されたが、王慶雲は資金不足などの点から成功を危ぶみ、陝西を官運から課帰地丁へ変更した。しかし課帰地丁は成果を収めず、また官運が実際には官民並運であり、官運自体も州県が運夥と呼ばれる商人に委託していることを認識した王慶雲は、咸豊六年（一八五六）には官民並運に賛同し、河東塩政を巡る熾烈な論争はようやく終焉した。

官民並運の施行以後、河東塩政は清末まで大きな変化を見せず、事実上の民運民銷により安定する。わずかに光緒二〇年（一八九四）山西巡撫張煦の提起により、両淮に倣い陝西・河南行塩地で督銷法が試行され、商販が赴かない地域に国家資金を投下して（陝西二万両、河南四万両）塩商を招いたが、[76]光緒二二年（一八九六）には官民並運に戻されている。[77]また光緒二七年（一九〇一）には山西行塩地を正式に官民並運に移行している。[78]これにより民運民銷は七二庁州県（晋岸三一州県、陝岸一五州県、豫岸二六庁州県）、官運官銷は一六県（晋岸三県、陝岸七県、豫岸六県）、官運民銷は二二州県（晋岸一〇州県、陝岸一二州県）となり、大半が民運民銷地域に帰属するようになった。[79]

民運や運夥による代運で河東塩政が抜本的に改善されたのか否かは明らかでない。しかし少なくとも乾隆期より続いた国家と商人との確執はやんだ。私塩が充溢している中で、高い専売税を含んだ官塩が流通する見込みは全くないが、それでも民販や運夥が継続して塩を販運したことから、塩課はかなり低めに設定されていたものと推測される。[80]光緒中期には督銷局を設置して官塩を積極的に流通させようという政策も試行されたが、短期間で挫折した。官民並運とは国家が塩政から事実上撤退することを意味していると考えられる。

おわりに

清代の河東塩政は、山西省中南部、陝西省中部、河南省西部を行塩地とし、当初は綱法（長商制）が施行されていたが、塩課と較べて塩商の利益は薄く、充当希望者は少なかった。そこで乾隆中期以降国家は富戸充商や簽商制を導入したが、塩商の没落に歯止めがかからず、乾隆五七年（一七九二）には課帰地丁が実施された。だがこれも成功を収めず、嘉慶一二年（一八〇七）には綱法に復帰した。その後長商制の崩壊によって道光二四年（一八四四）簽商制が再度試行されたが、弊害が多く、咸豊三年（一八五三）には留商改票法が施行されたものの、同年戸部が捐免充商を行ったため、翌年より山西・陝西は官運官銷に、河南は官運民銷に転換された。

官運民銷は光緒初頭の四川でも総督丁宝楨により導入されたが、四川の場合、官運資金として銀五〇万両を準備し、周到な計画を立ててこれを成功に導いたのに対し、河東の場合、運本の手当てはほとんどなく、民販や運夥に輸送や販売を委ねていた。すなわち官運とは名ばかりで実際には官民並運であり、その大半は民運民銷であった。

両淮や四川などと較べると河東塩政に対する清朝の関心は低く、山陝商人も地元河東で塩流通に従事しようとはしなかった。もともと華北西部は生産力が低く、また蒙古塩が日常的に浸透していたため、専売利益がほとんど期待できなかったからであろう。官民並運の名の下に国家がこの地域での塩課徴収を事実上放棄した時、初めて塩政論争は収束したのである。

註

（1）徽州商人に関する包括的研究としては、藤井宏「新安商人の研究（一）～（四）」『東洋学報』三六巻一～四号、一九五三・五四年を参照。

（2）佐伯富「清代における山西商人」『史林』六〇巻一号、一九七七年（佐伯『中国史研究』第三、同朋舎、一九七七年所収）。

（3）陳鋒『清代塩政与塩税』中州古籍出版社、一九八八年、二四三頁。

（4）両淮塩政改革の経緯については、佐伯富『清代塩政の研究』東洋史研究会、一九五六年、同『中国塩政史の研究』法律文化社、一九八七年を参照。

（5）前掲佐伯『清代塩政の研究』九頁。

（6）岩井茂樹「中国専制国家と財政」『中世史講座』第六巻、学生社、一九九二年、二七七―二七八頁。推計値は岩井論文の表1、表3a、表3bに基づいて算出した。

（7）光緒『欽定大清会典事例』巻二二四、戸部、塩法、河東。但し吉州は山西省の直隷州ではなく、平陽府属の散州である。従って吉州は霍州の誤りかと思われる。

（8）同右

（康熙）五十三年。題准。……山西太原・汾州・遼・沁等府州。食本地煎塩。陝西鳳翔府。食花馬池塩。

但し、乾隆『汾陽県志』巻三、賦税、塩税には

（順治）十三年。因議均引。……而御史焦毓瑞。以河南倶食解池商塩。易於均派。其山西太原・汾州・遼・沁。例食本地土塩。食解塩者。平陽・潞安二府。沢州一州。陝西鳳翔。例食花馬池塩。食解塩者。西安一府。興安一州。……部議遵定派引刊冊。以永遵守。

とあり、既に順治一三年（一六五六）にはこれらの措置は部議を経ている。おそらく清初よりこれらの地域では解塩を食さず、塩課のみを納めていたのであろう。

（9）同右

（雍正）八年。題准。陝西長武県。向銷河東之引。而食花馬池塩。既称民便。即照鳳翔之例。改食池塩。

（10）道光『繁峙県志』巻二、食貨、田賦

太原・汾州・寧武三府属。遼・沁・平・保・忻・代六州属。皆食本処土塩。領河東之引。而不食河東之塩。名曰塩税。

（11）一例のみ挙げる。乾隆『平定州志』巻五、食貨、塩法

州県境不産塩。所食出太原・徐溝等地。無商人領引銷運。塩聴民自買。引則州県領自運司課銀。名曰塩税。亦州県徴収。……徴税之法。都鄙里甲。各有定数。大約按丁分派。永為定額。歴無改変。

（12）光緒『盂県志』巻九、賦役、塩法

雍正二年。塩課帰入地糧征収。食塩聴従民便。

（13）光緒『寿陽県志』巻三、賦役、塩課
寿陽例食徐溝等地土塩。……前係招商領銷。雍正四年。無商継承。署県趙尚友。詳定民運民銷。按丁納税。

（14）乾隆『汾陽県志』巻三、賦税、塩税
雍正八年。知府張学林。因汾陽県商人・巡丁。大為民害。請於上官。以民既輸塩税。又設商人。致巡丁横行。於民不便。得請廃商。而同知馮雲熼。権知府事。有按糧攤課之請。九年。知府崔応階・知県林中栟。遂議将塩課紙価銀。攤入地丁項内。

（15）雍正『遼州志』巻三、田賦、塩法
至（康熙）四十五・六年。無商。知州沈光栄賠税。二年後招商。貿易不公。民以為病。知州王綬逐商。按糧納税。行二年。以糧累之家難支。又按人口銷引。已而諸弊叢生。仍旧招商摠之。奉旨。招商国家定例。至欲商民両便。惟在較平升斗。随時酌価而已。

王綬の知府就任年次については同書、巻四、職官による。

（16）民国『和順県志』巻五、賦役、塩政
従前民銷商銷。設法不一。至康熙四十八年。商人董福物故。合県公呈。請照平定・楽平之式。民運民銷。仰荷上憲恩准。数十年。人人楽易。戸戸安寧。上不負課。下不受害。至雍正三年。陳可大寅縁頂商。増長価値。商利民受其害。可大年老告退。随有郝文鳳。於雍正八年頂充。本少不敷民用。至乾隆四年。文鳳具呈。称賠累難支。情願告退。闔邑士民彭雯等具呈。籲懇情願。照康熙四十八年楽平之式。民運民銷。……和邑毎年額解塩課銀。原額併増加。共銀一百五十二両六銭零。和邑牌甲。雖節年参差。約計有三千二百八十余戸。毎戸毎季徴銀一分五釐。各項便已足用。伏蒙各憲批准。如詳勒石。以垂永允。乾隆二十一年。又蒙各憲行文。着照代州等処之例。塩課攤入地丁項下。統徴分解。

（17）同治『楡次県志』巻六、田賦、塩法
乾隆十二年。部議。於太原・汾州及遼・沁・平定・忻・代・保徳六州。加塩引四万道。楡次計当派引二千二百余。勢莫能銷。必攤派里戸。知県徐玉田。知民且重困。事不可行。力為詳覆。得免加引。

（18）乾隆『汾陽県志』巻三、賦税、塩税
乾隆二十八年。奉布政司檄称。代州・交城・寿陽三属塩課。並無商販。俱征之民。已経攤入地丁。統征分解。民甚称便。

惟文水・太谷・汾陽・平遙・介休・孝義・石楼・永寧・寧郷・盂県・保徳・河曲等十二州県。雖経攤入地丁。並未帰併。統徴分解。係令里老催収。或派甲頭彙納。以致暗中加派。額外浮徴。貧窮小民。不免苦累。応倶倣照代州・交城・寿陽之例。帰於地丁項下。統為徴収。分款起解。

(19) 乾隆『武郷県志』巻二、貢賦、塩法

(乾隆)三十九年。定議。以十里催頭。公辦土商。事一年代。

里役を「塩商」に公挙したと言っても、もちろん実際に土塩の流通を担わせるのが目的ではなく、塩税を負担させるためであった。

(20) 『清塩法志』巻七八、河東五、運銷門、商運、乾隆二十五年

按。河東塩務。自順治四年。御史朱鼎延。始以招商分引為請。……至十年。奉有塩課不許派及戸口之旨。御史劉秉政・運使陳喆。極力招商。又招得商人董教等一百一十余名。自此商数充足。引課皆有商承認。而戸口之派累悉除。惟是河東商小力微。或一家而有数十錠。或一家而止有数錠。甚且有一商名。而数人朋充者。而無地方之坐商。封課領引。勢不得不資小販。以供運売。……自乾隆二十・二十二等年。連遭水祲。商人紛紛告退。投認無人。

(21) 同右

乾隆二十五年。塩政薩哈岱奏明。在晋省太原・汾州・平陽等府属。挙報富戸充当。人始視為畏途矣。

但し既に民運民銷に移行している太原府や汾州府で何故富戸を挙報させ充商したのか不明である。

(22) 同右、乾隆四十一年、巡撫巴延三・塩政瑺齢等奏言

現在各商。多有承充年久者。向来雖有准其更換之例。並未定有年分。原欲杜規避之端。但閲時既久。疲乏日多。而晋省殷実之戸。一聞募商之信。人人視為畏途。毎致退縮不前。……嗣後招充塩商。亦以五年為更換之期。令現充各商。照依向例。先期自行挙報殷実富戸。到臣瑺齢衙門。咨明撫臣。行査各府州県詳覈。果係殷実之人。取具印甘各結。移咨存案。俟応換之時。査其五年内引課無虧者。許令更換。

(23) 同右、乾隆四十七年

乾隆四十七年。議准。河東商人。原定五年更換。近因富戸趨避充商。情偽百出。且塩務頭緒紛紜。富戸初膺其事。首尾茫然。所有五年更換之例。即行停止。先就現商中。択其殷実者。定為長商。疲乏者。令其帰業。

(24) 同右、塩政農起奏言
今若尽去商人。聴民販運。窃恐。今日之私梟。尽為他時之官販。……俯念。河東商力。為三省民食所関。按其虧欠商本。量加価値二釐。連乾隆二十六年請加之価。作為定額。以裕商力。
(25) 蔣兆奎『課帰地丁全案』巻一「陞任江南総督書麟在京奏稿」。なお題名は目録に従う。以下同じ。
(26) 同右、巻一「巡撫馮光熊在京奏稿」。
(27) 同右、巻一「奉上諭甘粛布政司蔣兆奎調補山西布政司辦理塩務」。
(28) 同右、巻一「奉上諭前司鄭源璹奏塩課改帰地丁与民食未便」。
(29) 同右、巻一「奉上諭調任藩司蔣兆奎不必来京抄寄河東道和明奏片」。
(30) 同右、巻一「巡撫馮光熊率同藩司蔣兆奎酌議課帰地丁条奏」。
(31) 同右、巻一「大学士九卿議奏河南酌増課銀縁由」。
(32) 同右、巻一「奏准河南咨覆酌増課銀縁由」。
(33) 同右、巻二「覆奏山西陝西河南三省酌攤塩課縁由」「大学士九卿議奏攤徴塩課摺」。
(34) 同右、巻二「暁諭商民一体販運告示」。
(35) 同右、巻二「三省会奏善後章程」。
(36) 『増修河東塩法備覧』巻三下、課額、課項源流、光緒『欽定大清会典事例』巻二二四、戸部、塩法、河東。
(37) 光緒『欽定大清会典事例』巻二二四、戸部、塩法、花馬池
(乾隆) 五十八年。奏准。……延安等五府州属。因不食河東池塩。未経議及。今河東業已裁改。該五府州属引課奏銷。未便仍循其旧。将応徴塩課。一併改帰地丁攤徴。

なお五府州とは延安府・漢中府・鄜州直隷州・綏徳直隷州（清澗県のみ）および康熙五三年（一七一四）に転換した鳳翔府を指す。
(38) 『清塩法志』巻七八、河東五、運銷門、商運、嘉慶十一年
嘉慶十一年。奏准。河東塩務。已改帰地丁徴課。現在潞塩侵灌隣界。仍応改還商運。
(39) 同右、三月山西巡撫同興奏言

昨拠倭什布奏。……迨将河東塩課。改帰地丁。聴民間自行販運。遂無一定口岸。蒙古塩斤。因此侵越内地。晋省池塩。不能在本地售売。遂有私越豫省・楚省。侵及淮塩各口岸。……現特派英和・初彭齢。赴甘省査辦事件。路経晋省。令与同興会晤熟商。著伝諭同興。一面詳査旧案。体察地方情形。俟英和・初彭齢到晋。将如何籌辦。或仍改帰商運之処。会商妥議奏明。候旨施行。……臣査。山西池塩。本係由商行運。即蒙古塩斤入口。亦定有限制。迨後課帰地丁。池塩聴民販運。遂無一定口岸。蒙古私塩。既已侵越内地。池塩更復充斥豫楚両淮。……臣已与両司・河東道籌計。審思此時若不将池塩。仍帰商運。終不足以杜私販之源。……今欲仍復商運。必須使商力民情。両得其便。

(40) 同右、又欽差英和・初彭齢・山西巡撫同興等会奏

体察現在情形。非禁水運。不能限制口塩。非設官商。不能杜絶私販。引界劃清。庶免侵越。……第簽商既恐不公。而招商亦須慎選。……三月二十六日。奉上諭。……此時若仍議簽商。易致流弊。自不若招商較為妥善。其応如何改設章程。斟酌妥善之処。著同興。会同陝西・河南巡撫。定議奏聞。候朕降旨。

(41) 同右、又同興奏言

第恐小民難於慮。始祇知従前受累為実。而疑此後不累為虚。仍復意存観望。……現擬先伝乾隆五十七年旧商中之家道殷実者。令其互保復充。其有家已中落無人互保者。是為乏商。即令已復之旧商。保挙新商。承充更換。如所挙不実。仍惟保商是問。

(42) 同右、同興奏言に付された五月二七日付の上諭。

(43) 同右、嗣於十二年巡撫兼塩政成齢奏言

窃照。河東塩務。復帰商運。前已陸続招商五十八家。具認承充。……是以原認五十八家之外。続招商一十三家。分別頂充幇辦。……統以本年正月初一日。為開運之始。

(44) 『増修河東塩法備覧』巻三下、課額、復商課程

本年十一月。山西巡撫成齢覆奏。河東吉蘭泰塩務。分別招商。各辦引地。並現在両処運商。均已招認足数。

(45) 『清史稿』巻一二三、食貨四、塩法

(嘉慶)十四年。……尋戸部侍郎英和。同山西・陝甘督撫会奏。潞商賠累。縁以賤価定為常額。請照乾隆十年以前例。按本科価。

光緒『欽定大清会典事例』巻二二四、戸部、塩法、河東
（嘉慶十一年）又覆准。晋省商人賠累。実縁原議以賤価定為長額。請照乾隆十年成例。令該商等。按収塩豊歉。成本重軽。自定売価。仍令該撫等。将各処售売塩斤実価。按月造冊報部。俟試行一年。再行酌中定価。……十五年。奏准。山西・河南・陝西三省。自嘉慶十五年為始。照乾隆五十五年以前原価。毎斤加銀五釐二毫。作為河東定価。
但し英和の提議が嘉慶一一年に裁可されたという会典の記載は誤りである。

(46)『清塩法志』巻七八、河東五、運銷門、商運
復商以後。課額愈重。辦運愈難。向以潞塩侵銷淮岸者。今則淮北票塩。倒灌河東。而商力亦愈困。

(47) 同右、嘉慶二十四年、戸部議覆山西巡撫成格奏言。

(48)『宣宗実録』巻二二、道光元年八月己丑
諭軍機大臣等。御史梁中靖奏。請河東塩課。仍帰地丁輸納一摺。……今該御史復以改帰地丁為請。国家定制。期於永遠可行。此在立法之始。通盤籌画。計及万全。晋省塩務。三十年来。屢更其制。究竟帰商帰民。何者為便。著成格。督同藩司葉世倬。詳悉確査。並体訪地方情形。

(49) 同右、巻二三、道光元年九月壬申
諭軍機大臣等。成格等奏。籌議河東塩務。並査明歴次更改章程一摺。解塩行銷晋省。及河南・陝西引地。乾隆五十七年。改帰地丁徴課。嗣因潞塩侵灌隣界。嘉慶十一年。復改還商運。今又議課帰地丁。在晋省原属甚利。而接壌之両淮・長蘆引地。均受私塩充斥之累。亦難免顧此失彼。上年該省甫将塩法奏准調剤。商民相安。此時自不便軽易更張。著仍照現行章程辦理可也。

(50)『清塩法志』巻七八、河東五、運銷門、商運、道光九年、巡撫兼塩政徐炘疏言
窃査。河南撫臣楊国楨。以潞塩自改帰民運後。価値増昂。奏請於河南・汝州・南陽三府州。各設分廠一処。将各該属毎年額銷塩斤。運廠発售。並請将商銷原価。毎斤各加制銭二文。俾得貼補。経部議准行。

(51) 同右
並拠商人王恒泰・尉世隆・張隆泰・馬徳隆・靳悠久・張恒履・楊壎篪等。来省環跪懇求。以近年改為商運民銷之後。勉力支持。応交課項並河工経費。毎年共銀七十余万両。年清年款。不致糸毫拖欠。今若另行添設数廠分售。是仍令商運商銷。

強以力之所不能。必致貽誤。課運所関非細。商等倶有身家。祇有懇請告退。

(52) 『清史稿』巻一二三、食貨四、塩法

河東塩向侵淮岸。至道光十一年。淮北改票。反灌河東。而商力益困。

(53) 『清塩法志』巻七八、河東五、運銷門、商運、道光二十四年、巡撫梁萼涵奏言

自道光十一年。塩池被水。塩価増昂。銀価漸長。百姓多畏縮不前。……此等疲乏之商。勢不能不准其告退。又慮無人承充。致誤課項。不能不令報殷戸接充。而殷戸畏累。往往経年累月。屢提不到。其伝到者。又復多方規避。百計推諉。不肯具結認充。……当飭河東道。確査各商。如果力難承充。准令告退。又恐所挙之商。畏葸不前。飭令先行試辦三年。情願認充。再行咨部更名。作為正商。或力有未逮。即令另挙新商接充。

なお、道光一一年（一八三一）より長商制が破綻した最大の理由は、被水や銀貴ではなく、淮北票塩の侵入であったと思われる。

(54) 光緒『祁県志』巻四、物産、塩法

祁県塩税銀。定額六百三十八両九銭七分九釐。嘉慶間。已丁池各半分納。至道光二十六年。丁池因課成訟。控府断給。塩税乃帰丁一半。帰池一半。……著為定規。

(55) 嘉慶『扶風県志』巻四、賦役

嘉慶間。亦曾招商請引。禁私平価。期暢銷於額引之外。終以齟齬而罷。自今民間自買食塩。代輸額課。甚以為便。

(56) 道光『汧陽県志』巻四、田賦、雑税

額徵塩課銀五十三両二銭五釐。此項銀。随銭糧徵。毎糧一石。徵銭三十文。

(57) 光緒『洋県志』巻三、田賦、光緒『沔県志』巻二、賦役、税課、道光『留壩庁志』巻六、田賦、税課など。なお成寧は嘉慶一四年七月山西巡撫より陝西巡撫に移ったが、前任の方維甸も漢中の課帰地丁への復帰に尽力した。賀長齢『皇朝経世文編』巻四九、戸政二四、塩課上、方維甸「請改漢中塩課帰地丁疏」「再請漢中塩課帰地丁疏」。

(58) 道光『石泉県志』巻二、田賦、塩課

嘉慶十五年。興安守葉公世倬。請課帰地丁。塩従民便。

また嘉慶『続興安府志』巻二、食貨、塩課、咸豊『安康県志』巻一一、食貨、光緒『白河県志』巻七、田賦、課税など。

(59)　盛康『皇朝経世文続編』巻五三、戸政、塩課四、兆那蘇図「酌議変通河東塩務章程疏」（道光三〇年）
自定三年試辦。迄今甫及六載。已更八十余商。縁富戸於塩務本非素習。充商之始。諸務茫然。全憑商夥経理。所用商夥。実心実力者少。非辦理不善。即浮冒侵漁。而本商亦以試辦三年。為期甚暫。一切苟且従事。不復認真経営。……且強令富戸。以有限之家資。補無窮之商累。亦非政体所宜。……臣体察近今情勢。以復長商為第一要著。

なお兆那蘇図の河東塩務章程は同年一二月咸豊帝により裁可された。『文宗実録』巻二三、道光三〇年一二月丁卯。

(60)　『王文勤公奏稿』巻四、戸部存稿「奉差河東恭報到晋日期並擬赴運城籌辦塩務摺」（咸豊二年正月一二日）。

(61)　同右「通籌河東塩務章程摺」（咸豊二年二月二一日）
臣等会晤以来。無日不公同商酌。軽塩本。必先定池価。革浮費。必先行票法。減運脚。必先分口岸。並将緝私之法。分寓其中。而大要総在留商改票。先課後塩。庶法立無弊。而行之可久。蓋引有専商。票無定販。留商招販。必使先課後塩。而後引目雖改。不致虚懸。課項有常。無虞短絀。
同右、附清単
謹将酌定新章十四条。敬繕清單。恭呈御覧。一。僉商之弊。宜永遠禁革也。……一。改引行票。宜責成現商。領票招販。納課掣塩也。

(62)　同右「戸部議駁河東請仍挙新商先塩後課摺」（咸豊三年六月五日）。

(63)　同右「戸部議駁河東再請挙商摺」（咸豊三年八月一三日）。

(64)　『清塩法志』巻七八、河東五、運銷門、商運、咸豊三年、大学士祁寯藻奏言
臣等再四熟籌。莫若使現在運商一百余家。遵照臣部上年捐免充商原奏。准其一律捐免。所有塩課。另議就場徴収。似為保民裕国・一挙両得之善策。……其捐免銀数。就各商籖数之多寡・家貲之厚薄。按一百余家。合計多則為銀三百万両。少亦不下二百四五十万両。並足以佐目前軍餉要需。尤為事機之不可坐失者也。……嗣経巡撫恒春。遵照部議。准令運商孫慶余等一百余家。捐輸軍餉銀三百余万両。永免簽商。

なお光緒『欽定大清会典事例』巻二二四、戸部、塩法、河東によれば、捐免充商を提案したのは戸部であった。

(65)　『清塩法志』巻七九、河東六、運銷門、官民並運、咸豊四年
咸豊四年。覆准。山西・陝西両省。官運官銷。責成各庁州県。自派妥人。領運納課。按名清交道庫。由監掣同知。編明各

庁州県額定引塩票拠。給領照運。運畢後。彙繳査銷。河南省。官運民銷。責成河東道。督同監掣同知。遴委妥員。按引運至会興鎮。聴民販自行買銷。

(66) 同右、戸部議覆巡撫恒春奏言

咸豊二年。欽命戸部侍郎今任陜西巡撫王慶雲・前江蘇布政使聯英。会同前撫臣兆那蘇図。復行査辦。雖経大裁浮費。酌定長商。而極疲之家。無力辦運。商累仍属難除。誠如聖諭。不過調停於長商短商之間。未能歴久不敝。……査。河東引塩。山陜二省。向係商運商銷。嗣後改為官運官銷。河南一省。向係商運民銷。嗣後改為官運民銷。均於塩池。按名納税。並定先課後塩。務期無虧正額。試辦一年。如果有効。自可経久奉行。

(67) 同右

此後塩課。就場徵収。意在不拘票販。不論官私。但使浮費尽裁。成本頓減。則銷路必広。……今擬改為官運官銷。則行塩之人。即緝私之人。所辦係切己之事。而事権又帰於一。与商人之止能行塩。而緝私則仰仗他人者。較然不同。此官運之所以愈商運也。

(68) 『王文勤公奏稿』巻五、陜西存稿「陜省引塩籌議官運官銷摺」(咸豊四年閏七月七日)

晋商以鉅富之家。因塩消耗。相率声貲捐免。則接辦自難其人。……現在試辦之始。本少課多。不得不暫請先塩後課。以資転運。

(69) 同右「請将陜省塩帰民運課帰地丁攤徵摺」(咸豊五年正月四日)。

(70) 『清塩法志』巻七九、河東六、運銷門、官民並運、咸豊四年

十二月。奏准。陜省塩務。試辦官運官銷。公私窒礙。将塩課改帰地丁攤徵。聴民自運自銷。

(71) 『王文勤公奏稿』巻六、山西存稿「籌辦河東塩務酌擬章程摺」(咸豊五年三月一九日)。

(72) 光緒『山西通志』巻七一、塩法略下、官運

惟山西官運如故。然官非能自辦也。率招商人。為之代運。謂之運夥。則又迹類民販。而事同運商者也。凡官民皆先課後塩。其領引搭給。支掣配運之制。並与旧同。

(73) 『王文勤公奏稿』巻六、山西存稿「豫省引塩兼行民運摺」(咸豊六年五月二七日)。

(74) 同右、巻六、山西存稿「陜省引塩改照会興鎮章程大概情形摺」(咸豊六年五月二七日)、「陜岸復課帰塩会議章程摺」(咸豊

六年八月二日）。『清塩法志』巻七九、河東六、運銷門、官民並運、咸豊六年。

（75）『清塩法志』巻七九、河東六、運銷門、官民並運、同治十一年
同治十一年。奏准。豫陝額引。自改官民並運。以一成帰官。二成帰民。名為民販。至本省各州県。有派人代辦者。名為運夥。由各該州県査明。確係殷実良民。取具保結。以領辦的名。通報各衙門査考。……至代運之人。或有告退。必俟接替有人。新旧運夥。親身赴道。投具甘結。方准退辦。
また光緒二一年刊『絳県志』巻一二、田賦、塩法にも
咸豊四年。運商捐免籤商。山西改為官運官銷。仍先課後塩。各州県有自領引辦者。有倩人代辦者。代辦者。名曰運夥。由州県査明殷実良民。取具保結。以領辦的名。通報各衙門査攷。運夥如告退更換。必俟接替有人。新旧運夥。親身赴道。投具甘結。方准告退更換。至今因之。
とあり、州県が運夥希望者の資金力を調査し、保証人を立てさせた上で運塩を委託し、新旧運夥交替の際には各衙門に直接届け出させていたこと、光緒中葉に至るまで代運が継続されていたことなどが確認される。

（76）『清塩法志』巻七九、河東六、運銷門、官民並運、光緒二十年
光緒二十年正月。議准。河東塩行陝豫両省。試辦督銷。
同右、戸部議覆
拠山西巡撫張煦疏称。……祇可仿照両淮督銷局辦法。仍就陝豫引岸商販所不能及之処。発給官本。募用商人。設局派員。試辦督銷。……擬在道庫雑款項下。籌借銀六万両。以二万両。作為陝運官本。四万両。作為豫運官本。先陝後豫。次第試辦。
なお督銷とは、特定商人に塩引を請け負わせ、塩課納入に責任を持たせる制度である。前註（4）佐伯『清代塩政の研究』三九一頁。

（77）同右、光緒二十二年
三月。奏准。裁撤陝豫督銷。

（78）同右、光緒二十七年
八月。議准。山西引地。仿照陝豫。改為官民並運。

（79）同右、官運民運各引地附。

（80）それ故国家が少しでも塩価を上げると、たちまち官塩が売れなくなり、私塩が蔓延したようである。たとえば陝西省西安府涇陽県の地方志、宣統『涇陽県志』巻三、貢賦、塩法には

（光緒）二十四年。……巡撫魏光燾奏請。陝西潞塩行引地方。一律加価四文。価昂塩苦。私販横溢。

とある。

結論

太平天国の克服後、長江流域の湖北・四川・江南では督撫により財政改革が断行された。彼らは陋規需索・規礼饋送体系を解体して戸部財政を再建する一方、釐金税や牙帖捐を新財源とした省財政を創出した。財政改革に成功した省は江南や湖北・四川など商品生産の発達した地域であった。一方華北諸省や湖南・江西など経済的周縁地域では、差徭や浮収の改革は実施されたものの、省財政の確立までには到らなかった。財政改革により末端地方行政も大きく変化した。江南では地保に代わって郷官が、四川では郷約・保長に代わって監生・監保が、地方統治を補佐したが、彼らの出自は紳衿層であった。以上が本書の結論である。

最後に清末財政改革の歴史的意義について簡単に述べよう。東南諸省の財政改革は州県の裁量行政と不合理な地方的徴収をある程度克服し、商品経済の発展に適合的な省財政を確立した。これを地方財政の形成と見なすことも可能であろう。しかしこの地方財政は戸部財政と拮抗するものであり、財政改革は新たに中央と地方との厳しい対立を生み出した。州県官や書役による非能率な地方統治の改革は、地方自治を実現したのではなく、「軍紳政権」という新たな桎梏をもたらしたのである。

あとがき

私は二〇〇〇年六月よりこれまで発表した論文を三部の著書にまとめる作業を開始した。本書はその中で清代の地方財政に関する論考を集めたものである。他の二篇は市場および商人を主題として構成した。ただ地方財政と商人との関係について論じた作品は、本書でなく商人篇に収録した。

私の研究の出発点は市場論、より具体的に言えば地域経済圏の自立化論であった。その後一九九〇年、日本学術振興会の特別研究員として東洋文庫に在籍していた時、巴県檔案と巡り合った。巴県檔案は四川における土布生産の発展を示す手がかりを与えてくれたが、同時に重慶に集まった商人に関する好史料も提供してくれた。これをきっかけとして商人についての研究を始めたが、地方官や地方衙門の遺した史料から商人の実態を再構成するため、地方財政、厳密に言えば事実上地方財政の役割を果たしていた地方の慣習的徴収に目が移り、商人論と併せて財政論にも手を拡げるようになった。これが本研究の成り立ちである。

本書をまとめるにあたり、既存の論文は全面的に改稿し、誤記・誤植を訂正するとともに、重複した部分を削除した。史料は原則として註にまとめたが、一部は訳出ないし書き下し形式で本文に収めた。各論文の初出は次の通りである。

序論　　書き下ろし

第一章　清代後期湖広における財政改革　『史林』七七巻五号、一九九四年
第二章　清代後期四川における財政改革と公局　『史学雑誌』一〇三編七号、一九九四年
第三章　清代後期江浙の財政改革と善堂　『史学雑誌』一〇四編一二号、一九九五年
第四章　清末山西の差徭改革　名古屋大学『東洋史研究報告』一九号、一九九五年
第五章　清代後期直隷・山東における差徭と陋規　『史林』七九巻三号、一九九六年
第六章　清代河南の差徭と当官　『社会経済史学』六四巻二号、一九九八年
第七章　清代江南の地保　『社会経済史学』六一巻五号、一九九六年
第八章　清代四川の地方行政　名古屋大学『東洋史研究報告』二〇号、一九九六年
第九章　清代後期四川における塩政再建政策　名古屋大学『東洋史研究報告』二三号、一九九九年
第一〇章　清代河東塩政の変遷　九州大学『東洋史論集』二七号、一九九九年
結論　書き下ろし

地方の商科大学では体力とあきらめが肝要であるため、これまで自著を出すなど考えもしなかった。そんな私を励まし、汲古書院との橋渡しをして下さったのは、東洋文庫の山根幸夫先生であった。また汲古書院の坂本健彦氏には、生硬な文章を読み易く改めるよう助言していただいた。厚くお礼申し上げます。

二〇〇二年一月九日

山本　進

索　　引

あ

安仁善堂　97
按戸均攤　300
按地攤派　144
按畝攤派　26,120,142,147,148,149,154,159,185,186,188,189,197
按糧攤派　42,45,46,47,49,55,120,124,125,188,189,197,243,268,299

い

怡善堂　95
移入代替棉業　8
伊原弘介　233
毓善堂　95
毓岱　96,86,88
一条鞭法　4
一善公堂　84,85
一善堂　96
稲田清一　233
岩井茂樹　4,8,28,43,61,297
岩見宏　71
引岸　299

う

圩差　97
于成龍　161
臼井佐知子　30
運夥　315,316
運軍　143,145
運商　311,312
惲世臨　22

え

贏櫃　114
盈余　196
英和　144,145,305,306
垣　278
塩引　265,267,269,271,273
塩廠　265
塩茶局　12
塩茶道　272,274
塩務総局　275,278
塩釐　274,277
閻敬銘　117,118,119,120
袁銑　149,150
袁廷蛟　48,51
捐攤　143,145
捐免充商　312,313
延茂　282
羨余　270

お

小田則子　174
小野信爾　61,62
小山正明　229
王家相　143
王業鍵 Wang, Yeh-chien　62
王慶雲　310,311,312,313,315
王天奨　233
押解　26
押租　246,248
押保所　53
応宝寺　223
大谷敏夫　233
恩錫　217
恩承　280,281

か

花馬池　297,309
何璟　217
賈臻　182
夏鼒　30
牙儈　155,156
牙規　156
牙税贏余　157
牙帖　187,188,194,195
牙帖捐　5,9,10,11,12,13,16,187,188
牙帖釐金総局　11
賀長齢　146
丐棍　88

丐頭　106
快班　238, 239, 244
皆不忍堂　26, 99
嘓嚕　238, 241
学差　112, 116
片岡一忠　65, 112, 130
闊布　164
川勝守　229
河鰭源治　233
官引局　279
官運局　277, 280, 281
官車局　158
官督商銷　265
監正　252, 253
監保　252, 253
韓是升　84, 85, 87
岸費　27
顔検　147, 149, 150

き

起解　50
機器局　58
機頭　165
虧空　7, 17, 45, 74, 113
虧欠　76, 142, 143, 266, 268, 273, 279, 301, 312, 314
琦善　152
規費　157
義冢　87, 89
宜綿　245
北村敬直　180
客長　237, 238, 242, 246
客約　250
牛樹梅　53
供応　75
叫回頭　93
郷官　221, 222, 224, 232, 236, 245, 253
郷吉河防　115
郷正　252
郷鐸　245
郷地　156, 209
郷保　146, 182
郷約　237, 238, 240, 241, 242, 243, 244, 251, 252, 253
龔景瀚　245
協済　115
凝善堂　88
局士　47, 55
局卡　11
均荘　222
均荘法　234
均田均役　4
均徭銀　148

く

区差　208
瞿同祖 Ch'ü, T'ung-tsu　207
久保田文次　69
栗林宣夫　229
軍需局　116
軍餉　9
軍紳政権　329

け

慶格　87
計岸　275
計口授塩　269
計商　269
経紀　196
経造　211
継承　186
京省長車　116
結糧　22
黔岸　275
県帖　196
験費章程　91
原額主義　4, 5, 8, 28, 42, 43, 44, 59
厳如熤　309
現年　212, 216, 217, 218, 219

こ

小島淑男　233
小林幸夫　30
胡林翼　10, 16, 18, 19, 21, 222
戸首　52
戸書　77
戸房　52
庫書　77
仵作　85, 87
呉振棫　315
呉樫　160
呉棠　54, 275
五路公局　146, 182
耗羨　129, 266
貢鴨　154
口岸　307
公款局　186, 189
公義総局　188

公産　46
公車局　183
公費　27,57,58,71,122,123,144,146,147
公分　75
公幇　193
公和局　113
孝義の法　47
行塩地　265,266,268,297
行戸　191,192
行号　276
行首　11
行商　267,275,277
行用　162
黄印　208
庚子賠款　130
恒春　313,314
工食　50,217
綱商　311
綱総　312
綱法　286,296
甲長　157,223,243,249,250
甲頭　239
高付加価値商品生産　8
号豆　189
乞丐　106
捆塾　212,218
棍徒　96

さ

佐伯富　171,207,239,264,297,317
佐々木正哉　29
佐藤学　178
差仵　85,94
差班　137
差保　210,223
差務　42,45,57,143
差徭局　113,116,119,120,124,125
左宗棠　74
坐商　267,300,311,312
坐図　211
催頭　300
蔡逢年　56,278
済民局　48
冊書　209
雑差　123,142,154,155,158
雑泛差役　4,182,197,207,216
三費　46,51,52,53,54,57

し

糸捐款　98
市儈　13
滋賀秀三　207
支官陋規　186
詞訟　78,81,92
屍場験費　79,86,90,91,98,214,215
屍場東道　93
師善堂　97,98
司帖　10,196
史佩瑲　152
執照　240,241,242
車櫃　124,137
車局　114,166
車馬局　185,189
朱慶永　30
朱成烈　152
酒酤　163
緝案公文　80
緝捕　51,214
周煥南　20
周作楫　151
衆機戸　165
就場収税　314
春秋祭差　186
順荘法　211
巡丁　299
胥規　156
初彭齢　305
書麟　302
徐炘　308
徐宗幹　161
徐沢醇　49,271,273,274
徐達源　85,105
商運　307
商夥　310
蔣雲寛　143,148,149
蔣兆奎　302,303
蔣兆璠　152
蔣攸銛　144
招解　51
招解人犯　78,79,80
招商　305
小甲　137
小車行　161,162
小費　122,123
承差規費　79,80
訟師　92
庄首　217

荘書　100,101,209
荘長　75,76,219
照磨　52
倡善堂　184
廂長　238
常差　112
常明　47,266,267
場頭　242
冗費　124
職銜　11
新型善堂　88,96,97,98,105,185
岑春煊　284
秦承恩　304
津貼　164
振徳堂　94
沈葆楨　275
紳糧　43,44
仁寿堂　86,88

す

図差　76,215
図書　208
図董　216,217,220,223,224
水脚費　17
水礼　121,123
崇善堂　95
鈴木中正　29,61,131,141

せ

成格　306,307
成寧　306
成齢　145
清源局　125
清書　209
清徭局　113,125
生生の思想　74
棲流所　85,93,97
折価　16,17,18,22,23,24,48,77,115,119,122,154,187,212
截角　266,270
川塩済楚　270,274,277,282
簽商　301,302,303,305,308
串票銭　80
冉光栄　264,268
善後局　121
善後総局　119
全国市場　130

そ

総役　186
総監正　252
総甲　114,132,208,213
総首　224
総商　278
総董　220
漕館　22
漕規　16,17,20,22
相験　51
搶険　304
竈戸　270,271,280
曾国荃　27,117,118,119,120
曾国藩　14,23,24,275
曾璧光　279
皂班　238,239
蔵差　47
孫玉庭　144
存仁堂　214
存留　7

た

拖欠　218,253
大戸局　189
大佃戸　69
代商　273
代銷　269,272
代銷改配　265
高橋孝助　30,102
高橋芳郎　263
戳記　222
托明　151
谷井陽子　61
譚鈞培　105
短差　57
短作洋価　80
短商　301
淡新檔案　207
炭窰　162,179
団首　246,247,248,249
団衆　249
団董　220
団保　252
団約　246,247
団隣　246,247,248,249

ち

地域間分業　141
地域経済圏　8,15,49,73,130,265
地棍　92,93

地総　211
地丁併徴　4,206
地方自治　58,99,255
地方自治章程　254
扎克丹　234
中規模経済圏　8
中証　223
挑　279
張学君　264,268
張煦　316
張杰　143,148,149
張之洞　25,121,122,123,124,125
張錫蕃　310
張朝縉　75
長商　301,302,303,306,308,313
長蘆　307
兆那蘇図　310
調協　115
調協車馬　125,138
陳弘謀　192,193
陳若霖　145
陳湜　224
陳鋒　317
陳鑾　213

て

鄭源璹　303
丁日昌　78,79,80,81,82,86,91,217,221,222,223
丁宝楨　52,54,55,56,57,58,250,251,270,275,276,278,279,280,281,282,284
的款　154
滇岸　276
点規　186
田文鏡　190,191,192

と

屠之申　146,147,148,149,151
涂宗瀛　184,185
土地丈量　19
土居智典　30
土塩　299,304
土貢　155
土産　192
土商　300
董安国　161
当官　161,181,188,190,191,192,193,194,206
湯金釗　151
湯斌　213
唐炯　245,275,277,278,282
董事　221
陶澍　296,308
東征局　14
到任規　156
投鳴　247
同興　305
同仁堂　89,90
同仁輔元堂　89,90
同善堂　89,91,92
督銷　316,327

な

那彦成　150
那瑪善　152
夏井春喜　30
南米　77

に

仁井田陞　73
新村容子　43
肉釐　46,52,53,57
認捐　11,12

ね

寧善堂　88

の

農起　301

は

巴延三　301
巴県檔案　237
巴哈布　84,85,86,87,94,96,105
哈芬　310,311,312
馬王社　114
馬局　114
馬新貽　98
牌　183
牌甲　160,186
牌頭　243,250
煤窰　183,184
白役　150
幕友　56

八作工差　186
八省会首　238
八省客長　238
八省紳商　238
垡船　154
濱島敦俊　229
林正子　30
原朝子　72
針谷美和子　233
藩籬　276, 277
万超　152

ひ

疲車　185
飛車　185
票法　286, 296, 308
票釐局　279

ふ

賦税改革　9
府帖　196
埠頭　191
夫束　212
夫頭　213
夫馬　45, 46, 54, 55, 56, 57, 120, 243
夫馬進　73
部帖　10
馮桂芬　220, 221
馮光熊　302, 303, 304
藤井宏　317
藤岡次郎　65, 112, 141
文格　23, 54
文綬　300

へ

兵差　46, 112
兵差局　114, 183
平余　27, 28, 122, 129, 281
辺岸　275
辺商　272
便宜行事　266
卞宝第　25, 26

ほ

保安堂　26, 28, 99
保挙　251
保甲制　207, 208, 239, 240
保正　208, 209, 212, 217, 218, 219, 241, 243, 249, 251, 252
保長　213, 240, 241, 243, 244
帆刈浩之　109
葆享　121, 122
輔元堂　90
舗戸の役　154, 161
舗書　156
舗設　161
舗堂塡宅　160
捕班　238, 239
方維甸　324
方受疇　144
幇費　143, 145
鮑源深　115
包充　210
包世臣　208, 220
包攬　210
卯規　156, 186
乏充　212
乏商　311
穆和藺　304
本色　19, 21

み

宮崎市定　207
民運　307

む

務本堂　96
村松祐次　30

め

命案　26
命案相験　78, 79, 91, 215
明徳　112
棉布幇価　189

も

毛鴻賓　14, 21
森紀子　264
門牌　246

や

約地　164, 165
山田賢　43

ゆ

裕謙　86, 193
裕瑞　49
裕徳　284
勇糧　278

よ

楊国楨　307
姚文田　145
洋務派官僚　60
養廉　7

ら

騾櫃　124,137
騾頭　115
羅玉東　30,72
雷以諴　10
駱秉章　12,20,21,22,23,53,57,275

り

里役　5,76,206,207,216,219
里甲局　116
里甲制　182,207
里書　187,208,209
里長　208
里民局　116
里老人　257
李瀚章　275
李鴻章　15,74,77,78,79,281
李星沅　213
李秉衡　164,165,166
釐金総局　12,58
釐卡　14
流丐　106
流差　46,47,112,116
劉衡　46,51,56
劉克祥　30
劉坤一　224
劉郇膏　90
劉秉璋　251
留商改票法　310,311
梁蕚涵　308,309
梁中靖　307
両湖辦法　12,14
両淮　264,295,296,308
寥寿恒　284
糧席　76,77
領班　251
涼棚　183

れ

例差　123
練勇　13

ろ

ロウ William T.Rowe　35
路斃公局　93
路斃浮屍　40,83,84,85,86,87,89,91,92,94,95,96,214,215
勒方琦　96

わ

話和　93

著者略歴

山本　　進（やまもと　すすむ）

1959年　滋賀県に生まれる

1989年　名古屋大学大学院文学研究科博士後期課程修了

現　在　北九州市立大学経済学部助教授

主要著書・論文

『清代社会経済史』（創成社、2002年）

「清代後期四川における地方財政の形成」（『史林』75巻６号、1992年）

「清代江南の牙行」（『東洋学報』74巻１・２号、1993年）

汲古叢書35

清代財政史研究

二〇〇二年三月　発行

著　者　山　本　　進

発行者　石　坂　叡　志

整版印刷　富　士　リ　プ　ロ

発行所　汲　古　書　院

〒102-0072 東京都千代田区飯田橋二-五-四

電　話　〇三（三二六五）九七六四

ＦＡＸ　〇三（三二二二）一八四五

ISBN4 - 7629 - 2534 - 9　C3322

汲古叢書

1	秦漢財政収入の研究	山田勝芳著	16505円
2	宋代税政史研究	島居一康著	12621円
3	中国近代製糸業史の研究	曾田三郎著	12621円
4	明清華北定期市の研究	山根幸夫著	7282円
5	明清史論集	中山八郎著	12621円
6	明朝専制支配の史的構造	檀上　寛著	13592円
7	唐代両税法研究	船越泰次著	12621円
8	中国小説史研究－水滸伝を中心として－	中鉢雅量著	8252円
9	唐宋変革期農業社会史研究	大澤正昭著	8500円
10	中国古代の家と集落	堀　敏一著	14000円
11	元代江南政治社会史研究	植松　正著	13000円
12	明代建文朝史の研究	川越泰博著	13000円
13	司馬遷の研究	佐藤武敏著	12000円
14	唐の北方問題と国際秩序	石見清裕著	14000円
15	宋代兵制史の研究	小岩井弘光著	10000円
16	魏晋南北朝時代の民族問題	川本芳昭著	14000円
17	秦漢税役体系の研究	重近啓樹著	8000円
18	清代農業商業化の研究	田尻　利著	9000円
19	明代異国情報の研究	川越泰博著	5000円
20	明清江南市鎮社会史研究	川勝　守著	15000円
21	漢魏晋史の研究	多田狷介著	9000円
22	春秋戦国秦漢時代出土文字資料の研究	江村治樹著	22000円
23	明王朝中央統治機構の研究	阪倉篤秀著	7000円
24	漢帝国の成立と劉邦集団	李　開元著	9000円
25	宋元仏教文化史研究	竺沙雅章著	15000円
26	アヘン貿易論争－イギリスと中国－	新村容子著	8500円
27	明末の流賊反乱と地域社会	吉尾　寛著	10000円
28	宋代の皇帝権力と士大夫政治	王　瑞来著	12000円
29	明代北辺防衛体制の研究	松本隆晴著	6500円
30	中国工業合作運動史の研究	菊池一隆著	15000円
31	漢代都市機構の研究	佐原康夫著	13000円
32	中国近代江南の地主制研究	夏井春喜著	20000円
33	中国古代の聚落と地方行政	池田雄一著	(予)15000円
34	周代国制の研究	松井嘉徳著	9000円
35	清代財政史研究	山本　進著	7000円
36	明代郷村の紛争と秩序	中島楽章著	10000円
37	明清時代華南地域史研究	松田吉郎著	15000円
38	明清官僚制の研究	和田正広著	(予)22000円